Ferdinand Geigel

Das italienische Staatskirchenrecht

auf Grund der neuesten
Rechtssprechung systematisch erläutert

Elibron Classics
www.elibron.com

Elibron Classics series.

ISBN 0-543-69940-4 (paperback)
ISBN 0-543-69939-0 (hardcover)

This Elibron Classics Replica Edition is an unabridged facsimile of the edition published in 1886 by Franz Kirchheim, Mainz.

DAS

ITALIENISCHE

STAATSKIRCHENRECHT.

DAS

ITALIENISCHE

STAATSKIRCHENRECHT,

AUF GRUND

DER

NEUESTEN RECHTSSPRECHUNG SYSTEMATISCH ERLÄUTERT

VON

F. GEIGEL,

KAIS. REGIERUNGSRATH A. D. ZU COLMAR I. E.

ZWEITE AUFLAGE.

(Namentlich durch Inhalts- und Sachregister S. 197—204 vervollständigter Sonderabdruck aus Bd. 54 und 55 des Archivs für kath. Kirchenrecht).

MAINZ,

VERLAG VON FRANZ KIRCHHEIM.

1886.

Mainz, Druck von Joh. Falk III.

Vorwort.

Staatskirchenrechtliche Literatur und Richtung Italiens.

I. Den reichhaltigsten und übersichtlichsten Commentar zum sog. »*Garantiegesetze*« vom 13. Mai 1871, welches im ersten Titel (»Prerogative del Sommo Pontefice e della Santa Sede«) vorzugsweise das *äussere*, im zweiten (»Relazioni dello Stato colla Chiesa«) aber das *innere* Staatskirchenrecht des jugendlichen Einheitsstaates in seinen Grundzügen enthält, bietet *Scaduto*, Privatdocent der Rechtsgeschichte und des Kirchenrechts an der Universität Rom durch seine »Guarentigie Pontificie[1]) etc.«, *worin* sich zum ersten Male *alle* zu den

1) *Abkürzungen: App.* = Urtheil des Appellationsgerichtes N.; *Arch.* = (*Vering's*) Archiv f. kath. Kirchenr.; *Avv.* = Avvisatore ecclesiastico (ossia Raccolta degli atti della S. Sede, delle circolari governative, pareri del Consiglio di Stato, sentenze delle Corti di Cassazione e di Appello in materia ecclesiastica, herausgegeben und verlegt vom päpstl. cappellano segreto di onore Bertoletti, parroco foraneo in Altare (presso Savona), seit 1880 monatlich 2 Nummern, franco gegen jährlich 3 Franken (Postanweisung); *Bürg.* G. B. = Codice civile del regno d'Italia vom 25. Juni 1865; *Cass.* = Urtheil des Cassationshofs ...; *Cassani* = dessen Vol. III. delle Principali Questioni Politiche Religiose, 1876 (della proprietà ecclesiastica e delle leggi che la governano in Italia, 733 p. in 4⁰, 8 Franken) unten S. 2 A. 2 u. S. 11. — *Cassani's* Zeitschrift ist betitelt: von 1871 bis 1875 Rinnovamento cattolico, alsdann Riforma disciplinare (I 1876, II 1877, III 1878), nunmehr Stato e Chiesa, Rivista sociale, politica, religiosa (I 1879, II 1880/81), seine sämmtlichen Werke erschienen zu Bologna in der Regia tipografia; *Cast.* = Castagnola (Univ.-Prof. in Genua), delle relazioni giuridiche fra Chiesa e Stato, Torino 1882, 279 p. in 8⁰, 5 Fr., Unione tipografico-editrice; *D.* = kgl. Decret (oder Patent, Biglietto); *Ferrari*, la legge delle guarentigie (1877); *G.* = Gesetz; *GG.* = »Garantie«gesetz vom 13. Mai 1871; *Geffcken*, völkerrechtliche Stellung des Papstes, Berlin 1885 bei Habel; *G.* = Geigel franz. und reichsl. Staatskirchenrecht, Strassb. 1884 bei *Trübner*, vergl. Arch. 52, 347; *Giur.* = Giurisprudenza italiana (der Jahrgang 35 Fr., entspricht der Sirey' oder Dalloz'schen Sammlung für's franz. R.); *H.* = Hinschius, »Staat und Kirche« in Bd. I 1 des Handb. des öff. R.; *Mamiani* (früherer Minister), teoria della religione e dello stato, Florenz 1868 bei Le Monnier; *Minghetti*, Stato e Chiesa, vergl. Arch. 47, 348; *Neap.* = Constitutiones Synodi diocesanae 4.—7. Juni 1882 im Arch. *50*, 381—427 und *51*, 54—137; *P.* = Pateri, trattato elementare della Potestà della Chiesa etc. ad uso degli studenti dell' università di Torino, Torino 1876, tipografia C. Favale, in 8⁰, 486 p.; *Pereire*, la questione religiosa, Milano 1879; D. *Rivarolo*, il governo della parrochia, 1875 bei Giudetti in Vercelli, 791 p. in 4⁰, 8½ Fr., 3. Aufl., unten S. 8; *Riv. am.* = Rivista amministrativa; Sc. = ***Scaduto,*** Guarantigie Pontificie e relazioni tra Stato e

einzelnen Gesetzesartikeln im Parlamente gestellten Abänderungs- bezw. Initiativ-Anträge mit seltenem Fleisse gesichtet sowie systematisch und *quellenmässig* erörtert finden. Sonst widmen dem Gesetze *Bonghi*, Berichterstatter über dasselbe in der Abgeordnetenkammer (Sc. 90, 105, 467 und 492), nur p. 659—680 der Nuova Antologia 1881, *Cassani* (Priester und Professor der Rechtsgeschichte an der Universität Bologna) p. 523—620 in Vol. III. seiner »Principali Questioni« und *Tiepolo* (Rechtsanwalt, Abgeordneter) die ersten 76 Seiten seiner »Leggi Eccl.«; dagegen commentiren die beiden letzteren überdiess das Gesetz vom 7. Juli 1866, betr. Unterdrückung der religiösen *Körperschaften* und Umwandlung des Kirchenguts in Staatsrente, vom 15. August 1867, betr. *Liquidation* des kirchlichen Vermögens, vom 19. Juni 1873, betr. Einführung der vorgenannten Gesetze in *Rom*, und insbesondere *Cassani*[2]) (1876, p. 349 - 390) ausserdem noch das Bürg. G. B. Art. 433, 434, 831, 833 und 1075 und (p. 391) das G. vom 5. Juni 1850 (vgl. *Saredo*, il governo del re e l'acquisto dei corpi morali) etc., *Tiepolo* aber noch (p. 460—502) das für Sicilien erlassene Erbpachtgesetz vom 10. August 1862 und andere Bestimmungen bezüglich der Kirchengüter.

Im Gegensatze zu *Cassani*, der als *Rechtshistoriker* und Theolog auf das canonische Recht und selbst auf Bibelstellen zurückzugehen pflegt, zergliedert *Tiepolo*[3]) unter Verzicht auf politische Erörterungen

---

Chiesa, Rom, Florenz und Turin 1884 bei Ermanno Löscher, 505 p. in 8⁰, 9 Fr. [Sein »Stato e Chiesa,« (oder die Beziehungen zwischen Staat und Kirche urkundlich vom Ende des Investiturstreites bis zum Tode Ludwig des Bayern, 4½ Fr.) erschien 1882 zu Florenz bei Le Monnier]; *StR.* = Staatsrathsgutachten; T. = *Tiepolo*, leggi ecclesiastiche, Turin, Rom und Neapel, Unione tipografico-editrice 1878—81, 527 p. in 8⁰. 8 Fr., als Serie II. der Saredo' und Gianzana'schen Raccolta delle leggi speciali. — »Um die Unmasse der schon in *Italien* allein erschienenen Schriften über die *römische* Frage auch nur oberflächlich zu sichten«, hält Scaduto p. 9 »selbst einen dickleibigen Band für nicht ausreichend« vgl. S. 8 Anm. 14 unten.

2) Im Eingange des Vol. III. behandelt *Cassani* (vgl. Seite 10 Anm. 19.) rechtsgeschichtlich wie dogmatisch die Entstehung des Gotteshaus- und des Pfründengutes (p. 1—44), sodann die Hierarchie und die Domcapitel (44—80), Rechte und Pflichten der Pfründenbesitzer (81—171), Verleihung der Pfründen (172—246), das Patronat (246 - 291), endlich den Verlust der Pfründen und die kirchlichen Censuren (292—348). (p. 611 muss es statt Ducroch stets heissen Ducrocq, Cours de droit administratif; p. 486 wäre mit Rücksicht auf p. 519 A. 25 des G. vom 19. Juni 1873 zu berücksichtigen gewesen etc.).

3) *Tiepolo* enthält leider nicht mehr die Rechtsprechung der letzten 6 Jahre und mitunter auch nicht vollständig die *früheren* Rechtsquellen; so ist z. B. p. 62 statt des Decrets vom 25. Juni 1871 (Avv. 1879 p. 110) noch das vom 26. Juli 1863 angeführt etc., vgl. unten Anm. 5.

mit der einem *praktischen* Juristen eigenen Kürze und Bestimmtheit den allerdings oft sehr dehnbaren Inhalt des Gesetzesbuchstaben und zwar stets an der Hand der Urtheile der Cassationshöfe Florenz, Neapel, Rom, Turin etc.; er könnte vielleicht in seiner nächsten Auflage selbst Scaduto zwar nicht für die Rechtsgeschichte, aber doch für die Rechtsdogmatik überflüssig machen, wenn er den Entstehungsgang der einzelnen Gesetzesartikel ausführlicher hinzufügen wollte. Tiepolo's »*Gang der Cultusgesetzgebung*« p. 79—121 beginnt vom sard. Gesetze vom 29. Mai 1855, betr. Unterdrückung der beschaulichen Orden etc. und den für die einzelnen Provinzen hierzu etc. erlassenen Ausführungsbestimmungen, reicht bis zum G. vom 2. Januar 1876, betr. die Renteneinschreibung, erörtert namentlich das G. vom 11. August 1870, betr. Umwandlung des Grundvermögens der *Gotteshausstiftungen* in Staatsrente (p. 445—459) und genügt durchaus zum Verständnisse der allerdings nur zu häufig sich nicht bloss ergänzenden, sondern selbst aufhebenden Gesetzesbestimmungen, ((deren innere Widersprüche, wie im Verhältnisse der Ordens- zu den Weltgeistlichen, des Landbezirks Rom zum übrigen Italien und insbesondere hinsichtlich der willkürlichen Zahlengrenzen selbst Cassani 1876 p. 490, 505, 520 etc. nicht verschweigen kann; so ist z. B. durch A. 25 des G. vom 19. Juni 1873 der Gehalt eines Domherrn von bisher *1600* fr. auf 1360 fr., von *1601* fr. dagegen sofort auf 1121 fr ermässigt worden!)). Die Nachträge, namentlich die Rechtssprechung, welche fast sich politisch beeinflussen zu lassen scheint (Sc. 451 A. 2, unten S. 11), sind allerdings nur mühesam aus dem Circolo giuridico, dem Monitore dei tribunali etc. und jetzt der Giurispr. ital., theilweise auch aus dem Avv. eccl. zu entnehmen.

II. Scaduto's Rückblick umfasst die Entstehungsgeschichte des Gesetzes sowie namentlich die geistige wie sachliche Entwicklung (11—56) des von ihm als culturpolitisches Universalheilmittel vergötterten Lehrsatzes von der »*freien Kirche im freien Staate*,« worüber (p. 7) er insbesondere den, dem ital. Staatskirchenrechte zu ferne stehenden Deutschen, die immer noch nicht auf Cavour's Glaubensbekenntniss schwören, eine »*bessere* Meinung beibringen« will, obgleich er uns das Geheimniss (Arch. 47 p. 348, Avv 1880 p. 397, T. 4, 9, 15, 58 und 65) verräth, dass sich Italien die Kirchenfreiheit nicht als Endzweck oder Ideal, sondern nur als *Mittel* zur Vergewaltigung (Sc. 20, 38, 40, 53), als »Fahne zur Einschmugglung verdächtiger Waaren« (vgl. Nuova Antologia 1875 p. 695 etc.) gedacht hat, also durchaus verschieden vom Grafen Montalembert, von welchem, wie Sc. 15 A. 1 anerkennt, der Wahrspruch »L'Eglise *libre* an sein d'un Etat libre« herrührt (Arch. 50. p. 363). Die »*Autonomie* der Kirche in Italien bedeutet also nur den Vorzug, vor den ordentlichen *Gerichten* (unten S. 37, Sc. 12 u. 347, Cassani 1876 p. 318) an Stelle des Staatsraths Recht zu nehmen in den Streitigkeiten über kirchliche oder weltliche Zuständigkeit, durchaus aber nicht eine Parallelaction oder Ebenbürtigkeit mit dem Staate. *Cavour*[4]) nannte »*Trennung von Staat und Kirche*« sein am 25. März 1861 im ersten italienischen Parlamente ziemlich schleierhaft angedeutetes Zukunftsbild der culturpolitischen Gesetzgebung, wodurch er die in Folge des nationalen Aufschwungs gesteigerten Befürchtungen der kathol. Gemüther ob der ferneren Unabhängigkeit des Papstes, wie durch einen Zauberspruch bannen zu können vermeinte. Diess Verfassungsprogramm hätte bei folgerichtiger Weiterentwicklung nach dem Vorbilde Nordamerika's und Belgiens höchstens zur Umwandlung der ehedem *herrschenden* Staatskirche in eine, nach Art der übrigen Bekenntnisse ihre Angelegenheiten selbstständig ordnende *freie Gemeinschaft* führen können; gleichwohl würde sich die Hierarchie gerne noch länger der Staatsaufsicht über das Kirchengut (§. 13 u. 14.) *in den Grenzen* gefügt haben, innerhalb welcher sich die Staatshoheit auch gegenüber dem Vermögen der Provinzen, Gemeinden und sonstigen öffentlichen Anstalten bewegt. Statt aber hiermit sich zu begnügen, unterwarf eine, seit Beginn dieses Jahrhunderts in keinem anderen *verfassungsmässigen* Lande mit gleich zielbewusster und unerbittlicher Beharrlichkeit aufgetretene *Staatsallmacht* schrittweise das *gesammte*[5]) Re-

4) Discorsi raccolti e pubblicati per cura di Artom e Blanc (Barbèra 640 etc.) Sc. 456. *Gegen* Trennung von Staat und Kirche sprechen sich aus: Prof. Dr. *Sohm* in *Dove* und *Friedberg's* Zeitschr. f. K. R. XI 178, weil »die Ehe zwischen Staat und Kirche nothwendig sei etc.,« Arch. 48. p. 279, »trotzdem die Kirche, wenn vom Staate losgelöst ihre Lebenskraft nur noch intensiver entfalte,« Syllabus (Irrthum N. 55) etc., vgl. Abignente in der italienischen Abgeordnetenkammer am 27. Januar 1871 (Sc. 90), Ggl. 8 A. 3.

5) Der italienische Staat zog — mit Ausnahme der Pfarreien und Gotteshäuser — vorweg 30 % des Kirchenguts zu Gunsten der Staatskasse ein und behält, was T. 170 übersieht, von den restirenden 70 % der unterdrückten kirchlichen Körperschaften wiederum zufolge A. 35 des G. vom 7. Juli 1866 für sich volle 3/4. (*Cassani* 1876 p. 407 und 648 hätte für die *Gemeinden* einen grösseren Antheil gewünscht). Ein weiterer Vortheil erwuchs der Staatskasse dadurch, dass die ihr bisher obgelegenen Cultusausgaben auf den aus dem Vermögem der unterdrückten kirchlichen Anstalten gebildeten Cultusfond Italiens bezw. der Stadt Rom übernommen wurden. In Italien ist trotz der nur *theilweise* durchgeführten Confiscation die Finanzlage der Bischöfe und Pfarrer eine ungünstigere, als in Frankreich, wo (Ggl. 97 und 138) der Staat in der Revolution zwar das *gesammte* Kirchengut eingezogen, dagegen die *Besoldungen* auf die Staatskasse übernommen hat. Unten §. 16.

ligionsvermögen der weltlichen Herrschaft und »*trennte*« die Kirche von ihrem »volkswirthschaftlich nicht genügend ausgenutzten« Grundbesitze (unten §. 18).

Das G.-Gesetz hat nun allerdings in systematischer durchgreifendem Masse, als namentlich die französische (*Ggl.* VI u. 17 etc.) oder irgend eine deutsche Gesetzgebung (*Geffcken* 30, Sc. 96, unten S. 13 Anm. 22) die Kirche vom Placet und Missbrauchsrecurse[6]) befreit; doch konnte diesem einseitigen Gesetzgebungsakte die vollständige Beseitigung der soeben bezeichneten Befürchtungen der kath. Welt umso weniger gelingen, als Jung-Italien im G.-G. noch lange nicht den endgültigen *Abschluss* der grundlegenden Verfassungsbestimmungen über sein Verhältniss zur Kirche anerkennt, vielmehr immer noch sich vorbehält, nicht nur in die Kirchenverfassung und Zucht, sondern selbst in die Exterritorialität des heiligen Stuhles einzugreifen (unten S. 20 A. 1.

III. Nicht blos *Taiani* (im Abgeordnetenhause vom 7. Mai 1875, Sc. 98 u. 429, A. 1), sondern selbst *Cassani*[7]) 1876 p. 726 und das

---

6) *Scaduto* vergisst p. 377 Anm. 3. des Justizministers Vigliani Erlasse an die Staatsanwaltschaft vom Februar 1875, die Cassani 1876 p. 618 enthält, zu erwähnen; p. 350 verwechselt Scaduto einfache *Beneficien*, die allerdings nicht mehr errichtet werden dürfen, mit Zuwendungen an Gotteshäuser für ewige *Seelenmessen*, welche nach, wie vor, statthaft bleiben (St. R. 6. Juni 1879, Kass. Rom 17. Oct. 1876) etc., unten §. 15.

7) Ueber die Gerichtsurtheile in Sachen Martinucci gegen den hl. Stuhl (Arch. 49. S. 289) und gegen die Ruhestörer bei der Ueberführung der Leiche Pius IX. schweigt sich *Scaduto* (p. 451 und 141, 447, 450) aus; zufolge p. 141 hätte Leo XIII. es unterlassen, »die Ehrenrechte für die Leiche seines Vorgängers förmlich *in Anspruch* zu nehmen;« gleichwohl hätte doch das Gericht *von Amtswegen* bei der Strafausmessung hierauf rücksichtigen müssen. Allerdings lehrt uns Scaduto p. 448 und 450, dass »es sich nicht mehr der Mühe »lohne, über die garantiemässigen *Ehrenrechte* des Papstes auch nur *ein* Wort noch zu verlieren.« Mit gleicher Geringschätzung fertigt Scaduto die doch fast von allen kath. Mächten und selbst von Preussen als fortdauernd vorausgesetzte Souveränität des hl. Vaters über das *vaticanische* Gebiet ab; letzteres bezw. der Rest des Kirchenstaates sei (p. 13) einem »Sündbocke oder Prügelknaben« zu vergleichen, der sich für die Christenheit opfern müsse. p. 449 meint Scaduto, es liege kein »*ausreichender* Grund mehr vor, um gerade *dem* »*hl. Stuhle* besondere Posten und Telegraphen zu gewähren, weil das *Postge-* »*heimniss* nur in seltenen Fällen der Gefahr im Verzuge verletzt werde und »in diesen Fällen es nicht gerecht erscheine, gerade *dem hl. Stuhle* gegenüber »hievon eine Ausnahme zu machen (!)« Bezüglich der geistlichen Erziehungs- und Bildungsanstalten in Rom und den vorstädtischen Bisthumssitzen würden wir, fährt Sc. 450 fort, »vorschlagen, die Aufsicht der staatlichen Unterrichts- »behörden nur hinsichtlich der theologischen Fachstudien, nicht aber auch für »die rein wissenschaftlichen Vorklassen auszuschliessen. Die übrigen Vorrechte

von der kgl. Verwaltung des allg. Cultusfonds herausgegebene »Manuale di tutte le leggi, decreti e regolamenti relativi all' asse ecclesiastico« erblicken im G.-G. statt des ernstlichen Versuches eines Friedensschlusses blos eine *Etappe auf dem Wege zur Vernichtung der kirchlichen »Alleinherrschaft«*; in der Vorrede zu dem 1878 erschienenen Bd. II. des Manuale heisst es: »Die Regierung beobachtet »während der schwebenden Ausscheidung des Kirchenvermögens noch »eine *zuwartende*, aber ihr volle Freiheit der Entscheidung wahrende »Haltung, um die Dinge ihrer Entwicklung entgegenreifen zu lassen »und um dann gegenüber der *endgültigen* Regelung der Verhältnisse »»der Kirche *im* Staate« die der Zukunft der Nation am besten ent»sprechende Stellung einnehmen zu können. Verfrüht wäre jede An»deutung über die aus der Asche des Cultusfonds hervorgehende Neu»ordnung; worauf solche aber abzielen müsste, ist bei der fortschrei»tenden Verweltlichung, den Regungen des *grossen*[8]) italienischen »*Vaterlandes* sowie den kraft- und erfolglosen (?) letzten An»strengungen des römischen Hofes im Kampfe gegen die hochfluth»artige Bewegung zur baldigsten Verbesserung der *Kirchenverfassung* »und -Zucht[9]) unschwer vorher zu sagen, nämlich auf Befreiung der

»des hl. Stuhles, die Unantastbarkeit, die Strafverschärfungen, die Gesandten, »die örtliche und persönliche Immunität sind, hauptsächlich solange noch die »*Mächte Vertreter* beim hl. Stuhle haben, durch die Ausnahmestellung ge»rechtfertigt, welche die kath. Kirche *zur Zeit* (!) noch einnimmt. An und für »sich würden wir sowohl nach Aussen hin, als auch in Italien eine solche Aus»nahmsstellung gerne *beseitigen* (!); nur wird es (vgl. p. 39) *schwer halten*, »sie durch ein Gesetz aufzuheben, solange sie thatsächlich nicht aufhört. Von »diesem Gesichtspunkte aus lässt sich der römischen Frage, insoweit sie näm»lich in den fremden Kammern das Gleichgewicht stört, eine *internationale* »Eigenschaft nicht absprechen, ohne dass jedoch daraus ein Interventionsrecht »abgeleitet werden könnte; denn *in unserm Hause* haben wir, falls die »Mächte die Garantieen oder auch *blos das gemeine Recht* (vgl. Sc. 386–418) »für das religiöse Oberhaupt unserer und ihrer Unterthanen nicht mehr als »ausreichend erachten, stets das Recht schliesslich zu erklären, dass wir das »Oberhaupt nicht verpflichten, *uns* länger mit seiner Anwesenheit zu beehren.« — Der Vatican liegt zwar geographisch in Italien, nicht aber, wie Sc. 118 voraussetzt, »*im Königreiche*« Italien! Arch. *53*, 470, unten S. 15.

8) Selbst *Cassani* Rif. discipl. 1878 p. 436 (vgl. 77 u. 432) will durchaus nicht bezweifeln, dass »in un avvenire qualcunque« Südtirol den Anschluss an das »*grosse* italien.« Vaterland erreichen wird; die Lostrennung von Triest »kann aber das deutsche Volk nie gestatten,« fügt er bei.

9) Auch *Scaduto* (p. 430) lässt das Dogma unberührt, möchte aber herzensgerne die *hierarchische* Verfassung (p. 16, 31, 36, 38, 423, 432) reformiren, besonders dadurch, dass die Pfarrer von der *Kirchengemeinde* (p. 233–240, 253, 261, 266, 328, 332 und 422, dagegen *Cassani* 1876 p. 689) und die Bischöfe etc. vom Diöcesanklerus (Sc. p. 247, 251, 423 und 428) vor-

»Kirche. Die heutigen Lehrsätze des römischen Hofes verwirklichen, »hiesse das *Laien*element[10]) brach legen und das Kirchenvermögen »der *hohen* Geistlichkeit zur Verfügung stellen. Der Staat verletzt »daher in keiner Weise (Sc. 231) die Freiheit der Kirche, wenn er für die »Religionsverbände Satzungen *entwirft*[11]) oder die von ihnen vorge- »schlagenen genehmigt. Als freiheitliche Errungenschaft werden wir »den Tag begrüssen, an welchem der Staat zum letzten Male seine Ober- »herrschaft über die Kirche ausübend, sie von allen Fesseln loslöst und »den (neu zu schaffenden)[12]) Pfarr- und Diöcesanvertretungen[13]) die »bisher *staatlich* wahrgenommene Cultusverwaltung und Aufsicht »überträgt.« (T. 12, vgl. auch 3, 18, 76, 270, 503 und 513).

---

geschlagen werden würden; auch gefiele ihm p. 63, 436 und 452 die *nationale* Heranbildung der Geistlichen unter Staatsaufsicht, die Zulassung *gerichtlicher* Klagen gegen die Bischöfe auf Rückgängigmachung der Excommunication und Suspension p 354, 357, 373 und 422. Sein (p. 105 A. 1, p. 360) und Cassani's (1876 p. 345) Vorschlag, dass die Bischöfe auch nichtbepfründete Geistliche nur nach *rechtlichem* Gehöre und canonischer Beweiserhebung, nicht mehr aber aus blosser »informata conscientia« a divinis interdiciren sollen, entspricht dem in Frankreich etc. (Ggl. 23) bereits geltenden Rechte, unten S. 38.

10) *Cassani* 1876 p. 650 etc. und *Scaduto* p. 86, 370, 422, 432 wollen die Laien nicht blos auch in denjenigen Gemeinden, in welchen die Pfarrer allein das Gotteshausvermögen noch verwalten, zur Mitverwaltung heranziehen, sondern auch zur Beaufsichtigung des Pfründenvermögens, abgesehen (S. 172 Anm. 9) von der Wahl der Geistlichen, unten §. 9. A. 7.

11) *Cassani* 1876 p. 539, vgl. 582, 609, 614, 649 und 718, sowie im »Stato e Chiesa« II. (1880) p. 273 erachtet eine Disciplinarreform zwar für geboten, will sie aber nur von der Kirche und ihrem *Oberhaupte* ausgehen lassen und lehnt daher die Einmischung des Staates ab.

12) *Peruzzi's* Entwurf (Sc. 488) lässt die 2—3 Laienabgeordneten zur Pfarrvertretung unmittelbar von allen kath. Gemeindebürgern, *Mauri* sie aber nur von den kath. Mitgliedern des Gemeinderaths wählen. Da Italien sich der franz. Gesetzgebung anzulehnen sucht, so könnte das Schicksal des franz. Gesetzentwurfs vom Jahre 1880 betreffs der Bildung und der Zuständigkeit der Kirchengemeindevertretung (Ggl. 299) auch für Italien massgebend werden. Mit der Frage der Pfarr- und der Diöcesanvertretung befassen sich namentlich auch *Pantaleoni* in der Nuova Antologia 1876 p. 41 etc., *Cassani* 1876 p. 593—718 und das 1880 zu Neapel bei *Morano* erschienene »Studio sull' articolo 18. della legge 13. Mai 1871.« *Bonghi* versprach sich hievon wenig Vortheile. Sc. 235 A. 1. und 239 A. 2.

13) Die Diöcesanvertretung scheint sich zusammensetzen zu sollen aus dem Bischofe oder dem Capitelsvicar, zwei Abgeordneten des Domcapitels und der Pfarrgeistlichkeit, sowie aus 3—6 *gläubigen* Laien, welche zufolge Peruzzi seitens der Pfarrvertretungen (obige Anm. 12) der Diöcese, zufolge *Mauri* dagegen (T. 18, *Cassani* 1876 p. 668) seitens der kath. Mitglieder der Provinzialvertretung gewählt werden würden. Hiebei scheint, da dermalen die 264 Diöcesen Italiens nirgends mit den Provinzen zusammenfallen, fast eine *Vereinbarung* mit dem hl. Stuhle über die Zusammenlegung der Bisthümer beab-

IV. Der einfache Uebergang der *Staats*verwaltung auf die *Diöcesan*vertretung hinsichtlich der Vermögensmasse der aufgehobenen kirchlichen Anstalten (»fondo per il culto«, §. 17), welche auf die Diöcesen vorerst gesetzlich ausgeschieden werden müsste, einerseits und der *Intercalarfonds* etc. anderseits, die bisher von den kgl. Generalöconomaten[14]) (Bologna, Florenz, Mailand, Neapel, Palermo, Turin und Venedig) neben einigen kath. Landesstiftungen verrechnet wurden, würde seitens der Curie als »freiheitliche Errungenschaft« oder wenigstens als vielverheissender Anfang zu einer auch *vermögensrechtlichen Lostrennung der Kirche vom Staate* entgegen genommen werden können, namentlich wenn zugleich die bisher *staatliche* Bestätigung der Pfründeneinweisung auf die Diöcesanvertretung decentralisirt wird: — Fragen, welche der im März 1885 durch königliches Decret neugebildeten Commission zur Ausarbeitung des in Art. 16 und 18. des G.-G. vorgesehenen Gesetzentwurfs wegen Neuordnung der Verhältnisse des Kirchengutes (Sc. 42, 378, 423 und T. 17, oben S. 173, Anm. 12) vorliegen dürften. —

Eine solche Erweiterung der kirchlichen Autonomie entspricht jedoch durchaus nicht den Anschauungen Scaduto's, welcher seinen Commentar mit folgender Critik schliesst:

(p. 445) »Obgleich dem G.-Gesetze nach der Absicht und den »Erklärungen des Ministeriums sowie verschiedener Abgeordneten und

---

sichtigt zu sein. *Cassani* 1876 p. 645, 703 und 705, Sc. 43, 82 und 458, T. 92 und 275. Der Fortbestand der kleinen Diöcesen findet sich allerdings (S. 170 Anm. 2) durch die Einziehung von 30 % des Kirchengutes und die jährlichen Abgaben an den Cultusfond etc. gefährdet, indem das bischöfliche Einkommen mitunter kaum mehr 6000 Fr. jährlich beträgt.

14) Unten §. 11. *Scaduto* verwechselt p. 303 Z. 15 die Generalöconomate mit dem Cultusfond, entschuldigt jedoch p. 6 (vgl. 264) zum Voraus allenfallsige Versehen (vgl. oben S. 5 Anm. 6) mit dem Mangel eines Handbuches oder Grundrisses des *ital. Staatskirchenrechts*. Auf die *Staats*gesetzgebung nehmen allerdings die in den bischöfl. Seminarien gebräuchlichen Lehrbücher des diritto canonico keine Rücksicht, selbst nicht Univ.-Prof. *Pateri* (oben S. 1 Anm. 1) ausreichend. Sogar *Padeletti's* »Libera Chiesa in libero Stato« in der Nuova Antologia 1875 p. 656—700, *Piola*, »La Libertà della Chiesa« (Mailand 1874 bei Höpli vgl. Sc. 497), *Bonghi* (Sc. 493), *Cassani* (abgesehen von Vol. III), *Castagnola*, *Mamiani*, *Minghetti* etc. (vgl. oben S. 1 Anm. 1) befassen sich mehr mit *Politik* als mit systematischer Darstellung des *geltenden* Rechtes. *Rivarolo*, der sich wohl eines der »Amtshandbücher für franz. Pfarrer« (Ggl. III.) zum Vorbilde genommen hat, ermangelt zwar einer nach grossen Gesichtspunkten systematisch durchgeführten Stoffeintheilung, ist jedoch viel reichhaltiger und oft weniger breitspurig als Scaduto oder Cassani. Erwähnung verdient auch des Advocaten *Zecca*, »Codice di polizia ecclesiastica.«

»Senatoren die Eigenschaft *gleichsam* eines *Verfassungsgesetzes*[15]) zu»kommen soll, so geht dies doch aus seinem Wortlaute selbst nicht »hervor. Zur Aufhebung oder Abänderung desselben ist desshalb »keine eigens hiefür einzuberufende Versammlung nöthig, wie denn »überhaupt unser Staatsrecht auch nicht einmal für Aufhebung oder »Abänderung eines Artikels der Verfassungsurkunde erschwerende Vor»schriften enthält (Sc. 39, 224, 438 u. 458). Der Aufhebung oder Abände»rung des G.-G. stünde auch nicht dessen *äusserer* (!) Character entgegen; »denn einerseits bedeutet dasselbe keineswegs die Fortgewährleistung der »dem Oberhirten des Katholicismus von früher her zugekommenen Vor»rechte, sondern lediglich *Zugeständnisse*[16]) *Italiens*; anderseits bildet »solches auch nicht Gegenstand eines *völkerrechtlichen*[17]) Abkommens.

15) Sc. 39, 438 und 458⁹, T. 7, *Geffcken* 19 und 37, St.-R. 27. Febr. 1878. Mit Recht bezeichnet daher die Depesche des österr.-ungar. Botschafters *Haymerle* vom 13. December 1877, Arch. 47. p. 467 des G.-G. als einen »*schwachen Wall*« für den Vatican; der einzige Schutz gegen eine Revision des *ersten* Theiles des G.-G. liegt in der *Exterritorialität* des Vaticans, welche Italien schon aus Rücksicht gegen die kath. Mächte nicht antasten darf.

16) *Scaduto* lässt durchgehends (p. 86, 112, 420, 437) die dem Papste verbliebenen Rechte nicht als die Ueberreste seiner *internationalen* Unabhängigkeit, sondern nur als *Gnadenbezeugungen* Italiens (!) gelten, welches solche jederzeit einseitig zurückziehen könne; der vorurtheilsfreiere Tiepolo erkennt dagegen p. 22 an, dass das G.-G. einfach den früheren Zustand hierin *beibehalten* wollte. (Der hl. Stuhl protestirte unter Unterlass gegen die Benachtheiligungen durch das G.-G. Arch. 25. p. CVLVI, 26. p. LX, 27. p. IV, 28. p. CIX, 50. p. 435). Im Interesse einer rein *objectiven* Darstellung hätte *Scaduto* — unbeschadet seiner, auf erweiterte Einmischung des Staates hinauslaufenden *persönlichen* Anschauung — den entgegengesetzten Standpunkt der Kirche wenigstens in den Anmerkungen kurz andeuten oder widerlegen können und sollen. *Scaduto* fuhrt unter den Quellen zwar *Pantaleoni's* (vgl. Nuova Antologia 1876 p. 41, Sc. 34, 38, 43, 453, 497) Concordatsentwurf, die Vorschläge *Cavour's* (Sc. 12, 34, 456 und 494), *Ricasoli's* (Sc. 36, 458 und 498), der Ausschüsse der Abgeordneten und des Senats (Sc. 105, 467, 470), selbst *Peruzzi's* (Sc. 487 und 497) und *Mancini's* bezw. *Crispi's* (Sc. 92, 104, 107, 489 und 495), auch insoweit letztere über den Rahmen des Garantiegesetzes hinausgehen, ihrem vollen Wortlaute nach auf, *merkwürdiger* Weise jedoch *nicht* auch den zwar nicht in den Documenti diplomatici dell' 1870, wohl aber im Arch. 25. p. LXVII veröffentlichten *Vergleichsvorschlag* des italien. Ministeriums vom 29. August 1870, wiewohl solcher ihm (Sc. 99 Anm. 2) gewiss nicht entgangen ist, unten S. 15 A. 2.

17) *Scaduto* gesteht übrigens offen ein, dass Italien ohne die Rücksicht auf die *europäischen* Mächte dem hl. Vater nicht einmal die im G. vom 13. Mai 1871 enthaltenen »Garantieen« (p. 55, 79, 95 Anm. 1, 117) geboten hätte, sowie dass Italien, *wenn* für den hl. Stuhl die Mehrzahl der Mächte ein grösseres Mass der Unabhängigkeit *nachdrücklicher* beansprucht hätte, auch hierin sich *gefügt* haben würde (p. 28, 56, 78, 440). Der Annahme (p. 18,

»Italien brauchte daher, wenn es an eine gründliche Verbesserung »der Kirchenverfassung oder (!) des bezüglichen Abschnittes *unseres* »*öffentlichen* (!) Rechtes herantreten wollte, sich durchaus nicht in»nerhalb des Rahmens des G.-G. zu halten. Ob jedoch eine Revision »jetzt schon an der Zeit wäre? Des Abg. *Petrucelli's* Gesetzesskizze »liessen von den 9 Kammerausschüssen 8 nicht einmal zur *Ver*»*lesung* zu, welche doch als blosse Höflichkeit (p. 446) sonst nicht »verweigert zu werden pflegt. Auch bei der Interpellation 1875 »meinten selbst Taiani und Mancini, dass man *noch nicht* (!) Hand »an's G.-G. legen könne, sei es aus Rücksicht für Pius IX. oder weil »man noch nicht Erfahrungen genug habe. Die behufs einer *Ab*»*änderung* des G.-G. von der äussersten Linken in verschiedener »Form vorgeschlagenen Tagesordnung fand keinen Anklang. Beim »Tode Pius IX. und anlässlich der Ruhestörungen bei der Ueber»führung seiner Leiche sprach man viel von einer Gesetzesänderung; »die Blätter der fortgeschrittenen Linken sprechen hievon auch jetzt »immer noch; doch wären nach Annahme der Rechten und *manches*(!) »der Kampfespolitik fernerstehenden Staatsmannes die Zweckmässig»keitsgründe (für Beibehaltung des G.-G) immer noch nicht wegge»fallen. Daran aber, dass Italien (p. 448) beherzt zuzugreifen und »die Aufgabe der Kirchenpolitik *endgültig* zu lösen *jetzt* die Macht »habe, halten wir entschieden fest.« (p. 451.) »Der Hauptübelstand »liegt jedoch weniger im *ersten*, als im *zweiten* Theile des G.-G. »d. i. in unserm rein inneren Staatskirchenrechte und auch hier nicht »sowohl in den Gesetzesbuchstaben, als vielmehr in dem die Gelehrten »und die Regierung beherrschenden »*spirito incompetentista*« (vgl. »p. 5 und 94) Geiste der »staatlichen Unzuständigkeit für kirchliche »Verhältnisse.« Das ist der Hauptgrund, aus welchem schon vor »1871 die Ernennungs- und ähnlichen Rechte des Königs werthlos [18]) »geworden waren. Seit 1874 hat allerdings die Regierung eine im»mermehr thatkräftigere Haltung entwickelt und sind, wenn auch »ohne Erfolg, Gesetzentwürfe betreffs der bürgerlichen Trauung *vor* [19])

---

420 und 458), dass Cavour dem hl. Vater nur im Falle seines *Verzichtes* auf jegliche weltliche Herrschaft den Inhalt des G.-G. gewährt hatte, steht Cavour's eigene Erklärung (Sc. p. 23) entgegen (oben S. 9 Anm. 15).

18) Sc. 255 und 257; diess erkennt auch *Cassani* 1876 p. 636 und 694 an, wobei er namentlich die polizeiliche Geheim-Inquisition beklagt, welche dermalen noch die Regierung über das staatsbürgerliche Verhalten der zu Bestätigenden anstellt. Sc. 258, unten §. 11. A. 6.

19) *Scaduto* spricht auch p. 299, 302 und 435 — vgl. 117 — der Verpflanzung des *Culturkampfs* nach Italien das Wort, ferner p. 189, 178, 204, 368, 272, 274, 356 und 376 — vgl. Centralblatt für Rechtswissenschaft,

»der religiösen Einsegnung, betreffs der Missbräuche der Geistlich»keit, und betreffs der Ehescheidung vorgelegt worden. (»Auch darf »an die Urtheile in Sachen Martinucci und der Umwandlung der »Güter der Propaganda erinnert werden«, oben Arch. *54*, 73).

(p. 452). »Aber an *umfassende* Gesetze, wie die deutschen (!) »*Maigesetze* hat man noch nicht gedacht.« Scadato erblickt p. 432 »in der Verbesserung der inneren Kirchenverfassung lediglich ein Mittel »zur Umwandlung vieler Ultrakatholiken in freisinnige Gläubigen« (p. 436) sogar zur Erlangung »gemässigter Cardinäle und daher auch »versöhnlicher Päpste; wenn auch *Wissenschaft* und *Glauben* sich »nimmer mehr decken können«, so findet er doch die Versöhnung zwischen »*Kirche*« und »*Civilisation*« nicht für ausgeschlossen. — Um nicht das Vaterland bezw. das Bürgerthum verleugnen zu müssen, »leide jetzt die Jugend (p. 427 und 431) am *Glauben* Schiffbruch.«

Gewiss liegt dem hl. Vater kein Wunsch näher am Herzen,

Bd. IV. S. 33 — dem *Altkatholicismus*; *Cassani* dagegen verurtheilt 1876 p. 554, 590 und 689 die Maigesetze und den Altkatholicismus 1876 p. 597, 615, desgleichen in der Riforma disc. *1878* p. 119, 166 und 366, *1879* p. 204, vergl. *1871* I 159 etc., II 292. Von seinen »Principali Questioni Politiche-Religiose (vergl. S. 168 Anm. 1) behandeln Vol. I. (1872, 346 S. in 4⁰, 4 Fr.) die »Beziehungen zwischen *Staat und Kirche*« rechtsgeschichtlich und Vol. II. (gleichfalls 1872, 415 S. in 4⁰, 5 Fr.) den päpstlichen Primat und die Rechtsgültigkeit des vaticanischen *Concils*« unten S. 38; er schreibt Vol. II. p. 414: »Wären die Gegner der »»ersten dogmatischen Constitution bezüglich der Kirche »Christi«« wirklich davon überzeugt gewesen, dass der Inhalt derselben sich »sachlich nicht in Richtigkeit verhalte, so hätten sie selbst bei eigener Lebens»gefahr nun und nimmer mehr Rom verlassen dürfen. Die Thatsache steht »vielleicht einzig in der Geschichte da; merkwürdig bleibt es jedenfalls, dass »auch die anfänglichen Gegner sich nicht nur der Entscheidung gefügt, sondern »(vgl. Sc. 435) für dieselbe sogar als Vorkämpfer eingetreten sind. Nirgends »in der Welt kann die Rechtsgültigkeit der Abstimmung der anwesenden Mit»glieder einer gesetzlichen Vertretung deshalb in Zweifel gezogen werden, weil »*einzelne* Stimmberechtigte abwesend waren oder der Abstimmung sich ent»hielten. Rechtlich hat der Einspruch der *vor* der endgültigen Abstimmung »von Rom abgereisten Bischöfe keinerlei Werth; das Gesetz spricht vielmehr »für die auf ihrem Posten verbliebenen Mitglieder.« Von den *Concordaten* (Vol. III. p. 646 und 686) und der *weltlichen* Herrschaft des Papstes im Kirchenstaate hält *Cassani* als Patriot wenig, so dass er (Vol. III. 1876 p. 619) beinahe mit der kirchlichen Gerichtsbarkeit in Berührung gekommen wäre. *Cassani's* »*Chiesa e Stato*« enthält im Vol. I. wie II. je 556 S. in 4⁰ und ausser den päpstlichen Ansprachen etc. und den Thronreden des Königs, namentlich Abhandlungen über die Civilehe (beginnend I. p. 225, 393 u. II. p. 47, 132, 513), den (Wein) Zehnt II. 262, 389, 492 etc., das kirchliche Leben in Italien (I. 92, 367, 381, 457, II. 185 etc.), in Deutschland (I. 187, 364, 470 etc. II. 79, 342, 450, 529) etc. Bücherschau und Necrologe.

als der, auch in Italien[20]) die letzten Ueberreste einer Beengung gutgläubiger Gewissen in Folge des noch scheinbaren Widerspruchs zwischen »*Kirche*« und »*Vaterland*« zu beseitigen; meines unmassgeblichen Erachtens muss die bisherige Zögerung der Curie, auch ausserhalb Sardiniens und Lombardei-Veneziens (Sc. 319) das Königreich Italien anzuerkennen, nicht sowohl in *ihrer* zu jeder Zeit streng legitimistischen Haltung, als vielmehr in den »*kleinlichen* Gesichtspunkten« (*Geffcken* 32 und 43) der *italienischen Regierung* und der Geringschätzung ihren Grund finden, mit welcher letztere namentlich in den letzten Jahren der kath. Hierarchie auf fast allen Wegen des öffentlichen Lebens zu begegnen immer noch für gut fand.

Statt das G.-Gesetz auch zu Gunsten der Kirche gelten zu lassen, glaubte man dem Papstthum sogar mit einer Verschärfung desselben drohen zu müssen und hiedurch die Anerkennung des Königreichs erzwingen zu können, — eine Speculation, welche als verfehlt auch von Scaduto p. 430 anerkannt wird. Ich für meine Wenigkeit halte die Anerkennung Italiens ausserhalb des *vaticanischen* Gebietes durch die Curie nur noch für eine Frage der Zeit und hauptsächlich bedingt vom endlichen *Stillstande* der *Staatsgesetzgebung* in Kirchensachen; unabänderliche Gewaltstreiche, wie die Veräusserung der Kirchengüter (§. 16), kann keine Gesetzgebung mehr rückgängig machen; die Nichtbehelligung der Erwerber derselben hat schliesslich die Curie auch im Concordate mit Frankreich (Art 3.) zugestanden. Die *staatliche* Regelung[9]) der Wahl der Pfarrer und Bischöfe würde jedoch ein solches Zugeständniss nicht als Antwort in Aussicht nehmen können.

Die parlamentarische Regierung des Königs scheint immer noch den Wünschen und Plänen der Linken in höherem Masse, als nöthig, Rechnung tragen zu wollen; doch trennt hoffentlich nur noch eine kurze Spanne Zeit die Mehrheit[21]) des Parlaments der jüngsten Gross-

---

20) Staatsfreundlicher Hirtenbrief des Erzbischofs von Albi bei *Cassani* »Chiesa e Stato.« II. 199, unten S. 36.

21) Der Erlass der Poenitentiaria vom 10. December 1860 (Arch. *51*. p. 126, Avv. *1884* p. 463 und 559, *1885* p. 3, Sc. 87. Anm. 2 und 245) verbietet immer noch den Gläubigen den Eid auf die italien. *Verfassung*; bei stillschweigender Anerkennung des Königreichs würde auch dies Verbot allmälig ausser Anwendung kommen müssen, wogegen die Kirche ihre Partei im Parlamente sofort beträchtlich verstärkt sehen würde, was wohl *Geffcken* 46 befürchtet. *Cassani* Rif. disc. *1878* p. 47 (vgl. 127, 598 und 613, *1879* p. 95) fände es unpassend, »mit Hintergedanken *gegen* Italiens Einheit in's Parlament einzutreten.« Bisher konnten die *Klerikalen* bei ihrer geringen Zahl im Parlamente keinen besonderen Einfluss ausüben (Sc. 28, 80, 87 etc.), während sich

macht von der Erkenntniss, dass Vollwerthung der geistigen wie der materiellen Kraft der in jugendlicher Frische aufblühenden Nation sich eher durch das Zusammengehen aller *erhaltenden* Elemente als durch nutzlose Verewigung *innerer* Kämpfe erringen und dauernd behaupten lässt.

Alsdann [22]) dürften sich allmälig auch ohne förmlichen Friedensschluss, und ohne dass von der einen oder der anderen Seite der bisher principiell eingenommene Standpunkt geradezu aufgegeben zu werden braucht, die persönlichen oder doch wenigstens die diplomatischen Beziehungen zwischen dem *Vatican* und dem *Quirinal* zu einem auf die Dauer *erträglicheren* modus vivendi entwickeln.

---

die freisinnigen Katholiken der Rechten anschlossen (Sc. 90, 245, vgl. 490 [17] und Arch. *53*, 474), unten S. 30 A. 3.

22) Inzwischen sei uns verstattet, im gedrängten Auszuge, aber unter Angabe der Hauptquellen den jüngsten Stand der *staatskirchenrechtlichen* Gesetzgebung Italiens rein *sachlich* darzustellen, da solche, wenn von der Massregelung des *Kirchengutes abgesehen* wird, vielleicht auch diesseits der Alpen bei seinerzeitiger Neuregelung der Grenzen staatlicher und kirchlicher Gewalt in Betracht gezogen zu werden verdient! Des Zusammenhangs halber schicken wir

A. die **äusseren Rechtsverhältnisse des hl. Stuhles** voraus, nämlich

Der Abschnitt *B.* **enthält das innere Staatskirchenrecht Italiens** und zwar

I. die **inneren** Religionsangelegenheiten, nämlich:

II. die **gemischten** und Vermögensangelegenheiten,
III. **Bischöfe**, Domcapitel und Seminare,
IV. **Pfarrer**, Pfarrpfründen und Gotteshäuser, endlich
V. **Friedhöfe**, Wohlthätigkeit und Unterricht.

Des heiligen Stuhles Staatshoheit und Italiens Kirchengesetzgebung,

auf Grund der neuesten Rechtssprechung systematisch erläutert.

A. Der heilige Stuhl.

§. 1. Politische Souveränität des h. Stuhles im vaticanischen Gebiete.

Die öffentlichen Rechte des h. Stuhles in Italien beruhen theils auf seiner *völkerrechtlichen* Selbständigkeit, theils (§. 2 und 3.) auf der *italienischen* Gesetzgebung. Kraft *eigenen* Rechtes [1]) handhabt

---

Die Abkürzungen erklären sich aus (Archiv 54. S. 167) obiger S. 1 Anm. 1. zur »Staatskirchenrechtlichen Literatur und Richtung Italiens.«

1) Note des Cardinalstaatssecretärs 1. Sept. 1882, Arch. 49. S. 289 und 291. Die zufolge *göttlicher* Einsetzung *ausserhalb* jedes »*Staats*«-Kirchenrechtes stehende Spitze der katholischen Kirche leitet die, — wie Guizot, Barot und in der italien. Abgeordnetenkammer Toscanelli am 23. Januar 1871 betonte, Sc. 13, 14 (A), vgl. 86, 88 und 95 — für die kirchliche Freiheit unerläsliche *politische* Souveränität im vaticanischen Gebiete *nicht* von »*Zugeständnissen*« Europas oder (oben S. 9, Arch. 54. S. 175) Italiens, sondern unmittelbar »*von Gottes Gnaden*« ab. Discorsi del Sommo Pontefice Pio IX., Roma 1872—1878 IV. p. 441. Die Curie hat auch nicht in der Note vom 18. October 1870, wie *Geffcken* behauptet, »ihre *eigene*, nie versagende Autorität« gegen eine lediglich auf Bewilligungen *Italiens* beruhende Zuständigkeit ausgetauscht, vielmehr (Sc. 17, 421, 437, Arch. 48. S. 89 und 471) noch am 2. März der Jahre 1882 wie 1885, die ihr von Italien angesonnene »demüthigende Stellung, wornach sie dem Gutdünken einer anderen Macht *unterworfen* wäre«, als unannehmbar erklärt und zur Wahrung ihrer Unabhängigkeit gegenüber Italien keine Gelegenheit versäumt (Arch. 25 XXXV, 38 S. 31, 40 S. 155, 41 S. 175, 43 S. 182, 48 S 78, 89 und 473, 50 S. 435, Avv. 1880 p. 199, *Cassani* (Rif. disc.) 1878 p. 267, 290, 507, 530, (Chiesa a Stato) 1879 p. 295, unten §. 5. A. 4. Italiens *völkerrechtlicher* Besitztitel auf Gebietstheile des vormaligen Kirchenstaats kann nur auf *Eroberung* gestützt werden, daher nicht weiter reichen, als die Besitzergreifung ging. Vor dem *vaticanischen* Gebietsreste, worin sich heute noch die bewaffnete Macht des h. Stuhles behauptet, machte die Occupation *Halt*. Einem Feinde gegenüber, der seine Herrschaftsrechte zäh festhält, geschieht mit völkerrechtlicher Wirksamkeit die Besitzergreifung nur, wie 1866 gegenüber Kurhessen und Hannover, durch *Gefangennahme* oder *Vertreibung* aus dem letzten Winkel des Gebietes, nicht aber durch symbolische Geheimakte aus entsprechender Entfernung oder durch papierene Ankündigungen, gleichviel ob letztere in die Form diplomatischer Noten oder von Gesetzen gekleidet sind. Auch Gesetze schaffen nämlich nur für dasjenige Gebiet Recht, welches die

der h. Stuhl frei von fremder Einmischung innerhalb des ihm vom Kirchenstaate [2]) verbliebenen *vaticanischen* Palastes, sowie der zuge-

---

Staatsgewalt unterworfen hat, und worin sie solche verkünden kann. Ein Gesetz kann die *Absicht* des Gebietserwerbs bekunden, indem es die Regierung zur Besitzergreifung (Sc. 32 und 52) ermächtigt; auch kann es eine bereits erfolgte Besitzergreifung gutheisssen; *nie* aber *ersetzt* ein Gesetz die *körperliche* Handlung der Besitzergreifung. Hiernach tritt dem bisherigen Besitzer und Dritten gegenüber die Einverleibung erst dann in Kraft, wenn der Staat die bisherige politische Gewalt an der Fortübung ihrer Gebietshoheit hindert und an ihrer Stelle thatsächlich die Staatsgewalt ausübt. Dem bisherigen Herrscher pflegt deshalb, wie 1866 dem Herzoge von Nassau, der freie Aufenthalt im Lande untersagt zu werden, solange er die *Thatsache* der Unterwerfung und Einverleibung nicht anerkannt hat Der Papst hat niemals zugegeben, seinen Palast als italienisches Staatsgebiet anzuerkennen, und er hat unter den Augen Italiens nach 1870 seine frühere Staatsgewalt ausgeübt, ohne deshalb auch nur vorübergehend (Arch. 53. S. 471) vom Königreiche des Restes seiner eigenen politischen Gewalt thatsächlich entsetzt zu werden. Selbst Angesichts der in Ermangelung eines Friedensschlusses formell (vgl. Sc. 151, 161, 196 A. 2, 213) *fortdauernden »Belagerung«* durch Italien blieb der hl. Vater bisher noch *»freier Herr im Vatican,«* allerdings mit der Gefangennahme bedroht, falls das Königreich zur Endigung des Kriegs und Vervollständigung der Occupation seinen Fuss in den Vatican setzen sollte, wovon es bisher weniger aus Rücksicht auf die »kirchliche Freiheit,« als aus Furcht vor dem Einschreiten *Europas* zurückschreckte. (Arch. 54. S. 172 u. 175, Sc. 16, 28, 53, 55, 79, 95, 117, 151, 157, 292, 300, 391, 420, 440, 446 A. 1 und 450). Der hl. Vater ist (Sc. 60, 67, 68 A. 4, 207, 445) von seinem Posten nicht gewichen. Wollte Italien diesen Widerstand brechen und mit völkerrechtlicher Wirkung den Rest des Kirchenstaates vernichten, so musste es den hl. Vater aus dem Vatican *vertreiben.* Wer den *Zweck* will, muss auch die *Mittel* wollen; wer aber die völkerrechtlichen Mittel einer Occupation anzuwenden sich scheut, erreicht nie den Zweck der Gebietseinverleibung. - Völkerrechtlich bleibt der hl. Vater allerdings nur dann unabhängig, wenn er weder hinsichtlich seiner *Person*, noch auch nur bezüglich seines *Wohnsitzes* fremder Staatsgewalt unterliegt. Wollte daher Italien, unter dem Drucke der Haltung insbesondere der katholischen Mächte Europa's, die *»Unabhängigkeit«* des Oberhauptes der kathol. Kirche aufrechterhalten, so musste es in allen *praktischen* Beziehungen den vaticanischen Palast als *ausserhalb* seines Gebietes gelegen anerkennen. Italien säumte nicht, dieser Anforderung virtuell dadurch zu genügen, dass der Vatican (und daneben auch der Lateran und Castel Gandolfo, unten §. 3. A. 4) als der italienischen Staatsgewalt verschlossen, nie der Enteignung unterliegend, steuer- und abgabefrei anerkannt blieben. Einstweilen steht also noch der Papst im Vatican dem Könige im Quirinal als Staatssouverän gegenüber. Dem Nachfolger Victor Emmanuels »per la grazia di Dio e per la volontà della Nazione« fehlt die Ermächtigung der *Curie,* sie in der weltlichen Herrschaft zu vertreten (Sc. 35), und der Nachfolger Petri (Sc. 111) bedarf keiner Ermächtigung *Italiens,* im Vaticane die frühere Staatsgewalt auszuüben.

2) Noch am 29. August 1870 wollte das ital. Ministerium dem hl. Vater vollste Staatsgewalt über den *ganzen Stadttheil* Rom rechts der Tiber be-

hörigen Gebäude und Liegenschaften die *volle Staatshoheit*, namentlich eigene *Gerichtsbarkeit* [3]), actives wie passives Gesandtschaftsrecht [4]),

lassen (Arch. 25. LXVII, 54. S. 175 A. 16, Sc. 99. A. 2, vgl. 35. A. 1 u. 38); dieser Vergleichsvorschlag scheiterte daran, dass die *Cardinäle* es nicht für angezeigt erachteten, den hl. Vater um Entbindung von der beschworenen Pflicht zu bitten, »die Rechte des h. Stuhles stets ungeschmälert zu erhalten.« Arch. 40. S. 158, Zeitschr. für K.-R. XIV 107, *Geffcken* 5, 13 und 15, vgl. 31. Seit October 1870 hat Italien die Freiheit und Neutralität des vaticanischen Gebietsrestes *thatsächlich* respectirt, obwohl es derselben international nicht mehr ausdrückliche Anerkennung verleihen wollte. Sc. 55, 78, 87, 182, 441, 449 und 460, T. 5—7, Arch. 25. LXV und LXVII. Ein Gesetz des Königreichs Italien über die *völkerrechtliche* Stellung des Papstthums war nicht möglich (*Geffcken* 20 und 43); im Senate warnte Alfieri am 24. Januar 1871 (Sc. 78), vor einem solchen Gesetze; auch der Ausschuss der Abgeordnetenkammer sah ein, dass durch ein solches Gesetz anderen Staaten nicht verwehrt werden könne, die päpstliche Staatsgewalt als fortdauernd anzuerkennen (»che il Sommo Pontefice mantiene il carattere di *sovranità* che a avuto sinora«) T. 6, unten A. 11.

3) Für Civilklagen gegen die *päpstliche Palastverwaltung* (»ratione contractuum aliarumque rerum,« Arch. 49. S. 284, 289 und 294) bestehen zufolge Motu proprio vom 25. Mai 1882 drei Rechtszüge, mit deren Einsetzung (*Geffcken* 39, dagegen Sc. 155 A. 1) »der Papst sich vollkommen *innerhalb* der für seine Autorität nothwendigen Grenzen gehalten hat«; er selbst nimmt vor solchen wegen *vermögens*rechtlicher Ansprüche gleichfalls Recht. Bei den päpstlichen Gerichten werden Bezüge aus der päpstlichen Finanzkammer (*Geffcken* 76) *beschlagnahmt*, und von *Ausländern* die Vorstände und Mitglieder der päpstlichen Nuntiaturen (folgende Anm. 4) belangt, insoweit sie (wie z. B. zufolge des deutschen Gerichtsverf.-G. §. 18) von der Gerichtsbarkeit des Staates, bei welchem sie der hl. Vater beglaubigt hat, befreit sind. Bei den Gerichten des Königreichs Italien kann zwar gegen dessen Diplomaten, dagegen in der Regel nicht gegen päpstliche Diplomaten von Ausländern geklagt werden (*Esperson*, Diritto diplomatico 126, T. 46). Eine Klage gegen die bei auswärtigen Höfen beglaubigten Vertreter der Curie wird vor königlichen Gerichten nur dann zugelassen, wenn der Gerichtsstand durch den Erfüllungsort begründet wird, oder Vermögensstücke des Schuldners sich in Italien befinden (Sc. 155, A. 1). Das päpstliche Palatintribunal übt *peinliche* Gerichtsbarkeit auch über die *bewaffnete* Macht (unten Anm. 6) des h. Stuhles; die italienische Regierung möchte jedoch diese päpstliche Gerichtsbarkeit nur für Verhängung *disciplinärer* Freiheitsstrafen zugestehen und die Vollstreckung solcher Strafen nur dann zulassen, wenn die Mannschaften sich *freiwillig* stellen. Danach würde der Papst auf die Rechte beschränkt sein, welche deutsche *Standesherrn* (Sc. 10 und 142) gegen ihre Schlosswache ausüben. Rechtshülfe zur wechselseitigen Vollstreckung der Urtheile päpstlicher und italienischer Gerichte findet nicht statt.

4) Die Aufnahme fremder *Gesandten* im vaticanischen Palaste (Arch. 53. S. 473) und die Abordnung diplomatischer Vertreter an fremde Höfe ist von der Zustimmung Italiens unabhängig; die Curie bleibt daher auch mit den von Italien *nicht anerkannten* oder bekriegten Regierungen (*Geffcken* 25, Sc. 159,

die *Polizei*gewalt[5]) nöthigenfalls mittelst seiner bewaffneten[6]) Macht und namentlich auch die Selbstverwaltung des *Vermögens* der päpstl. Civilliste, der Basilika und des Capitels St. Peter sowie der Hof*stäbe*[7])

A. 2 und 457[3]) in diplomatischem Verkehre. Den beim Papste als »dem *weltlichen* Herrn des Vaticans« beglaubigten Vertretern auswärtiger Mächte wollte *Mancini* (Sc. 157, vgl. 15, 115, A. 1 und 153) den völkerrechtlichen Schutz entziehen, damit die Vertreter nur »für *kirchliche* Angelegenheiten bevollmächtigt würden; der Antrag wurde jedoch abgelehnt. Ausserhalb Italiens wird den Legaten und Nuntien allenthalben der *Vortritt* vor anderen Botschaftern zugestanden (unten Anm. 10 und §. 2. A. 9).

5) Die *päpstlichen* Palastbehörden üben — ohne Mitwirkung oder Ueberwachung des Königreichs — die gesammte *Staats-* oder politische *Polizei* (Arch. 49. S. 289 und 291) innerhalb des Vaticans aus. Sie entscheiden z. B. über Anträge auf *Auslieferung*; darüber kann aus dem vormaligen Vertragsverhältnisse zwischen dem Kirchenstaate und Sardinien keine Verpflichtung abgeleitet werden; doch pflegen die päpstlichen Behörden den Anträgen italienischer Behörden auf Auslieferung zu entsprechen, wenn *ausserhalb* des Vaticans *gemeine* Vergehen verübt sind (Sc. 158 A. 1, 160—162, vgl. 26, Arch. **25.** XCIX, 46. S. 27, **49.** S. 289 und **53.** S. 471; unten §. 2. A. 1 und 6). — Die Curie bethätigt ihre *Souveränität* insbesondere auch noch durch die Unterhaltung von Schulen (unten Anm. 7), Wohlthätigkeits- und anderen öffentlichen Anstalten in ihrem Gebiete, durch die Verleihung von Orden, Würden und Titel (Ggl. 242, A. 7), sowie Rangeserhöhung etc.; auch könnte sie durch Erbauung einer »Stadt« in den vaticanischen Gärten (*Cassani* pr. qu. p. 528, vgl. 548, 550 und 552) die Zahl ihrer »Unterthanen« vermehren. Choleraspital 1885.

6) Unter den im *Palaste* kasernirten guardie *nobili* und den regelmässig in der *Stadt* Rom wohnenden guardie *palatine*, zusammen 1500—2000 Mann (Sc. 146) befinden sich auch *Nichtitaliener*, bes. Schweizer (Sc. 148, vgl. 448, *Cassani* pr. qu. 1876, p. 528 u. 545). *Gendarmen* hält der h. Stuhl wegen Wegfalls eines Landgebiets nicht mehr; der Antrag Cencelli-Ruspoli (Sc. 144 und 148), »Gendarmen« ausdrücklich auszuschliessen, gelangte bei der Schlussabstimmung nicht zur Annahme. Art. 3. des Gar.-Ges. (T. 27) beschränkt die Leib- und Palastwache »auf die gewohnte Zahl«, ohne letztere auch nur annähernd (Sc. 145) anzugeben und spricht ihr die Eigenschaft einer (Sc. 141 A. 1 und 149) »bewaffneten Macht« ab (unten §. 3. Anm. 8). Nach ital. Rechte könnte daher an ihr keine »Widersetzung« verübt werden (Sc. 142). Auch würde jeder einzelne Mann für die von ihm vollzogenen Anordnungen der Oberen *persönlich* haftbar sein, und die päpstliche Hausmacht würde sich von Privatwachmannschaften nur durch die Dispens von einem Waffenpasse (Sc. 143) unterscheiden. — Bisher schützte das Königreich den Vatican gegen Ueberfälle von Aussen (Sc. 109 und 117) oder durch Volksmassen, so dass der hl. Vater kein *Bedürfniss* empfand, seine bewaffnete Macht kriegsmässig zu verstärken; daraus ist jedoch eine Unterwerfung unter das Gar.-Ges. 3. nicht zu folgern, da noch niemals ein Versuch, die bewaffnete Macht zu verstärken, unternommen und nach *Einsprache* Italiens aufgegeben wurde.

7) Zur *Corte* oder Famiglia Pontificia zählen insbes. die Musikkapelle, die Palastwache, die Ceremonienmeister, die Consistorialadvocaten, die einfachen und die Geheimkapläne, die apostolischen Protonotare und als oberster Kirchen-

und **Regierungs***behörden*[8]. Das Königreich Italien sucht zwar auch den Vatican als (Arch. 53. S. 472) »*Inland*« oder Bestandtheil seines Staatsgebiets zu behandeln. Es bedroht päpstliche Beamte, die im Gebiet des Vaticans eine Zwangsvollstreckung ausführen, sogar mit Strafverfolgung, wegen »Verletzung des Eigenthums bezw. der Freiheit der Person« in »unbefugter« Ausübung eines gleichsam öffentlichen Amtes. Allein *Deutschland*, *Frankreich*, *Oesterreich-Ungarn* etc.[9]) erkennen die *völkerrechtliche* Selbständigkeit des h. Stuhles

Senat die *Cardinäle.* Letzteren gesteht Italien die Freiheit von der Einkommensteuer (richezza mobile) zu, auch wenn sie, wie regelmässig, in der *Stadt* Rom wohnen, nicht aber auch fürstliche Würden, noch die Mitgliedschaft im Senate. Sc. 171, vgl. 35, 40, 55 und 456. *Cassani* pr. qu. II. (1872) p. 160. All' diese Aemter und Pfründen geniessen auch in *Italien* die Rechte juristischer Persönlichkeit (*Castagnola* 197 und 256, T. 72); erst seit 1871 neu errichteten Aemtern und Anstalten scheint jedoch das Königreich diese Rechte nur dann zuzuerkennen, wenn auch der *König* die Corporationsberechtigung verliehen hat. §. 3, A. 3.

8) Zur *Curia* Romana werden gerechnet: (als oberste Kirchen-*Gerichtshöfe*) die »Rota romana« und die »Signature«, (als *Staatsministerien*) die Segretaria dello Stato sowie die delle Brevi, (als Finanzkammer) die Camera apostolica, deren Generalauditor im Gerichte dritten Rechtszugs (obige Anm. 3) den Vorsitz führt, die päpstlichen Collegien, Seminare und Universitäten (wie die Academie di Archeologia sacra, di Religione cattolica, di Liturgia, di Teologia (Arch. 45. S. 198, Sc. 216, *Cassani* Rif. disc. 1878 p. 478), di Cancellaria (unten §. 2. A. 4), die Dataria, die Poenitentiaria, das (Bisthums-) Vicariat von Rom und namentlich die *Congregationen.* Die Propaganda hat (Circular 15. März 1884, Arch. 54. S. 73 u. 177, Avv. 1885 p. 63, *Geff.* 42) für neu anfallende Freigebigkeiten vorsichtshalber *ausserhalb* Italiens und des *Vaticans* Wohnsitz erwählt. Auch diesen Behörden und Anstalten, sowie den von ihnen mitverwalteten Cultus-, Wohlthätigkeits- oder Unterrichtsstiftungen (wie z. B. den Cause delle beatificazioni, *Cassani*, Rif. disc. 1878 p. 561, den Jünglingsvereinen Avv. 1884 N. 117 p. II, vgl. überhaupt wegen der anti ecclesiastici in Rom *Cassani* 1872 p. 269, 297, 321 und 473, 1873 p. 33, 66, 405 und 432) beliess Italien die Corporationsberechtigung, T. 28, 30 und 72; nur die *Generalordenshäuser* verloren die Anerkennung dieser Berechtigung innerhalb des Königreichs Italien (unten §. 3. A. 11 und §. 5. A. 8); im *vaticanischen* Gebiete haben sie übrigens die juristische Persönlichkeit beibehalten, so dass sie trotz des ital. Gesetzes vom 19. Juni 1883 im Auslande nicht erst der vorgängigen förmlichen Neu-Anerkennung als Corporation bedürfen, um dort zum Vermögenserwerbe (Ggl. 55 und 72) zugelassen zu werden. Centralanstalten, welche ihren Sitz von jeher im Vatican hatten oder vor 1871 dorthin verlegten, konnten nämlich von der ital. Gesetzgebung nur insoweit erreicht werden, als in Italien vorzunehmende Rechtsgeschäfte oder dort besessene Vermögensstücke in Betracht kommen.

9) *Frankreich, Oesterreich-Ungarn*, Portugal und Spanien beglaubigen beim h. Stuhle *Botschafter*, dagegen Bayern, Belgien, Bolivia, Brasilien, Ecuador, Chile, Guatemala, Monaco, Nicaragua, Peru, *Preussen* (Ggl.

als ein *eigenes* Recht an, das demselben *unabhängig von der Gewährleistung Italiens* (kraft der räumlich bis 1870 ausgedehnteren Souveränität) verblieben ist. Sie gewähren daher auch dem h. Vater sowie dessen Vertretern unter (Annalen d. deutschen Reichs 1885 S. 320 u. 325) denselben Bedingungen, wie den sonstigen »Oberhäuptern fremder Staaten« und deren Missionen die *Exterritorialität*, einschliesslich der Befreiung vom Gerichtszwange. — Die *persönliche* Befreiung von der Staatsgewalt gewährleistet selbst das Gar.-Ges. (Art. 1.) dem hl. Vater, so dass er auch *in Italien* weder wegen seiner *Amts*handlungen noch (Sc. 115, 133 u. 448) als *Privat*person der Civil- oder Strafgerichtsbarkeit [10]) des Staates oder polizeilichen Massregelungen [11]) unterliegt.

---

240) und San Salvador nur *bevollmächtigte Minister*. Halbamtlich vertreten ist England etc. Jeder Staat, bei welchem ein Nuntius oder Internuntius beglaubigt ist, erkennt, sogar wenn er selbst — wie Holland — keinen Vertreter bei der Curie hat, die Gleichberechtigung der päpstlichen und weltlichen Missionen an (obige Anm. 4). So lange die *europäischen Mächte* (Arch. **53.** S. 473 A. 1 und 475, **54.** S. 175 A. 15, Sc. 39 und 447 A. 1) diplomatischen Verkehr mit dem Oberhaupte der kathol. Kirche unterhalten, fehlt dem Königreich Italien die Macht, die *Curie* der völkerrechtlichen Exterritorialität zu entkleiden, dieselbe staatlich zu »entkörpern« und gleich den nicht über die Staatsgrenzen in ihrer Gliederung hinausreichenden Religionsverbänden unter das *gemeine* Landrecht zu stellen. Zur Wahrung der *Exterritorialität* des Vaticans hat sich Italien nicht dem h. Stuhle, aber den *Mächten* gegenüber *verpflichtet* (Brief Victor Emmanuels, Arch. 53. S. 73, Note vom 21. Sept. 1870, Sc. 55, 66, 73, 87, 99, 440, vgl. 457 vom 18. Oct. 1870, Arch. 49. S. 291 und 293. *Geffcken* 36). Diese völkerrechtliche Verpflichtung besteht noch heute unerschüttert durch den Beschluss des ital. Abgeordnetenhauses, die »Exterritorialität« aus dem Gesetzentwurfe zu streichen (Sc. 86, 99 A. 2, 464 [4] und [5], Arch. 25. XCVII und XCIX, vgl. 40. S. 425).

10) Dem Papste, als dem Staatsoberhaupte, »Come Capo di anno *Stato*«, wie der Ausschuss der Abgeordnetenkammer sagt (T. 6, 20 und 22), verblieb die (Constitutio Pastor aeternus 18. Juli 1870 Cap. 3) Gerichts*freiheit*. (Arch. 49. S. 293 und 54. S. 171 und 177). Sc. (86. 111, 115, 289 und 421) möchte dem Königreiche Italien das Recht vindiciren, die dem Papste (Arch. 54. 175) »neu verliehene« Exemtion zurückzuziehen oder beliebig einzuschränken (dagegen obige Anm. 1). Selbst nach dem Gar.-Ges. (Arch. 49. S. 289) ist »der Papst *persönlich* nicht erreichbar.« Eine Klage des Baumeisters Martinucci auf Zahlung eines Restbetrages für Arbeiten, die im Vatikan ausgeführt waren, gegen den päpstlichen *Staatssecretär* und Majordomus, wurde am kgl. Landgerichte zu Rom eingereicht. Das Landgericht sowohl als auch (Sc. 451 A. 2, Arch. 54. S. 177) unterm 10. November 1882 das Oberlandesgericht nahmen an, dass die Gerichte des Königreichs *zuständig* seien, über diese Klage zu urtheilen (zumal da der Papst sich »auch schon an ital. Gerichte gewandt« habe), obwohl die *Vollstreckung* des Urtheils gegen den Papst »aus Ehrenrücksichten« (unter §. 2. A. 1) gehemmt werde. Hiegegen erwidern wir mit *Geffcken* 36, dass »ein Gericht, welches sein Urtheil gegen den Beklagten

§. 2. *Vorrechte des h. Stuhles im italienischen Staatsgebiete.*

Zufolge des *Garantiegesetzes* (A. 7) »darf kein Staatsbeamter »oder sonstiger Träger öffentlicher Gewalt ohne Ermächtigung des »hl. *Vaters* (Sc. 160) in den päpstlichen *Palästen* oder einem selbst »nur *vorübergehenden* Aufenthalte desselben, und ohne Ermächtigung »(Sc. 164) des *Conclaves* oder *Concils* in dem Raume, worin solches »tagt, irgend welche *Amtshandlungen* vornehmen [1].« Während der

---

nicht *vollstrecken* kann, überhaupt nicht *urtheilen* darf«; auch ein Souverän kann *Ausländer*, die in seinem Gebiete keine Vermögenstücke besitzen, nur beim Gerichte ihres Wohnortes belangen (vgl. *Gianzana*, lo straniero nel diritto civile ital.); wie sollte daher der h. Stuhl durch Belangung von Italienern vor ital. Gericht auf seine eigene Gerichtsfreiheit haben verzichten können? Auch wenn förmliche *Exterritorialität* (T. 27, 38, 46 und 49, *Castagnola* 185 und 191, Esperson diritto dipl. 207, Sc. 52, 99, A. 2, 118, 163, 195, 346, A. 2) dem h. Stuhle abzusprechen wäre, so durfte gleichwohl kein Gericht die jedenfalls der *Person* des hl. Vaters zufolge G.-G. 1. zukommende *Exemtion* (Sc. 38, 52, 55, 83, 86) von aller Staatsgerichtsbarkeit dadurch umgehen, dass es *an Stelle desselben* seine Beamte oder die Verwalter seiner Civilliste belangen liess; letztere handelten nicht im eigenen Namen und konnten daher auch nicht in Person als mit ihrem eigenen Vermögen haftbar belangt werden, selbst wenn sie *ausserhalb* des vaticanischen Gebietes für den hl. Stuhl Bestellungen gemacht hatten. Die päpstlichen Hofstäbe und Regierungsbehörden sowie vom h. Stuhle mit einzelnen Geschäften der Vermögensverwaltung oder -Aufsicht betraute Beamte können daher wegen ihrer Amtshandlungen bei den ital. Gerichten nur hinsichtlich der ihrer Obhut anvertrauten *Grundstücke* belangt werden, welche etwa im ital. Staatsgebiete selbst d. i. ausserhalb des Vaticans liegen würden. *Geffcken* 31 und 37.

11) Dass die königliche auf die päpstliche Regierung keinerlei Einfluss ausüben kann, erkannte die italienische Regierung an, indem sie einen Vorschlag des deutschen Reichskanzlers vom 14. Mai 1872, worin »Bürgschaften gegen den *Missbrauch (!)* der Macht des Papstes« verlangt wurden, (*Geffcken* 20 und 53, Sc. 117, 121, vgl. 80 A., *Minghetti*; Stato e Chiesa 207) unter Berufung auf G.-G. 1. ablehnte.

1) *Cassani* pr. qu. 1876 p. 549. Ein Antrag des Hauses der Abg., »ausnahmsweise durch den *obersten* Gerichtshof *Gerichtsbeamte* zum Eindringen »ermächtigen zu lassen, da durch verweigerte Auslieferung (oben §. 1. A. 5) »Beschuldigter oder Verurtheilter das Gesetz verletzt werde«, gelangte in Folge Widerspruchs der Regierung nicht zur Annahme, »doch behielt man sich das »Erforderliche vor, um dem Gesetze Achtung zu verschaffen.« Der Minister des Aeussern bemerkte: »Wenn der Papst im Vatican Verbrechern Unterkunft ge»währt, so würde die öffentliche Meinung der gebildeten Welt es uns ziemlich »leicht (?) machen, einen solchen Missstand zu beseitigen« T. 39, S. 85, 108, 162 und 163. Vielleicht ist diese Drohung nicht auf sofortige Vergewaltigung, sondern nur (*Geffcken* 22 und 38, Arch. 54. S. 171 u. 175) auf einen *gesetzgeberischen* Schritt zur Verschärfung des G.-G. zu beziehen. Keinenfalls ist daraus zu folgern, dass die Staaten sich wechselseitig auch ohne Vertrag »völkerrechtlich zur Auslieferung *verpflichtet*« seien, oder dass der Vatican (§. 1. A. 11)

»Erledigung des h. Stuhles [2]) dürfen weder Gerichte noch sonstige »Staatsbehörden irgend wie die persönliche Freiheit der *Cardinäle* be»hindern. Gegen Störung von Aussen *schützt* die Regierung jedes »Conclave wie allgemeine Concil [3]). — Auch ausserhalb des Vaticans »(oben §. 1. A. 1.) »darf in den Amtsräumen der ausschliesslich »mit *geistlichen* Regierungssachen betrauten Congregationen und son»stigen päpstlichen Behörden keine (staatsgerichtliche oder polizei»liche) *Durchsuchung* oder Beschlagnahme von Schriften oder son»stigen Aktenstücken stattfinden [4]).«

Ebensowenig dürfen auch die ausserhalb des Vaticans »in Rom »befindlichen *Geistlichen* (Sc. 210), soweit sie blos zur (Vorbereitung »— Sc. 208 —) *Abfassung* oder Ausfertigung [5]) *geistlicher* Regierungs-

---

im *italienischen* Herrschaftsbereiche liege. Das Eindringen königlicher Gerichtsbeamten in die bezeichneten Räumlichkeiten würde selbst dann nur für zulässig erklärt werden können, wenn der hl. Vater, das Concil oder Conclave sich auf *ital.* Staatsgebiete d. i. *ausserhalb des Vaticans* befinden.

2) G.-G. 6. Vom Ableben des hl. Vaters bis zur beendigten Neuwahl ist die Vollziehung einer Straf-, Untersuchungs- oder Civilhaft, sowie jedes Strafverfahren gegen die Cardinäle auszusetzen — *Cassani* pr. qu. p. 549, Sc. 167, T. 37; — selbst die Ergreifung in Ausübung z. B. eines politischen Verbrechens würde zur Verhaftung nicht berechtigen.

3) G.-G. 6. Gegen eine aus dem *Schoosse* der Versammlung selbst ausgehende Unordnung schreitet die Regierung nur auf Ansuchen der Versammlung ein, T. 21 und 37. Zum vaticanischen Concile entsandten die kath. Mächte keine Vertreter mehr. *Cassani* pr. qu. 1876 p. 564, vgl. 600. Auch fand keine Einmischung Italiens (*Geffcken* 20) oder fremder *Regierungen* in die letzte Papstwahl statt. Sc. 172, Arch. **38.** S. 40, **40.** S. 171, **47.** S. 466, vgl. **36.** S. 313. National-, Provinzial- und Diöcesansynoden (P. 112, unten §. 5. A. 6) stehen unter keinem besonderen staatlichen Schutze.

4) G.-G. 8. Ein Antrag, »den Staats*gerichten* (obige Anm. 1) die Ent»scheidung über Anträge auf Herausgabe geistlicher Regierungsakten (in Ur»oder Abschrift zu überlassen«, ward abgelehnt Sc. 85 und 166, *Cassani* pr. qu. p. 550. Diese Immunität der geistlichen Centralbehörden erstreckt sich nicht auf die *Diöcesan-Archive*, so dass z. B. (unten §. 6 A. 10) in Pfründen-, Ehesachen (§. 4. A. 5) etc. die Durchsuchung, Beschlagnahme und Herausgabe bei Diöcesanbehörden befindlicher päpstlicher Erlasse nach Massgabe der bürgerlichen und der Strafprocessordnung durch die Gerichte angeordnet werden kann. Avv. 1884 p. 402, Sc. 167, T. 40. Das Cancellaria-Gebäude (oben §. 1. A. 8) in der *Stadt* Rom ist von Italien dem h. Stuhle für geistliche Regierungszwecke belassen worden.

5) G.-G. 10. Sc. 163 und 209. Die »Regierungsgehülfen« des hl. *Vaters* sind wegen Ausübung ihres Amtes nur ihm Rechenschaft schuldig, unten §. 6. A. 1, Sc. 40 und 456 [1], Arch. 49. S. 83; nicht einmal wegen der ohne Genehmigung des hl. Vaters gezeichneten Breven, welche in die Staatshoheit eingreifen, könnte ein Cardinal verantwortlich gemacht oder, falls er Ausländer ist, *ausgewiesen* werden. *Geffcken* 23, *Hinschius* 226, T. 43. Doch entziehen

»akte des hl. Stuhles mitwirken, hierwegen irgendwie gerichtlich oder »polizeilich *belästigt* oder zur Verantwortung gezogen werden; in »Rom ein geistliches Amt bekleidende Ausländer geniessen hinsicht- »lich ihrer *persönlichen* Freiheit alle Rechte italienischer Staats- »bürger [6]). — »Innerhalb des gesammten Staatsgebietes bezeugt die »ital. Regierung dem hl. Vater die einem Souveräne gebührenden »*Ehren* (Sc. 99 A. 2, 141 und 450) und wahrt ihm den *Ehrenvor-* »*rang* in demselben Masse, wie solcher von den kathol. Staatsober-

---

sich die kirchlichen Amtshandlungen der zu Rom im Dienste des h. Stuhles stehenden Geistlichen der staatlichen Gerichtsbarkeit nur solange, als solche im Bereiche des Gewissens- oder *inneren* Forum's verbleiben, d. i. als sie *nicht* in die *Aeusserlichkeit* treten. Sollen solche dagegen *verwirklicht* werden, so entscheiden (unten §. 6. A. 3) die Staatsgerichte über die Frage, inwiefern die Staatsgesetzgebung dem Vollzuge entgegensteht. Zum Vollzuge wird zwar nicht die Uebersendung an die Bischöfe, aber doch — entgegen dem Entwurfe Arch. 25. XCIX, Sc. 207 — schon die Mittheilung an die Betheiligten und jede *Verkündung* gerechnet. »Nur an den Thüren der *Basiliken* und sonstiger »öffentlichen (kath. Sc. 204) Kirchen *Roms* kann der hl. Vater all' seine *geist-* »*lichen* Regierungserlasse« (G.-G. 9, P. 111, unten §. 8. A. 1, Sc. 13, 14, 133 und 203), — selbst wenn solche mit der Strafgesetzgebung nicht leicht in Uebereinstimmung zu bringen sein sollten (T. 41, Sc. 205 A. 1, vgl. 115, 206 und 449, *Cassani* pr. qu. 552) — »anheften lassen,« ohne dass seine Vollzugsbeamte Strafeinschreitung zu befürchten haben. Im Uebrigen schliesst die *persönliche* Unantastbarkeit und Unverantwortlichkeit des hl. Vaters in keiner Weise die gerichtliche Verfolgung derjenigen aus, welche seine Erlasse oder Reden auch ausserhalb Roms an den Kirchenthüren anschlagen oder sonstwie veröffentlichen oder vollziehen. R. 176, Sc. 116 A. 1, 205, 207, 210 A. 1 u. 448. Die Veröffentlichung der Allocution am 12. März 1877 hat das Ministerium nur mit dem Vorbehalte gestattet, dass jede *Zustimmungerklärung* oder Vertheidigung derselben gerichtlicher Verfolgung unterliegen solle. Arch. 38. S. 41. Beschlagnahmt wurden die Zeitungen, welche die Rechtsverwahrung vom 1. December 1870 gegen die Verweltlichung des Kirchenstaates (Arch. 25. LII und LXXXIX, *Geffcken* 23) und die Allocution vom 15. März 1875 brachten. (Arch. 34. S. 147).

6) G.-G. 10. *Ausländer* erlangen durch Eintritt in ein selbst lebenslängliches Kirchenamt zu Rom noch nicht die Naturalisation; falls dieselben sich ausserhalb der päpstlichen Paläste aufhalten, kann daher Italien die staatsvertragsmässige *Auslieferung* (oben §. 1. A. 5) an das Strafgericht des Heimathstaates nicht ablehnen. Sc. 210, T. 43, vgl. Arch. 50. S. 304, dagegen *Geffcken* 23. Ausweisung ist unstatthaft (obige Anm. 5); doch würde der Minister des Innern selbst einem vom hl. Vater zur Uebernahme eines Kirchenamtes nach Rom berufenen Ausländer den Eintritt in's Königreich versagen können, indem die Ausländer erst (?) »von der wirklichen *Uebernahme* des Kirchenamtes ab« das Recht des freien Aufenthalts geniessen. Sc. 210 und 211 A. 2. — Hinsichtlich aller nichtamtlichen Beziehungen unterliegen auch diese Ausländer, soferne sie sich nicht etwa ausschliesslich im *vaticanischen* Gebiete aufhalten, der italienischen Gerichtsbarkeit.

»häuptern zuerkannt wird [7]).« »Wer sich an der Person des Papstes »*vergreift* (Sc. 121 A. 2) oder hierzu« (Str.-G.-B. 468) vor mehreren Menschen durch Reden oder Verbreitung von Schriften oder Drucksachen oder durch Anschlag solcher an öffentlichen Orten »*auffordert*, »wird ebenso bestraft, als wenn die strafbare Handlung gegen die »Person des Königs gerichtet wäre«; mit Gefängniss bis 2 Jahren und Geldstrafe von 1000 bis 3000 Fr. (G. 20. März 1848 A. 19) wird bestraft, wer an öffentlichen Orten oder vor mehreren Menschen (Sc. 135) durch Reden, Verbreitung oder Ausstellung von Schriften, Abbildungen oder Darstellungen »unmittelbar die *Person* des Papstes *schmäht* oder *beleidigt* [8]).« »In all' diesen Fällen ist das Schwur- »gericht zuständig und die Strafverfolgung *von Amtswegen* zu be- »treiben.« — »Die [9]) Vorstände (und Mitglieder) der von auswärtigen

7) G.-G. 3; hiernach gehört zu den Ehrenrechten auch »der Schutz durch die Leib- oder Palastwache.« Danach würde der hl. Vater sich durch dieselbe auch bei einem etwaigen Aufenthalte innerhalb des ital. Staatsgebietes umgeben lassen können. Sc. 152; oben §. 1. A. 6. Nach dem Hofceremoniell soll der hl. Vater bei einem etwaigen Zusammentreffen mit dem Könige den *Vortritt* vor letzterem haben. *Geffcken* 21 und 27.

8) G.-G. 2.; zufolge des Schlusssatzes (Sc. 126 A. 1 und 131, *Cassani* pr. qu. 542) »bleibt die angemessene Besprechung *religiöser* Gegenstände Jedermann unverwehrt.« Die *Gleichstellung* des hl. Vaters mit dem *Könige* hinsichtlich des strafrechtlichen Schutzes ist keine vollständige; denn *Verabredungen* (»cospirazioni,« vgl. Sc. 133 A. 1 und 467 [2]), auf welche ein, den Beginn der Ausführung enthaltender Versuch nicht gefolgt ist, sind nur in der Richtung gegen den König, nicht auch gegen den hl. Vater strafbar. T. 26, Sc. 122. Strafbar sind *Beleidigungen* gegen den hl. Vater nicht blos, wenn solche mit Bezug auf seine *Amts*handlungen, sondern auch schon, wenn sie mit Bezug auf sein *Privat*leben gegen ihn (als einfache Privatperson) verübt werden Sc. 127. Da der Papst nicht, wie der König, verantwortliche Minister hat, welche an seine Stelle nach Aussen hin die Haftung übernehmen (Sc. 126 und 140), so können die Gerichte jeden beleidigenden Tadel gegen einen Erlass der päpstlichen Regierung in »rein geistlichen« Angelegenheiten unmittelbar auf die *Person* des hl. Vaters beziehen. Arch. 48. S. 92. — Mit Unrecht (Sc. 135 und 141, *Geffcken* 34) blieb bei der thätlichen Beschimpfung der *Leiche* Pius IX. und bei Verunglimpfung seines Andenkens Arch. **53.** S. 470, **54.** S. 171 A. 7 — der erhöhte strafrechtliche Schutz versagt.

9) G.-G. 11 — übereinstimmend mit A. 2. des Concordats vom 25. Januar 1813, Sc. 15 und 82, *Cassani* pr. qu. 528 und 552. — Die Mitglieder der beim *Königreiche* Italien beglaubigten Gesandtschaften können nur hinsichtlich dinglicher und solcher persönlicher Verhältnisse, welche mit ihrer *Amtsausübung* in *keinerlei* Zusammenhange stehen, bei den königlichen Gerichten belangt werden. Zu einem Strafverfahren gegen sie ist mindestens (*Geffcken* 26) die Genehmigung des ital. Justizministeriums erforderlich. Sie unterliegen nicht der Einkommensteuer (richezza mobile« T. 47). Ebensowenig (dagegen Sc. 158) können Haussuchungen bei ihnen vorgenommen werden. *All'* diese

»Mächten beim h. Stuhle beglaubigten *Missionen* geniessen in Italien »die nämlichen *völkerrechtlichen* Vorzüge und den nämlichen (er»höhten) strafrechtlichen Schutz gegen [10]) *Beleidigungen*, als wenn »sie bei der italien. Regierung selbst beglaubigt wären«. Die vom h. Stuhle zu auswärtigen Mächten *abgeordneten* Beamten dürfen auf der Durchreise durch Italien von keiner Behörde *aufgehalten*, noch ihre Geschäftspapiere durchsucht oder beschlagnahmt werden [11]).

Italien befördert im ganzen Staatsgebiete gebühren- und kostenfrei:

a) »die vom hl. Vater oder unter Beidrückung des Siegels in seinem Auftrage gefertigten *Telegramme*« und zwar mit der für Staatsdepeschen vorgeschriebenen Beschleunigung;

b) desgleichen den gesammten »*Briefverkehr* des hl. Vaters und seiner Behörden und zwar in geschlossenen Beuteln unmittelbar von und zu den Auswechslungspostämtern des Auslandes«, falls nicht die päpstlichen Postämter oder Behörden ihre Briefschaften dem ital. Postamte zur Mitbeförderung übergeben. Italien hindert nicht den hl. Vater, an seinem jeweiligen Aufenthaltsorte mittels von ihm ernannter Beamten eigene *Post-* und *Telegraphenämter* zu errichten, verbindet vielmehr letztere auf Staatskosten mit dem Staatstelegraphennetze [12]).

Privilegien (dagegen Esperson 191) gewährt Italien auch den beim h. Stuhle (oben § 1. A. 4) beglaubigten Vertretern jener Regierungen, mit welchen das Königreich selbst diplomatische Beziehungen unterhält. Um jedoch eine Gleichstellung des h. Stuhles mit den im Vollgenusse äusserer Staatshoheit befindlichen anderen Mächten zu vermeiden (T. 45, dagegen Sc. 153), bezeichnet das G.-G. die bei dem h. Stuhle beglaubigten Gesandten nicht als »agenti *diplomatici*« oder legati, sondern als Geschäftsträger (inviati — ein höherer Grad als »incaricati«).

10) Press-G. 26. März 1848 A. 26, Str.-G.-B. 260, T. 48.

11) G.-G. 11 III belässt es für die Hin- und Herreise bei der völkerrechtlichen Uebung, nicht aber auch für einen *unterwegs* im ital. Gebiete genommenen *längeren* Aufenthalt. Sc. 154—156. *Cassani* pr. qu. 76 und 80, T. 48. Eine grundsätzliche Befreiung von der königlichen *Gerichtsbarkeit* versagt Italien den auf der Hin- und Rückreise begriffenen *päpstlichen* Gesandten und Courieren, weil ihnen in Folge der Einverleibung des »ganzen« Kirchenstaates die völkerrechtliche Eigenschaft abgehe. *v. Holtzendorff* in Bd. IV. des Jahrb. f. Gesetzgeb. d. Deutsch. Reichs. *Esperson* 207. Vgl. jedoch hiergegen oben §. 1. A. 1.

12) G.-G. 12. stellt ausserdem die päpstlichen Couriere den Cabinetscourieren auswärtiger Staaten (obige Anm. 11) gleich und befreit die Curie von den Gebühren, welche sonst den Empfängern von Telegrammen (und von Briefschaften, *Geffcken* 24) zur Last fallen. T. 21 und 44. Die gleichen Vorrechte geniesst auch der König. *Cassani* pr. qu. 553. Zufolge Sc. 212 (vgl. 449) soll der h. Stuhl von diesen Vorrechten bisher noch *keinen* Gebrauch gemacht haben. (§. 3. A. 8, Arch. 54, 171).

§. 3. Vermögensrechte des h. Stuhles.

Das Königreich Italien anerkennt die *juristische Persönlichkeit* [1]) des h. Stuhles, der *päpstlichen* Hofstäbe und (oben §. 1. Anm. 7 u. 8) geistlichen Regierungsbehörden sowie der von denselben verwalteten *vaticanischen* oder *Central*anstalten; doch untersteht ihr in Italien *ausserhalb* des Vaticans belegenes Vermögen der italienischen Gesetzgebung und können sie bei den italienischen Gerichten Ansprüche aus Schenkungen und letztwilligen Verfügungen erst geltend machen, nachdem diese *Zuwendungen* vom *Könige* [2]) genehmigt worden sind. Die der *freien* Collation oder einem *kirchlichen* Patronate unterliegenden Collegiatstiftspfründen (§. 24. A. 1), Abteien, Prälaturen und einfachen Pfründen, welche im übrigen Italien eingezogen wurden, blieben in der Stadt Rom und an den Sitzen der sechs *vorstädtischen Bisthümer* (Albano, Frascati, Ostia mit Velletri, Palestrina, Porto mit St. Rufina, endlich Sabina, Sc. 214 A. 1 u. 485) erhalten [3]). Art. 5. des Gar.-G. gewährleistet »dem hl. Vater den Genuss [4]) der *apostolischen Paläste*

1) Cast. 87, 97, 107, 195 und 256. Sc. 191. Wegen der, auch von Italien praktisch. wenigstens anerkannten *Exterritorialität* des Vaticans brauchte die fortdauernde Rechtsfähigkeit der dortigen Anstalten, Corporationen, Pfründen und Stiftungen weder durch das Gar.-G. (A. 1) noch durch das G. 19. Juni 1873 (A. 27) ausdrücklich weiter gewährleistet zu werden.

2) Unten § 13. A. 2, 3 u. 6, Arch. 52. S. 178, wornach Mancini den Centralanstalten (§. 14. A. 7) grössere Freiheit in der Vermögensverwaltung gesetzlich gewähren wollte. — Durch Beantragung der Genehmigung des *Königs* verzichtet der Vatican durchans nicht auf seine eigene Staatshoheit; auch in Baden, Baiern etc. und namentlich im franz. Rechtsgebiete (Ggl. 55 A. 3 und 72 A. 1) können juristische Personen des Auslandes nur mit Ermächtigung des einheimischen Staatsoberhauptes Schenkungen und Vermächtnisse annehmen.

3) In Rom und an den *Sitzen* der vorstädtischen Bisthümer (T. 57, 72, 112 und 510, *Cassani* pr. qu. 513) steht nämlich nur den Inhabern *weltlicher* Patronatsrechte das Einziehungsrecht zu. — G. 19. Juni 1873. — Zufolge A. 20. blieben in dieser *unmittelbaren* Kirchenprovinz, welcher jedoch nur die Hauptorte, nicht auch die *Sprengel* den vorstädtischen Bisthümern beigezählt werden dürfen, die beibehaltenen geistlichen Anstalten ebenso von der *30* procentigen Staatsabgabe wie von den *Rentenüberschuss*beiträgen zum Cultusfond (§. 17.) befreit; auch unterliegen in derselben keinerlei Pfründen, Capitel, Seminare, noch Gotteshäuser der Ueberwachung durch ein kgl. *Oeconomat* (§. 11. A. 9); endlich bedürfen daselbst die Geistlichen keiner staatlichen Einweisung in die Pfründe und können daselbst auch *Ausländer* in Kirchenämter berufen werden. Sc. 342. *Cassani* pr. qu. 513, 566 und 607.

4) Das G.-G. greift, wie *Bonghi* im Abgeordnetenhause am 21. Januar und 9. Februar 1871 erklärte (Sc. 197, vgl. 89, 191, 193 und 437 A. 1 T. 35), in *keiner* Weise der Frage vor, ob Italien oder der päpstlichen Civilliste (als Vertreterin »der kath. Welt«) das *Eigenthum* an den apostolischen Palästen zustehe. Ihre Herstellung verdanken letztere nicht den Ueberschüssen des

»des Vaticans und (Sc. 201) des Laterans sowie des Sommeraufenthalts »Castel Gandolfo nebst zugehörigen Gärten, Gebäuden und sonstigen »Liegenschaften« und anerkennt »all diese Grundstücke sowie die »hierauf befindlichen *Museen* [5]), die *Bibliothek*, die Alterthums- und »Kunstsammlungen als *unveräusserlich* [6]), steuer- und abgabenfrei

---

Kirchen*staates*, sondern, wie namentlich Oesterreich und Spanien (Sc. 193, Arch. 25. LIX) geltend machten, rein *kirchlichem* Gelde. Der Papst besass sie — (unabhängig von der Beherrschung des Kirchenstaates) — schon als Träger der *geistlichen* Regierungsgewalt. In dieser Stellung, und nicht etwa zufolge (§. 1. A. 1, Arch 54. S. 175) einer Begünstigung Italiens, besitzt er den Vatican, den Lateran und Castel Gandolfo; er schützt und unterhält diese Besitzungen aus eigenen Mitteln auch noch heutigen Tags, ohne dass hierin ital. Staatshoheitszeichen angebracht sind. Ueber den *Vatican* (§. 1.) hat das *Königreich* noch nie die Souveränität *praktisch* bekundet. Sollte etwa (unten Anm. 6), wie Castel Gandolfo, auch der *Lateran*, weil um Ende 1870 von keiner »bewaffneten« päpstlichen Macht mehr behauptet, als im Bereiche der ital. Souveränitätsoccupation gelegen anerkannt werden müssen, so könnte doch daraus keinenfalls ein *bürgerliches* Eigenthum des Königreiches an beiden Palästen hergeleitet werden, zumal da die *geistliche* Regierung sich ununterbrochen im Civilbesitze behauptete.

5) Der h. Stuhl regelt in *eigener* und alleiniger Zuständigkeit die Bedingungen für die *öffentliche* (Sc. 85, 192 (A. 1), 196 und 198) Benützung der Bibliothek, des Archivs (Sc. 200, Zeitschr. f. K.-R. XV 362) und der Museen (im Vatican wie im Lateran). Unter den Zwecken, welchen die Staatsrente von 3,225,000 Fr. dienen soll, führt G.-G. 4. die *Ergänzung* und *Hauptverbesserung* der Bibliothek der Museen *nicht* mit auf, und zwar deshalb, weil für solche und ähnliche *ausserordenliche* Ausgaben auch schon im Voranschlage des vormaligen Kirchenstaates, welchen das Königreich ohne Weiteres der Bemessung der päpstlichen Dotation zu Grunde gelegt hat, jeweils nach Bedarf »*einmalige*« Credite vorgesehen waren. *Cassani* pr. qu. 546. Italien wollte sich nicht von diesem *ausserordentlichen* Bedarf entlasten, vielmehr der Curie unter allen Umständen die volle, aus der weltlichen Herrschaft gezogene Reineinnahme belassen; deshalb bestimmt G.-G. 4. am Schlusse: »Die »Staatsrente kann auch in dem Falle nicht vermindert werden, dass die ital. Re»gierung sich seinerzeit etwa entschliessen sollte, den *(gesammten) Bedarf* »der Museen und der Bibliothek zu Lasten des *Staates* zu übernehmen.« Hierin dürfte nach dem Gesagten die Androhung einer einseitigen Besitzergreifung nicht zu finden sein, wodurch (Sc 449) »Italien nur in unklugster Weise die Missbilligung Europas herausfordern würde«. Da der h. Stuhl, ohne seine Würde zu verletzen, nie freiwillig der Sammlungen sich entäussern kann, so müsste das Königreich, um die wissenschaftlichen und Kunstschätze des Vaticans in Selbstverwaltung zu übernehmen, solche erst *kriegsmässig* (oben §. 1. A. 1) erobern; selbst gegen Entschädigung (unten Anm. 7) würde Italien die lateranische Sammlung (vorhergehende Anm. 4) nicht enteignen können, ohne das Gar.-Ges. zu verletzen.

6) Nach *canonischem* Rechte (§. 12. A. 2) darf kein Pfründeninhaber die Substanz des Pfründenguts ändern; auch der hl. Vater hat daher an den Palästen

»und nie der [7]) Zwangsabtretung zu Zwecken des gemeinen Nutzens »unterworfen«.

Inhaltlich des Art. 4. des Gar.-G. »bleibt für die Dotation des »h. Stuhles die *Jahresrente* von 3,225,000 Fr. beibehalten [8]). Mit-

---

und Sammlungen des h. Stuhles blos den *Niesbrauch*. *Cassani* pr. qu. 548, Sc. 192 A. 2, vgl. *Geffcken* 19 und 24. Das Veräusserungsverbot der italienischen *Staatsregierung* könnte sich, da im vaticanischen Gebiete das Gar.-G. nicht verkündet wurde, nur auf die im *italienischen* Herrschaftsbereiche gelegenen Sachen beziehen. Allein selbst mit dieser Beschränkung würde die königliche Regierung, da ihr eine Obervormundschaft über das Kircheneigenthum nicht übertragen ist, auf *eigenen* Namen die Veräusserung nicht anfechten und auf Rückgabe nicht klagen können. Dagegen Sc. 198 (A. 1) und 199. Die 1879 von der päpstlichen Hofintendantur vorgenommene Veräusserung zur Kunstsammlung des Castel *Gandolfo* gehörender Majoliken wurde auf Befehl des hl. Vaters *rückgängig* gemacht, nachdem allerdings die königl. Regierung auf Grund des vermeintlichen (Sc. 197 und 483) Nationaleigenthums die gerichtliche Beschlagnahme der Fahrnissstücke erwirkt hatte. Die Villa Castel Gandolfo liegt unzweifelhaft im »*Königreich*« Italien, weshalb zur Veräusserung gesetzliche Ermächtigung zuvor hätte erholt werden sollen, unten §. 14 b.

7) Die Steuerfreiheit hatte schon Napoleon I. in Art. 3. des Concordats von Fontainebleau (Sc. 82) zugestanden. Der Besteuerung oder Enteignung des Vaticans würde sich der h. Stuhl schon kraft seiner dortigen Staatshoheit (und Exterritorialität) widersetzen müssen. Der förmliche Verzicht Italiens im G.-G. 5. auf Besteuerung und Enteignung des Vaticans bedeutet ebensowenig einen *positiven* Souveränitätsakt, als wenn das Königreich den hl. Vater z. B. vom *amtlichen* Gebrauche der ital. Sprache entbinden und ihm die Correspondenz in der gewohnten *lateinischen* Sprache garantiren wollte. Durch Forterhaltung des früheren Zustandes ward keine thatsächliche Beherrschung bekundet, sondern nur der Verzicht des Eroberers, die Occupation auch noch auf den Palast zu erstrecken und auch dort die päpstliche Staatsgewalt auszuschliessen. Der Verzicht Italiens auf die Zwangsenteignung, welcher in Rom sonst selbst Kirchen unterworfen wurden — Arch. 28. CXIV und 29. S. 403 —, wird T. 37 und Sc. 195 damit begründet, dass »die Benützung für Zwecke des h. Stuhles bereits »eine allen anderen öffentlichen Zwecken *vorangehende* gemeinnützige Wid»mung enthält«.

8) Sc. 470′ und 483. Italien will durch Gewährung des Jahresreichnisses nicht etwa eine »Generosität« ausüben, wie Bonghi im Abgeordnetenhause am 21. Januar 1871 meinte (Sc. 181, vgl. 174), sondern nur den (obige Anm. 5) durch Wegnahme des Kirchenstaates verursachten Schaden theilweise vergüten. Italien macht daher auch die Empfangnahme der Rente ebensowenig als die unentgeltliche Brief- und Telegrammbeförderung (oben §. 2. A. 12) von ausdrücklicher oder stillschweigender »Anerkennung« des Gar.-Ges. abhängig und würde hierin auch nicht die Eingehung eines selbst nur vertrags*ähnlichen* Verhältnisses erblicken. T. 32. Nur in der Empfangnahme eines *höheren* Betrags, als der von 1848 bis 1870 aus den Einkünften des Kirchenstaates bezogenen Civilliste von 3,225,000 Fr. könnte vielleicht eine *Abfindung* für Verweltlichung des Kirchenstaates gefunden werden. (Napoleon I. gewährte Pius VII. nur 2 Millionen Fr., Sc. 82). Im grossen Schuldbuche des italieni-

»telst dieses Betrags, welcher mit der im Haushaltsvoranschlage des »*Kirchenstaates* (für 1848, Sc. 174) unter der Ueberschrift: »»heilige »apostolische *Paläste*, hl. (Cardinal-) *Collegium*, kirchliche *Congrega-* »*tionen*, *Staats*secretariat und (§. 1. A. 4) *diplomatischer* Dienst im »Auslande«« eingestellten Summe übereinstimmt, gelten als gedeckt »der Bedarf für die päpstliche Civilliste und die verschiedenen kirch- »lichen Bedürfnisse des h. Stuhles, die laufende und einmalige Unter- »haltung sowie die Bewachung der apostolischen Paläste und ihrer »Zugehörungen; für die Besoldungen, Vergütungen und Ruhegehälter »sowohl der (oben §. 1. A. 6) Wache« (vorhergehender Art. 3) »als »aller zur päpstlichen Hofhaltung (oben §. 1. A. 7) gehörenden Per- »sonen und für die zufälligen Nebenausgaben; ebenso für die laufende[5]) »Unterhaltung sowie die Bewachung der zugehörigen Museen und der »Bibliothek, die Besoldungen, Löhne und Ruhebezüge der hierin Ver- »wendeten. — Diese »Dotation« (Sc. 186) wird im grossen Staats- »schuldbuche zu Gunsten des h. Stuhles als *ewige* und[6]) unveräus- »serliche *Rente* eingeschrieben; dieselbe wird auch während der *Er-* »*ledigung*[9]) des h. Stuhles zur leichteren Aufbringung des eigenen »Bedarfs der römischen Kirche in dieser Zwischenzeit fortent- »richtet. Sie bleibt frei von Steuern oder sonstigen Staats-, Pro- »vinzial- und Gemeindeabgaben, kann auch unter *keinen* Umstän- »den[10]) *vermindert* werden«.

---

schen Staates eingetragene Literal-Verbindlichkeiten stehen einer rechtskräftigen *Verurtheilung* gleich und werden daher nicht erst jeweils mit dem Landeshaushaltsvoranschlage neu bewilligt. Sc. 183, 186 und 191, vgl. 38 und 467, Arch. 53. S. 471 A. 1. Die Rente gebührt dem hl. Vater nicht als *Privat*person, sondern als dem Oberhaupte der geistl. Regierung und lediglich zur Bestreitung der päpstl. Hofhaltung, so dass dessen Erben keinen Anspruch auf die nicht erhobenen Raten haben. Das Recht auf die Rente, welche gemäss Decrets vom 24. Februar 1872 — Cast. 188 — eingetragen steht, erlischt auch nicht durch dreissigjährige oder längere Nichterhebung; wohl aber verjähren die einzelnen Raten in 5 Jahren (Bürg. G.-B. 2144) von ihrem halbjährigen Fälligkeitstermine ab. Sc. 188 A. 2, 448—450. Der hl. Vater wird, da er von der ital. Staatsgewalt befreit ist, durch G. vom 24. August 1877 nicht erreicht, so dass ihm bei Empfangnahme der Rente die Einkommensteuer (tassa di richezza mobile) nicht abgezogen werden könnte. T. 32.

9) Kosten des Begräbnisses, der Papst-Wahl und Krönung. *Cassani* pr. qu. 1876 p. 546. Auch für die Zeit des Interregnums könnte die Regierung keinen *Verwendungs*nachweis verlangen.

10) Solange jedoch die völkerrechtliche Verpflichtung Italiens zur Fortentrichtung der Rente fehlt, die im Jahre 1870 angeboten wurde (Sc. 35, 39, 55, 77, 180, 185, 437, 449, 458 und 460), ist die ital. Staatsgesetzgebung formell nicht verhindert, die Rente einseitig herunter zu setzen oder abzustreichen. (Arch. 54. S. 176).

Für die Vertretung der *ausländischen geistlichen Orden* in Rom stellt — aus dem Erlöse (§. 16. A. 1 u. §. 17[II]) des Vermögens der in Rom aufgelösten geistlichen Orden — die Regierung dem h. Stuhle eine Rente bis jährlich 400,000 Fr. zur Verfügung; solange der h. Stuhl diese Rente nicht abhebt, kann die Regierung dieselbe zur bestimmungsmässigen Verwendung (»amministrazione«) solchen geistlichen Anstalten in Rom zuwenden, welche mit den Rechten *juristischer* Persönlichkeit fortbestehen [11]).

B. Inneres Staatskirchenrecht Italiens.

I. Innere Religionsangelegenheiten.

§. 4. Glaubensfreiheit, öffentliche, private und nur geduldete Religionsgesellschaften.

Das Königreich Italien gestattet zufolge der Versammlungs- [1]), Vereins- und *Glaubensfreiheit* allen, die Grundlagen staatlicher [2])

---

11) G. 19. Juni 1873 A. 2[4], 4 und 14[4]. T. 81, 111 und 507. *Cassani* pr. qu. 505. Die Bestimmung (A. 4), dass die Rente unter keinen Umständen den *Jesuiten* zugewiesen werden darf, erklärt sich dadurch, dass der Gesetzgeber für das *vaticanische* Gebiet (oben §. 1. A. 7) den Fortbestand der *Generalordenshäuser* voraussetzte. Für die Stadt Rom (ausserhalb des Vaticans) und für das übrige *ital.* Staatsgebiet war die juristische Persönlichkeit allen geistlichen Körperschaften, also auch den Jesuiten, bereits vorher ausdrücklich entzogen worden. Die hier bezeichnete Rente hat nicht dieselben Vorrechte, wie die für die *Civilliste* gewährte, unverjährbare und ewige Rente, könnte daher jederzeit ohne Weiteres zurückgezogen oder an beliebige Bedingungen geknüpft werden.

1) Verf.-Urk. 32. H. 224. T. 51. Das Gar.-Ges. selbst spricht, entgegen *Crispi's* Vorschlage (A. 13 und 19, Sc. 389 und 489), weder die *Gewissens-*, noch die *Vereinsfreiheit* als Grundsatz aus; gleichwohl und trotz des Mangels (Sc. 346 und 406) eines Vereinsgesetzes handhabt Italien volle Versammlungs- und Vereinsfreiheit, ohne nach dem Vorbilde Frankreichs (Ggl. 4, 18, 245, p. 337 u. 352) hievon die *kirchlichen* Orden (unten §. 24.) und Vertretungen (§. 5. A. 6) auszuschliessen. Die Art der Handhabung der *Gleichberechtigung* und Freiheit der Bekenntnisse durch die ital. Obrigkeit tadelte am 27. August 1878 und 15. Februar 1882 (Arch. **41**. S. 176, **48**. S. 69, vergl. **40** S. 466 und **50**. S. 386 und 391, *Geffcken* 58) der h. Stuhl hauptsächlich wegen damaliger »*Begünstigung evangelischer* Proselytenmacherei«. Avv. 1885 N. 139 III. In Frankreich sind die vom Staatsoberhaupte nicht förmlich zugelassenen Bekenntnisse auf Familien- oder *Hausandacht* beschränkt. (Ggl. 5, dagegen H. 234[b]).

2) H. 221 u. 234. Gemeinschaftliche Uebungen der *Mormonen*, Socialisten (Arch. 46. S. 246, päpstl. Ansprache 8. Mai 1885) und sonstiger mit der pubblica moralità ebensowenig vereinbarlichen Secten (Cast. 60. Nachtrag, Sc. 282, 383, 395, 396 u. 398) unterliegen polizeilicher Auflösung selbst dann, wenn hiermit weder eine Proselytenwerbung noch die Benützung freier Plätze verbunden ist. Gemäss

Ordnung anerkennenden Religionen *gemeinsame* Uebungen ohne Weiteres an nicht öffentlichen Orten und macht weder die bürgerlichen noch die staatsbürgerlichen Rechte [3]) von einem bestimmten Bekenntnisse mehr abhängig. Zum *Austritte* aus einer Religionsgesellschaft wird Volljährigkeit erfordert. Nicht erforderlich ist der gleichzeitige *Uebertritt* zu einer anderen Religionsgesellschaft [4]). Seit Uebertragung der Personenstandsregister an die Gemeindebehörden beruht die bürgerliche Wirksamkeit namentlich auch der *Eheschliessung* [5]) nicht

---

ital. Str.-G.-B. 268 (R. 146 und 446, unten §. 5. A. 3) wird »schriftliches oder öffentliches Ankämpfen gegen die *Grundlagen der religiösen und moralischen Ordnung*«, gemäss Toskan. Str.-G.-B. 136 (Avv. 1879 Nr. 2 p. 6) desgleichen die Gotteslästerung bestraft; gestattet ist dagegen die rein *sachliche* Erörterung religiöser Fragen, ohne beleidigende Ausfälle gegen bestimmte Personen, anerkannte oder geduldete Bekenntnisse (oben §. 2 A. 8).

3) Die Geistlichen sind nicht zufolge ihres Standes oder kraft ihrer Ordination, sondern nur während der Bekleidung eines *Kirchenamtes* vom Geschworenendienst befreit (Cass. Neapel 11. Aug. 1883, Avv. 1884 p. 298) und (wie in Frankreich etc., Ggl. 154) nicht wählbar zum Gemeinderathe, noch zum *Parlamente*, noch zur Kreis- und Provinzialvertretung (Avv. 1882 p. 79, 1884 p. 418, App. Neapel 22. Aug. 1883, R. 457, Sc. 245 u. 490 [17], G. 22. Jan. 1882). Dass ausser den Pfarrern und Bischöfen sowie deren Vertretern von der politischen Wählbarkeit selbst noch die Domherrn ausgeschlossen sind, beanstandet sogar Cast. 180, da letztere auf eigenen Namen (§. 22.) weder Seelsorge noch Jurisdiction ausüben. Hiernach verblieb in Italien dem Klerus die politische Mündigkeit nur zu Gunsten der ausser Amt getretenen oder noch in keinem Amte befindlichen Ordens-, Privat- oder Weltgeistlichen, der (bes. laienpatronatlichen) Messbeneficiaten, Collegialstiftsmitglieder ohne Pfarrrecht und sonstigen Kirchenbeamten ohne Seelsorger-, Jurisdictions- oder Residenzpflicht. Von *Staats*stellen sind alle Geistlichen ausgeschlossen, selbst Bruderschaftsvorstände vom Ehrenamte eines Ergänzungsrichters. St.-R. 6. Juni 1884.

In denjenigen Provinzen, in welchen der h. Stuhl noch nicht *förmlich* die Herrschaft des Königs von *Italien* anerkennt, betheiligen sich die Katholiken vorerst blos an den *Gemeinde*rathswahlen (Arch. 54. S. 178 A. 21, unten §. 6. A. 4, Avv. 1885 Nr. 144 p. II, Nr. 145 p. IV); sie siegten in Genua, Turin etc.

4) Bürg. G.-B. 220, 235, 277, 319 und 1379. Die Rechte der *Eltern* bezüglich der religiösen Erziehung der Kinder blieben in Uebereinstimmung mit dem *franz.* Rechte (Ggl. 236) geordnet. *Crispi's* Anträge (Sc. 489) drangen nicht durch; er wollte schon vom vollendeten 14. Lebensjahre ab den Religionswechsel gestatten. Jedermann gilt als Mitglied derjenigen Religionsgesellschaft, in welcher er *geboren* ist, solange er nicht bei letzterer (vgl. Sc. 369 und 490) förmlich den Austritt erklärt. Der einfache Austritt aus der Judenschaft ohne gleichzeitigen Uebertritt zu einer bestimmten Religionsgesellschaft (oder den Atheisten), gilt nicht als ernsthaft gemeint. R. 200. Ein Israelit, der auf dem jüdischen Friedhofe begraben werden will, muss, wie in Frankreich (Ggl. 469 A. 1) dem Cultusverbande zugethan bleiben.

5) *Staatlicher* Zwang zur kirchlichen Trauung besteht ebenso wenig, als zur Taufe (Ggl. 15, H. 235). Weder der Staat noch die Kirche duldet Vor-

mehr auf kirchlicher Mitwirkung. Die *Sonntagsruhe* gilt nur noch für den Dienst der öffentlichen Behörden und Schulen. Sie entbehrt eines strafrechtlichen Schutzes[6]. Der *Eid* wird *ohne Anrufung Gottes* geleistet; doch sollen die Schwurpflichtigen auf die Heiligkeit des Eides aufmerksam gemacht werden[7].

---

namen wie Garibaldi, Oberdank, Avv. 1884 p. 493. Die Civilehe (Bürg. G.-B. 53—158) ist auch in Italien allgemeine Pflicht, braucht aber nicht, wie in Frankreich (Ggl. 44) oder Deutschland der kirchlichen Feier vorauszugehen. Der Regierungsentwurf, wornach Geistliche mit Strafe bedroht werden sollten, falls sie ohne *vorgängige* Eheschliessung des Civilstandsbeamten trauen, scheiterte hauptsächlich in Folge des Widerstandes der Bischöfe der ehemals sardinischen und österreichischen Gebietstheile (Arch. 54. S. 176 A. 19, *Cassani* **1874** p. 56 und 228, Chiesa et Stato **1879** p. 225 und 272, **1880** p. 50, 132, 393 und 513, Sc. 335, 403 und 451). Die Kirche macht übrigens schon im Interesse der Erbrechte der ehelichen Kinder den Gläubigen zur Pflicht, sich sofort nach der Einsegnung *auch bürgerlich* trauen zu lassen. *Cassani* Rif. disc. 1878 p. 522, vgl. 421. Die Poenitentiaria hat sich (15. Januar 1866, oben §. 1. A. 8 und §. 2. A. 4) die Genehmigung zur Einsegnung der Ehen vorbehalten, die *nicht auch bürgerlich* abgeschlossen werden *können* (— weil der Mangel elterlicher Einwilligung oder sonstige rein staatliche Hindernisse entgegenstehen, Avv. **1884** p. 499 und 502, **1885** p. 19, vgl. 21 —) oder *sollen* (— weil man sie als *Gewissens*ehen vorerst noch geheim hält, *Cassani*, Rif. disc. 1878 p. 628 und [illegible] —). Für die Civilehe gelten nicht die Hindernisse der geistlichen Verwandtschaft (Avv. 1882 p. 221) und der Keuschheits*gelübde*. (G. 7. Juli 1866 A. 2, P. 230 und 431, R. 93, Sc. 404, T. 9 und 129, unten §. 6. A. 4). Wie die Kirche einer blos bürgerlichen Ehe, so versagt der Staat einer blos kirchlichen die Anerkennung. Arch. **44**. S. 133, **48**. S. 69, **50** S. 420 und **51**. S. 117. (Neap. II 8² V 1) Avv. 1879 Nr. 2 p. 2 und 4, Nr. 4 p. 17. **1885** p. 113; wo Unehelichgeborene herkömmlich ohne Orgelbegleitung noch Glockengeläute getauft wurden, versagt man diese Feierlichkeiten auch bei der Taufe der Kinder aus einer nicht zugleich kirchlich eingesegneten Ehe. Congr. Concilii 31. Juli 1867. Kirchliche Dispense und Trauungen von Bett und Tisch entbehren der bürgerlichen Wirkung P. 65. 68, 124, 146, 230, 431, R. 85—93. Bezüglich der Ehescheidung bewendet es bei Bürg. G.-B. 148 ff.; der weitergehende Entwurf ward abgelehnt. Sc. 451, Arch. 54. S. 178. Hängt stiftungsmässig die Verabfolgung einer Aussteuer von einem *pfarrlichen* Trauschein ab, so ist seit 1865 die bürgerliche wie die kirchliche Eheschliessung nachzuweisen; hierin stimmen die geistlichen und weltlichen Gerichte überein. App. Turin 18. Sept. 1880. Avv 1884 p. 466 u. 505, St. R. 7. Sept. 1877 und 6. März 1878, Avv. **1878** Nr. 1 p. 7, **1879** Nr. 4 p. 21, vgl. R. 208 u. T. 252.

6) Sc. 490. Daraus, dass Niemand mehr die gottesdienstliche Feier zu beachten braucht (H. 224, 235, 243 und 252), folgert man die Straflosigkeit selbst *öffentlicher* Arbeit während des sonntägigen *Gottesdienstes*. Mit der Abschaffung von Festtagen hat sich der h. Stuhl (6. Sept. 1853) für den Umfang des Königreichs Sardiniens einverstanden erklärt. Unten §. 8. A. 1. Arch. **51**. S. 72. Neap. III 5.

7) G. 30. Juni 1876. »Il giuramento,« annotato dall' avv. Scevola; Pieromaldi, »giuramento religioso,« Florenz 1883. Vorher mussten, — wie jetzt noch

Den *Geistlichen* aller Bekenntnisse ist jede Einwirkung auf die öffentlichen Schulen und Armenanstalten entzogen. Die Befreiung der Geistlichen vom *Militärdienste*[8]) und von Steuern (§. 12. A. 7), sowie ihr bevorzugter Gerichtsstand[9]) etc. ist aufgehoben. Das Recht der *öffentlichen* Religionsübung steht nur der *römisch-katholischen* Kirche zu. Ferner hat sie allein Anspruch auf Ergänzungszuschüsse der Gemeinden[10]); andererseits unterliegt ihr Pfründen- und Gotteshausvermögen der staatlichen Einwirkung (§. 11—19).

---

in Deutschland, H. 236, — selbst Gottesleugner bei Meidung gerichtlicher Bestrafung den Eid unter Anrufung *Gottes* schwören. R. 202 und 471, Cast. 322.

8) Das G. 7. Juni 1875 hat die den Geistlichen noch durch G. 27. Mai 1869 bezw. 19. Juli 1871 gewährten Erleichterungen aufgehoben. Arch. **54**. S. 76. **41**. S. 175 und **29**. S. 8, Cast. 179, P. 84, R. 761, Sc. 319 A. 1 und 387. Bis 1871 befreite die Subdiaconsweihe vom Militärdienste; zufolge Köln. Ztg. 21. Juni 1885 wird Italien hiervon wenigstens die *Missionäre* wieder befreien, durch das G. bezüglich der Propaganda. — Steuerfrei sind nur noch die dem öffentlichen Gottesdienst gewidmeten Gebäude sammt zugehörigen Bibliotheken, Archiven und Kunstsammlungen R. 393 und 413, P. 92 und unten §. 8. A. 6. — Zu den Staats-, Provinzial- und Gemeindeabgaben haben *alle* physischen und moralischen Personen gleichmässig nach Verhältniss ihres Vermögens beizutragen. Verf.-Urk. 25, *Cassani* pr. qu. 392.

9) G.-G. 17, unten §. 6. A. 2 u. 6, §. 12. A. 11. Der Mindestbetrag (die Congrua) des Pfründeneinkommens, welchen schon Cass. Turin 7. Dec. 1870 und Palermo 7. Sept. 1878 R. 335, Avv. **1879** p. 117, **1882** p. 285 als nicht pfändbar erklärt hatten, wird wohl demnächst (Sc. 414, *Cassani* 1880 p. 495) wieder den Bezügen der *Staats*beamten hinsichtlich der Freilassung von der Zwangsvollstreckung ausdrücklich gleichgestellt werden. Zufolge R. 473 würde sich die Zeugnisspflicht auf die dem *Seelsorger* als solchem (gleichviel ob innerhalb oder ausserhalb der Beichte) gemachten Mittheilungen nicht erstrecken (Ggl. 157). Die Pfründengüter etc. unterliegen denselben Verjährungsfristen, wie sonstiges Privateigenthum B. G. B. 2114.

10) Die Verf.-Urk. unterscheidet zwischen der *Staats*religion und nur *zugelassenen* (Privat-) Religionsgesellschaften (Culti tollerati). *Staats*-, aber *nicht* mehr »*herrschende*« Religion (Codice civile Albertino A. 1 und 2) blieb die römisch-kathol. Kirche — Avv. 1880 p. 421, P. 82, H. 226, 252 und 264, *Cassani* pr. qu. 570 und 573 —; sie ward nicht nationalisirt, sondern blieb unter der (oben §. 1.) *internationalen* Hoheit des h. Stuhles, ohne dass der *Gesammtheit* der *ital.* Bischöfe irgend welche Rechte eingeräumt worden wären — *Cassani* pr. qu. 532, 537, vgl. 565, 572 und 621, Sc. 423 —; ebenso bewahrte sie die Vorrechte einer Corporation des *öffentlichen* Rechtes. Sc. 388, 407 und 410, dagegen 346, 348, 349 u. 489[13] unten §. 6. A. 2. Als *Privat*religionsgesellschaften mit Corporationsrechten galten bei Erlassung der Verf.-Urk. und Einführung derselben in den seit 1859 hinzugekommenen Gebietstheilen eigentlich nur die *Reformirten* (Waldenser), welche - Arch. **45**. S. 189 — zu Florenz ein Predigerseminar besitzen, und gemäss G. 4. Juli 1857 die *Israeliten*, also eigentlich weder die Lutheraner, noch die Evangelisch-Unirten etc. In diesem Sinne hat App. Parma 21. März 1872 (R. 147) den Predigern der

§. 5. Kirchenzucht, Lehr- und Verkehrsfreiheit.

Jeder Religionsverband regelt *selbständig* — d. i. ohne irgend welche Einmischung des Staates — die Sitten- wie die Glaubens*lehre* [1]), den *Gottesdienst* (§. 8), den Bildungsgang (§. 23) sowie die Rechte und Pflichten der *Geistlichen* oder Cultusbeamten gegenüber der *Oberbehörde* einerseits und den *Gläubigen* anderseits nach Massgabe seines *inneren* Kirchenrechts. Die darauf bezüglichen Ent-

---

chiesa evangelica (libera italiana) den *erhöhten Schutz* gegen Störung oder Bedrohung in Ausübung des Amtes (Avv. 1879 p. 189, 1885 p. 33, Str.-G.-B. 187 und 188) noch versagt. Corporationsrechte können nicht, wie in Frankreich (Ggl. 5), durch das Staatsoberhaupt, sondern nur durch Gesetz ertheilt werden. Sc. 387 A. 1 487 A. 23, 490 A. 19, *Cassani* pr. qu. 361. Dagegen bildet der Mangel einer Corporationsberechtigung oder Zulassung kein Hinderniss für die gemeinsamen Uebungen der Protestanten oder — trotz *Cassani* pr. qu. 532 und 538 — der (unten §. 6. A. 4, Arch. 54. S. 177) (altkatholischen?) »chiesa nazionale italiana«; denn auf Grund der Tagesordnung des Abgeordnetenhauses vom 18. März 1871 Sc. 397 A. 1, v. 390, 392 A. 1 und 2, 487[23], 489[36] verzichtete die königliche Regierung auch den nichtkatholischen Bekenntnissen gegenüber (als ob solche den particularrechtlich in den einzelnen Provinzen fortbestehenden Beschränkungen nicht mehr unterlägen,) »ausnahmslos« auf jede Einmischung »in die Religionsübung, sowohl auf vorbeugende als auf »unterdrückende Massnahmen« (Placet, Missbrauchsrecurs etc.), prot. Kirchenztg. Berlin 27. Mai 1885.

Die *gleichmässige* (unten §. 5 u. 6 A. 1) Regelung der Beziehungen des Staates zu *allen* Religionen scheiterte an der *bevorzugten* Stellung (oben §. 2 und 3.) der kath. Kirche, welche nicht gleich den Secten (Sc. 103, 34, 391 A. 3, 348, 403 und 421) unter das »*Vereins*recht« (Sc. 406) oder das »diritto commune« gestellt werden konnte; ebensowenig konnten die Privatreligionsverbände oder ihre Oberbehörden an der Exterritorialität oder Gerichtsfreiheit des h. Stuhles theilnehmen. Sc. 92, 100, 390, 417, A. 2. und 489. Während des Druckes erschien zu Livorno bei F. Vego (209 S., 6 Fr.) Rignano, l'uguaglianza civile e la libertà dei Culti d'Italia.

1) Neapol. Diöcesansynode, Arch. **49**. S. 332, **50**. S. 381, **51**. S. 54, oben S. 1. In die förmliche *Prüfung* der kirchlichen Lehre und *Satzungen* hätte der ital. Staat — abgesehen von unten §. 5. A. 4, Sc. 348 — nur dann einzutreten, wenn ein Verband um die Verleihung der Corporationsrechte nachsuchen sollte Sc. 277 A. 2, 284, 347, 393, 396, 398 und 410. — *Scaduto* findet p. 347 und 360 das kirchliche Strafverfahren, p. 229 A. 1, 289 und 366 die kathol. Moral, p. 399 die Reliquienverehrung, die h. Oehlung p. 403 und 407 die kirchliche Trauung (!) staatsgefährlich, erkennt jedoch an, dass die kath. Kirche nicht erst der *staatlichen* Gewährleistung bedarf. Uebrigens erreicht die im Gar.-Ges. A. 9 dem *hl. Vater* zugesicherte »*freie und ungehinderte Ausübung des geistlichen Amtes*«, wie *Mancini* am 28. Januar 1871 hervorhob, — Sc. 280 vgl. 88 und 203, — namentich in Folge der dem Staate vorbehaltenen *Pfründeneinweisung*, nicht stets das Mass der Freiheit und Selbstverwaltung, welches Italien den Oberbehörden der *Privat*religionsgesellschaften in wohlwollender Handhabung der Gesetze dermalen gewährt.

scheidungen der Cultusbehörden haben die Bedeutung von *Vereinssatzungen*[2]). Dieselben können ohne staatliche Mitwirkung geändert werden. Gegen solche Erlasse ist weder der Rechtsweg noch ein sonstiges Rechtsmittel zulässig. In diesem Sinne sind die Cultusbehörden ungehindert in Beziehung auf religiöse *Verwarnungen*, Ausweisungen von gottesdienstlichen Uebungen, vorübergehenden und selbst bleibenden *Ausschluss*[3]) der Gläubigen aus der Religionsge-

2) Da der moderne Staat nicht mehr »Kraft« genug (Sc. 289) besitzt, um von der Kirche einseitig ohne Staatsgenehmigung vollzogene Zusätze oder Abänderungen des *canonischen* Rechtes rückgängig zu machen, so hielt Italien den vorbehaltlosen *Verzicht* auf das Placet (oben S. 5 und 11) für, den Staatsinteressen förderlicher, als dessen Beibehaltung«, indem »die Kirche, »wenn auch der Staat nur ganz unverfängliche Kirchensatzungen förmlich gut»heisst, immerhin hieraus und aus dem Geschehenlassen der Regierung im Uebri»gen leicht die stillschweigende *Anerkennung* der sonstigen neueren Satzungen, »auf welchen der ausdrücklich gutgeheissene Theil mitberuht, zu folgern ver»sucht sein könnte.« Hiernach bleibt in jedem einzelnen Falle der Verletzung »*bürgerlicher* Rechte« den Staatsgerichten (unten §. 6. A. 4 u. 5) überlassen, zu prüfen, ob die Kirchengewalt zu den betreffenden *Neuerungen* zuständig war. *Cassani* pr. qu. 639 u. 640, Sc. 348. Zufolge der auf dem vaticanischen Concil anerkannten Grundsätze würde der hl. Vater in allen Richtungen der *Kirchenverfassung* und -Zucht selbst Concilsbeschlüsse abändern können. Sc. 294, 298 vgl. 98. Auch insoweit einzelne Kirchensatzungen ausdrücklich vom Staate genehmigt oder zu *Staatsgesetzen* erhoben worden waren, kann seit Wegfall des Placet die Kirche in *eigener* Zuständigkeit Aenderungen eintreten lassen. Insofern haben die von der Kirchengewalt erlassenen Satzungen und Kirchengesetze die ihnen früher zugestandene Kraft von Staatsgesetzen wieder verloren. (Sc. 347 Ges.-Entw. 1867: »Le istitutioni delle Chiese cessano di avere autorità di legge nello Stato«. Daraus, dass die Regierung vor 1871 eine kirchliche Satzung ausdrücklich *genehmigt* hatte, brauchen die Gerichte nicht rechtsnothwendig die Folgerung abzuleiten, dass solche auch jetzt noch mit der inzwischen etwa hierin *abgeänderten* Staatsgesetzgebung sich in Uebereinstimmung befinde. — ebenso wenig als aus der früher *versagten* Staatsgenehmigung (z. B. zum Syllabus, unten §. 6. A. 4) auch dermalen ohne Weiteres noch die Unverbindlichkeit gefolgert werden dürfte. Sc. 291 - 293, 298.

3) Die Kirche kann dadurch, dass sie den Verkehr der Gläubigen mit *Excommunicirten* beschränkt (P. 50 und 70 A. 2), letztere im Erwerbe schädigen; gleichwohl gewährt der italienische Staat hiegegen keinen Schutz, wäre auch die Excommunication lediglich wegen einer politischen *Abstimmung* oder gegen einen *Staatsbeamten* wegen Vollzugs eines Staatsgesetzes verhängt worden (unten §. 6. A. 8 und 11) H. 237, 303 und 323, Ggl. 16, Sc. 354, 408, 412 und 414, vgl. 357. Mit dem Entwurfe eines Gesetzes zur Bestrafung solcher »*Missbräuche*« (»abusi dei ministri«) konnte 1877 die Regierung ebenso wenig durchdringen (Sc. 335, 366 und 451, oben S. 7 A. 9 u. S. 11) als 1862 Petrucelli und 1863 Passaglia (Sc. 364, *Cassani* pr. qu. 1872 I 35 und 39). Sollte allerdings aus den begleitenden Umständen hervorgehen, dass ein Geistlicher nur unter dem *Vorwande*, seine Amtspflicht auszuüben, ab-

meinschaft, Gewährung oder Versagung kirchlicher [4]) *Gnadenmittel und Ehrenrechte* (S. 304 A. 5), endlich in Bezug auf Handhabung der Kirchenzucht [5]), dies jedoch nur insoweit als nicht (§. 6.) bürgerliche Rechte dadurch verletzt werden. Nach dem Gar.-G. bedarf es weder zur Einberufung oder Abhaltung kirchlicher *Versammlungen* [6]), noch zur Verkündung oder Vollziehung [7]) *allgemeiner* oder *besonderer* Erlasse

---

sichtlich eine *Beleidigung* zugefügt oder ein Unternehmen, eine Anstalt, Zeitschrift etc in Verruf gebracht hat, so bliebe den Gekränkten die Anstellung einer Civil- wie Strafklage unbenommen. Sc. 408, unten §. 6. A, 8 und 12, Die kirchlichen Oberbehörden verbieten den Gläubigen, wegen derartiger Beschwerden den Rechtsweg zu beschreiten (Avv. 1879 p. 102 u. 139, unten §. 6, A. 1) und helfen begründeten Klagen durch eigene Zuchtmittel ab.

4) Wer sich mit der Kirche nicht aussöhnt, erhält weder die Zulassung als Taufpathe, zur Trauung oder einem sonstigen Sacramente (Avv. 1884 p. 487 und 499) noch (**1881** p. 176, **1882** p. 1, **1884** p. 556, R. 33, 176, 186 und 189, P. 34) *kirchliche Beerdigung*; letztere wird den im Duelle Gefallenen versagt Avv. 1885 p. 118. In zweifelhaften Fällen behalten sich die *Bischöfe* die Entscheidung vor. Neap. III 4 [10] und IV 3 [13], Arch. **51.** S. 70 und 83. Obwohl wegen Nichtgewährung der kirchlichen Ehren nicht, wie in Frankreich etc. (unten §. 6. A. 8, Ggl. 24) Recurs an die weltlichen Behörden ergriffen werden kann, wird doch in Italien das kirchliche Leichenbegängniss nicht so häufig verweigert als in den Ländern des Missbrauchrecurses Sc. 130. Victor Emmanuel erhielt die kirchliche Beerdigung nur als Privatmann, da ihn die Curie in Rom selbst (oben §. 1, unten Anm. 9) nicht als *König* anerkannte (Arch. 40. S. 302, *Cassani* Rif. disc. 1878 p. 40, 55 und 337). Bis zur Abänderung (Sc. 131 A. 1) der A. 268—270 des ital. Str.-G.-B. durch G. 5. Juni 1871 konnten Geistliche wegen Verweigerung von Amtshandlungen bestraft werden. Avv. 1885 p. 80. R. 27 und 31; die Wiedereinführung derartiger Strafvorschriften ist der Regierung bisher nicht gelungen (obige Am. 3, §. 4. A. 2. und §. 8. A. 4).

5) Gegen die Beschlüsse des Bischofs findet nur Beschwerde zum Erzbischofe und sodann zum h. Stuhle statt. P. 62, unten §. 6. A. 8. Die geistliche (Legazia apostolica) Gerichtsbarkeit und Aufsicht in letzter Instanz, welche ausnahmsweise in *Sicilien* das Staatsoberhaupt durch einen von ihm ernannten Legaten zufolge der Zugeständnisse des h. Stuhles Arch. **19.** S. 92 u. **22.** S. 477, *Cassani* pr. qu. 572 — ausübte, ist in Folge G.-G. 15 (T. 53 u. 60) auf den h. Stuhl wieder übergegangen; letzterer übertrug die Mehrzahl der Dispensen etc. den Bischöfen Sc. 40, 291 und 490.

6) G.-G. 14 »beseitigt die bezüglich der kath. Geistlichkeit in Geltung »befindlichen *besonderen* Bestimmungen, wodurch die Ausübung der Versamm»lungsfreiheit beschränkt wird«. Dagegen finden, vom Conclave und allgemeinen Concilen abgesehen, auch auf kirchliche Versammlungen, namentlich wenn solche unter *freiem* Himmel oder auf öffentlichen Plätzen abgehalten werden sollten, die *allgemeinen* Polizeigesetze gleichmässig Anwendung. T. 51. *Cassani* pr. qu. **1872** p. 399, **1876** p. 563 u. 572 Sc, 417, 454 [9]), 457 [8], oben S. 20, unten §. 20, A. 9.

7) G.-G. 16 »beseitigt das kgl. Exequatur (zu päpstlichen und sonstigen Er»lassen aus Rom) und Placet, (zu bischöflichen Erlassen) sowie jede andere Form »der Regierungserlaubniss zur *Bekanntmachung* oder *Vollstreckung* der Akte

der Kirchenbehörden einer staatlichen Genehmigung; ebensowenig überwacht der Staat den *dienstlichen Verkehr* der kirchlichen Behörden [8]) unter sich, mit den Gläubigen oder Dritten. Weggefallen sind endlich die *kirchlichen Gebete* und Feierlichkeiten für die *Regierung* [9]), die *politischen* Eide [10]) der Bischöfe und die unmittelbaren Ernennungen letzterer durch das Staatsoberhaupt (§. 20. A. 5 u. 6).

§. 6. *Staatsgerichtliche Klagen* **gegen kirchliche** *Behörden wegen Amtsmissbrauchs.*

Inhaltlich des A. 17 des Gar.-Ges. »findet gegen Verfügungen »der Kirchenbehörden in Sachen der Kirchenzucht oder (oben §. 5.)

»des Kirchenregiments.« R. 237 T. 61 und 62. Die *Kirche* hatte übrigens das nach dem Vorbilde Oesterreichs und Frankreichs (Ggl. 9 und 17, Cassani pr. qu. 533, 370 und 623, H 204, 211 und 280, Cast. 41, 45, 80 u. 124) auch von den ital. Staaten geübte Kirchenhoheitsrecht *nie anerkannt*; in Sardinien unterlagen wenigstens die Breven der Poenitentiaria, Kirchenjubiläums- und Ablassverkündigungen sowie Lehrentscheidungen *nie* dem Placet. P. 73 u. 111.

Aeusserer Zwangsmittel kann sich die Kirche nicht bedienen; es erübrigt ihr daher nur die Beschreitung des Rechtswegs, wenn Pfründenbesitzer, Gemeinden, Patrone oder Dritte dem Vollzuge der Kirchenerlasse Hindernisse bereiten; unten §. 7. A. 1.

8) Zufolge G.-G. 12 I »verkehrt der hl. Vater ohne irgend welche Vermittlung oder (oben S. 5 A. 7) Controle der italienischen Regierung mit dem *Episcopate* und der ganzen *kath.* Welt«; durch diese Fassung wollte die Freiheit der Correspondenz mit den **evang.** etc. Staatsoberhäuptern nicht ausgeschlossen werden. H. 211 und 284, Sc. 211, P. 73, 74 und 86, T. 21, 44 u. 62, vgl. Cap. 3 der Constitutio Pastor Aeternus vom 18. Juli 1870. Nicht blos die Erlasse des h. Stuhles, sondern auch die der Ordensgenerale (oben §. 1. A. 7) unterlagen dem kgl. Exequatur zufolge D. 5. März 1863, T. 62. Der Briefverkehr zwischen den Bischöfen, Pfarrern und Gläubigen ward nie von der Regierung vermittelt.

9) R. 260. Selbst in den sardinischen Gebietstheilen wird jetzt weder am Jahrtage der *Verfassung*, noch am Geburts- oder am Namenstage des *Königs* irgend ein *Festgottesdienst* abgehalten, noch weniger eine Procession, unten §. 10. A. 5 Avv. **1885** p. 3, vgl. **1880** p. 397 und **1884** p. 463; die Kirchenbehörde gestattete nicht einmal die Ausschmückung der Pfarrhöfe mit Trikoloren an den politischen Festtagen. Poenitentiaria 10. Dec. 1860, Arch. **51**. S. 125. Sc. 371, 375 und 431 A. 1, unten §. 6. A. 4 und 11. §. 8. A. 3. Seelenämter wurden nach dem Tode Victor Emmanuels (obige Anm. 4) im Domo zu Mailand etc. gehalten; *Cassani* Rif. disc. 1878 p. 98 und 192; anlässlich der Rettung des Königs vom Attentate hatte der Bischof von Albenga (p. 643) einen Dankgottesdienst mit Tedeum am 19. Nov. 1876 für den ganzen Umfang der Diöcese angeordnet. Ein Hirtenbrief des Erzbischofs von Asti (*Cassani*, Chiesa e Stato II 199) erklärte »den Patriotismus als mit der Religion vereinbar.« Keine Krönung des Königs: Sc. 35.

10) G.-G. 25 II. »Die *Bischöfe* brauchen dem Könige keinen Eid uz

»geistlichen Amtsführung weder staatliche *Berufung* [1]), noch Ein»spruch statt; dagegen entbehren die kirchlichen Erlasse aus eigener »Kraft (unten §. 7.) jedweden Zwangsvollzugs. Die *Staatsgerichte* [2]) »erkennen über die *rechtlichen* [3]) Folgen solcher Erlasse und aller »sonstigen Handlungen der Kirchengewalt. Letztere bleiben recht»lich [3]) ohne Wirksamkeit, soweit dieselben mit den Staatsgesetzen

leisten«; dieser Satz wird von der Rechtssprechung, T. 13 und 56 sowie Sc. 222, auch auf die übrige Geistlichkeit erstreckt, während zufolge St.-R. 24. October 1873 die *Pfarrer* in den Gebietstheilen, wo sie nach dem Provinzialrecht hierzu verpflichtet waren, auch jetzt noch den Eid der Treue zu leisten hätten. Avv. **1884** p. 549.

1) G.-G. findet — als »*gemeines* Recht« Sc. 417, 489 und 491[23], oben §. 4. A. 10 — auch auf die *Privat*religionsgesellschaften Anwendung. Hiernach unterliegen, mit Ausnahme des hl. Vaters (oben §. 1. A. 11, §. 2. A. 5, unten Anm. 12) und seiner obersten Regierungsgehilfen, alle Kirchenbeamte auch hinsichtlich ihrer *Amts*handlungen (§. 4. A. 9), soweit sie ein Strafgesetz oder bürgerliche Rechte verletzen, der Gerichtsbarkeit des Staates. Nur sind, worin *Cassani* pr. qu. 572 und 624 sowie *Pescatore* Sc. 347, 351 und 374 den Hauptunterschied gegenüber dem G. 20. März 1865 (unten §. 7. A. 4) finden, an Stelle des »politisch beeinflussbaren Staatsraths« Sc. 344, R. 772) die »unparteiischen Civilgerichte« (*Cassani* pr. qu. 318, 659 und 687) und gewöhnliche Klagen an Stelle des Missbrauchsrecurses getreten (*Cassani* pr. qu. 618) »surrogati agli appelli di abuso«). — Beseitigt ist der in Sardinien (Bogglo, la Chiesa e lo Stato in Piemonte, Turin 1854 bei Franco, II 257 etc., P. 77 u. 79, Sc. 40, 42 A. 5 und 344) Neapel, Toscana etc. sonst noch zulässig gewesene appello ab abuso wegen Schädigung (unten Anm. 8) blos *religiöser* Rechte und wegen einer, bürgerliche Rechte nicht verletzenden Uebertretung öffentlichrechtlicher Vorschriften, unten Anm. 7. Ggl. 20 §. 5[a] und [c]. Die *Poenitentiaria* gestattet den Gläubigen höchstens ausnahmsweise (Avv. **1882** p. 185 und **1884** p. 402, oben §. 5. Anm. 3, vgl. Sc. 376) die Beschreitung des Rechtswegs.

2) Die *ordentlichen* Gerichte entscheiden im gewöhnlichen Verfahren R. 263, Sc. 351, T, 75; zufolge sard. G. 9. April 1850 waren für Pfründen- und Patronatsstreitigkeiten im ersten Rechtszuge die *Ober*landesgerichte zuständig. P. 65 und 86. *Nicht schiedsrichterlich*, sondern einseitig durch seine Gerichte entscheidet der »Stato libero« (T. 4, 6 und 15) die Competenzconflicte gegenüber der »*freien* Kirche« (oben S. 3, T. 9 und 13, Avv. 1880 p. 39 »chiesa schiava«), welcher ebensowenig, als den Privatreligionsgesellschaften eine Gleichstellung (H. 219) mit der Staatsgewalt gewährt wird.

3) Die *kirchliche* Wirksamkeit (für das innere Forum) kann kein Staatsgericht dem Erlasse einer geistlichen Behörde absprechen. Ebensowenig kann ein Staatsgericht solche Erlasse, wie Pescatore beantragt hatte, *aufheben* (annullare, Sc. 350) oder *abändern* (rivedere, Sc. 357 und 375, *Cassani* pr. qu. 619 und 626). Nur der rein civil- oder vermögensrechtlichen Folgen (effetti giuridici) kann der geistliche Jurisdictionsakt entkleidet werden. Das Gericht schützt also den zur Ungebühr abgesetzten Geistlichen höchstens (unten Anm. 11 u. 12) im Genusse der *Pfründe*, nicht aber auch in der Fortführung des *Amtes* und weist weder seinen Nachfolger, noch Dritte an, ihm die Kirchenbücher herauszugeben, vgl. §. 11. u. §. 21. A. 3.

»oder[4]) der *öffentlichen Ordnung* in Widerspruch stehen oder

4) Sc. 347 und 353 A. 1. Die »öffentliche Ordnung« entspricht den »*allgemeinen Rechtsgrundsätzen*« des preuss. G. 12. Mai 1883 §. 11 1 2, Zeitschr. für K. R. XIV 470 und dem »*Geiste* einer Gesetzesbestimmung oder gesetzlichen Einrichtung«. Als hiermit *geradezu unvereinbar* erachtet man die *zwangsweise* Einlieferung eines Geistlichen in eine kirchliche Besserungsanstalt (unten §. 23. A. 10, Ggl. 14 A. 7), die Bestrafung wegen verbotswidrigen Beflaggens der Dienstwohnung (Sc. 371, unten Anm. 11, oben §. 5. A. 9) an *politischen* Festtagen, wegen Betheiligung an einer Abgeordnetenwahl (oben §. 4. A. 3, Sc. 368 A. 2), wegen Abstimmens in einer öffentlichen Vertretung, ferner die Entziehung des *rechtlichen Gehörs* (Sc. 360 und 361, unten Anm. 11) und jede sonstige Schmälerung *allgemeiner Menschen- und Bürgerrechte*, welche auch durch Privatvereinbarung nicht rechtswirksam aufgegeben und daher nach der Anschauung der Staatsgerichte auch nicht durch Vereinssatzungen (oben §. 5. A. 2) beschränkt werden können.

Im Uebrigen bemisst sich in den Augen der *Staats*gerichte das Recht des Kirchenbeamten nach denjenigen Satzungen, die schon in Kraft waren, als ihm das Amt oder die Befähigung hierzu ertheilt ward. Der Kirchenbeamte muss diese Satzungen auch *gegen* sich gelten lassen. Gegen eine später »satzungswidrig« eingeführte »*Neuerung*« (§. 5. A. 2) haben die Staatsgerichte ihren Schutz zu gewähren. Es kann daher eine Verletzung der Staatsgesetze oder der öffentlichen Ordnung, wegen Widerspruchs des kirchlichen Strafbescheids mit einer *gesetzlichen Freiheit*, nicht angenommen werden, wenn diese gesetzliche Freiheit mit den besonderen Berufspflichten der Cultusbeamten satzungsmässig vereinbart war, und deshalb der Cultusbeamte durch Uebernahme des Amtes auf jene Freiheit *verzichtet* hatte.

Trotz der allgemeinen Glaubens-, Aufenthalts- und Verehelichungsfreiheit muss daher ein katholischer Geistlicher, der sein Amt nicht verlieren will, dem Glauben treu, am Amtssitze wohnen und unverheirathet bleiben. Die königlichen Gerichte müssen daher die Gesetzmässigkeit einer kirchlichen Strafentlassung anerkennen und die bürgerliche Folge des Pfründenverlustes aussprechen, wenn der Geistliche sich (*Cassani* pr. qu. 312, vgl. 286, unten A. 11) der *Ketzerei* schuldig gemacht hat, oder trotz wiederholter Verwarnung ausserhalb des ihm als Aufenthalt angewiesenen *Amtsortes* (*Cassani* pr. qu. **625**) wohnt oder (294, 589 und 592, Avv. **1879** p. 17, 26, 87 und 147, **1880** p. 138, Arch. **41**. S. 390, **46**. S. 24, **50**. S. 442, P. 431, oben §. 4. A. 5) eine Civilehe eingegangen ist. Es kann daher ein Urtheil Cass. Neapel 29. Juni 1871 nicht gebilligt werden, welches einen verheiratheten Geistlichen im Pfründengenusse beliess (s. dagegen Congr. Inquisitionis 22. Dec. 1880). Ebenso irrig ist die Meinung des Ministers *Vigliani* (im Abg.-H. 3. Mai 1875, Sc. 275 u. 368 A. 1), dass kein Staatsgericht eine Amtsentsetzung wegen blosser Auflehnung gegen die päpstliche Unfehlbarkeit (oben S. 11 oder gegen den Syllabus Sc. 366 und 375?) bestätigen könne; oben §. 4. A. 10 und §. 5. A. 1 u. 2. Die Geistlichen haben jedenfalls in Italien, wo sie keinerlei öffentliches Nebenamt (§. 4. A. 3) bekleiden, vielmehr nur Diener der Kirche sind, ihr amtliches Verhalten auch ausschliesslich nach den *kirchlichen* Satzungen zu bemessen; in der Befolgung letzterer liegt, solange nicht unmittelbar gegen eine ausdrückliche Gesetzesbestimmung verstossen ist, durchaus keine »Verletzung der Staatsgesetze oder öffentlichen Ordnung.«

»bürgerliche[5]) Rechte verletzen; sie fallen unter die Strafge»gesetze[6]), falls sie hiernach den Thatbestand einer strafbaren Hand»lung enthalten.« — Ein kirchlicher Erlass, der einer Vorschrift des

5) »Diritti dei privati« statt »dei cittadini« oder »leggi d'ordine privato« Sc. 350 A. 2, 472 und 486. Der Staat schützt gleichmässig die Vermögensrechte *physischer* und *juristischer* Personen, selbst soweit letztere unter kirchlicher Leitung stehen. Hierbei macht es keinen Unterschied, ob die verletzten Rechte ausschliesslich dem Privatrechte angehören, wie z. B. das Eigenthum eines Gotteshauses an Reliquien (unten §. 8. A. 6, R. 464), einer Familie an einer erblichen Kirchenbank (§. 8. A. 7) oder ob sie sich zugleich aus dem inneren *Kirchenrechte* ableiten. Mag es sich hierbei auch um Gegenstände handeln, die ausserhalb des allgemeinen Rechtsverkehrs stehen und deshalb nicht beliebig veräussert werden können etc., so finden doch die Vorschriften des bürgerlichen Rechts über Eigenthum und Besitz (B. G.-B. 433 und 685), Quasidelicte (1151, T. 75, Sc. 357 und 365, vgl. jedoch unten Anm. 8) und Verträge auf Grund der *Vereinssatzungen* (Sc. 347 A. 1 u. 363 A. 1, H. 222, B. G. B. 1158, oben §. 5. A. 2, unten Anm. 11) *sinngemässe* Anwendung. Die italienischen Gerichte haben, trotzdem nur im *öffentlichen* Interesse erlassene Bestimmungen verletzt waren, in der Annahme einer Verletzung der »bürgerlichen« Rechte die Unverbindlichkeit eines bischöflichen Erlasses ausgesprochen, wodurch ohne Zustimmung der Regierung ein Pfarrsitz aufgehoben oder die Abhaltung gestifteter Gottesdienste in der Ortskirche beseitigt, oder durch Aenderung (§. 9. A. 1) der *Pfarrsprengel* eine Cultusbaulast auferlegt, oder die Pfründe im Einkommen geschmälert worden war *Cassani* pr. qu. 706. Dasselbe gilt (R. 464, unten §. 9. A. 6) von der einseitigen Umwandlung einer Wohlthätigkeitsstiftung in eine Pfründe. Als Verletzung *bürgerlicher* Rechte gilt nicht nur die Störung im Bezuge stiftungsmässiger Reichnisse T. 75, Ggl. 71 A. 4, in einem rechtmässigen Besitze oder einem vertragsähnlichen Verhältnisse, sondern auch jede unrechtmässige Freiheitsbeschränkung durch Auflegung von Leistungen, Abzügen oder Lasten (unten §. 9. A. 6). So wurden z. B. die Pfründenbesitzer gegen nicht herkömmliche oder Straf-Abzüge etc., sowie Gotteshaus- und Wohlthätigkeitsstiftungen gegen Erhöhung der Gebühren für gestiftete Gottesdienste geschützt, wenn der Bischof statt die Zahl der Gottesdienste zu vermindern, die Gebühren erhöhen wollte (Avv. 1885 p. 138). Auch wurde wiederholt einer vom Bischofe ausgegangenen Pfarrer-Ernennung die Rechtsgültigkeit versagt, wenn das *Patronatsrecht* überhaupt oder doch der Vorschlag des Patrons ausser Acht gelassen worden war. Hierbei blieb der Einwand unberücksichtigt, dass der Patron durch Geltendmachung der Staatsgesetze bezüglich der Einziehung des Kirchenguts die Rechte der Kirche rechtswidrig geschädigt und dadurch sein Recht eingebüsst habe, unten §. 20, *Cassani* pr. qu. 258, 262, 269, 629, 634 und 688. Dagegen überliessen die Gerichte dem Bischofe die Entscheidung darüber, ob wegen *Simonie* das Vorschlagsrecht erloschen sei (615 u. 618, R. 466 und Sc. 356), und ob der zur Ernennung vorgeschlagene Bewerber die *canonischen* Eigenschaften besitze (R. 466, Sc. 271 u. 274 A. 1 u. 356 A. 2), selbst wenn solcher kurz zuvor eine Pfarrprüfung bestanden hatte.

6) Darüber, ob der Geistliche sich einer Ueberschreitung seiner Amtsbefugnisse schuldig gemacht habe, bedarf es keiner Vorentscheidung vor Einleitung der gerichtlichen Verfolgung. G. 27, R. 772, oben §. 4. A. 9.

öffentlichen Rechts widerspricht, kann, obwohl die Verletzung dieser Vorschrift nicht mit Strafe bedroht ist, doch [7]) auf Klage einer in ihren *bürgerlichen* Rechten verletzten Person gerichtlich für rechtsunwirksam erklärt werden. Eine blosse Schädigung des [8]) *Interesses* genügt nicht. Die Civilklage ist nicht an die Bedingung geknüpft, dass der *hierarchische* Instanzenzug (§. 5. A. 5) erschöpft sei; und in der Fortsetzung des letzteren liegt kein Verzicht auf die Civilklage. In gerichtlichen Urtheilen wurde einer dauernden oder zeitweiligen, gänzlichen oder theilweisen Entziehung der *Pfründe* [9]) oder

7) Ungesetzlichen Erlassen versagen die Staatsbehörden ohne Weiteres die Beachtung; doch kennt die ital. Gesetzgebung keine *öffentliche* Klage auf *Feststellung* des Missbrauchs oder der äusseren Rechtsungültigkeit, wie solche im J. 1871 *Pescatore* — als »istanza promossa ex officio«, Sc. 350 A. 2 — beibehalten wollte, und im J. 1875 *Manciani* und *Vigliani* auf Grund des Ger.-Verf.-G. 139 (Sc. 353) als zulässig hinstellten, obwohl Pescatore's Abänderungsantrag bei Berathung des G.-G. abgelehnt worden war. Zufolge Ger.-Verf.-G. 139 »verfolgt die Staatsanwaltschaft alle strafbaren Handlungen »und stellt (ha azione diretta) behufs Durchführung der im Interesse der *öf*»*fentlichen* Ordnung erlassenen Gesetzesbestimmungen im *eigenen* Namen die »zur Wahrung des Gesetzes erforderlichen Anträge bei Gericht.« Mithin kann in einem *bereits anhängigen* Civilverfahren das öffentliche Ministerium wegen Mittheilung der Akten an die Regierung oder wegen Ausschlusses der Oeffentlichkeit das Erforderliche veranlassen oder beantragen. Hieraus folgt aber nicht die Zulässigkeit einer Civil- oder Popularklage der Staatsanwaltschaft zur Entscheidung darüber, ob sich die Kirchengewalt eines Missbrauchs schuldig gemacht habe, welcher sich Mangels einer Verletzung des Straf- oder des bürgerlichen Rechtes gleichmässig der straf- wie der civilgerichtlichen Verfolgung entzieht. Eine derartige staatsanwaltschaftliche »Missbrauchsklage« im Sinne des franz. Staatskirchenrechts (Ggl. 30) ist auch nie erhoben worden. Sc. 354. *Statt der Civilpartei* (Sc. 352, 372 A. 1 und 374, Ggl. 26 A. 7[b], »zur Wahrung des Gesetzes« klagbar aufzutreten, ist die italien. Regierung ebensowenig durch irgend ein Gesetz ermächtigt.

8) Der Inhaber einer kirchlich getadelten Schule oder Zeitung (Avv. 1885 p. 126 u. 179), oder ein Geistlicher, der z. B. wegen seiner kirchenpolit. Haltung vom h. Messopfer suspendirt wird, kann zufolge des kirchlichen Erlasses einen materiellen Schaden erleiden, ohne deshalb Ersatz oder Zurücknahme des Verbotes verlangen zu können. Zur Klage berechtigt nämlich nur die Verletzung eines wohlerworbenen *bürgerlichen* Rechtes, nicht aber schon, wie Sc. 357, vgl. 292, 354, 358, 376, 408, 414 annimmt, jede Schädigung des Vermögens*interesses*. Noch weniger kann die Klage darauf gestützt werden, dass Kirchensatzungen übertreten seien, (Sc. 348 u. 350, vgl. 347, 357 u. 422, Ggl. 20 §. 5[a] u. [c] u. 35 A. 6), die blos religiöse, nicht aber auch zugleich *bürgerliche* Rechte gewährten. (Sc. 375 »canoni senza effetto giuridico«). Zur Gewährung rein kirchlicher Rechte und zur Einhaltung der Kirchenordnung hinsichtlich des Gottesdienstes, der Gnadenmittel sowie der Kirchenverfassung können die Geistlichen nur von den kirchlichen Oberen angehalten werden; oben §. 5. A. 3 und 5.

9) §. 12. A. 2. Gerichtlichen Rechtsschutz im Fortgenusse des Diensteinkom-

des kirchlichen *Ruhegehaltes*, wegen »Verletzung der öffentlichen Ordnung« oder »der bürgerlichen Rechte« die Anerkennung versagt, wenn[4]) das *rechtliche* Gehör verweigert, oder das *canonische* Beweis-*verfahren*[10]) nicht eingehalten war, oder wenn der Strafbeschluss den Staatsgesetzen oder *allgemeinen Rechtsgrundsätzen*[11]) widersprach.

---

mens erhalten nur *bepfründete* Geistliche, wie die Bischöfe, Domherrn und Dompräbendaten, Pfarrer, Hülfspfarrer und selbständigen Vicare P. 295, R. 334 u. 550), welchen das Diensteinkommen nicht ohne canonische Procedur geschmälert werden darf. Dem Genusse einer selbständigen Pfründe steht eine kirchliche Pension (T. 68) nur dann gleich, wenn solche endgültig als Rechtstitel oder beim Ausscheiden aus einer Pfründe bewilligt worden war. §. 12. A. 11 u. §. 23. A. 12.

Nichtbepfründeten Geistlichen kann der Bischof jederzeit ex informata conscientia d. i. ohne sie auch nur zu hören, sogar das Messlesen untersagen Sc. 372, 374, 375, vgl. 98, 345, 347, 360 u. 369, *Cassani* pr. qu. 345, während in Frankreich etc. (oben S. 7 A. 9) allerdings einer solchen Suspension a divinis auch dem niederen Klerus gegenüber die canonische Procedur vorausgehen muss. In Ermanglung eines schriftlichen Vertrags, wodurch das Lesen h. Messen auf längere Zeit gegen Vergütung übertragen ist (Sc. 363), legen die ital. Gerichte dem Messverdienste nicht die Bedeutung eines *bürgerlichen* Rechtes (Arch. 54. S. 176, vorhergehende Anm. 8) bei und gestatten daher nichtbepfründeten Geistlichen keinerlei Civilklage wegen Interdiction oder Suspension gegen den Bischof. — Zu den *nicht*bepfründeten Geistlichen gehören auch die jeweils nur auf Anordnung oder Ermächtigung des Pfarrers (§. 11. A. 4 u. §. 25. A. 10) in Thätigkeit tretenden Pfarrgehülfen, die Verweser (dagegen *Cassani* pr. qu. 617, Sc. 359) und ausdrücklich nur auf Ruf und Widerruf angenommene Kapläne; solche können jederzeit vom Bischofe (P. 321), auf Grund des Stiftungsbriefs oder der Ernennungsurkunde selbst vom Patrone oder der Bruderschaft (Avv. 1880 p. 202, R. 277) aufgekündigt und entlassen werden, unten §. 19. A. 4. u. §. 31.

Ebensowenig als in Frankreich (Ggl 26), wird die Klage auf Wiedereinsetzung in die Temporalien dadurch ausgeschlossen, dass das *Staatsoberhaupt* den kirchlichen Strafbescheid vollzugsreif erklärt hat; unten §. 7. A. 2 u. 4, dagegen R. 505.

10) Wenn sachlich der Strafbeschluss gerechtfertigt erschien, haben ital. Staatsgerichte auch schon trotz Nichtbeachtung der Verfahrensordnung der Congregatio episcoporum et regularium vom 11. Juni 1880, Arch. 46. S. 3 Avv. 1885 p. 86, oben §. 5. A. 2, namentlich trotz Nichterhebung angebotener Gegenbeweismittel die Bestätigung ertheilt. Insoweit nicht aus der Zeit vor 1865 (dagegen Sc. 344) noch provinzialrechtliche Bestimmungen bestehen, wie die des franz. Rechtes (Ggl. 23, 299, VIII A. 8) in Ligurien etc., ist den Gerichten bei dem Mangel die Sache eingehender regelnder Vorschriften ein weiter Spielraum gelassen.

11) Zufolge eines Erlasses des Justizministers Vigliani vom October 1874 und Februar 1875 (Arch. 54. S. 171, Sc. 368 u. 377, R. 777, *Cassani* pr. qu. 618) soll die Staatsbehörde in ihren Conclusionen darauf halten, dass »eine »*ungerechte* (ingiusta) Amtsentsetzung nicht auch den Verlust (la privazione »delle temporalità annesse all' ufficio) der zugehörigen Einkünfte zur Folge hat »und dass die gerichtliche Bestätigung versagt bleibt den *offenbar ohne »jeden kirchlichen Grund* (manifestamente destituti da ogni motivo canonico),

Die Klage findet gegen die *kirchliche* Behörde sowie gegen *Dritte* statt, die zum Vollzuge des kirchlichen Erlasses mitwirken oder hieraus Rechte ableiten [12]).

»entgegen den Staatsgesetzen, ausserhalb der geistlichen Zuständigkeit oder »ohne Einhaltung der kirchlichen Vorschriften erlassenen Strafbescheiden«; wegen staatsfreundlicher Haltung dürfe (Sc. 352, 359, 371, 375) kein Geistlicher eine Vermögenseinbusse erleiden. In formeller Uebereinstimmung mit dem Gesetze (obige Anm. 4) mag es noch stehen, wenn das Gericht einen nur wegen Ausübung *allgemeiner* politischer Rechte, wie wegen einer Wahlbetheiligung, des Ausschmückens des Pfarrhofs mit der Tricolore am Königstage gemassregelten Pfründenbesitzer in Schutz nimmt; dies ginge jedoch zu weit, wenn der Geistliche seine politische Haltung aus dem Privatleben in's *Amt* übertragend an rein staatlichen Festtagen einem bischöflichen Verbote entgegen eine *kirchliche* Feier veranstaltet. Die Gerichte haben daher den Erlassen des Grosssiegelbewahrers wenig Rechnung getragen (Sc. 269 A. 1) und entgegen *Cassani* pr. qu. 619 und 626 bisher weder *neue Beweismittel* noch zur Ergänzung der Vertheidigung *neue Thatsachen* zugelassen, sich vielmehr mit der Einsicht der (oben §. 2. A. 4) vom geistlichen Gerichte erholten Akten begnügt und unter Verzicht auf (Ztschr. f. K.-R. XIX 275) *freie Nachprüfung* der thatsächlichen Erhebungen die Gesetzmässigkeit des angefochtenen Bescheides auf Grund der *kirchlichen* Satzungen (Sc. 347 u. 348 [1], oben §. 5. A. 2) beurtheilt. Als »*dem klaren Sachverhalte widersprechend*« ist noch kein kirchlicher Erlass von ital. Gerichten erklärt worden. Jedes Amt gilt als nur unter der *Bedingung* (B. G. B. 1158) *gedeihlicher* Amtswirksamkeit übertragen; als triftigen »canonischen« Grund zur bleibenden Entfernung aus dem Amte (und der Pension) anerkannten die Gerichte die Verletzung des *Cölibats* und der Residenzpflicht (obige Anm. 4), die Ablegung der geistlichen *Tracht* (T. 68, Avv. 1885 p. 3), die Nichtabhaltung gestifteter Gottesdienste (Avv. 1879 p. 117) sowie namentlich die *Excommunication* (*Cassani* pr. qu. 287 u. 312, Avv. 1879 p. 147, **1883** p. 138, vgl. **1881** p. 147 u. 208, **1882** p. 238 oben §. 5. A. 3), wiewohl die Strafe mit *bürgerlicher* Wirksamkeit nie sofort ohne Weiteres als verwirkt gilt, sondern erst nach canonischer Feststellung der Thatsachen im geordneten Verfahren durch kirchlichen Erlass verhängt werden muss. Bei selbst fortgesetzter Unverträglichkeit mit der Gemeinde pflegt dem Geistlichen ein Ruhegehalt belassen zu werden, wiewohl auch ohne solches die Amtsentlassung nicht beanstandet wurde. Avv. 1879 p. 87, *Cassani* pr. qu. 298, 538, 680 und 695. Nur wenn das geistliche Gericht ein *Staatsgesetz* verletzt hatte, trat das Staatsgericht in die Prüfung der Stichhaltigkeit der Gründe ein, aus welchen die kirchliche Strafe verfügt war; sonst untersuchten, wie in Frankreich (Ggl. 23), auch in Italien die Gerichte nur, ob die *forma extrinseca* d. i. die Zuständigkeit der urtheilenden Kirchenbehörde zur Verhängung der Strafe und die canonische Procedur (obige Anm. 10) eingehalten war und gewährten im Bejahungsfalle die Vollstreckbarkeit Kass. Turin 9. Juli 1878 T. 69, App. Brescia 31. Juli 1867, Avv. **1882** p. 238 und **1883** p. 139, St. R. G. 23. Oct. 1880, R. 464. H. 255, vgl. 264 und 322, *Bonghi* in der Abg.-Kammer 31. Januar 1871 Sc. 355, 375, vgl. jedoch 367.

12) Der vermeintlich »ohne zureichenden Grund« enthobene Kirchenbeamte klagt auf Wiedereinweisung in die Bezüge gegen die geistliche Behörde,

§. 7. *Vollstreckungsklagen der **Kirchengewalt** und Beschwerden derselben **gegen** Verwaltungsbehörden wegen Amtsmissbrauchs.*

I. Zu gesetzlichen oder stiftungsmässigen Leistungen (§. 21, 26 u. 29) für kirchliche Zwecke werden auf *Antrag der Kirchenbehörde* Gemeinde-, Gotteshaus-, Wohlthätigkeits- und andere öffentliche Verwaltungen *von Regierungswegen* oder, wenn die Staatsaufsichtsbehörde ihre Hilfe versagt, mittelst *gerichtlicher* Klage angehalten. Zur Entziehung der Pfründe oder eines Ruhegehaltes in Gemässheit eines kirchlichen Strafbeschlusses sind, sobald letzterer die Bestätigung durch das *Staatsoberhaupt* [1]) oder durch rechtskräftiges *Gerichtsurtheil* erlangt hat, die öffentlichen Behörden mitzuwirken verpflichtet. Selbst wenn das *Staatsoberhaupt* oder der *Staatsrath* die Bestätigung versagt [2]) hat, findet *gerichtliche* Klage auf Voll-

---

welche ihn bestraft hat, und, wenn ihm hiernach die Bezüge bereits vom (§. 11. A. 12) kgl. Generalöconomate, der Gemeinde- oder der Gotteshausverwaltung, dem Patrone (§. 19. A. 4) etc. entzogen worden sind, auch gegen letztere und gegen denjenigen, welchem letztere die Bezüge an seiner Stelle zugewendet haben. Dem Nachfolger oder Verweser belassen die Gerichte als Vergütung für die inzwischen erfüllten stiftungsmässigen Lasten beim Obsiegen des Klägers immerhin die Hälfte des Pfründeneinkommens. §. 11. A. 4, Sc. 377. Zur vollen Entschädigung würde der kirchliche Oberbeamte nur (Sc. 365, oben §. 5. A. 3) im Falle der Arglist oder *groben Versehens* verurtheilt werden können.

1) G.-G. 16 II (provvista dei benefizi) R. 467 und 505. G.-G. 17 (oben §. 6.) hat der Kirche die Zuständigkeit, ihre in's *bürgerliche* oder in's *öffentliche* Recht hinübergreifenden Erlasse mittelst *äusserer* Zwangsmittel unmittelbar selbst — nach Art der ihre Umlagen beitreibenden öffentlich-rechtlichen Corporationen — zu vollstrecken, weder neu bestätigt (»accordata«), noch für diejenigen Gebietstheile, in welchen sie etwa particularrechtlich diesen Vorzug hatte, weiter gewährleistet oder belassen (»riconosciuta«). Ausser Kraft ist daher getreten das Recht der Selbsthilfe wie die Verpflichtung der *inneren* Staatsverwaltung, der Kirche zur Zwangsvollstreckung auch *ohne vorgängiges Gerichtsurtheil* den braccio secolare zu leihen; oben §. 5. A. 7, H. 222, 227 und 258, P. 42, 45 und 72, R. 776. Sc. 351 A. 1, 356, 454 [6] und [14] 457 [4], 466 und 472.

2) Die Verweigerung des kgl. Exequatur zur Pfründenentsetzung bedeutet (oben §. 6. A. 9) nicht die Aberkennung der *bürgerlichen* Rechtsfolgen, sondern nur den Verzicht der Regierung auf sofortige Anwendung des Verwaltungsvollzugs, berechtigt also nicht das Civilgericht, gleichsam wegen bereits vorliegender res judicata oder wegen nunmehr mangelnder Gerichtszuständigkeit die »Vollstreckungsklage« (vgl. deutsche Civ.-Pr.-O. §. 661, *Cassani* pr. qu. 620, Sc. 345 A. 2 und 360) der Kirchengewalt abzulehnen. (Bei Avv. **1883** p. 139 angeführtes Urth. des Oberlandesg.). In Frankreich kann der Bischof einen mit staatlicher Genehmigung ernannten Kirchenbeamten auch nur wieder mit *Genehmigung* des Staatsoberhauptes vom *geistlichen* Amte abberufen und hat die Kirche gegen das die Bestätigung zur Abberufung versagende Staatsoberhaupt keinerlei Rechtsmittel. Ggl. 15 (A. 9) und 23.

streckung statt. Die Klage wird von der *Kirchenbehörde* oder von den Betheiligten gegen Patrone, öffentliche Verwaltungen oder Dritte erhoben[3]). [§. 11. A. 12, §. 19. A. 4, §. 26 u. 28.]

II. Wird eine Verwaltungsbehörde verklagt, weil sie ohne Zustimmung der Kirchenbehörde einem Geistlichen die Pfründe entzogen, oder weil sie durch Regelung der kirchlichen Sprengel (§. 9), des Gebrauchs der Glocken und der Gotteshäuser (§. 8), durch weltliche Sammlungen in letzteren, durch Verbot des Gottesdienstes (§. 1. A. 10 und §. 10.) oder durch sonstige Gesetzesverletzungen sich eines »*Uebergriffs* in die Zuständigkeit« einer Religionsgesellschaft schuldig gemacht habe, so entscheidet über die Aufrechthaltung oder Aufhebung des Verwaltungsaktes, auf Beschwerde der Kirchenbehörde, der *Staatsrath*[4]).

---

3) Oben §. 6. A. 2 und 9—12, unten §. 9. A. 7. Da die Ein- und Absetzung der Pfarrer, unbeschadet der Patronatsrechte, nur dem *Bischofe* zukommt, so entfernten die Gerichte, häufig sogar die Präfecten, nöthigenfalls mit bewaffneter Macht, eingedrungene oder abgesetzte Pfarrer, selbst wenn letztere von der Gotteshaus- und der Gemeindeverwaltung, dem Patrone und den Pfarrangehörigen in ihrem Widerstande gegen die kirchliche Oberbehörde geschützt worden waren. Oben S. 7 A. 9 und S. 12. Sc. 265, 269, 272, 356, 362. Diese Frage ist hinsichtlich der, *öffentliche* oder Pfarrkirchen bedienenden Geistlichen keine »offene« mehr Sc. 355, höchstens noch hinsichtlich der Privatgeistlichen der Bruderschaften, Sc. 369 und 373. Der Justizminister Vigliani wollte (Sc. 268) gegenüber den ohne Weiteres durch die Gemeinde gewählten Pfarrern eine zuwartende Haltung einnehmen und nur einschreiten, wenn die öffentliche Ruhe gefährdet werden würde; die Gerichte hielten jedoch die Rechte des Bischofs unbedingt aufrecht. §. 26. A. 5.

4) (Avv. 1881 p. 189). Wie vormals in Sardinien zufolge G. 30. Oct. 1859 (A. 18 u. 20) P. 79, R. 422 und 772 (eingeführt in den neuen Provinzen durch D. 5. Juli 1860 und 17. Febr. 1861), so entscheidet nunmehr zufolge des (oben §. 6. A. 1) in *ganz* Italien geltenden G. 20. März 1865 A. 1[3] »endgültig der »Staatsrath über Pfründensperren, überhaupt über Rechtsmittel bezüglich der »*Zuständigkeit* zwischen weltlicher und Kirchengewalt« (»sui sequestri di temporalità, sui provvedimenti concernenti le attribuzioni rispettive delle podestà civili ed ecclesiastiche« Sc. 350), »auch über die diesbezüglich im Interesse der »öffentlichen Sicherheit erlassenen *einstweiligen* Verfügungen.« — Der Minister bezeichnet bei Uebermittlung der Akten an den Präsidenten des St.-R. den von ihm mit der Vertretung der Regierung betrauten (referendario) Beamten; der St.-R. entscheidet in Plenarsitzung nach mündlicher Verhandlung. Diese Zuständigkeit des St.-R. ist nicht auch auf die *ordentlichen* Gerichte (§. 6. A. 2) mitübertragen worden, wie Pescatore und Crispi (Sc. 350 A. 2 u. 491[24]) beantragt hatten; letzterer wollte »wegen jeder Verletzung der Rechte eines Religionsverbandes oder eines Cultusdieners durch Verwaltungsbehörden« Civilklage zulassen. Die Beschwerde zum St.-R. findet nicht schon, wie in Frankreich (Ggl. 28), wegen Verweigerung einer der Kirchengewalt geschuldeten

§. 8. *Gotteshaus-, Gottesdienstordnung und Sammlungen.*

Die Kirche ordnet aus eigener und alleiniger Machtvollkommenheit nicht nur ihre Lehre und (§. 5.) Verfassung, sondern auch:

1) Art, Zeit und Reihenfolge der sonn-, fest- und werktägigen *Gottesdienste* [1]),

2) Einweihung [2]), *Benützung* [3]) und Schliessung [4]) der Gottes-

---

Beihilfe der Gemeinde, da desfalls in Italien die Gemeinde (§. 26 u. 29) civilgerichtlich belangt werden kann, sondern nur wegen einer solchen positiven Gesetzesverletzung statt, mittelst welcher sich die Regierung einem Religionsverbande gegenüber eine *Zuständigkeit* beilegt, die auf keine Gesetzesbestimmung gestützt werden kann. Der ausserordentlichen Eigenschaft dieses »Competenzconflicts« entspricht es, dass die Kirche lieber durch die in ihren »*bürgerlichen*« Rechten Verletzten den ordentlichen Rechtsweg beschreiten lässt; doch würde die Kirchengewalt, selbst wenn letztere hierauf verzichtet haben, immer noch Beschwerde zum Staatsrathe führen können. Häufig d. i. bei Verletzung blos *öffentlicher* Rechte wäre der Civilrechtsweg ausgeschlossen und erübrigt daher nur das verwaltungsgerichtliche Rechtsmittel.

1) Oben §. 4. A. 6, §. 5. A. 9, R. 230. In eine ausschliesslich kirchliche Feier darf sich der *Gemeinderath* auch nicht durch Bildung eines Festausschusses einmischen. St.-R. 9. Aug. 1870 und 30. Mai 1871, Avv. 1880 p. 373, 1885 p. 92; die Erinnerungsfeier der *Kirchweihe* ist auf den folgenden Sonntag verlegt. (1880 p. 401, 1885 p. 127, Ggl. 49). — Unter den Predigten, Mess- und Vesperandachten der *Nebenkirchen*, wie der Spital-, Bruderschafts-, (Kloster-) und Privatkapellen darf der Pfarrgottesdienst nicht leiden, wornach der Bischof die Stundenzettel bestimmt. Avv. 1879 p. 76, 85, 88 und 123 und 159, Neap. III 2[11], Arch. 51. S. 62. Ausserhalb Roms (oben §. 2. A. 5) dürfen ohne Genehmigung des Bürgermeisters weder in noch an der Kirche *Bekanntmachungen* angeheftet werden, gleichviel ob vervielfältigt oder nur geschrieben, ob weltlichen oder kirchlichen Inhalts. Selbst die Anschlagzettel über die Reihenfolge der Gottesdienste (avvisi sacri) bedürfen dieser licenza (G. 30. März 1865, Avv. 1880 p. 362), nicht aber auch einer Stempelmarke (1878 Nr. 1 p. 7, St.-R. 1. Febr. 1877). Auch »öffentliche« Kirchen können bei nach Alter oder Geschlecht ausgeschiedenen Predigten oder Bruderschaftsandachten (R. 345) für Dritte geschlossen sein.

2) Durch Gar.-G. 16 ist die ehedem, namentlich im franz. Rechtsgebiete (Ggl. 37, 38, 86 und 299* A. 2, unten §. 9. A. 7) nothwendig gewesene Staatserlaubniss zur *Einweihung* (Neap. III 1[1] u. [8], Anhang III 2[1], III 4[12], Arch. 51. S. 54) von Privat- und öffentlichen Gotteshäusern sowie zur Anbringung von Denkmälern oder *Inschriften* in letzteren weggefallen R. 390, vgl. 254. Ebensowenig ist wohl noch zu den *Plänen* und Kostenanschlägen für Gottes-, Pfarr- und Messnerhausneubauten oder Hauptverbesserungen eine besondere Regierungserlaubniss zu erholen, es sei denn, dass Gemeinden oder andere öffentliche Verwaltungen Zuschüsse leisten sollen (unten §. 11. A. 11, §. 12. A. 4 u. §. 19).

3) Avv. 1880 p. 349, R. 230, 254—264. Fabrikräthe und ähnliche *Laienvertretungen* wirken nicht zur Regelung oder Handhabung der Kirchenpolizei mit. Avv. 1880 p. 351, 1884 p. 458. Einen allgemeinen Polizeibeschluss zur Aufrechthaltung der Ordnung in den Gotteshäusern kann der *Präfect* nur im

häuser, welche, soweit dem *öffentlichen*[5]) Gottesdienste gewidmet, zur *ausschliesslichen* Verfügung der Kirchenbehörde stehen und weder der (§. 4. A. 8) Besteuerung, noch[6]) der *Verjährung* unterliegen;

3) Art und Ort der Aufstellung erblicher, verliehener und gemietheter *Stühle und Bänke*[7]), endlich

---

Interesse der öffentlichen Ruhe und *Sicherheit* (und zwar blos für den gesammten Umfang der Provinz) erlassen. St.-R. 8. Febr. 1884, Avv. 1884 p. 477. *Gerichtlich* wird bestraft (1883 p. 285), wer entgegen dem Verbote des Pfarrers zur Kirche eine Vereins- oder Nationalfahne (oben §. 5. A. 9) mitbringt. — Ohne Genehmigung des Bischofs darf die Kirche auch nicht zur Vertheilung der Schulprämien (Neap. III 1[17], Arch. 51. S. 57) noch zu Concerten (III 3, Arch. 51. S. 63) verwendet werden; Musikaufführungen in der Kirche sollen stets ernst bleiben. Avv. 1884 p. 566. Häufig behält sich der Bischof die Genehmigung vor zur Zulassung, der Diöcese nicht angehörender Priester selbst nur zum Messelesen (Neap. III 2[3], Arch. 49. S. 334 und 51. S. 59, vgl. Avv. 1879 p. 89) und (Neap. III 1[6] und [13]) zu jeder Anbringung oder Veränderung von Bildwerken oder Inschriften in der Kirche, unten §. 14. A. 3.

4) Staatlich ist der Bischof nicht gehindert, Gemeinden und Kirchen mit dem *Interdict* zu belegen. Sc. 267 A. 1, 355 und 454[7], oben §. 5. A. 3 u. 4.

5) Privaten, Gemeinden, Wohlthätigkeits- und sonstigen öffentlichen Anstalten kann an Kirchen, worin ein bepfründeter oder canonisch eingesetzter Geistlicher *pfarrlichen* Gottesdienst hält, höchstens das *nackte* Eigenthum zustehen (vgl. Kass. Florenz 10. Mai 1883, Avv. 1883 p. 271), so dass sie das Gebäude erst, wenn es aufhört, Cultuszwecken zu dienen, schliessen, niederreissen oder veräussern dürfen. Uebrigens zuerkennt Kass. Turin 18. Dec. 1858 (Bettini 1856 II 616 und 1858 I 837, Cast. 126, R. 204, *Cassani* pr. qu. 611) auch in den norditalischen Provinzen, worin zum Theile noch *franz.* Staatskirchenrecht gilt (Ggl. 100 etc. und 299 A. 2), das volle Eigenthum an Pfarrkirchen stets der *Gottes*hausverwaltung, selbst wenn die *bürgerliche* Gemeinde sämmtliche Baukosten bestritten hatte, dagegen Landg. Savona 16. Oct. 1861, Avv. 1885 p. 157.

6) Als *ausserhalb des Rechtsverkehrs* stehend, unterliegen ebensowenig, als Friedhöfe, auch öffentliche Kirchen sammt den zum gottesdienstlichen Gebrauche dienenden beweglichen Sachen der Verjährung (App. Mailand 27. Juli 1862, Avv. 1880 p. 349), der Veräusserung, Verpfändung oder Zwangsvollstreckung. App. Casale 4. Juli 1873 und Bologna 13. Juli 1874, R. 388, 393 und 749, Avv. 1885 p. 157.

Der Nachbar kann auch nicht die Gemeinschaftlichmachung der Grenzmauer beanspruchen. App. Casale 17. März 1884, Avv. 1880 p. 361 und 1885 p. 32, Neap. III 1[2] und [3], Ggl. 109.

7) Selbst den Bänken der Patrone kann, wenn solche den Zugang zum Altare oder Predigtstuhle versperren, der Bischof einen anderen Platz anweisen (Riv. amm. 1859 p. 273, Avv. 1882 p. 265 und 277, 1883 p. 2), ohne dass jedoch (1882 p. 279, R. 263, oben §. 6. A. 5) der Rechtsweg hingegen ausgeschlossen wäre. — Freibänke pflegen für die Mitglieder des Gemeinderaths (R. 260, T. 367, Arch. 51. S. 126) und (S. 65, Neap. III 3[a]) der Gotteshausverwaltung zu bestehen. Auch für solche, die kein Recht auf bes. Stühle oder

4) kirchliche *Sammlungen* [8]).

Bänke haben, muss in der Kirche hinreichender Raum bleiben. Neap. III 1[15], Arch. 51. S. 57. — In der Lombardei, Venezien, sowie dem Geltungsbereiche des franz. D. 30. Dec. 1809 (Ggl. 172, 175, 299 A. 2) können Kirchenstühle und Bänke nur zufolge *staatlich* bestätigter Verleihung (Avv. 1883 p. 1) erworben, auch (p. 2) nur in der *Familie* vererbt und in keiner Weise *veräussert* werden. Im übrigen Italien bildet jedoch auch die Verjährung eine Erwerbsart, — App. Turin 22. Juni 1861, R. 261, Avv. 1882 p. 265 u. 277, vgl. 121, 133, 145, 157 und 169 — und kann man in der Regel die Stühle und Bänke veräussern und weiter vermiethen. — App. Turin 23. Mai 1864, App. Casale 2. Januar 1865. — Das Recht auf eine Bank begründet keine Klage gegen den Baupflichtigen auf Instandhaltung der Kirche. Kass. Turin 13. März 1884, Avv. 1884 p. 537. Aus dem Anspruche auf eine Ehrenbank (Avv. 1879 p. 38), auf Anbringung der *Wappen* in der Kirche (P. 438, R. 259 u. 264) und selbst auf einen Ehrenplatz bei Prozessionen (*Cassani* pr. qu. 288) folgt noch nicht nothwendiger Weise ein förmliches Patronats- oder Präsentationsrecht. Avv. 1883 p. 117, unten §. 19. A. 6.

8) Neap. III 1[16], Arch. 51. S. 57, oben §. 7 II. Alle in der Kirche oder von kirchlichen Organen vorzunehmenden Geld- oder Naturalcollecten, sowie die Aufstellung von Opferstöcken regelt der Bischof. — Sammlungen im *Innern* der Gotteshäuser bedürfen nirgends in Italien der staatlichen Genehmigung. Auch *ausserhalb* der Gotteshäuser können, — soweit nicht, wie in Toscana, der Lombardei etc. (Avv. 1880 p. 338) zufolge noch geltenden Provinzialrechts eine polizeiliche Genehmigung erwirkt werden muss, — Sammlungen für katholische Zwecke aller Art — Min.-E. 24. März 1868, Kass. Palermo 7. Sept. 1871, R. 258 u. 391, — nicht blos für das Gotteshaus, sondern auch für den h. Stuhl [*Peterspfennig*, Sc. 179 u. 193, Missionen, Seminare, Klöster (wegen der Mendicanten vgl. Avv. 1879 p. 79) etc.,] selbst, wenn herkömmlich (Avv. 1882 p. 256) für die *Pfarrgeistlichkeit* vorgenommen werden. Der Entwurf des Polizei-Str.-G.-B. (A. 158) will allerdings die Sammlungen *ausserhalb* der Gotteshäuser von staatlicher Erlaubniss abhängig machen; das geltende Pol.-St.-G.-B. (A. 67) verbietet jedoch blos den Bettel, nicht auch kirchliche Sammlungen, vgl. Avv. 1882 p. 256. Das Ergebniss der Opferstöcke und der im Inneren oder an den Thüren der Gotteshäuser abgehaltenen Sammlungen unterliegt nicht der Einkommensteuer. (Centralcommission 30. April 1878, Avv. 1879 p. 38).

Demnächst folgt das II. Hauptstück, »gem. u. Vermögensangel.«, nämlich:

§. 9. Aenderung der Sprengel, des Stiftungszweckes und sonst. gem. Sachen.
§. 10. Glocken und Processionen.
§. 11. Pfründeneinweisung durch die kgl. Generalöconomate.
§. 12. Verwaltung, Nutzgenuss und Lasten des Pfründenvermögens.
§. 13. Annahme, Ausschlagung und Rückfall von Freigebigkeiten.
§. 14. Sonstige, staatlicher Genehmigung bedürfende Rechtsgeschäfte.
§. 15. Eigenthumsfähigkeit kirchlicher Anstalten.
§. 16. Der Staat zieht die Kirchengüter (vorweg 30 %) ein und veräussert sie.
§. 17. Allgemeiner und römischer Cultusfond.
§. 18. Umwandlung des Grundbesitzes in Staatsrente. (Zehntrechte).
§. 19. Patronat. Gutsherrliche und Familienstiftungen.

II. Hauptstück.

Gemischte und Vermögensangelegenheiten.

§. 9. *Aenderung der Sprengel, des Stiftungszweckes etc. und sonstige* ***gemischte*** *Sachen.*

Zu den gemischten d. i. denjenigen Angelegenheiten, in welchen, solange nicht die Staatsgesetzgebung anderweit bestimmt, dermalen weder die Kirche ohne Genehmigung des *Staates*, noch letzterer ohne Antrag oder Zustimmung der *Kirche* rechtsgültig vorgehen kann, gehören hauptsächlich:

1) die Aenderung der [1]) *Sprengel*, worüber die Regierung jeweils die betheiligten Gemeinderäthe [2]) mit ihrem Gutachten hört;

2) die *Neuerrichtung* [3]), *Vereinigung* [4]) oder *Unterdrück-*

---

1) Oben §. 6. A. 5 und §. 7. II, Arch. 54. S. 312 und 317, R. 465. Die Genehmigung zur Aenderung der Pfarr- und Filialsprengel ertheilt der König (D. 5. März 1863 A. 6[b] und T. 61), gleichviel ob es sich um Theilung bezw. Neuerrichtung, Verschmelzung von Sprengeln oder nur um Aenderung der Grenzen solcher mittelst Zuweisung oder Abtrennung handelt. Die Metropolitan- und die Decanatssprengel haben für's bürgerliche und öffentliche Recht keinerlei Bedeutung und werden daher ohne Weiteres von der kirchlichen Oberbehörde geändert. Die Sprengel der katholischen und der Waldenser Pfarreien (Arch. 54. S. 305, oben §. 4. A. 10) sowie der Synagogen fallen ebensowenig stets mit den *Gemeinde*grenzen (unten §. 29), als die Diöcesen mit den *Provinzen* zusammen. *Cassani* pr. qu. 670, oben S. 7 A. 13. Die Kirche könnte eine nach dem Vorbilde der »Bürgerverfassung der franz. Geistlichkeit« (Ggl. 243 A. 4) einseitig von der Regierung verfügte Zusammenlegung der Sprengel nie anerkennen. *Cassani* pr. qu. 646 und 685, unten §. 20. A. 1.

2) G. 20. März 1865 A. 82, R. 253, 265 und 548. Die Zustimmung des Gemeinderaths ist nicht unbedingt erforderlich. Lostrennungen werden bis zum Ausscheiden des derzeitigen Pfründeninhabers vertagt, soferne nicht hierwegen schon in der Ernennungsurkunde ein Vorbehalt gemacht war. Avv. 1884 p. 381, Ggl. 36 A. 3, unten §. 12. A. 2.

3) G.-G. 16 Schlusssatz, R. 273, Sc. 378, unten §. 13. A. 2, §. 15. A. 9. Statt unmittelbar selbst die staatliche Genehmigung nachzusuchen, überlässt es die kirchliche Oberbehörde in der Regel dem Antragsteller, solche nachträglich zu erwirken; sie pflegt übrigens ein Filial nur dann zur Pfarrei (§. 25.) zu erheben, wenn für den Sprengel wegen zu beträchtlichen Umfangs oder zu erheblich gewachsener Seelenzahl ein Pfarrer absolut nicht mehr genügt. Arch. 46. S. 17, Avv. 1879 p. 34, 98, 1883 p. 161, vgl. P. 291, 293 und 297.

4) Pfarrpfründen freier Verleihung werden nicht mit Patronatspfründen

ung[5]) von Bisthümern (§. 20), von bischöflichen (§. 21), Pfarr- und Pfarrgehülfen*pfründen* (§. 25), von Seminarien (§. 23. A. 4) und Gotteshausverwaltungen (§. 27);

3) die *Widmung*[6]) kirchlicher Anstalten oder *einzelner* Ver-

(§. 19. A. 5) vereinigt, ebensowenig — von der *Dom*pfarrei (§. 22. A. 5 und §. 25. A. 7) abgesehen — Pfarreien mit Canonicaten oder in verschiedenen Diöcesen gelegene Aemter. *Cassani* pr. qu. 147, vgl. 373 und 706. Bisthümer jedoch können unter sich (§. 21. A. 10) sowie selbst mit Pfarreien (§. 21. A. 9) vereinigt sein. Die Zustimmung des Patrons (§. 19. A 5) pflegt, solange derselbe seinen Verpflichtungen genügt, zu jeder Aenderung eingeholt zu werden. *Cassani* pr. qu. 708. Eine einer Pfarrei oder Domherrstelle etc. einverleibte einfache Pfründe (§. 25. A. 2 u. 13) entging der Einziehung, weil letztere rechtlich das Loos derjenigen Stelle theilt, welcher sie nunmehr rechtsgültig (unten Anm. 6) mitzugewiesen ist. Kass. Palermo 12. Juli 1873, *Grassi's* Manuale 125[7], dagegen *Bolletino* 1881, I 85 und II 135.

5) Die juristische Persönlichkeit erlischt erst durch endgültigen Wegfall (§ 13. A. 11) der Möglichkeit, fernerhin dem Stiftungszwecke zu genügen. Es genügt dazu weder eine zeitweise Unthätigkeit, noch eine längere Nichtbesetzung der Pfründe. Kass. Rom 5. April 1879, Avv. **1879** p. 92 und 103, R. 371 und T. 449, vgl. *Grassi*, *Manuale* di legislazione e giurisprudenza italiana in ordine al *diritto pubblico ecclesiastico*, Florenz 1879 bei Giachetti (359 S. in 4°, 10 Fr. portofrei) p. 288. Die durch die Staatsgesetzgebung *einseitig* verfugte Unterdrückung derjenigen Pfründen, mit denen weder Seelsorge noch Jurisdiction (§. 22 u. 25.) verbunden war, sowie von geistlichen Genossenschaften (§. 24.) wurde von der Kurie nicht anerkannt (§. 16. A. 1 und 5).

6) G.-G. 16[II], T. 63 und 449. Hiernach würde die Genehmigung des Königs erforderlich sein, wenn einem Gotteshause zu Gunsten der *Mutter*kirche (§. 26. A. 7, Avv. 1880 p. 279), des Seminars (P. 295 §. 21. A. 6 u. §. 23. A. 7) etc. oder wenn einer Pfründe zu Gunsten des Gotteshauses (§. 29[e]), einer Diöcesananstalt (§. 21. A. 6), des *emeritirten* Vorbesitzers (§. 12. A. 10 u. §. 15. A. 1), oder über die bestehende Verpflichtung hinaus zu Gunsten des *nothleidenden* Patrons (§. 19. A. 6) Beiträge auferlegt werden sollen. Zufolge des Tridentinum durften noch die Bischöfe einfache Pfründen dem Seminare zuwenden. *Cassani* pr. qu. 386. — Schon nach der Gesetzgebung *Sardiniens* (Avv. 1880 p. 285 u. 344, Kass. Rom 16. Jan. 1880, btr. Umwandlung einer weltlichen Kaplanei in eine cappellania coadiutoriale al parroco §. 25. A. 10 u. 14) und *Toskana's* (Kass. Florens 15. März 1869, *Grassi* 127[1], 1881 I 86, Avv. 1880 p. 226) durfte nur unter Zustimmung des *Staatsoberhauptes* einer Pfründe die Pflicht der pfarrlichen Seelsorge oder der Jurisdiction auferlegt werden. Wohl konnte sich allmälig *im Laufe der Zeiten* für ein Canonicat die Pflicht begründen, dem Dom- oder einem andern Pfarrer ständig auszuhelfen T. 311 u. 453, vgl. Kass. Rom 10. Jan. 1880 und 21. Febr. 1883, unten §. 25. A. 1; ohne Weiteres aber konnte keiner einfachen Pfründe, etwa nur um solche (obige Anm. 5, §. 6. A. 5 u. §. 16. A. 1) von der Einziehung zu bewahren, eine ähnliche Obliegenheit aufgebürdet werden. Kass. Florenz 7. März 1870, T. 295 u. 301. Ebenso dürften die Einkünfte aus *Wohlthätigkeits*stiftungen nur mit Genehmigung des Königs für andere Zwecke (selbst nur zeitweilig)

mögensstücke derselben zu anderen, als den *bisherigen* Stiftungszwecken, sowie in einem *gewissen* Sinne:

4) der Gebrauch der *Glocken* und die Abhaltung öffentlicher gottesdienstlicher Uebungen *ausserhalb* der Kirchen (§. 10);
5) die *Einweisung* in den Genuss[7]) der *Pfründen* (§. 11.) und die Entfernung aus denselben (§. 6 und 7); endlich
6) alle wichtigeren *Vermögens*angelegenheiten der kirchlichen Anstalten (§. 13 u. 14, Arch. 54. S. 170 = Sep.-Abdr. S. 4).

§. 10. Glocken und Prozessionen.

I. Aus polizeilichen Gründen kann die Regierung den Gebrauch der *Glocken* verbieten, jedoch nur im *Einvernehmen* mit der kirchlichen Oberbehörde (St.-R. 26. Jan. 1872, oben §. 7 II); ausserdem ist der Gemeinderath (R. 199) befugt, während eines Gewitters ein länger anhaltendes Läuten zu verbieten. Die *Kirchenbehörde*[1]) bestimmt die Zeit und Art des Glockengeläutes, darf übrigens Nachts[2])

---

verwendet werden. G. 3. Aug. 1862 A. 24, St.-R. 7. Dec. 1878, Avv. 1879 (N. 3) p. 5 u. 116, vgl. unten §. 31. A. 11.

7) Die ital. *Regierung* setzt in den Pfründengenuss nur die vom Papste (oben §. 1. und unten §. 20. A. 3) oder Bischofe (§. 26. A. 4) instituirten Geistlichen ein, also nicht etwa einen vom Patrone oder der Gemeinde *den kirchlichen Satzungen zuwider* gewählten (Staats-) Pfarrer etc.; sie kann *einseitig* weder absetzen, noch suspendiren, noch (Arch. 54. S. 317 = Sep.-Abdr. S. 44, oben §. 7. A. 3) die Bezüge sperren. Gleichwohl sucht sie wegen der Forterhebung der Bezüge die längere *Beurlaubung* der Pfründenbesitzer als gemischte Angelegenheit zu behandeln, so dass die vom Bischofe über zwei Monate beurlaubten Pfarrer hierzu noch die Genehmigung des Königs zu erwirken hätten (unten §. 20. A. 9, §. 22. A. 1a und §. 26 II, R. 438), dagegen P. 320. Hiergegen mag bemerkt werden, dass (wie das Bulletin ecclésiastique de Strasbourg 1884 Nr. 37 p. 292 berichtet,) selbst in Frankreich die Vorschriften über Zustimmung des Ministeriums zur Beurlaubung der staatlich besoldeten Geistlichen (Ggl. 152), ausser Uebung gekommen sind. — In Frankreich gehört zu den gemischten Angelegenheiten übrigens auch noch die Errichtung von *Privat*-Gotteshäusern etc. (Arch. 54. S. 318 = Sep.-Abdr. S. 45, oben §. 8. A. 2).

1) Avv. 1879 (Nr. 2) p. 6 u. 88. (1881 p. 37 u. 49). Die bürgerliche Gemeinde darf sich, selbst wenn sie die Glocken angeschafft hat (R. 194), um die Bestimmung der *Zahl* derselben (R. 198), oder um die *Zeit* etc. des Geläutes (R. 150, 194 u. 195) nicht bekümmern. Ebensowenig darf sie, bei Trauungen, Beerdigungen oder ähnlichen Anlässen für sich (§. 29. A. 2) oder für Wohlthätigkeitszwecke (§. 31. A. 3), vom kirchlichen Geläute irgend welche Abgabe erheben. Avv. 1883 p. 133, unten §. 30b.

2) Polizei-G. 30. März 1865 A. 84 u. 85, Kass. Florenz 28. Aug. 1877, Avv. 1879 N. 2 p. 6, R. 197 und 255, unten Anm. 5.

nach 11 Uhr nur, wenn noch Gottesdienst[3]) stattfindet, und *vor* Tagesanbruch (Neap. Anhang III 2 13 u. 3 3, Arch. **51**. S. 61 u. 65) nur, wenn und wie es in der Gemeinde üblich ist, läuten lassen. Bei *gemeiner* Gefahr[4]) muss der Pfarrer das Läuten der Glocken anordnen, sobald der Bürgermeister es für nöthig erachtet. Sonst ist ein Gebrauch der Kirchenglocken durch die bürgerliche *Gemeinde* nur zulässig, wenn und wie es in der Gemeinde *herkömmlich* ist, z. B. zur Bezeichnung des Feierabends, des Beginns des Schulunterrichts (§. 32. A. 1), der Gemeinderathssitzung, *nie* aber bei einer Civilbeerdigung (§. 33. A. 4 u. 8), oder bei einer politischen oder bürgerlichen Festlichkeit (R. 193—196, oben §. 5. A. 9).

II. Auch gottesdienstliche Uebungen *ausserhalb* der Gotteshäuser werden durch die *Kirchen*behörde (§. 20. A. 10) geregelt und geleitet. Eine Störung derselben wird staatsgerichtlich bestraft[5]). *Prozessionen* bedürfen, selbst wenn solche öffentliche Wege oder Plätze berühren, *keiner staatlichen* Genehmigung (Cast. 145, Kass. Neapel 11. Febr. 1879), sollen übrigens 20 Tage zuvor dem Präfecten[6]) angezeigt werden. Letzterer darf sie für einzelne

---

3) Der nächtliche Gottesdienst braucht nicht ein *herkömmlicher* zu sein (R. 151, wie die Christmette etc.); zu den *aussergewöhnlichen* Nachtsgottesdiensten darf aber jedenfalls nur in *derselben* Weise, wie auch sonst üblich, geläutet werden R. 150 u. 195; denn eine »Störung der öffentl. Ruhe« wäre strafbar. Kass. Rom 9. Mai 1877, Avv. 1879 N. 2 p. 6. Auch ohne dass ein Gottesdienst stattfindet, pflegt in der Mitternachtsstunde bei Beginn des Aschermittwochs der Anfang der Fastenzeit eingeläutet zu werden. Avv. 1885 p. 141. Ein *allgemeines* Verbot gegen Neueinführung nächtlicher Gottesdienste könnte nicht aus der Gesetzgebung des *Königreichs* Italien, sondern höchstens aus (oben §. 5 u. 8) etwa noch fortbestehenden älteren Vorschriften des einen oder des anderen Landestheiles abgeleitet werden. Avv. 1880 p. 385.

4) Avv. 1883 p. 146, Ggl. 40, H. 252 u. 284, R. 196.

5) Str.-G.-B. 183 u. 187; §. 33. A. 5. (Arch. **46**. S. 268, 307, 417 u. 433, **49**. S. 291 u. Sc. 141 und 447 betrifft die schmachvollen Vorgänge bei der Ueberführung der Leiche Pius IX., oben §. 2. A. 8). Abgesehen von den Beerdigungen (unten §. 33. A. 4), darf sich die Gemeindebehörde in den Gang der Prozessionen nicht *einmischen* R. 156; noch weniger kann die Regierung, etwa für politische Feste (oben §. 5. A. 9, Arch. 54. S. 309) kirchliche Prozessionen *anordnen*. Poenitentiaria 20. Febr. 1867 A. 40. Zufolge Neap. III 3 16—26 sollen noch vor Mitternacht die Prozessionen zurückkehren; Bruderschaften (§. 31 II) und Klöster (§. 24. A. 17) dürfen solche nur mit Erlaubniss des Bischofs abhalten (IV 7 13, Arch. **51**. S. 67 u. 100; Avv. 1879 p. 85).

6) Min.-C. 16. Aug. 1865, 20. Juli 1867 u. 28. Juli 1876, R. 157—161, Arch. **39**. S. 372; auf *Leichenzüge* (Arch. 46. S. 428, unten §. 33. A. 4) erstreckt sich die *Anzeigepflicht* nicht. Die Kirche erkennt letztere, die in keinem Gesetzestexte begründet ist, überhaupt *nicht* an (Avv. 1885 p. 3), weicht jedoch sofort der Gewalt. Die Regierung verlangt namentlich die An-

Fälle [7]) verbieten, sobald Grund zu der Annahme vorliegt, dass sie als Vorwand zu Ausschreitungen dienen sollten. Wird einem solchen Verbote zuwidergehandelt, so kann er die Prozession polizeilich [8]) auflösen lassen.

§. 11. *Pfründeneinweisung durch die kgl. Generalöconomate. Intercalarüberschüsse.*

Mit Ausnahme der Stadt *Rom* und der Sitze (§. 3. A. 3, oben S. 25) der vorstädtischen Bisthümer ist der Pfründengenuss von der *italienischen* Staatangehörigkeit [1]) und der *staatlichen* Bestätigung [2]) der kirchlichen Einsetzung bedingt. Diesen Beschränkungen

---

zeige *neu* eingeführter Prozessionen. Avv. **1879** p. 20 u. 88, H. 282. Seit 1885 verbietet sie sogar in Rom selbst die herkömmlichen Ehrenbezeugungen, die durch feierliche Begleitung dem Altarssacramente erwiesen werden, wenn dasselbe den Sterbenden gebracht wird. (Avv. 1885 No. 141 p. II und p. 131. Vgl. die Allocution des h. Vaters vom 26. Juli 1885).

7) Kass. Florenz 9. Juni 1880, Kass. Palermo 18. Juli 1883, Avv. **1880** p. 344 u. 409, **1883** p. 189, **1885** N. 145 p. III. Auch aus *Gesundheits*rücksichten kann der Präfect *nur für bestimmte Zeit* die Prozessionen untersagen. App. Turin 17. Juli 1884, R. 750 u. 752. Das Verbot einer Prozession kann nicht — wie in Frankreich, Ggl. 46. — darauf gestützt werden, dass sich in der Gemeinde ein Gotteshaus für Andersgläubige befindet. Die Befürchtung, dass Andersgläubige oder Freidenker einen kirchlichen Umzug stören könnten, berechtigt und verpflichtet nicht zu einem Verbote derselben, sondern zur Aufbietung hinreichender Sicherheitsmannschaft, nöthigenfalls zur Heranziehung der bewaffneten Macht (vgl. unten §. 21. A. 2). *Grassi's* »Bolletino del Contenzioso« (Florenz bei Giachetti) Sept. 1877 p. 8 u. Jan. 1878 p. 2.

8) Die Mehrzahl der obersten Gerichtshöfe lässt noch keine *gerichtliche* Bestrafung zu, wie solche allerdings im Entwurfe des neuen Str.-G.-B. 218 vorgesehen ist. Kass. Florenz 22. Oct. 1863, Venedig 30. Juni 1870, Arch. **39.** S. 372 u. **46.** S. 428.

1) G.-G. 15 III, Sc. 466 [16] u. 471 [15], Cast. 250, P. 378—380. Vom Amte eines Seminarlehrers sind Ausländer ebenfalls ausgeschlossen, unten §. 23. A. 3. Auch die Mitglieder der aufgelösten Orden konnten ein Ruhegehalt nur dann beziehen, wenn sie das Klostergelübde in Italien abgelegt hatten. G. 29. Juli 1868 A. 2. Cassani pr. qu. 489, T. 505, unten §. 24. A. 4 u. 5.

2) G.-G. 16 II lautet: »Solange das zufolge Art. 18. in Aussicht genom»mene besondere Gesetz über kirchliches Eigenthum (unten A. 9, §. 12. A. 1, »§. 15. A. 2, §. 20. A. 3, §. 23. 8 [b], §. 26. A. 5 u. §. 27. A. 9, §. 31 II) keine »andere Bestimmung trifft, unterliegen wie bisher die kirchlichen Erlasse über »Widmung der Kirchengüter (oben §. 9. A. 6) sowie *über Besetzung der »höheren* (§. 20. A. 1) *und niederen* (§. 22 u. 26.) *Pfründen* der *könig»lichen* Bestätigung.« Die Regierung wollte zufolge der »Trennung von Staat und Kirche« (Arch. 54. S. 171 = Sep.-Abdr. S. 4 Vorwort A. 4), auf *jede* Mitwirkung oder Einmischung bei Besetzuug der Kirchenämter verzichten. Sc. 340, 455, 457 [5], 459 [7] u. [8]; in Folge Widerspruchs der Kammern (Sc. 85, 340, 378,

unterliegen selbst vom Staatsoberhaupt bereits auf Grund des Patronats *vorgeschlagene* 3) oder benannte Geistliche, Pfründen*ver-*

469 [16], 472 [16] und 486) einigte man sich jedoch dahin, das Veto der Regierung *einstweilen* beizubehalten, und zwar (Sc. 341 A. 3) »in der Voraussetzung, »dass dies Veto bei demnächstiger gesetzlicher Regelung der gesammten Ver- »hältnisse des kirchlichen Vermögens *wegfallen* würde.« — *Cassani* beklagt pr. qu. 692 u. 697, dass nicht selten wegen *persönlicher* Abneigung des Bürgermeisters oder des Amtsrichters einem durchaus geeigneten Pfarrer (§. 26. A. 1 [a] u. 5) die Bestätigung regierungsseitig verweigert werde; er schlägt deshalb pr. qu. 701 vor, das Veto an Stelle der Regierung auf die *Kirchen*gemeinden zu übertragen, etwa so: »Die kirchliche Oberbehörde theilt den für's Amt in Aussicht »genommenen Bewerber der Pfarrei bezw. Diöcese mit und nimmt in bestimmter »Frist die Einsprüche der Gemeindevertretung und der Gläubigen entgegen. »Gegen den Einspruch der *Mehrheit* findet, selbst wenn Gründe hiefür nicht »angegeben sind, keine Ernennung statt. Wenn kein Einspruch erfolgt oder »nur die Minderheit Einspruch erhebt (pr. qu. 699) und die hiefür geltend ge- »machten Gründe vom geistlichen Gerichte (oben §. 5. A. 5) als unstichhaltig »befunden werden, so gilt die *staatliche* Bestätigung ohne Weiteres als er- »theilt.« Zur Begründung dieses Vorschlags wird ausgeführt, die *kgl.* Bestätigung habe keine Bedeutung, da die Regierung über die Persönlichkeiten sich trotz aller Nachforschungen [Archiv 54. S. 176 (= Vorwort Sep.-Abdr. S. 10) A. 18, Sc. 258] doch kein verlässiges Urtheil bilden könne und erfahrungsgemäss auch von den Bestätigten keine regierungsfreundlichere Haltung erwarten dürfe (*Cassani* pr. qu. 693). Minister Vigliani fand dagegen noch am 28. Mai und 17. März 1875 (Sc. 281) in der staatlichen Bestätigung eine gewisse »Bürg- »schaft dafür, dass der Ernannte seiner bisherigen Führung (»opinione temerata« »Sc. 329 und 339) und staatsbürgerlichen Haltung nach die Beziehungen zwi- »schen Staat und Kirche (oben §. 4.) nicht trüben werde.« — Nur der Pfründengenuss und etwa noch die *Vorstand*schaft (*Cassani* pr. qu. 634, unten §. 27. A. 9) in der Gotteshausverwaltung wird von der staatlichen Bestätigung bedingt. Die Uebertragung des *Kirchenamtes* (§. 20. A. 3) wird auch ohne staatliche Bestätigung als rechtsgültig angesehen. Das *Exequatur* (unten Anm. 6) zu den vom h. Vater (oder dessen Regierungsbehörden) ausgehenden Ernennungen, und das *Placet* zu den von den Bischöfen vorgenommenen Amtsübertragungen bedeutet also nicht eine Entscheidung über die Zulässigkeit der Amtsführung, sondern betrifft nur die Verleihung gewisser *äusserer* Rechte. — Arch. **50**. S. 330, **54**. S. 310 = Sep.-Abdr. S. 37, oben §. 6. A. 2, H. 298. — Sc. 418 behauptet zwar, die staatliche Bestätigung der Kirchenbeamten sei in dem für *alle* Religionsgesellschaften geltenden »*gemeinen* Rechte« begründet; doch vermag er keine Bestimmung anzugeben, wonach z. B. die Geistlichen der Waldenser und der Israeliten (Arch. 54. S. 305 = Sep.-Abdr. S. 32, oben §. 4. A. 10) durch den *Staat* in ihre Pfründen eingewiesen werden. — Wie zu jeder Versetzung, ist selbst zum Vorrücken eines Domherrn (§. 22. A. 9, vgl. §. 16. A. 4 Schluss) in ein besser dotirtes Canonicat desselben Capitels Regierungsbestätigung nachzusuchen R. 584, vgl. 438 u. 476, Grassi 1881 I 129 hinsichtlich der in §. 12. A. 9. erwähnten Gebühr.

3) D. 25. Juni 1871 A. 2 (Avv. 1879 p. 140) R. 479, (G.-G. 15 IV), T.

weser[4]) und sogar auf einen festen Theil des Pfründenertrags eingewiesene[5]) *Gehülfen.* — Die staatliche Bestätigung ertheilt der *König*[6]) hinsichtlich der vom *h. Stuhle* (§. 2. A. 5) ausgehenden Ernennungen, sonst der *Oberstaatsanwalt*[7]) am Sitze des Oberlandesgerichts, in dessen Bezirke die Pfründe liegt. Die Versagung der Bestätigung erfolgt stets durch den *König*[8]). Auf Grund der be-

58, 61, 309 A. 1 u. 375, vgl. dagegen T. 63 (D. 26. Juli 1863 A. 7), unten §. 19. A. 9, §. 22. A. 4 u. §. 26 I.

4) D. 25. Juni 1881 A. 2. »Den Bestimmungen über Pfründeneinweisung »unterliegt auch die nur auftragsweise (commissarische) Verwaltung eines »Kirchenamtes, wenn hiermit die Verwaltung der Pfründe, der gänzliche oder »*theilweise* Genuss derselben oder eine *Vergütung* hieraus (assegno su dei »frutti del beneficio) verbunden ist.« Avv. 1879 p. 110, P. 76. Hiermit stimmte D. 5. März 1863 A. 6[7], T. 62 überein. — Die Regierung nimmt für sich das Recht in Anspruch, selbst die *ohne* Anwartschaft auf *Nachfolge* aufgestellten Vertreter, Capitelsvicare, bischöfliche Coadjutoren (§. 20. A. 7), Pfarreiverwalter (economi spirituali) (Sep.-Abdr. S. 43 = Arch. 54. S. 316, §. 6. A. 12 u. §. 26. A. 1[b]) zu bestätigen und in die Dienstbezüge einzuweisen. *Cassani* pr. qu. 595 u. 617, Sc. 269 A. 1. — Dagegen Arch. 50. S. 324. Soferne nicht (unten Anm. 10) die kirchliche Oberbehörde anderweit bestimmt, beziehen die Verweser *sämmtliche* mit der Pfründe verbundene Einkünfte, einschliesslich eines etwaigen Besoldungszuschusses der Gemeinde oder des Cultusfonds etc. (§. 17 I 4, §. 25. A. 6 u. §. 26 III Neapel 23. April 1883, Avv. 1883 p. 248).

5) Coadiutori temporarii, R. 438, 467, 479 u. 551. Arch. 54. S. 314 = Sep.-Abdr. S. 41, oben §. 6. A. 9, unten Anm. 10[b] u. §. 25. A. 10.

6) D. 25. Juni 1871 A. 3, vgl. T. 61, Arch. 54. S. 176 (Vorwort) A. 18 = Sep.-Abdr. S. 10. Der König ertheilt das Exequatur auf Antrag des Ministers für Justiz- und Cultusangelegenheiten und nach Anhörung des *Staatsraths.* Mit dem Antrag auf Bestätigung ist ein 20 Franken-Stempel (bollo) vorzulegen; der Bestätigte hat ferner eine »Tassa« von weiteren 24 Franken beim officio del registro zu entrichten. Avv. 1879 p. 110. Die staatliche Bestätigung *päpstlicher* Erlasse heisst Exequatur, weil der Vatican Italien gegenüber als Ausland gilt und auch früher schon ausländische Erlasse, oder Urtheile im Königreiche nicht ohne vorgängige staatliche Bestätigung vollstreckt werden durften. §. 1. A. 1 u. §. 5. A. 7.

7) D. 25. Juni 1873 A. 4, vgl. T. 5 (A. 2) und 59, unten §. 13. A, 1 §. 23. A. 9 u. §. 26. A. 1[a] Bischöfliche Erlasse bedürfen nicht des Exequatur, sondern (oben A. 2) des »Placet.« Mit dem Gesuche um Ertheilung des Placet ist blos ein 60 Centimen-Stempel vorzulegen; der Bestätigte hat eine Gebühr von 12 Franken zu entrichten. Avv. 1879 p. 110. — App. Neapel 3. Dec. 1878, Avv. 1879 N. 2 p 6. hat auch eine ohne staatliche Bestätigung vom *Patrone* (§. 19. A. 6) ertheilte Einweisung in die Pfarrpfründe als rechtsgültig angenommen, besonders da der Staat durch Erhebung der Erbschaftssteuer (unten §. 12. A. 10) den Pfründeninhaber als solchen anerkannt habe.

8) D. 5. März 1863 A. 7 und D. 26. Juli 1863 A. 4, T. 62, R. 480. Ein Grund für die Abweisung (Ggl. 34) wird *nicht* angegeben; das Gesuch wird nur mit dem Beifügen zurückgegeben: »Non si fa luogo al chiesto *exequatur*«

stätigten Ernennung ertheilt das kgl. Oeconomat [9]) die Pfründeneinweisung rückwirkend [10]) vom Wege der *Erledigung* oder wenigstens vom Tage der *Bestätigung* ab. Im Uebrigen werden die während der *Pfründenerledigung* sich ergebenden Ueberschüsse [10 b]) der Pfründe nach Anweisung des Ministeriums von den Oeconomaten »zur Unterstützung (§. 23. A. 8 (R. 607) dürftiger Priester, zu Hauptverbesserungen (Arch. 54. S. 318, §. 8. A. 2 u. §. 30.) armer Gotteshäuser, zu gottesdienstlichen Kosten und für Wohlthätigkeitszwecke« (§. 31. A. 3) verwendet [11]). Die Verwendungsnachweise werden jährlich mit dem Voranschlage des Cultusministeriums dem Parlamente (§. 17. A. 11) vorgelegt [11]). — Die Oeconomate überwachen die be-

---

oder »alla concessione del chiesto *placet*«. Die päpstliche Ausfertigung wird alsdann beim Ministerium, die bischöfliche dagegen beim Oberstaatsanwalt zurückbehalten. Sc. 313.

9) Die *Generalöconomen* werden vom Könige ernannt, D. 26. Sept. 1860 A. 3, *Grassi* 270, und haben ihren Sitz in Bologna, Florenz, Mailand, Neapel, Parma, Turin und Venedig. T. 72. Arch. **54**. S. 174 (Vorwort A. 14) = Sep. Abdr. S. 8. Ausserhalb der Diöcese ihres Wohnsitzes werden sie durch die ihnen untergeordneten *Sub*economi vertreten, welche der Minister ernennt, R. 481; die Verwaltung des bischöflichen Tafelguts obliegt übrigens stets dem Generalöconomen. D. 46. Sept 1860 A. 4. Hinsichtlich des Pfründenvermögens ist die Ersetzung des »kostspieligen Verwaltung« der kgl. Oeconomate durch Diöcesanausschüsse — Arch. 54. S. 173 (Vorwort A. 13) = Sep.-Abdr. S. 7, §. 12. A. 1, §. 15. A. 2, §. 17. A. 10, §. 21. A. 1 u. §. 23. A. 8[a] u. [b] — in Aussicht genommen. T. 18, Sc. 381, 384 A. 1, 470[17] und 488[24].

10) D. 25. Juni 1871 A. 5, übereinstimmend mit D. 26. Juli 1863 A. 9, T. 63. Gewisser Massen zur Bestreitung der Kosten des Umzugs und der ersten Einrichtung, *kann* das Oeconomat dem neu ernannten Pfründenbesitzer den Ueberschuss der Pfründe nach Abzug der Verwaltungs- und (obige Anm. 4) Verwesungskosten schon am Tage der *Erledigung* der Pfründe ab gewähren, nie jedoch mehr, als den Pfründenertrag *eines* Jahres. D. 26. Sept. 1860, 11. Dec. 1860, 26. Jan. u. 7. Febr. 1861 (A. 2), Avv. **1879** p. 10 u. 121, **1883** p. 197 u. **1884** p. 57, vgl. **1882** p. 54, P. 91 u. 426; T. 61. Im Falle der Versetzung oder Beförderung behält man die bisherige Pfründe bis zum Tage der Einweisung in die neue; als Einweisung gilt bei Bischöfen die Consecration. Kass. Florenz 16. Juni 1879, Avv. **1879** p. 92, unten §. 21. A. 2.

10 b) Alle auf der Pfründe beruhenden Verpflichtungen, namentlich was gestiftete Gottesdienste (§. 12. A. 10[b], §. 17. A. 5) oder was Reichnisse an Hülfsgeistliche anlangt, müssen auch während der Stellen*erledigung* erfüllt werden, Kass. Florenz 14. Nov. 1870, *Grassi* 272[6], unten §. 21. A. 1.

11) D. 26. Sept. 1860 A. 2, G. 15. Aug. 1867 A. 6, T. 72, 74 u. 390. In Piemont wurde *ehedem* die eine Hälfte des Ueberschusses den Armenräthen (§. 31.), die andere dem Hospize in Pignerolo (§. 31. A. 1) zugewendet, worin zum Katholicismus übertretende (§. 4. A. 4) Protestanten Aufnahme finden. P. 91 u. 426. Wegen Parma: *Grassi* Aug. 1879 p. 3. Vor Einrichtung der Oeconomate (oder »Oberstiftungsräthe«, Ggl. 255 A. 4) beansprucht der *Staat*

stimmungsmässige Verwaltung des Seminar- (§. 23. A. 7) und des Pfründenvermögens[12]) und nehmen letzteres in Verwaltung[12]), solange nicht die staatliche Bestätigung zur kirchlichen Einsetzung eines Nachfolgers oder Verwesers ertheilt ist.

§. 12. Verwaltung, Nutzgenuss und Lasten des Pfründenvermögens.

Der Bischof, die Mitglieder des Domcapitels und die Pfarrer sowie deren Vertreter (§. 21, 22 und 26.) *verwalten*[1]) vom Tage ihrer staatlichen Einweisung ab das Pfründenvermögen und beziehen bis zu ihrem Ausscheiden (unten Anm. 11 und oben §. 11. A. 10) als *Nutz*niesser[2]) alle Früchte desselben.

---

als Oberlehensherr die Intercalarüberschüsse bezw. die Pfründenerträge des ersten Jahres (»Annaten«). *Cassani* pr. qu. 180, 225 und 239.

12) Arch. 54. S. 316 = Sep.-Abdr. S. 44, oben §. 6. A. 12 u. §. 7. A. 3, unten §. 12. A. 2, §. 13 A. 1[G], §. 14. A. 2 u. §. 22. A. 2, R. 482 u. 513. Die General- und die Suböconomen lassen sich regelmässig durch *örtliche* Verwalter vertreten; als solche würden auch die Pfarrverweser (obige Anm. 4) bestellt werden können. Während der Pfründenerledigung d. i. bis zur staatlichen Bestätigung des Nachfolgers bezieht das Oeconomat mit Ausschluss jeglicher Einmischung des Bischofs (Kass. Neapel 14. Nov. 1877, *Grassi* 272[9]) alle Früchte des Pfründenguts (App. Genua 11. Juni 1866, *Grassi* 271[1]). Keine Haftung des Oeconomats wegen unterlassenen Antrags auf Revision der Todtenabgabe: § 18. A. 4, *Grassi* 1881 II 73.

1) Auch für Seminarbeamte würden an und für sich Pfründen bestehen können, unten §. 23. A. 2. Die Vicarspfründen werden regelmässig vom Pfarrer mitverwaltet, §. 25. A. 10[b]. Eigene Pfründen*verwaltung* gehört nicht immer zum Wesen eines *selbständigen* Kirchenamtes; mitunter sind namentlich die Pfarrer auf eine *Rente* aus der Gotteshausstiftung angewiesen, unten §. 25. A. 9, *Cassani* pr. qu. 139, T. 17. — Sollte die beabsichtigte Errichtung von Pfarr- und Diöcesanausschüssen (§. 15. A. 2) durchgeführt werden, so könnten doch auf dieselben nur die Ueberwachungsbefugnisse der kgl. *Oeconomate* (oben §. 11. A. 2 u. 9) übergehen. Es müsste also auch alsdann die Verwaltung der Pfründen den Geistlichen verbleiben. T. 17, *Cassani* pr. qu. 709 u. 713. Den in einzelnen Theilen Italiens thätigen Kirchenfabrikräthen etc. (§. 27. A. 9) steht keine Controle der *Pfründen*verwaltung zu, R. 208, 212, 484 u. 766; dagegen §. 26. A. 4, Ggl. 132 A. 5 u. 137 A. 18. Wegen des *Gemeinde*raths vgl. §. 13. A. 7 u. §. 26. A. 5.

2) Oben §. 6. A. 9 u. §. 9. A. 2. App. Genua 13. März 1865, Avv. 1879 p. 133, *Cassani* pr. qu. 40, 96, 109 u. 379, Ggl. 133. Die kgl. Oeconomate wachen darüber, dass die Pfründenbesitzer weder eine Veränderung in der Natur der Güter, noch eine Verminderung ihrer Erträgnisse vornehmen, R. 504, vgl. §. 28. A. 1. — Das *Stamm*vermögen (oben §. 3. A. 6 = oben S. 27, unten Anm. 4 u. 6 u. §. 14[b] u. [c] darf in keiner Weise angegriffen werden; daher werden aus den Pfarrwaldungen die *Holzschläge* nur nach Massgabe des Hauungsplanes (B. G. B. 487, Kass. Turin 20. März 1868, Avv. 1879 p. 193) abgegeben. Hochstämmige Bäume aus Gärten, Wiesen und Feldern werden dem

Bei einem Zweifel über die Frage, ob eine Freigebigkeit der Pfründe oder dem Gotteshause (§. 30.) zugewendet sei, ist der Wille des Stifters zu erforschen [2b]).

Die vor dem Pfründenantritt geschlossenen Verträge über *Verpachtung* oder Vermiethung zur Pfründe gehörender Liegenschaften (§. 25. A. 9) binden den Inhaber der Pfründe höchstens 5 Jahre lang. Ferner sind für ihn Mieths- und Pachtverträge über Gebäude, die schon vor 6 Monaten miethfrei wurden, und über landwirthschaftliche Grundstücke, die schon vor einem Jahre frei wurden, nur dann verbindlich, wenn die Mieth- oder Pachtzeit schon vor seinem Eintritt in die Pfründe begonnen hat [3]).

Inhaber der Pfründe nur unter der Bedingung der Nachpflanzung überlassen. Bis zum Werthsbetrage von 500 Fr. ertheilt der *Oberstaatsanwalt* im Einvernehmen mit dem Generalöconomen die Genehmigung (unten §. 14. A. 2 und 4 b, §. 16. A. 4 b, R. 499 u. 504, Avv. 1883 p. 81, *Grassi* 268 u. 271 [2]); bei einem höheren Werthe ist kgl. Genehmigung erforderlich. Zu den wichtigeren Vermögensgeschäften wird die Genehmigung des Königs, des Oberstaatsanwalts oder des Präfecten (Avv. 1879 p. 134, unten §. 13 u. 14. A. 11) stets durch Vermittlung des kgl. *Oeconomats* (§. 14. A. 11, *Grassi* 269, R. 487 u. Avv. 1879 p. 146) nachgesucht. Letzteres nimmt bei Veräusserungen den Erlös in Empfang, um denselben, insoweit nicht anders bestimmt ist, in Staatsrente (§. 14. A. 7) anzulegen. Es lässt ferner beim Ausscheiden des Pfründeninhabers eine Beschreibung des Zustandes der Wohnung (§. 21. A. 7, §. 26 III u. §. 30 6) bezw. der Pfarrgüter (§. 25. A. 9), ferner in zwei Exemplaren ein Verzeichniss der Mobilien, Kapitalien (§. 14. A. 7), Renten und sonstigen Rechte (§. 18 II) anfertigen; es sorgt (Ggl. 132 A. 5) für Versiegelung des Nachlasses und vertritt die Pfründe nach Aussen nicht nur während der Erledigung (Kass. Turin 20. März 1868, *Grassi* 271 [3, 4] u. [8]), bei Uebergriffen oder Verzug des Pfründeninhabers (§. 13. A. 4 u. 7), indem es z. B. die Erben des Vorgängers zur Ersatzleistung wegen unterlassener (Anm. 4) Ausbesserungen anhält und dem Patrone (Avv. 1880 p. 405, *Grassi* 159 [1], unten §. 19, A. 6 und 16) oder dem Cultusfond gegenüber (§. 25. A 7) die Ausscheidung oder Sicherstellung des Pfründenvermögens erwirkt.

2 b) T. 182. Unter Parrochia kann auch die Pfarrpfründe verstanden sein. App. Turin 29. Nov. 1872, R. 211. Die Pfründe gilt z. B. dann als bedacht, wenn vor Einführung des einheitlichen B. G. B. (A. 906) der *jeweilige* Pfründeninhaber (vgl. §. 13. A. 7) zum Testamentsvollstrecker ernannt war. App. Turin 8. März 1872, Avv. 1880 p. 273, unten §. 31. A. 5, *Grassi* 144 [8], 145 [3] und [16], dagegen *Grassi* 134 [2] und 136 [5]. Für stiftungsmässige Gottesdienste (unten §. 15. A. 6 b) können Schenkungen und Vermächtnisse wie dem Gotteshause so auch unmittelbar der Pfründe zugewendet werden; im Zweifel wird angenommen, dass die Zuwendung dem *Gotteshause* gemacht ist, in welchem die hl. Messen gelesen werden sollen. App. Palermo 30. Aug. 1870, Avv. 1880 p. 321.

3) B. G. B. 493. Auf längere Zeit würde der Pfründeninhaber selbst nicht mit *päpstlicher* Gutheissung rechtsgültig verpachten können, Kass. Rom 2. Dec. 1884, Avv. 1885 p. 201. Die Verpachtung von Pfarrgütern kann aus freier

Für Verbesserung einer Liegenschaft kann, sofern nicht die Regierung Absitzfristen bewilligt, der Pfründenbesitzer in der Regel keinen Ersatz verlangen[4]), selbst wenn dadurch eine dauernde Erhöhung des Werths der Liegenschaft eingetreten ist; doch kann er den früheren Zustand wiederherstellen, falls nicht der Nachfolger es vorzieht, den Werth zu ersetzen, welcher den Verbesserungen noch nach ihrer Wegnahme verbleiben würde[5]).

Der Pfründenbesitzer zahlt die Kosten[4]) der *Instandhaltung*[2]) des Pfründenguts, die *Grund-*[6]) und Gebäudesteuer, die[7]) *Todthandabgabe* [nämlich 4 % des Jahresertrags der Kapitalien und Renten sowie der Güter nach Abzug der Grundsteuer, der Grundzinsen (§. 16. A. 3), der Absitzfristen[4]) und der Unterhaltungskosten[7])],

---

Hand (ohne Versteigerung) geschehen. R. 497. Doch wird zu einer Verpachtung, die über 3 Jahre lang dauern soll, regelmässig bischöfliche Genehmigung erholt; die bürgerliche Wirksamkeit des Vertrags ist hiervon unabhängig. Neap. V 2[12], Arch. 51. S. 123, P. 418, unten §. 21. A. 11.

4) Mittelst rate annuali tilgen die Pfründennachfolger die mit Staatsgenehmigung aufgenommenen Schulden für zum Pfarrhofe gehörende *landwirthschaftliche* Gebäude, unten Anm. 8, §. 14. A. 6, §. 16 A. 17 III[c], §. 17. A. 4, §. 18. A. 5, §. 20. A. 11, T. 260, da hierauf sich die subsidiäre Baupflicht der Gemeinde nicht erstreckt, unten §. 26 III, R. 243. Für solche und ähnliche ausserordentliche Ausgaben kann übrigens die Pfründe, statt bei Dritten ein Darlehen aufzunehmen, einen Theil ihres *Stamm*vermögens, vorbehaltlich allmäliger Wiederergänzung einziehen und verwenden. App. Rom 4. August 1883, Avv. 1884 p. 381, *Grassi* 1881 II 73 u. 77.

5) B. G. B. 495, App. Parma 1. Juni 1883, Avv. 1883 p. 248. *Grassi* 1881 I 72 u. 130, vgl. §. 24. A. 3. Ein Bischof hatte sich auf einem Tafelgrundstücke einen Palast bezw. eine Wohlthätigkeitsanstalt auf eigene Kosten errichtet.

6) B. G. B. 506. Die Regierung kann die Steuern nur gegenüber dem *Pfründenbesitzer* beitreiben, nicht aber auch das *Stamm*vermögen (obige Anm. 2) der Pfründe hiefür in Anspruch nehmen, unten §. 17. A. 3. Kass. Rom 21. Juni 1878, Avv. 1878 N. 1 p. 7, vgl. 1880 p. 308.

7) Unten §. 16. A. 4[b], §. 18. A. 4, *Grassi* 329–340, T. 113, 189 und 260. Avv. **1879** p. 14, 20, 30 u. 37. Der tassa di manomorta, welche einen Ersatz (**1885** p. 67) für die Handänderungsgebühren gewähren soll, unterliegen (G. 21. April 1862, R. 706–718, wie in Frankreich, Ggl. 111) alle juristische Personen (vgl. unten §. 18. A. 4 u. §. 30) — einschlüssig der Pfarreien, *Grassi* 1881 I 105 u. II 174; am steuerbaren Jahresertrage kommen Seelenmessen und andere stiftungsmässige Lasten nicht in Abzug. Avv. **1883** p. 25, **1884** p. 417, vgl. **1880** p. 236 u. 307, §. 16. A. 17, §. 17. A. 4. Dienstgebäude, z. B. Pfarrhöfe und bischöfliche Paläste (oben §. 4. A. 8, unten §. 21), sind frei. Avv. 1879 p. 37. Auch ungenügend dotirte Pfründen haben trotz der gerichtlichen Unangreifbarkeit der Congrua für Privatverpflichtungen (unten Anm. 11), die Todthandabgabe und die übrigen Steuern zu entrichten. *Grassi* 1881 II 101, Kass. Rom 16. April 1880.

die Einkommensteuer[8]), endlich eine Art[9]) Erbschaftssteuer beim Pfründenantritte. Diese Steuer beträgt $1^1/_5$ % des Pfründenvermögens, soweit der Ertrag die[11]) Congrua übersteigt[9]), jedoch, falls der Pfründenbesitzer bereits über 50 Jahre alt ist, nur die Hälfte[10]). Ebenso trägt der Pfründeninhaber die mit der Staatsgenehmigung (oben §. 9. A. 6, unten §. 15. A. 1) zu Gunsten des nothleidenden Patrons (§. 19. A. 6) oder des *Pfründenvorgängers*[11]) auferlegte *Pension*, die Diöcesanabgaben (§. 21. A. 6), die Bau- (§. 26 III, §. 30[6]) und alle weitere Lasten. Sobald die Pfründeneinkünfte durch Unglücksfälle oder erhöhte Lasten vermindert werden, tritt eine gleichmässige Ermässigung der daraufgelegten *Pensionen* ein[12]).

8) Der tassa di richezza mobile (vgl. oben §. 1. A. 9, §. 2. A 9, §. 3, A. 8, unten §. 16. A. 4[b], §. 18. A. 9, §. 21. A. 2) unterliegen die Besoldungen, Kapitalzinsen und Renten etc. (Avv. **1879** p. 81, **1884** p. 380 und 571, **1885** p. 20, 58 u. 92), nicht aber auch die Grundstucke (1880 p. 190) oder Zehnten (§. 18 II), weil von denselben bereits die Grundsteuer entrichtet wird. An dem, der Einkommensteuer unterliegenden Ertrage kommen Absitzfristen (obige A. 4) und Passivzinsen in Abzug, dagegen (obige Anm. 7, unten §. 17. A 4 u. §. 19. A. 17) nicht auch gestiftete Gottesdienste. Von der *gemeindlichen* Einkommensabgabe (tassa communale d'esercizio) hat das kgl. Decret 26. Nov. 1884 (Avv. **1885** p. 10 u. 31, vgl. **1884** p. 320 u. 369, *dagegen* 1879 p. 14. Kass. Rom 19. Juli 1878, R. 709 u. 746) die *Geistlichen* freigelassen: doch ist die Rechtsfrage hiermit noch nicht endgültig entschieden. Die Befreiung der Geistlichen erstreckt sich nicht auf Wegefrohnden. Avv. 1885 p. 44.

9) Avv. **1879** (N. 2) p. 6 u. 121, **1880** p. 260, **1884** p. 355, 393 u. 437, **1885** p. 237, vgl. §. 12. A. 1. Schluss 1. Abgabenfrei sind nur die *Hof*caplaneien, weil solche einen Bestandtheil des Krongutes bilden. *Grassi* 1881 p. 38, unten §. 19. A. 19.

10) Avv. 1884 p. 344; zufolge p. 549 tritt eine Ermässiguug ein, wenn der Pfründenbesitzer vor Ablauf von 4 Monaten ausscheidet, *Grassi* 298[1].

11) D. 5. März 1863 A. 6[8], T. 62. Pensionen werden zu Gunsten des Pfründenvorgängers — und zwar vom Papste, Avv. 1879 p. 112, 1885 p. 18 — namentlich (vgl. S. 41, oben §. 6. A. 9 und 11) dann auferlegt, wenn der Vorgänger nur unter dieser Bedingung auf die Pfründe verzichtet hat. Als unentziehbarer Mindestgehalt d. i. als Congrua (oben Anm. 7 und §. 4. A. 9, Arch. 54. S. 305 = Sep.-Abdr. S. 32, unten §. 22 A. 8[a], *Grassi* 1881 p. 24) müssen dem neu eintretenden *Bischofe* jedenfalls 1000 Ducaten und dem *Pfarrer* 100 Ducaten (unten §. 20. A. 9 und §. 26 III) belassen bleiben, wobei der Ducaten mit 4 Fr. 30 Ct. zu berechnen ist. (Domherrn: §. 23. A. 8[a]). Wirksam wird die Demission erst, nachdem solche durch die kirchliche Oberbehörde angenommen worden ist. *Cassani* pr. qu. 294, vgl. 150. Ueber die Entziehung der Pension entschieden die Gerichte, Kass. Turin 30. April 1875; *Grassi* 264[3], oben §. 6. A. 12.

12) Congregazione dei Vescovi e Regolari 28. Jan. 1871. Avv. **1879** No. 3. p. 12 u. 38, **1884** p. 300 u. **1885** p. 18.

§. 13. *Annahme, Ausschlagung und Rückfall von Freigebigkeiten.*

I. Wie weltliche Körperschaften und Stiftungen, so erlangen auch Gotteshäuser (§. 27), Pfründen (§. 12, 21, 22 u. 26) und andere kirchliche Anstalten (§. 23, vgl. jedoch §. 3. A. 1) *juristische Persönlichkeit* [1a]) durch Erlass des *Staatsoberhauptes* [1b]). Nur mit Ermächtigung des Staatsoberhauptes [1b]) können sie *Erbschaften* [2]),

1a) Oben §. 9[2], unten §. 15. A. 1 u. 8, G.-G. 16[III], G. 19. Juni 1873 A. 28. Die Unvordenklichkeit ersetzt die Staatsgenehmigung; eine von Altersher wirksame Stiftung braucht bei Ausübung ihrer bürgerlichen Rechte nicht nachzuweisen, dass zu ihrer Errichtung ehedem die Staatsgenehmigung ertheilt war, Kass. Rom 20. Febr. 1883, Avv. 1883 p. 273. — Zur Errichtung eines 13. und weiteren Canonicats — unten §. 22 A. 7[a], sei es auch für eine Capitelswürde, *Cassani* pr. qu. 389 u. P. 291 — oder einer einfachen Pfründe ohne Seelsorge (§. 15. A. 5, §. 16. A. 1 u §. 25. A. 10 u. 14) würde es eines *Gesetzes* bedürfen. Sonst kann der *König* die Rechte einer juristischen Person verleihen, z. B. zu Gunsten einer Bruderschaft (§. 31. A. 14), einer Missionsanstalt (§. 15. A. 3), oder einer Pfarrversorgungscasse (§. 23. A. 8).

1b) Die Ermächtigungsgesuche sind durch Vermittlung des (Sub) Oeconoms (oben §. 11. A. 9) beim *Oberstaatsanwalte* (oben §. 11. A. 7) des Oberlandesgerichts, in dessen Bezirke die betreffende Anstalt liegt, einzureichen. — D. 26. Juni 1864 A. 1, bezüglich der Gotteshäuser bei dem Präfecten. Avv. 1885 p. 109.

2) B. G. B. 932, R. 206, 232 u. 317, G. 5. Juni 1850: »Geistliche wie »weltliche Anstalten und Körperschaften können *Grundstücke* (§. 18. A. 3) nur »auf Grund *königlichen* Erlasses erwerben; hierüber ist zuvor der Staatsrath »zu hören. Schenkungen unter Lebenden und letztwillige Verfügungen zu »ihren Gunsten sind nur dann wirksam, wenn die Anstalten und Körper»schaften in der nämlichen Weise zur Annahme ermächtigt werden.« T. 89, 101, 267, 513 u. 515, oben §. 9. A. 3, P. 91, 92 u. 279. Das G. 5. Juni 1850 (Sep.-Abdr. S. 2 = Arch. 54. S. 168) ist auch auf die neuen Provinzen erstreckt worden. R. 206, 207, 232 u. 367. Für's ehemalige Kgr. Neapel hat das Decreto luogotenenziale 17. Febr. 1861 entgegen dem Concordate von 1818 die Amortisationsgesetze vom 9. Sept. 1769 und 12. Aug. 1779 wieder hergestellt. Monitore giudiziario 1874 No. 1, Avv. 1884 p. 517, vgl. 1885 p. 177. Als *Erbin* kann eine Anstalt eingesetzt werden, die zur Zeit des Todes des Erblassers noch nicht bestand, D. 26. Juni 1864 A. 2 u. 6, *Grassi* 265, 1881 II 34, Kass. Rom 31. Juli 1879, Avv. 1880 p. 165 u. 260, 1881 p. 117, da der König durch den nämlichen Erlass die juristische Persönlichkeit und die Genehmigung zum Erbschaftsantritte ertheilen kann. Dass die Erbschaft eingeklagt werden muss (Avv. 1885 p. 122, unten §. 14. A. 10), steht der Ertheilung dieser Genehmigung nicht entgegen. Erbschaften dürfen (1885 p. 109) von öffentlichen Anstalten nur mit Vorbehalt der Rechtswohlthat des Inventars angetreten werden. Eine schon vor Einführung des G. 5. Juni 1850 angefallene letztwillige Zuwendung, woran bisher ein Niessbrauch haftet, kann nur mit kgl. Genehmigung verwirklicht werden. Avv. 1885 p. 122, dagegen Giornale delle Leggi 1872 No. 37 p. 300. — Die bedachte Anstalt hat schon vor Eintreffen der kgl. Genehmigung ihre Rechte zu wahren, z. B. durch Unterbrechung der Verjährung, Zwangs-

Vermächtnisse und *Schenkungen*[3]) rechtsgültig annehmen oder ausschlagen[4]). Hierbei werden Bedingungen, die den *Gesetzen* oder guten Sitten zuwiderlaufen, für nicht geschrieben angesehen[5]).

beitreibung etc. D. 26. Juni 1864 A. 4, St.-R. 27. Jan. 1862, Avv. 1885 p. 110. Form der Testamente: Avv. 1885 p. 115.

3) B. G. B. 1060, G. 5. Juni 1850. Mässige *Hand*schenkungen sollen nur aus dem Grunde, dass die Staatsgenehmigung nicht hinzugekommen, nicht zurückverlangt werden dürfen. App. Casale 10. April 1869, Avv. 1885 p. 109. R. 315. Sonst kann der Schenkgeber oder dessen Erbe wegen nicht rechtzeitiger Ertheilung der Genehmigung jederzeit widerrufen St.R. 12. Juli 1851. Auch mittelbare oder verschleierte Zuwendungen, wodurch die Staatsgenehmigung umgangen werden soll, sind nichtig. §. 24 III, G. 19. Juni 1873 A. 28. T. 513. Ggl. 54, 339 u. 347. Schenkungen müssen, wie in Frankreich, bei Meidung der Nichtigkeit *notariell* verlautbart sein. B. G. B. 1056, P. 92 und 286. Ist eine Zuwendung mit einer Zweckbestimmung beschränkt, und bleibt nach Erfüllung des bestimmten Zweckes der bedachten Anstalt nichts zur freien Verfügung übrig, so ist eine Staatsgenehmigung nicht erforderlich, z. B. wenn einem Gotteshause (§. 15. A. 6) für ewige hl. *Messen* nicht mehr, als der *Tarif* gegeben wird, Avv. 1884 p. 429, 1885 p. 50, Kass. Neapel 5. Dec. 1851, vgl. Kass. Rom 28. Juni 1883, *dagegen* Kass. Rom 24. Juli 1879 Avv. 1879 p. 140, oder wenn der volle Jahresertrag unter die *Armen* (§. 30[4], §. 31. A. 10) zu vertheilen ist. Ebensowenig ist die Form einer Schenkung zu beobachten, wenn der Beitrag nur für eine gewisse Kirchenfeier, eine Anschaffung, einen Pfarr- oder Kirchenbau etc. (R. 253, Ggl. 44 u. 72, unten §. 28. A. 1), also nur für eine bestimmte *Gegenleistung* gewährt wird. — Zufolge D. 26. Juni 1864 A. 6 muss der Notar binnen 30 Tagen von der Aufnahme der Schenkung oder der Eröffnung des Testament ab und der Einregistrirungseinnehmer binnen 30 Tagen vom Eintrage der betreffenden Rechtsakte ab der bedachten Anstalt oder der Staatsbehörde Anzeige erstatten. *Grassi* 265 und Ggl. 65.

4) App. Turin 18. April 1874, Giurispr. 1874 p. 297, Avv. 1885 p. 50, unten A. 7. Die Annahmeerklärung erfolgt, wenn die gesetzliche Vertretung sich geweigert hat (§. 12. A. 2), durch den von der Behörde oder dem Amtsrichter ernannten Specialcommissar (curatore speciale) bezw. hinsichtlich der Zuwendungen für Armenzwecke vom Armenrathe §. 31. A. 3. Nach *kirchlichen* Vorschriften (§. 20. A. 11) bedürfen kirchliche Anstalten zum Verzicht auf eine Freigebigkeit der Genehmigung des hl. Stuhles, und zur Annahme einer Schenkung für Gottesdienste der bischöflichen Zustimmung (§. 15. A. 6). Die Einhaltung dieser Vorschriften wird übrigens von der Regierung nicht (wie in Frankreich Ggl. 67 A. 6[8]) überwacht, vielmehr dem Gewissen des Betheiligten überlassen. Avv. 1879 p. 157, unten §. 20. A. 11.

5) B. G. B. 849. So bleibt z. B. die Klausel unbeachtet, dass sich hinsichtlich der Verwendung der Stiftung die kirchliche Anstalt keinerlei *Einmischung* der Staatsgewalt gefallen zu lassen brauche (St.-R. 26. Jan. 1883, Avv. 1883 p. 28), oder dass im Falle der *Veräusserung* des Grundstückes die Zuwendung zurückfallen solle T. 243 u. 245[3]; der Stiftungszweck ist nämlich in seiner Erfüllung von *der Art* des Besitzthums unabhängig, wird also nicht durch die Verwandlung des Grundstücks im Staatsrente (§. 18. A. 1) gefährdet. Der Bestimmung, dass der Ertrag der Zuwendung für Freischulen (§. 31. A. 2 u. 5)

Das Staatsoberhaupt pflegt die *Genehmigung* zur Annahme nur dann zu versagen, wenn die *öffentliche* Ordnung oder ein berechtigtes Interesse der *Familie* erheblich geschädigt ist [6]).

II. Die Annahme-Ermächtigung mit der Befugniss, nöthigenfalls durch gerichtliche Klage die stiftungsmässige Verwendung zu sichern, wird nicht nur der kirchlichen Anstalt, sondern zugleich dem *Gemeinderathe* ertheilt, wenn aus der Zuwendung der Gemeinde oder den Bewohnern wenigstens eines Theiles der Gemeinde irgend welche Vortheile erwachsen [7]).

---

oder zur Abhaltung von Gottesdiensten, insbesondere von gestifteten h. Messen (§. 15. A. 5 u. 6) zu verwenden sei, steht keine Gesetzesvorschrift entgegen. Auch könnte abweichend von der sonstigen Zusammensetzung der Behörde ein *besonderes* Organ zur Verwaltung des Stiftungsvermögens vorgeschrieben werden, §. 27. A 14, §. 31. A. 2 und §. 32. A. 2.

6) St.-R. 17. Jan. 1862 und 31. März 1875, Avv. 1885 p. 121. *Cassani* pr. qu. 394. Zufolge Min. C. 24. Aug. 1863 R. 760 u. D. 26. Juni 1864 A. 3 (*Grassi* 265) findet zwar kein *öffentliches* Aufgebotsverfahren (Ggl. 66) statt, doch wird, wenn nicht die schriftliche Zustimmung der nächsten Blutserben zur Schenkung oder letztwilligen Zuwendung beigebracht werden kann, denselben eine Frist zur Anbringung von *Einsprüchen* beim Präfecten (Avv. 1885 p. 109, vgl. sard. D. 10. März 1851) eröffnet. Im Interesse der Familie wurde bisher die Bestätigung verweigert, wenn die nächsten Verwandten in dürftigen Verhältnissen lebten und gleichwohl ohne Grund vom Erblasser nicht bedacht waren, oder wenn die Verfügung nicht sowohl des öffentlichen Nutzens wegen als vielmehr hauptsächlich nur aus Feindschaft gegen die Erben erfolgte. St.-R. 9. Sept. 1882 u. 30. März 1883 Avv. **1883** p. 117, 214 u. 249. Ein St.-R. 28. Dec. 1882 befürwortete die Genehmigung, da den armen Verwandten nicht nur sofortige Zuwendungen gemacht, sondern auch vorzugsweise ihnen bis zum vierten Grade die Renten der Stiftung (§. 30 [4]) zugesichert waren. Statt die Annahme-Ermächtigung in beschränkter Form zu ertheilen, z. B. nur für eine bestimmte Summe oder Quote (Ggl. 76), oder nur gegen die Verpflichtung einer Rente oder sonstigen Abgabe zu Gunsten der Verwandten (Avv. 1885 p. 122), zog die Regierung bisher regelmässig vor, in dergleichen Fällen die Genehmigung überhaupt zu versagen. Auch *ausländische* Anstalten (Arch. 54. S. 298 = Sep.-Abdr. S. 25, oben §. 3. A. 2, Ggl. 55, unten §. 24. A. 1) bedürfen zur Annahme der ihnen in Italien zugewendeten Freigebigkeiten der Ermächtigung des Königs von Italien.

7) Gemeinde-G. 20. März 1865 A. 82, R. 268, Ggl. 56, App. Turin 22. April 1857 (vgl. §. 33. A. 2). An allen Zuwendungen zur freien Verfügung des Gotteshauses oder der Pfarrpfründe hat die bürgerliche Gemeinde im *Geld*interesse, namentlich insofern, als sie für Instandhaltung von Kirche und Pfarrhaus und für den gottesdienstlichen Bedarf (§. 29 u. 30) haftet, auch die Pfarrpfründe auf die Mindestbesoldung zu ergänzen hat. (Avv. 1864 p. 385, unten §. 26 III). Es kann deshalb der Gemeinderath, wenn der Pfarrer wegen persönlicher Betheiligung oder aus sonstigen Gründen (oben §. 12. A. 2, App. Turin 21. April 1852 Riv. amm. IV 695, R. 268) die Beitreibung unterlässt, statt der Pfarrpfründe

III. Freigebigkeiten, welche von der bedachten Anstalt *nicht* dem *Stiftungs*zwecke oder den auferlegten [5]) Bedingungen gemäss verwendet werden, unterliegen 30 Jahre lang der *Rückforderung* [8]) des *Schenkgebers*, oder Stifters oder seiner *Erben*. Bis zur Einführung des einheitlichen bürgerlichen Gesetzbuchs [9]) konnte der Schenkgeber oder Erblasser die Freigebigkeit einem Dritten für den Fall zuwenden, dass aus irgend welchem Grunde die Stiftung nicht erfüllt werden oder die Anstalt nicht fortbestehen sollte.

---

oder des Gotteshauses (§. 27. A. 10) aus eigenem Rechte klagen. Doch ist auch in Ermanglung eines *wirthschaftlichen* Vortheils die Gemeinde zur Klage wegen jeden *moralischen* Interesses legitimirt, inbesondere an den (auch zu Gunsten der Bevölkerung) gestifteten Gottesdiensten in öffentlichen Kirchen, selbst wenn der Pfründe oder der Gotteshausverwaltung vom Stiftungsertrage nach Bestreitung der Gebühren der Geistlichen nichts übrig bleibt, oben Anm. 3, unten §. 15. A. 6 u. 10, §. 17. A. 5, §. 19. A. 17, §. 28 u. 30 [3]), sodann an den Zuwendungen für den Unterricht §. 32. A. 1 u. 10, z. B. in der Religion, unten §. 15. A. 4, R. 267, ferner (R. 266) für Freiplätze (§. 23. A. 11) oder Almosen (§. 30 [4]) zu Gunsten von *Gemeinde*angehörigen. Damit ist jedoch nicht zu folgern, dass die Gemeinde Einsicht der Quittungen oder sonstige Verwendungsnachweise verlangen könne, wenn der Stifter die Vertheilung der Almosen unter Pfarrangehörigen ausschliesslich dem jeweiligen Pfarrer (vgl. §. 12. A. 2 [b]) überlassen hat. St.-R. 6. Juni 1877, Avv. 1879 N. 2 p. 5. Hat der Stifter die Kosten für Abhaltung eines öffentlichen Gottesdienstes einem Dritten auferlegt, z. B. einer Gemeinde oder einer Wohlthätigkeitsanstalt, so kann auch die betheiligte Gotteshausverwaltung oder der Pfarrer (vgl. jedoch §. 28 u. 30 [3]) auf Erfüllung dieser Verpflichtung klagen; allerdings wird weder die Gotteshausverwaltung noch der Pfarrer (Kass. Rom 10. April 1877, Avv. 1880 p. 417, Ggl. 60 A. 14) zur (gemeinsamen) Annahme der betreffenden Zuwendung förmlich mitermächtigt.

8) B. G. B. 1080 u. 2135. Auch ohne *ausdrücklich* beigefügte Resolutivbedingung ist die Rückforderung zulässig, wenn durch *Schuld des Bedachten* die Bedingung nicht mehr erfüllt werden kann. Kass. Rom 7. März 1877, T. 243. Ist dagegen die Nichterfullung des Stiftungszweckes vom Willen des Bedachten unabhängig, so kann die Freigebigkeit nur auf Grund einer in der Stiftungsurkunde ausdrücklich enthaltenen auflösenden Bedingung zurückgefordert werden (Kass. Rom 28. März 1877 (unten A. 15) und 15. Juli 1884, Avv. 1885 p. 189); eine solche Rückforderung findet alsdann auch dem Staate und dem Patrone (§. 19. A. 13) gegenüber statt, falls solche das Stiftungsvermögen einziehen. Kass. Rom 25. Juni 1876 Avv. 1880 p. 286, vgl. jedoch unten A. 12 u. 15, sowie wegen der Mitgift der Klosterfrauen: §. 24. A. 12.

9) Für den Fall, dass der zuerst ernannte Erbe ablehnen, oder dass er erwerbsunfähig werden sollte, gestattet der zufolge D. 25. Juni 1865 A. 1 seit 1. Januar 1866 in allen Provinzen (ausser Rom) geltende Codice civile (B. G. B. 895) die *sofortige* Berufung einer anderen, physischen oder moralischen Person — sei dies auch eine *geistliche* Anstalt, unten Anm. 10, T. 244, *Grassi* 36, Avv. 1884 p. 476 — zur Erbschaft. Eine weitere oder *fideicommissarische Substitution* (T. 232) kann jetzt weder durch letztwillige Verfügung (B. G. B.

Das Ges. vom 7. Juli 1867 enthält in Art. 22. besondere Vorschriften über die Klage auf Widerruf oder Rückforderung derjenigen Zuwendungen, welche *aufgehobenen* kirchlichen Körperschaften oder Stiftungen gemacht worden waren. Dies Gesetz versagt eine solche Klage allen *geistlichen* [10]) Anstalten. Ferner gewährt es die Klage den »Privatpersonen, Gemeinden und sonstigen *nichtgeistlichen* Anstalten oder Verbänden« nur dann, wenn die Stiftungsurkunde für den Fall der zwangsweisen **Aufhebung** der Anstalt [11]), einen ausdrück-

899), noch durch Vertrag (B G. B. 1073) errichtet werden. Für den Fall also, dass z. B. ein Gesetz die bedachte Anstalt (§. 16. A. 1) aufheben oder die Verwaltung der Freigebigkeit (unten Anm. 13, §. 17. A. 8) einer anderen Anstalt übertragen oder an Stelle gestifteter Gottesdienste (§. 15. A. 6 u. §. 17. A. 5) andere Leistungen setzen, oder dass aus sonstigen Gründen der Stiftungszweck nicht mehr erfüllt werden sollte, kann die Freigebigkeit weder einer bestimmten Privatperson, noch einer bürgerlichen (App. Turin 19. Mai 1871, R. 322, vgl. 421), oder geistlichen *Anstalt*, sondern nur den Erben zugewiesen werden. Die Erben bleiben bei Eintritt der Bedingung verpflichtet, die zu Gunsten physischer oder moralischer Personen auferlegten Lasten (§. 19. A. 17) weiter zu erfüllen, erhalten jedoch im Uebrigen die Freigebigkeit oder die an deren Stelle getretenen Sachen und Rechte zur *freien* Verfügung (T. 233, 237 u. 241) zurück. Ihre *Gewissens*pflicht bleibt es zufolge der *religiösen* Satzungen, zur Verwendung ehedem geistlicher Stiftungen für profane oder Privatzwecke sich der vorgängigen Genehmigung der kirchlichen Oberen zu vergewissern, Avv. 1885 p. 110, 125 und 137, unten §. 14. A. 14, §. 16. A. 5 u. 6, §. 19. A. 18 u. §. 20. A. 10.

10) A. 22 gewährt ausdrücklich nur die »riversivilità in favore dei *privati*« und die »devoluzione in favore dei communi od altri enti morali che *non* sieno ecclesiastici«. Soweit also nicht die *Erben* zur freien Verfügung (obige Anm. 9) das Stiftungsgut zurückerhalten, soll es behufs thunlichster Weitererfüllung des Stiftungszwecks (T. 233) nur noch rein *weltlichen* Anstalten, wie den Provinzen, Spitälern, Armenräthen und Gemeinden (§. 17. A. 8, §. 31. A. 9 und §. 32. A. 5) zufallen dürfen. Die wohlbegründetsten Anfallrechte der »todten Hand« wurden durch das Gesetz beseitigt (unten §. 14. A. 14, T. 372). Kass. Rom 15. Aug. 1867 drückt sich so aus, als ob überhaupt erst durch G. 7. Juli 1866 eine Rückforderungs- oder Heimfallklage *begründet* worden wäre, trotzdem solche in allen früheren Einzelstaaten der Halbinsel gleichmässig geistlichen wie weltlichen Anstalten und Privatpersonen längst zugestanden hatte, und findet im Gesetze *nicht* »*Einschränkungen* des bisher geltenden Rechtes«, sondern »freisinnige *Zugeständnisse*«, T. 351 u. 354. Dem neuen Gesetze entspricht allerdings die Abweisung der Heimfallklage eines Bisthums (Kass. Florenz 20. April 1875, T. 242), eines Gotteshauses (Kass. Rom 10. April 1880, Avv. 1880 p 297 u. 381) und einer Pfarrgehülfenpfründe (*Grassi* 120 [8]), 126 [3] und 153 [7]), auf welche der Stifter im Falle der Aufhebung der von ihm errichteten oder bedachten Genossenschaft (bezw. Collegiatstiftspfründe, Kass. Rom 23. Juli, 26. Nov. u. 20. Dec. 1877) den Gegenstand der Zuwendung übertragen haben wollte.

11) »Espressa condizione, dato il caso di soppressione« T. 232 und 243, unten §. 19. A. 13. Kass. Neapel 10. Dec. 1875, Kass. Rom 30. Juni 1876. Ein nur für den Fall der *freiwilligen* Aufhebung der Zweigniederlassung durch

lichen *Vorbehalt* gemacht hat; und auch dann muss die Klage binnen fünf Jahren [12]) erhoben werden. Die Klage richtet sich gegen die Provinz oder Gemeinde, wenn letzterer die gestifteten Liegenschaften abgetreten worden sind [13]), sonst gegen den *Cultusfond* [14]) als Inhaber der Staatsrenten (§. 17 I), welche an Stelle der Stiftungsgrundstücke getreten sind. Von Natur aus *bewegliche* Sachen sind

---

das Mutter- oder Generalordenshaus vorbehaltener Rückfall berechtigt nicht zur Rückforderung wegen *staatlicher* Aufhebung der Anstalt. Kass. Palermo 22. Nov. 1873, *Grassi* 84 [2] u. [6]. Der Heimfall könnte und kann noch jetzt für den Fall vorgesehen werden, dass in Folge der Gesetzgebung oder aus irgend welchem sonstigen Grunde die Anstalt zu bestehen aufhören sollte. Kass. Rom 19. Juni 1879 u. 16. Juli 1884, Avv. **1880** p. 152 u. 392, **1885** p. 177, *Grassi* 84 [1], vgl. 201 [10]. Der »soppressione« steht also die »cessazione dell' ente« gleich, vgl. übrigens unten Anm. 17. — Aus der Unmöglichkeit den Stiftungszweck in der *bisherigen* Weise (oben Anm 8 u. §. 9. A. 5, unten §. 17. A. 5 u. §. 19. A. 17) zu erfüllen, ist das Recht zur Rückforderung der Zuwendungen nicht herzuleiten, *Grassi* 96. Kass. Rom 7. März 1877, Kass. Neapel 6. Febr. 1869 und App. Ancona 31. Juli 1879, Avv. 1879 p. 128. Die Klage einer Gemeinde (Avv. 1883 p. 190) auf Herausgabe des zur Stiftung ihrer Collegiatkirche (unten §. 19. A. 9 u. §. 25. A. 1) verwendeten Vermögens wurde durch Kass. Rom 31. Mai 1883 (ebenso 25. Febr. 1877, *Grassi* 87 u. 177 [2]) wegen Ermangelung des »*ausdrücklichen* Vorbehaltes im Stiftungsbriefe« abgewiesen.

12) G. 7. Juli 1866 A. 23, G. 15. Aug. 1867 A. 4. (*Grassi* 87, 162 [3], 1881 I 91 u. 94. T. 88, 245, 348 u. 505, Kass. Rom 8. Juli 1879, Avv. 1880 p. 152, unten §. 19. A. 6 u. §. 31. A. 9). Diese Gesetze wurden in der Provinz und Stadt Rom (§. 17 II, oben S. 2) erst unterm 19. Juni 1873 eingeführt. In der Richtung gegen die in Rom errichteten Stiftungen zu Gunsten von *Ausländern* (§. 17 II 4 A. 11, §. 18 A. 3 u. 8) bemessen sich die Widerrufs- oder Rückforderungsklagen der Stifter, Erben oder Dritter nach dem *gemeinen* Rechte; sie können daher auch ohne ausdrücklichen Vorbehalt des Stifters (obige Anm. 11) sowie selbst von geistlichen Anstalten (obige Anm. 10) geltend gemacht werden (G. 19. Juni 1873 A. 24, T. 113 u. 512) und verjähren erst in 30 Jahren. Die Verjährung wird nur durch gerichtliche Klage unterbrochen. App. Rom 7. April 1885, Avv. 1885 p. 166.

13) Kass. Rom 3. April 1884, Avv. 1884 p. 513, unten Anm. 17 u. §. 17. A. 8. Hinsichtlich der *Regierungs*zwecken (G. 7. Juli 1866 A. 21) gewidmeten Kirchengebäude fand die Klage gegen den Staat statt, §. 16. A. 7.

14) G. 7. Juli 1866 A. 22 und G. 13. Aug. 1867 A. 4. Da der Klage die dingliche Eigenschaft in der Hauptsache entzogen worden ist (§. 17. A. 5, dagegen §. 19. A. 17), so kann weder der Staat (§. 16. A. 4 u. 7, dagegen T. 102 u. 256), welcher die keinem *öffentlichen* Dienste gewidmeten Grundstücke eingezogen hat, noch weniger derjenige Private belangt werden, welcher vom Staate die betreffenden Grundstücke (§. 16. A. 3) erworben hat.

An Stelle der Grundstücke tritt (§. 18. A. 4) die auf Grund der Veranlegung zur Todthandabgabe ermittelte Staatsrente; die Erben etc. können keine anderweite Berechnung des Ertrags beanspruchen. Avv. 1884 p. 356.

ohne Abzug zurückzugeben[14b]); dagegen unterliegen von den *Staatsrenten* nur 65 %, von den *übrigen Vermögensstücken* 70 % der Rückforderung[15]). Selbst von diesem Restbetrage werden die stiftungsmässigen Reichnisse und *Lasten*[15b]) sowie der entsprechende Antheil[16]) an den Schulden der aufgehobenen Anstalt, desgleichen an den Leibrenten und *Ruhegehältern* (§. 16. A. 4[b] u. §. 17 I 2 u. II 2). der letzten Mitglieder derselben vorerst noch abgezogen. — Ein in der Stiftungsurkunde gemachter Vorbehalt der Rückforderung für den Fall, dass die Anstalt *aufgehoben* werden sollte, ist nicht auf den Fall anzuwenden, dass durch ein Gesetz die *Verwaltung* der Anstalt auf die Gemeinde, den Armenrath oder die Provinz *übertragen* wird[17]).

§. 14. *Sonstige, staatlicher Genehmigung bedürfende Rechtsgeschäfte.*

Einer staatlichen Genehmigung bedürfen die kirchlichen Anstalten

a) zum *entgeltlichen*[1]) Erwerbe von *Liegenschaften*,

14b) *Grassi* 163[6], vgl. 166[1].

15) Kass. Rom. 27. April u. 17. Oct. 1876, 28. März u. 21. Nov. 1877. *Grassi* 84[2], 85, 152[3], 164—166, 174[2] und Randzusatz, 203[1], 205[10], 1881 I 88 u. 94, T. 150, 245, 352, 355 u. 434. (*Keinen* Abzug hatte App. Turin 25. Jan. 1876, *Grassi* 163[8], zugelassen). Da der Cultusfond nach jetziger Rechtsprechung nur insoweit haftet, als er Vermögensstücke überwiesen erhalten hat (§. 16. A. 4 u. 12[a], §. 17. A. 2) und als nicht andere Forderungen vorgehen, so muss der Rückforderungsberechtigte sich einen Abzug gefallen lassen, und zwar von 30 % hinsichtlich der Kapitalien, Zehntrechte und Renten (§. 16 III), dagegen von 35 % hinsichtlich der an Stelle der Grundstücke getretenen Staatsrenten (§. 16. A. 2 u. 4, §. 17. A. 1 u. 2), da letzternfalls der Staat für Verwaltungskosten weiter 5 % vorenthalten hat.

15b) §. 17. A. 5, §. 19. A. 17, §. 30[3] u. [4] u. §. 31. A. 8, Kass. Rom 28. Juli 1876.

16) G. 7. Juli 1866 A. 22, unten §. 14. A. 6, §. 17 I 1 u. II. 1. u. §. 24 II.

17) G. 7. Juli 1866 A. 22[III], *Grassi* 7[4]. Trotz der thatsächlichen »Aufhebung« der Anstalt findet, da es sich nur um eine andere Verwaltungsform handle, die Rückforderungsklage nicht statt. Den Gemeinden wurden namentlich die ehedem kirchlichen Stiftungen für *Schulen* (§. 32. A. 5) u. *Krankenhäuser* (§. 31. A. 9, §. 17. A. 8, oben Anm. 11 u. 13) übertragen.

1) G. 5. Juni 1850, oben S. 2, oben §. 13. A. 2, G. 19. Juni 1873 A. 27, vgl. bürg. G.-B. 433, Cast. 244, P. 91, u. 279, Sc. 472[16] u. 488[23]. Der *unentgeltliche* Erwerb bedarf selbst hinsichtlich blosser Fahrnissstücke stets *königlicher* Bestätigung. Abgesehen von den Pfarrpfründen gestattet Italien kirchlichen Anstalten den Besitz und Erwerb von Liegenschaften (unten §. 18. A. 1 u. 3) nur noch behufs dienstlicher Widmung. Zum Miethen einer Liegenschaft wird eine Regierungserlaubniss nicht erfordert. Kein Pacht- oder Miethvertrag darf übrigens 30 Jahre überschreiten, B. G. B. 1571, Avv. 1879 p. 169. Zum Kaufe oder Eintausche von Natur aus *beweglicher* Sachen ist keine Staatsgenehmigung erforderlich, vgl. unten A. 7.

b) zur *Veräusserung*[2]) von Liegenschaften und von Gegenständen[3]) geschichtlichen, wissenschaftlichen oder künstlerischen Werths,

c) zur Verleihung in Erbpacht (§. 16. A. 3), *Verpachtung* über 9 Jahre[4a]) und zur Fällung hochstämmiger Bäume[4b]),

---

2) B. G.-B. 434, Arch. 54. S. 168 G.-G. 16[III], *Cassani* pr. qu. 372, Sc. 378, 472[16] u. 478, T. 19[15] u. 107, oben §. 12. A. 2 u. §. 13. A. 5, unten §. 18. A. 2. u. §. 19. A. 5. Die Staatsgenehmigung muss nochmals eingeholt werden, wenn nicht binnen vier Monaten der Verkauf bewirkt ist. Min.-E. 7. Juli 1877, *Grassi* 268. Der Staatsrath wird gehört (Avv. 1879 p. 146, P. 92 und T. 70. A. 1) bei öffentlicher Versteigerung von Liegenschaften über 8000 Fr. und bei *freihändiger* Veräusserung von Liegenschaften über 500 Fr. sowie auch von Fahrnissstücken (R. 497, D. 22. März 1866. vgl. *Grassi* 268 u. 284) über 500 Fr. Sonst braucht zur Veräusserung *von Natur aus beweglicher* Sachen keine Regierungserlaubniss erholt zu werden, siehe jedoch unten A. 3, 5 u. Buchstaben f. Bis zum Werthe von 500 Fr. kann der *Oberstaatsanwalt* im Einvernehmen mit dem Generalöconomen (§. 11. A. 12) die öffentliche Versteigerung von Liegenschaften genehmigen. D. 22. März 1866 A. 5, oben §. 12. A. 2. Die Pfründen und sonstigen kirchlichen Anstalten sollen nach *kirchlicher* Vorschrift zu jeder Veräusserung von Liegenschaften die *päpstliche* Genehmigung einholen, unten §. 20. A. 9 u. §. 22 A. 1[a]. Auch vom Patrone im Einvernehmen mit dem Pfründenbesitzer vorgenommene Veräusserungen unterliegen, wenn die Staatsgenehmigung nicht hinzukam, gerichtlicher Anfechtung, *Grassi* 159[1]. Unter das Veräusserungsverbot fallen auch Verpfändungen, *Grassi* 1881 II 142.

3) Oben §. 3. A. 6, oben S. 27—46. Die Gemälde, Bildwerke, Geräthe und sonstige, dem Gottesdienst dienenden Fahrnissstücke verblieben trotz der Gütereinziehung den Kirchen, worin solche sich befanden. G. 7. Juli 1866 A. 18[1] u. 24[II], G. 19. Juni 1873 A. 22, T. 214, 246 u. 512, R. 414, vgl. übrigens unten §. 16. A. 7 u. 14, §. 17 I, Kunst- und Alterthumsgegenstände stehen auch hinsichtlich der Steuerfreiheit (oben §. 4. A. 8) und der Unverjährbarkeit (§. 8. A. 6) den Dienstgebäuden gleich. Zur Anbringung oder Veränderung von Inschriften (§. 8. A. 3) sowie zu jeder Veränderung von Bildern, Bildwerken, Glasmalereien und sonstigen Kaufdenkmälern oder Alterthümern, ist Staatsgenehmigung (Avv. 1885 p. 182) erforderlich und haben regelmässig die kirchlichen Anstalten auch die Genehmigung des Bischofs (§. 20. A. 12) nachzusuchen. Neap. III 1[4—6], Arch. 51. S. 55 und 123. Archäologische Academie: oben §. 1. A. 8. Die Staatsanwaltschaft kann solche, ohne Staatserlaubniss veräusserte Gegenstände mit Beschlag belegen, wenn zu befürchten ist, dass solche andernfalls in's Ausland verbracht werden würden. Kass. Turin 21. März 1878, *Grassi* 268[3], vgl. 1881 II p. 18, Kass. Rom 10. Mai 1880, oben §. 3. A. 6.

4a) B. G.-B. 1572, Kass. Rom 21. Aug 1877, Avv. 1879 p. 145, 169 und 181 (vgl. 37), *Grassi* 159[1], 267, T. 70, R. 355, 487, 495 u. 497.

4b) Oben §. 12. A. 2, unten §. 16, A. 4[6]. D. 22. März 1866 A. 1, T. 70, Avv. 1879 p. 145, P. 417. Einer staatlichen Genehmigung bedarf jede Theilung, Hingabe an Zahlungsstatt, Bestellung einer Dienstbarkeit und Verzicht hierauf, sowie Kapitalsabfindung für Jahresreichnisse, unten Anm. 8 und §. 17. A 11. Keine Staatsgenehmigung ist erforderlich, wenn Erbpächter, Lehen-,

d) zum *Vergleiche* über Liegenschaften [5]),
e) zur Aufnahme von *Anleihen* [6]),
f) zum Erwerbe von Renten (§. 15. A. 5 u. §. 18 II) oder Schuldverschreibungen, zur Ausleihung [7]), Uebertragung, Kündigung oder [8])

Grundzins- oder Zehntpflichtige oder Besitzer zu einem sonstigen Jahresreichnisse verpflichteter Grundstücke sich gegenüber der berechtigten Anstalt dadurch entlasten, dass sie statt an sie, nunmehr an den *Staat* das Jahresreichniss entrichten, während der Staat der berechtigten Anstalt den gleichen Betrag als 5 %ige Staatsrente gewährt. G. 24. Januar 1864 A. 13, Avv. 1885 p. 49 vgl. 189, R. 232, 611—626, T. 113, unten §. 16. A. 3, *Grassi* 299, 312—318, 1881 I 21, 118 u. 145. Das Jahresreichniss an die Staatskasse kann durch Erlegung des 15fachen Betrags abgelöst werden. G. 29. Jan. 1880.

5) Riv. amm. 1872 p. 641, Avv. 1885 p. 61, 73 u. 145, Ggl. 95, R. 235 u. 353. Das D. 22. März 1866 nimmt zwar die Vergleiche über von Natur aus bewegliche Sachen nicht ausdrücklich von der Staatsgenehmigung aus, leitet jedoch die Nothwendigkeit letzterer nur davon ab, dass der Vergleich eine Art Veräusserung sei, und jede Veräusserung von Liegenschaften (obige Anm. 2) der Staatsgenehmigung bedürfe.

6) Cast. 237, R. 234, 655—670, T. 19 [15]. Wenn zur Sicherheit der Anleihe *Pfründengut* verpfändet werden soll, so ist schon wegen der hierin liegenden Veräusserung (obige Anm. 2 u. 4) Regierungserlaubniss erforderlich. — Jedenfalls werden nur für staatlich genehmigte Anleihen die Annuitäten am Pfründeertrage abgerechnet. T. 260, §. 12. A. 4 u. 7, §. 16. A. 17, §. 17. A. 4 u. 5, §. 18. A. 5. — Bei Auflösung der kirchlichen Anstalten anerkannte die Regierung nur die für den laufenden Bedarf des letzten Jahres oder bis zum 18. Januar 1864 zur Vermehrung des Werths des Corporationsgutes aufgenommenen und hiefür verwendeten Anleihen. G. 7. Juli 1866 A. 29. *Grassi* 97 [4], T. 157 u. 255, unten §. 17. I 1 u. A. 7, §. 24.

7) Entgegen Avv. 1879 p. 158, R. 220 u. 231, T. 511, G. 19. Juni 1873 A. 11, 17 u. 23, oben §. 12 A. 2, unten §. 17. A. 11 u. §. 18. A. 3 brauchen übrigens die kirchlichen Kapitalien nicht ausschliesslich in *Staats*renten oder Schuldverschreibungen des ital. Bodencredits angelegt zu sein; vielmehr können solche (Min.-E. 20. Nov. 1872) gegen Verpfändung ausreichenden Grundbesitzes und gegen landesüblichen Zinsfuss auch an Privatpersonen ausgeliehen werden. Die Pfandeinschreibungen sind vor Ablauf von je 30 Jahren zu erneuern, *Grassi* 1881 p. 39; Sparkasseneinlagen: p. 73. Selbst durch Pfandrecht geschützte Forderungen gelten als Mobilien B. G.-B. 418; den für *Liegenschaften* geltenden Genehmigungen sind die Forderungsrechte erst durch D. 22. März 1866 unterworfen worden. Die Propaganda unterliegt, soweit sie nur *vom Vaticane aus* ihre Rechte geltend macht, diesen Beschränkungen durchaus nicht. §. 3. A. 1 u. §. 23. A. 1, dagegen *Geffcken* 42; hinsichtlich der im Königreiche Italien befindlichen Renten und Kapitalien der Propaganda sollen durch einen Gesetzentwurf Erleichterungen gewährt werden. Köln. Ztg. Nr. 170 vom 21. Juni 1885, Archiv 52. S. 178 u. 54. S. 298, unten §. 15. A. 3.

8) »Esazione« oder »riscossione« R. 234, Avv. 1885 p. 61, vgl. § 12. A. 3 u. §. 17. A. 11.

Einziehung von Kapitalien und zur Löschung von Pfandeinschreibungen [9]);

g) endlich ist in der Lombardei, in Venezien, Toskana und den Provinzen (unten §. 27. A. 9), worin das franz. Decret vom 30. Dec. 1809 gilt, für Anstellung oder Zurücknahme einer Klage, sowie für Einlassung auf dieselbe, Seitens einer kirchlichen Anstalt, die Genehmigung des *Präfecten* erforderlich [10]).

In den zu a) bis e) bezeichneten Fällen ist, falls es sich um höchstens 6000 Fr. handelt, der *Oberstaatsanwalt* ermächtigt, in Vertretung des Königs dessen Genehmigung zu *ertheilen*; versagt wird solche nur durch den König selbst; derselbe entscheidet nach Anhörung des Staatsraths [11]).

Die etwaige Einholung der Genehmigung der *kirchlichen* Oberbehörde zu all diesen und sonstigen, über die laufende Vermögensverwaltung hinausgehenden Rechtsgeschäften (wie oben §. 8. A. 2. §. 13. A. 3, Bauverdingungen etc.) überlässt die Regierung den *Betheiligten* [12]).

---

9) D. 22. März 1866, Ggl. 81. App. Neapel 5. Aug. 1870, Gaz. d. Procurat. IV No. 47, R. 232, 234 u. 655, T. 70 A. 1, wegen Piemonts: Avv. 1885 p. 61; hiernach ertheilen particularrechtlich die *Oberlandesgerichte* im Falle oben *f* die Genehmigung (§. 28. A. 1).

10) Ital. G. 15. Sept. 1807, Ggl. 91, Avv. 1883 p. 224, 1885 p. 73, 133 u. 146 (Armenrecht); in Piemont bedarf es nicht einmal zu dinglichen Klagen einer Staatserlaubniss, R. 235 u. Avv. 1879 p. 145. Berufung kann, vorbehaltlich nachträglicher Staatserlaubniss ohne Weiteres zur Wahrung der Frist eingelegt werden. St.-R. 3. Sept. 1863.

11) D. 5. März 1863 A. 6 u. 7; D. 26. Juli 1863 A. 3 u. 4, D. 22. März 1866, R. 758, T. 62 u. 70; obiger §. 13. A. 1b u. 2. Die Staatsaufsicht über die kirchlichen Anstalten soll auch künftig (§. 15. A. 2, §. 28. A. 1, P. 17, 19 u. 107) den *Gerichten* (obige A. 9) und der *Staatsanwaltschaft* belassen bleiben; nur in einzelnen Fällen unterstehen die Gotteshäuser den Präfecturen, und die Bruderschaften als Wohlthätigkeitsanstalten den Provinzialdeputationen Avv. 1880 p. 405, vgl. R. 354, unten §. 31. A. 14. Auch die an die Staatsanwaltschaft gerichteten Gesuche um die Staatserlaubniss sind seitens der Pfründenbesitzer bei den Oeconomaten einzureichen, R. 487, §. 12. A. 2.

12) R. 233, Avv. 1879 p. 157, oben §. 13. A. 9, unten §. 20. A. 12 und §. 21. A. 4. Nur im Neapolitanischen scheint sich die Regierung noch das bischöfliche Gutachten vorlegen zu lassen, T. 70 A. 1. — Den gegenüber fast *allen* juristischen Personen des öffentlichen Rechts geltenden Vermögensbeschränkungen, wie sie vorstehend in § 13 u. 14. aufgeführt stehen, hat sich auch die Kirche gefügt (Arch. 54. S. 170 = Sep.-Abdr. S. 4); dagegen erkennt sie die gerade nur in Bezug auf das *kath.* Kirchengut erlassene *Sonder*gesetzgebung (§. 13. A. 10, §. 15. A. 2 — §. 19) im *inneren* Forum nicht an.

§. 15. Eigenthumsfähigkeit kirchlicher Anstalten einschliesslich der Missions- und der Messstiftungen.

I. *Vermögensrechte* werden vom[1]) bürgerl. Ges.-B. (2 u. 433) nur »denjenigen *juristischen* Personen, welche der *Staat* als solche anerkennt [1]), gewährt« und dürfen von ihnen auch »nur nach *Massgabe* der *Staatsgesetze* und öffentlich-rechtlichen Gewohnheiten [2]) ausgeübt werden.« Als kirchliche Anstalten und Stiftungen werden vom Königreich Italien anerkannt: der hl. Stuhl und die zu Rom befindlichen Centralbehörden (§. 3.) ferner die erzbischöflichen und bischöf-

1) Arch. 54. S. 168, *Cassani* pr. qu. 1872 p. 49, 1876 p. 128, 351—359, 366, 396, 466, 609, 654 u. 665, *Castagnola* 60, 106 u. 241, P. 87, Sc. 277 A 2, 398, 407, 410, 469[17], 487[18] u. 488[23], T. 10, 17, 69, 97 u. 99, oben §. 9[2] u. 13 A. 1. Die Gesetzentwürfe von 1867 (*Cassani* pr. qu. 1876 p. 643) und von 1873 (T. 13, 109 u. 505, vgl. Sc. 455[11], 457[6]) wollten die *»römische (Gesammt) Kirche* (Ggl. 7 A. 2) als Eigenthümerin aller Kirchengüter anerkennen, indem sie die Vertheilung derselben in Ansehung der Bisthümer dem hl. Vater und in Ansehung der einzelnen Pfarreien den Bischöfen überlassen wollten. In der Rechtsprechung ((Kass. Mailand 5. Aug. 1865, Giur. 1865 p. 382, Monitore dei tribunali 1865 p. 799, App. Casale 15. Oct. 1874, Avv. 1880 p. 157, *Grassi* 168, 1881 I 57 u. II 52 u. 178, Kass. Rom 28. Januar 1881, T. 5, 15, 16, 81 u. 109, *Cassani* pr. qu. 1876 p. 723, vgl. jedoch Syllabus Irrthum N. 26 und unten §. 17. A. 3)) wird das Eigenthum am Kirchengute den *einzelnen* Anstalten zugeschrieben. Für die *Lombardei* wurde vom St.-R. angenommen, dass das Eigenthum örtlicher Pfründen dem Pfarr*sprengel*, das der vormaligen Klöster dagegen der Diöcese zustehe. Sc. 192, unten § 24. A. 1. Das Recht, über das Vermögen der *aufgelösten* kirchlichen Anstalten zu verfügen (Cast. 118, *Hinschius* 249, 317, vgl. 222, 247 u. 256, T. 80) oder auch nur Beiträge (§. 9. A. 6, §. 12. A. 11, §. 21. A. 6, *Cassani* pr. qu. 363) den *fortbestehenden* Anstalten aufzuerlegen, wird vom Königreiche Italien dem hl. Stuhle nicht zuerkannt.

2) Oben §. 13 u. 14. A. 11, unten §. 18. Eine »Gewohnheit« würde sich im öffentl. Rechte zufolge *Cassani* pr. qu. 365 auch *entgegen* dem Gesetzesbuchstaben bilden können. Trotz des Widerspruchs der Kirche (Arch. 48. S 268, 272, 54. S. 170) behandelt die Staatsgesetzgebung in Italien, ähnlich wie in Preussen und Frankreich (Ggl. 8) etc. die Ordnung der kirchlichen Vermögensrechte als eine rein weltliche, d. i. als eine ausschliesslich und *einseitig* vom Staate zu ordnende Angelegenheit. Die ital. Regierung beschäftigt sich dermalen — auf Grund des Vorbehalts im Gar.-G. 18 — oben §. 11. A. 2 und 9, oben S. 8, Avv. 1885 N. 144 p. II — mit der Aufstellung eines Gesetzentwurfs wegen der Neuordnung, der Verwaltung, Beaufsichtigung und Erhaltung des gesammten (§. 28.) Gotteshaus-, Pfründen- (§. 12.) und sonstigen Kirchenvermögens (§. 17. A. 10, 11 u. 14, §. 21. A. 5, §. 22 u. 23, §. 31. II A. 16) und wegen der kirchlichen Ernennungen (§. 20. A. 2). Auf die nicht im *Königreiche* belegenen Anstalten (oben §. 1. u. §. 3. A. 1, vgl. übrigens §. 14. A. 7) würde sich auch das in Aussicht genommene Gesetz nicht erstrecken können.

lichen Tafeln (§. 21), die Domcapitel-, die Pfarrpfründen (§. 22 u. 25) die Seminare und Uebungshäuser (§. 23), die öffentlichen Kirchen (§. 27), die Versorgungsanstalten (§. 23. A. 8) für ausgediente oder unterstützungsbedürftige Geistliche, die Bruderschaften (§. 31 II), die Missionsanstalten[3]), endlich die Stiftungen für Predigten[4]) und sonstigen (§. 18. A. 3 u. §. 32. A. 10) Religionsunterricht.

II. Nicht anerkannt werden die ausschliesslich für Abhaltung gewisser Gottesdienste[5]) bestimmten *selbständigen* d. i. ehedem mit *eigener*

---

3) Avv. 1880 p. 405, Cast. 265, R. 305, T. 324 u. 515, Kass. Rom. 18. und 19. Juni 1880 (dagegen *Grassi* 50 und 1881 II 114, oben §. 1. A. 8, §. 8. A. 8 u. §. 13. A. 1[a], unten §. 18. A. 2). Die in Art. 1. des G. 15. Aug. 1867 ausgesprochene Unterdrückung aller für den öffentlichen (Pfarr-) Gottesdienst nicht mitwirkenden Pfründen, Gotteshäuser und sonstiger »*gottesdienstlichen* Stiftungen« (fondazioni per oggetto di culto«) trifft die Pfründen (§. 25. A. 11 bis 14) *ohne* Seelsorge oder Jurisdiction, ferner die dazugehörigen, nicht öffentlichen Kapellen (§. 19[a] u. [b], §. 27. A. 6) und die ausschliesslich der »*Anbetung Gottes*« gewidmeten Anstalten, dagegen nicht die nur *mittelbar* dem Gottesdienste dienenden Stiftungen, wie z. B. Anstalten zur Erziehung, Ausbildung und Versorgung der Geistlichen, zur Verbreitung der Kenntniss der Religion (§. 30. u. §. 32 II) etc. Wegen der Freiplätze und Tischtitelstiftungen vgl. §. 23. A. 11 u. 12.

4) Avv. **1879** p. 21 u. **1880** p. 262, 285, vgl. p. 321, App. Florenz 13. Juni 1871, Kass. Rom 17. Juni und 21. Juli 1878, T 283 u. 327. *Grassi* 144[b]. Beibehalten sind z. B. die Stiftungen für Advents-, Fasten- etc. Prediger, für die Unterweisung der Jugend im Katechismus etc. (oben §. 13. A. 7, unten §. 16. A. 11, §. 17. A. 3, §. 30[3]). Dagegen hat der Cultusfond denjenigen Theil des Stiftungskapitals eingezogen, welcher auf die Vergütung für das Lesen hl. Messen in der Advents- oder der Fastenzeit trifft. App. Turin 23. Nov. 1874, vgl. unten A. 8. (Das sard. G. 29. Mai 1855 A. 1, T. 81 u. 86, unten §. 24. A. 1, hatte die *Prediger*-Orden noch beibehalten), vgl. §. 17. A. 12 u. §. 18. A. 3,

5) Bürg. G.-B. 831 u. 833, unten §. 25. A. 13. Die eigene oder eine fremde »Seele« kann nicht mehr zum Erben eingesetzt werden. Kass. Rom. 16. Mai 1877 und 4. April 1879, Avv. **1879** p. 165, **1880** p. 333, **1883** p. 177 u. 224, *Cassani* pr. qu. 380; *Grassi* 134[1], 135[1—3] u. 145[1]. Der autonome Charakter einer Stiftung wird nicht durch die Widmung von *Grundbesitz* oder von Renten (§. 14 f.) bedingt, wofür Grundbesitz verpfändet ist. Kass. Rom 24. Juli 1878, 5. Febr. u. 4. April 1879, 3. Mai 1881, 4. Sept. u. 7. Oct. 1884, Avv **1879** p. 92 u. 177, **1883** p. 178 u. 224, **1884** p. 489 u. **1885** p. 32, *Grassi* 138—143, 1881 II 79 u. 169, T. 321, 326 u. 371. Eine blos als *Gewissenspflicht* (*Grassi* 210 p. 276, 1881 I 123, §. 19. A. 17) dem Erben gemachte Auflage genügt nicht als Grundlage einer eigenen Stiftung, Kass. Rom 4. April, 20. Juni 1879, Avv. **1879** p. 128 u. 165, **1880** p. 248, App. Ancona 31. Juli 1879. Wohl aber vermochte eine *selbständige* Cultusanstalt schon mittelst eines den Erben auferlegten Jahresreichnisses begründet zu werden, zu dessen Entrichtung die Erben durch eine an den Vortheilen betheiligte juristische Person oder durch die mit der Ueberwachung vom Erblasser Betrauten (unten Anm. 10) angehalten werden können. Auch genügte die Ueberweisung von

Rechtssubjectivität ausgestatteten Stiftungen. Uebrigens kann einem bereits vorhandenen Rechtssubjecte, bei Zuwendung eines Vermögensstückes, die Verpflichtung auferlegt werden, den Jahresertrag hievon (ausschliesslich, hauptsächlich oder nebenbei) für *Seelenmessen* oder sonstige Andachten zu verwenden. Es können daher hiefür (§. 13. A. 3, 5 u. 9) Schenkungen oder Vermächtnisse den *Gotteshaus*verwaltungen[6]), Pfründen[6b]) (§. 12. u. §. 22. A. 3), Seminaren (§. 23.

Grundzinsen (*Grassi* 126[4], 1881 I 87 u. 90. Nach Aufhebung der Anstalt werden alle solche Reichnisse jetzt durch den *Cultusfond* eingeklagt.

6) St.-R. 6. Juni 1879 (vgl. *Grassi* 143), Avv. 1880 p. 236, vgl. 308, 321, 418 u. 430, Kass. Rom 26. Juli und 17. Oct. 1876, 4. Oct. 1877, 24. Juli und 3. Nov. 1879, Avv. **1879** No. 2 p. 5, p. 140 u. 178, **1880** p. 273, 288, 308, 309, 417 u. 430, **1881** p. 42, *Grassi* 142, 144[7] u. [9], 146[2] u. [5], T. 325, App. Brescia 10. Oct. 1875, App. Florenz 18. Febr. 1874. Formular: *Grassi* 1881 I 155, Avv. 1883 p. 238. Zufolge Kass. Rom 25. Jan. 1878 und 9. Jan. 1883, Avv. 1879 N. 3 p. 15 würden Seelenmessen auch *nichtmehr mittelst* blosser Vermächtnisse oder Schenkungen *(sub onere)* gestiftet werden können und nicht nur *autonome* Stiftungen, sondern überhaupt auch alle Fundations*zuflüsse* hiefür nichtig sein oder der Einziehung unterliegen (*Grassi* 126[9] u. 136[5]). Eine gleichmässige Rechtsprechung hat sich über diese Frage noch nicht gebildet. Kass. Turin 18. Nov. 1884 (Avv. 1885 p. 116 u. 130) hält an der oben im Texte vertretenen Rechtsauffassung fest. Es betrachtet selbst scheinbar »autonome« Messstiftungen als einem *öffentlichen* Gotteshause mit Bedingungen oder Lasten zugewendete Vermächtnisse, vorausgesetzt, dass die betreffenden Gottesdienste *öffentlich* (die nicht in einer verschlossenen (?) Seitenkapelle, *Grassi* 126[8]) stattfinden, und dadurch der Gotteshausverwaltung die Kosten einer sonst pro populo zu celebrirenden hl. Messe erspart werden (oben §. 13. A. 7, unten §. 19. A. 17 u. §. 28). Selbst eine als »*eigene* Kaplanei« (unten §. 25. A. 14) vom Gründer bezeichneten Seelenmessstiftung wurde (App. Palermo 30. Aug. 1870, Avv. 1880 p. 321, vgl. 417) als *Vermächtniss* zu Gunsten des Gotteshauses aufrecht erhalten, weil der Stifter nicht sowohl eine Pfründe neu errichten, als vielmehr dem Gotteshause gegen die Verpflichtung, Seelenmessen lesen zu lassen, Vermögen habe zuwenden wollen. Dagegen hat Kass. Rom 25. Jan. 1878 selbst eine der *bereits bestehenden* Pfarrpfründe aufgetragene Seelenmessstiftung (oben §. 12. A. 2b) als *autonom* und daher der Einziehung unterworfen erklärt. Ebenso fiel in einem andern Falle die Entscheidung aus, weil nach der Stiftungsurkunde der von der Familie (§. 19.) vorzuschlagende Kaplan nicht am Hauptaltare, sondern in einer Familienkapelle der Pfarrkirche die hl. Messe zu lesen hatte. (Kass. Rom 11. Nov. 1879, Avv. **1879** p. 30 u. 103, **1880** p. 214 u. 224). Hierbei wurde auf die stiftungsmässige Unterordnung (§. 25. A. 10) des Kaplans unter den Pfarrer kein Gewicht gelegt. Von dem nämlichen Kassationshofe wurde entschieden, es sei zur Beibehaltung solcher Messstiftungen nicht genügend, dass die Gotteshausverwaltung mit der Einziehung und Verwendung der Einkunfte betraut werde und dieselben (durch bilanci e conti *separati* dal patrimonio della chiesa) *besonders* zu veranschlagen und zu verrechnen habe; vielmehr müssten die Schenkungen oder Vermächtnisse dem Gotteshause endgültig zu *Eigenthum* überwiesen sein. Kass. Rom. 2. Juni und 11. Nov. 1879, Avv. **1879** p. 189 u. **1880** p. 224.

A. 13), Missionen[3]), Bruderschaften[7]), Gemeinden[8]), Armenräthen[9]), Spitälern (§. 31) und sonstigen öffentlichen Anstalten ebenso wie Privatpersonen[10]) rechtsgiltig zugewendet werden, ohne dass der Staat auch nur den nach Sicherstellung der Kosten der Gottesdienste (§. 17. A. 5, §. 19. A. 17 u. §. 24. A. 3) übrig bleibenden Kapitalbetrag einzuziehen befugt wäre.

§. 16. Der Staat zieht die Kirchengüter (vorweg 30 %) ein und ***veräussert*** *sie, ausgenommen die* ***wissenschaftlichen Sammlungen*** *und die monumentalen Gebäude. (Leibrenten der letzten Pfründenbesitzer).*

I. Das Vermögen aller, der juristischen Persönlichkeit entkleideten kathol. Cultusanstalten, -Genossenschaften und -Stiftungen[1])

6b) §. 12. A. 2[b], §. 13. A. 5, §. 16. A. 17, §. 22. A. 3 u. §. 25, Avv. 1880 p. 321 u. 326, 1884 p. 476, *dagegen* Kass. Rom 25. Januar 1878 u. 9. Januar 1883.

7) Unten §. 31. A. 12, App. Catania 3. Sept. 1873, Kass. Rom 13. Juli 1877, Avv. 1879 N. 2 p. 5, 1880 p. 286, 334 u. 381, *Grassi* 143[2] u. 145[13], Neap. IV 10[12] in Arch. 51. S. 115, R. 349.

8) Avv. 1880 p. 321, vgl. 248, obige Anm. 4. Doch wurde ein der Gemeinde zur Verwaltung (obige Anm. 6) anvertrautes Vermächtniss, welches zur Vergütung eines Fastenpredigers (obige Anm. 4) dienen sollte, für »autonom« erklärt und eingezogen, obwohl es seinerzeit nicht als eigene und *selbständige* Stiftung (§. 9[2] u. §. 13. A. 1[a]) vom Staatsoberhaupte anerkannt worden war. App. Turin 23. Nov. 1874, Avv. 1880 p. 321, *Grassi* 135[3], unten §. 31. A. 13.

9) Kass. Rom. 1. Febr. 1879, Avv. 1879 p. 38, unten §. 31. A. 3 u. 10. Ebenso hat Kass. Rom 17. Juni 1878, Avv. 1880 p. 309 (dagegen 1878 No. 1 p. 7) einen Armenrath in ungeschmälertem Besitze einer Stiftung für Spendung der Sacramente an Arme (unten §. 25. A. 10, vgl. §. 31. A. 10) belassen.

10) Der Erbe kann gerichtlich zur Entrichtung der Gebühr für die ihm auferlegten Seelenmessen angehalten werden, und zwar durch den *Testamentsvollstrecker* (Kass. Rom 4. April 1879 u. 19. Mai 1882, *Grassi* 144[10], 146[6], 153[5], 163[5]. Neapel. 22. Nov. 1883, Avv. 1879 p. 92, 1882 p. 238, 1884 p. 517 u. 537), einen der *Miterben* (Kass. Rom 29. Febr. 1880, Avv. 1880 p. 248, vgl. übrigens p. 297, obige Anm. 10, unten §. 19. A. 6) oder falls die Gottesdienste in einer gewissen öffentlichen Kirche gehalten werden sollen, durch die Gotteshausverwaltung bezw. den Pfarrer oder vielmehr die bürgerliche Gemeinde, oben Anm. 6 und §. 13. A. 7, unten §. 28 u. 30[3], App. Palermo 30. Mai 1885, Avv. 1885 p. 237.

1) Vgl. §. 17. A. 2, oben §. 13. A. 1[a] u. 9. Nicht soweit ging das sardinische G. 29. Mai 1885 (T. 81), welches in seinen Hauptbestimmungen (T. 87) schon 1861 auf die Marken, Umbrien und das vormalige Königreich Neapel erstreckt worden war. Dasselbe hob nur diejenigen religiösen Genossenschaften auf, die sich weder der Predigt (§. 15. A. 4), noch dem Unterrichte (§. 32.) oder der Krankenpflege (§. 31.) widmeten, ferner die einfachen Pfründen (§. 9. A. 6 u. §. 25. A. 10), womit keine *persönlich* wahrzunehmenden geistlichen Amtsverrichtungen verbunden waren, endlich die Mehrzahl der Collegiatstifte (§. 25. A. 1). Seitdem wurden unterdrückt, zunächst durch G. 7. *Juli 1866*

ging zufolge des Gesetzes vom 7. Juli 1866 A. 12 u. 16, mit dem Eintritt seiner Gesetzeskraft, auch ohne vorhergängige Besitzergreifung (A. 13, T. 210) sofort[2]) in den rechtlichen Besitz (und das Eigenthum) der *Staatsdomänen*verwaltung über. Dieselbe liess die Güter nach näherer Bestimmung eines für jede Provinz gebildeten Sonderausschusses[3]) loosweise versteigern. Sie haftet bis zum Be-

---

A. 1, für den damaligen Umfang des Königreichs, alle übrigen Orden und ordensähnlichen Anstalten (§. 24. A. 3), demnächst durch G. 15. Aug. 1867 A. 1 alle übrigen Collegiat-, die Receptiv-Stifte, Communien u. Chorkaplaneien (unten §. 25. A. 2 und 3); die Abteien, Prälaturen und sonstigen Pfründen ohne Seelsorge (§. 25. A. 11 u. 12), die Gottesdienststiftungen (§. 15. A. 3 u. 5) und selbst ein Theil der Kapitelspfründen (§. 22. A. 2 u. 3), endlich durch G. 19. Juni 1873 (T. 112 u. 503) selbst in der *Stadt* Rom und an den Sitzen der vorstädtischen Bisthümer (Arch. 54. S. 298 = Sep.-Abdr. S. 25) alle dem weltlichen Privat-Patronate unterliegenden Canonicate, Stiftungen, Pfründen ohne Seelsorge oder Jurisdiction und ausnahmslos alle Orden und ordensähnlichen Anstalten.

2) Vgl. §. 19. A. 12, §. 31. A. 9, Kass. Neapel 30. Mai 1874, Kass. Rom 5. Juli 1878, 23. Jan. 1879 u. 23. März 1880. Avv. 1880 p. 333, 369, vgl. 393, unten §. 19. A. 12, R. 217, T. 179, 209 u. 213, App. Florenz 23. Febr. 1872, Giornale delle Leggi 1872 p. 361, *Grassi* 71[3], 76[1], 78[1] u. [2], 151[7], 153[6], 1881 I 88 u. 92. Auch der Heimfallsberechtigte (§. 13. A. 15) darf sich nicht der Sache bemächtigen, sondern muss den Staat bezw. Cultusfond belangen. *Grassi* 152[3]. Auch (1881 I 88) im Auslande belegenes Besitzthum unterdrückter italienischer Cultusanstalten ist auf's Königreich übergegangen, vgl. jedoch §. 24. A. 1. Klagen auf Herausgabe vom Staate in Besitz genommener Kirchengüter verjährten zufolge Decreto Valeriano (3. Jan. 1861 A. 21) in 5 Jahren. *Grassi* 1881 II 58—64, vgl. 103.

3) Oben §. 13. A. 14, *Grassi* 1881 I 114 (G. 10. Juli 1881). Den Vorsitz führt der Präfect; Beisitzer sind der erste Staatsanwalt am Provinzialhauptorte, der Domänendirector und zwei jeweils auf 2 Jahre seitens der Provinzialvertretung gewählte Bürger. Eine Centralcommission, die unter Vorsitz des Finanzministers aus einem Staatsrathsmitgliede, einem Oberrechnungsrathe, dem Generaldomänendirector, dem Director des Cultusfonds und zwei anderen vom Könige ernannten Mitgliedern gebildet wird, erstattet jährlich dem Parlamente Bericht über den Fortgang der Veräusserung etc. G. 15. Aug. 1867 A. 8, T. 400—423. Auf der Insel *Sicilien* liess der Staat — gemäss A. 34. des G. 7. Juli 1866, G. 15. Aug. 1867 A. 16 und G. 11. Aug. 1870 A. 9 auf *eigenen* Namen — die Erbverpachtung der landwirthschaftlichen Güter der kirchlichen Anstalten zufolge G. 10. Aug. 1862 fortführen. Der Erbpächter kann (oben §. 14. A. 4[b]) den Erbzins jederzeit ablösen, hat auch bei Besitzveränderung keinen Handlohn zu entrichten und ist überhaupt an der freien Uebertragbarkeit nicht gehindert. Avv. 1879 p. 104, 1885 p. 85, 91 u. 93, R. 629 bis 655, T. 85, 89, 267, 423, 460 u. 501; *Grassi* 72, 104[2], 1881 I 133, vgl. II 70, 95, 105, 108, 129. Die zwangsweise Beitreibung der Erbzinse (canoni) findet auch ohne den *ursprünglichen* Verpflichtungstitel schon auf Grund der vom Besitzer oder Vorbesitzer unterzeichneten Heberolle statt. Kass. Neapel 26. Juni

trage des Erlöses[4]) den Gläubigern aufgehobener Anstalten an Stelle letzterer.

Wer sich bei Verkündigung des G. 15. August 1867 (A. 3) im rechtlichen[4b]) Besitze einer durch solches unterdrückten Pfründe befand, erhielt gegen die Verpflichtung, die stiftungsmässigen Lasten (§. 17. A. 5 u. §. 19. A. 17) fortzuerfüllen, vom Cultusfond (§. 17. A. 7[b], bezw. Patrone §. 19. A. 16) eine Rente auf *Lebenszeit* oder bis er in den Genuss einer *anderen*[4c]) Pfründe gelangt oder durch *Urtheil*[4d]) seiner Pfründe verlustig erklärt wird. Unter denselben

---

und 3. Aug. 1883, Avv. **1883** p. 249, **1884** p. 345; der Schuldner muss nach je 28 Jahren stets eine neue Anerkennung ausstellen. B. G.-B. 2136, Min.-E. 8. Nov 1884, Avv. 1885 p. 175, vgl. *Grassi* 1881 II 133. Auch hinsichtlich der kirchlichen Anstalten in *Rom* gestattet G. 19. Juni 1873 A. 19, dass statt eines Verkaufs die unbebauten Güter in Emphyteuse gegeben werden, unten §. 18. A. 3.

4) G. 7. Juli 1866 A. 30, Kass. Turin 16. März 1870, App. Palermo 27. Mai 1876, *Grassi* 76, 152[12], Avv. 1880 p. 381. Auch die Gemeinden und Provinzen haften hinsichtlich der ihnen (unten §. 17. A. 11, §. 31. A. 9 und §. 32. A. 5) überlassenen Vermögensmassen, nur insoweit sie bereichert worden sind (sino alla concorrenza del quanto venno ricavato dei beni). T. 102, 175 und 256. G. 15. Aug. 1867 A. 2 bezeichnet nicht den Cultusfond (unten §. 17 II und Anm. 6), sondern den Staat als den Rechtsnachfolger. Gegenüber der unterdrückten Anstalt bestehende Rechtsansprüche aller Art, z. B. wegen zuviel bezahlter Zinsen (App. Florenz 18. Febr. 1874, Avv. 1880 p. 369), wegen Vertragserfüllung (Kass. Rom 9. Mai 1876, T. 171, 205, 256 u. 357) können gegen den Domänenfiscus als Universalsuccessor verfolgt werden, unten Anm. 4[b] und §. 18. A. 4[a]. Dagegen sind die auf den eingezogenen Gütern ruhenden Ansprüche auf Abhaltung gestifteter Gottesdienste und Erfüllung sonstiger stiftungsmässiger Lasten (§. 17. A. 5) gegen den Cultusfond zu richten; letzterer haftet übrigens (abgesehen von Anm 4[a] unten) nur bis zum Betrage der ihm von der Umwandlungsrente verbliebenen 70 bezw. 65 %, oben §. 13. A. 15, unten §. 17 I[a] u. A. 2 u. insbes. 6, Kass. Rom 15. Mai 1879, T. 174, Avv. **1879** p. 116, 128 u. 153, **1880** p. 358, 381 u. 393, **1884** p. 452 u. **1885** p. 67 und 82. Es ist daher schon der Fall eingetreten, dass »*wegen mangelnder Mittel*« — d. i. wegen der selbst auf *Privat*stiftungen miterstreckten Einziehung der 30 bezw. 35 % — der Stiftungszweck nicht mehr erfüllt werden konnte.

4b) §. 19. A. 15, §. 23. A. 12. Der Inhaber einer Pfründe, mit welcher Pfarrrechte (§. 25. A. 6) verbunden sind, musste unbedingt die königl. Bestätigung nachweisen. §. 11. A. 2, Kass. Rom. 16. u. 25. Nov. 1877, *Grassi* 120[2], 122[4] u. vgl. 1881 II 58.

4c) Nach den Gesetzesbuchstaben würde die Leibrente auch durch Uebertragung eines *vereinbarlichen* benefizio non residenziale (dagegen *Grassi* 160[1] u. [2] und 1881 II 130) sowie selbst dann verloren gehen, wenn die neu übertragene Pfründe weniger, als die bisherige, erträgt. Avv. 1884 p. 429 und 451, 1885 p. 214, vgl. *Grassi* 152[10].

4d) Oben §. 6. A. 8 u. 9, §. 7 II, unten §. 17. A. 5. Die blosse Suspen-

Bedingungen behält er auch die etwaige Dienstwohnung (§. 19. A. 15). Die Höhe der Rente berechnet sich nach dem Durchschnitte der *ordentlichen*[4c]) Reineinnahmen der letzten[4f]) 10 Jahre, jedoch abzüglich[4g]) der 30 %, wenn die Pfründe mehr als 500 Fr. Jahresertrag hat. Die Leibrente ist frei von der Einkommensteuer[4h]).

Der hl. Stuhl betrachtet, trotz der an Stelle der Grundstücke gewährten Staatsrente (§. 18. A. 1), die staatliche Veräusserung der

---

sion hat nicht den endgültigen Verlust der Leibrente, sondern nur die Verpflichtung zur Folge, die gestifteten Gottesdienste durch einen nicht irregulären Priester abhalten zu lassen. *Grassi* 161[3] u. 1881 I 21.

4c) »Rendita netta della dotazione ordinaria.« §. 23. A. 12, *Grassi* 25 u. 26[2]. (Hiezu gehört auch der Antheil an der massa piccola §. 22. A. 2, *Grassi* 1881 II 135). Zwar bleiben *einmalige*-Einnahmen, z. B. in Folge von (§. 13.) Zuwendungen, ausserordentlichen Holzschlägen (oben §. 12. A. 2 und §. 14. A. 4[b]) ausser Ansatz; doch hat der Pfründenbesitzer Anspruch auf die *wirkliche* Reineinnahme (»rendita effetiva e reale,« Kass. Rom 15. Juli 1876 und 28. Mai 1884) d. i. auf den Pacht- oder Miethzins nach Abzug der Grundsteuer, Provinzial- und Gemeindezuschläge (Avv. 1879 p. 93 u. 104, *Grassi* 155[4] u. [5]) sowie der Verwaltungskosten 1881 I 126. Hiernach wurden die Leibrenten für die vom Staate (§. 19. A. 14 u. §. 25. A. 14) eingezogenen *Kaplaneien* und *Receptivstifte* (§. 25. A. 1, *Grassi* 157, vgl. 150, 1881 I 128) berechnet, da solche bei Erlass des G. 15. Aug. 1867 noch ihr Grundvermögen besassen (G. 7. Juli 1866 A. 11). [Der Cultusfond erhielt seinerseits vom Staate nur eine *geringere* Rente (§. 18. A. 4) und hatte durch die Ueberschüsse anderer Vermögensmassen den Ausfall zu decken, §. 17. A. 8[b]]. Deshalb, weil das Grundvermögen der *übrigen*, durch G. 15. Aug. 1867 aufgehobenen Anstalten bereits in Folge G. 7. Juli 1866 A. 11 nur nach dem *fictiven* Ertrage der Todthandabgabe (§. 12. A. 7, §. 18. A. 4 in Staatsrente umgewandelt oder noch umzuwandeln war, hat Kass. Rom 2. Jan. 1877 (T. 347, *Grassi* 75[3], 134, 154[2], vgl. jedoch 157 und 1881 I 96) den Pfründeninhabern den übrigen Anstalten statt der *wirklichen* Reineinnahme nur letztere Fictiv-Rente zugesprochen. Die Gerichte können zwar der Regierung nicht den *Zeitpunkt* vorschreiben, bis zu welchem die Liquidation der Leibrente durchgeführt sein muss Avv. 1884 p. 442 u. 453), wohl aber die einstweilige Auszahlung eines vorsorglich festgestellten Jahresbetrags anordnen (*Grassi* 160[2] u. 1881 I 91, II 137, vgl. Kass Rom. 1. Juli 1876 u. 5. März 1880, Avv. 1880 p. 272 u. 380, T. 343), auch eine irrthümliche berechnete Leibrente berichtigen (Avv. 1884 p. 357). Der Pfründeninhaber darf deshalb, weil seine Leibrente noch nicht angewiesen ist, dem *Staate* das eingezogene Pfründengut nicht vorenthalten. *Grassi* 155[5] u. [2].

4f) Regolamento 22. Aug. 1867 A. 6, Avv. 1884 p. 562, Kass. Neapel 7. Juli 1875, Kass. Rom. 28. Mai 1884, *Grassi* 155[5] u. [2], T. 344.

4g) G. 19. Juni 1873 A. 25, unten Anm. 12 u. 16, *Cassani* pr. qu. 486 u. 504, *Grassi* 154[2], 159 u. 1881 II 137, T. 328, vgl. §. 19. A. 16.

4h) Kass. Rom 12. Juli 1878, *Grassi* 75[5], vgl. 156[6] u. 157, Avv. 1878 No. 1 p. 7 u. **1879** p. 12. Vom Mehrbetrage über 1000 Fr. jährlich sind die »Rentenüberschussbeiträge« zum Cultusfond abzugeben, §. 17. A. 3.

Kirchengüter für [5]) *ungültig* und erklärt es für eine Gewissenspflicht der Besitzer solcher Güter, dieselben zur Verfügung der kirchlichen Behörden zu halten [5]), inzwischen aber jährlich einen Pachtzins sowie die stiftungsmässige Vergütung (unten §. 17 A. 5) für die auf den Gütern lastenden Gottesdienste zu entrichten [6]).

II. Von den Besitzungen der aufgehobenen geistlichen Anstalten blieben *unveräussert* [7]) im Besitze des Staates: die *Bibliotheken*, Archive, wissenschaftlichen Einrichtungen, Kunst- und Alterthumssammlungen, sowie die Gebäude, worin solche sich befinden, sammt Umgebung und Zugehör, wie die Benedictiner-Abteien Monte-Cassino und Cava dei Tirreni (R. 413 u. 567), S. Martino della Scala, Monreale, die Certosa bei Pavia, Monte Vergine (unten §. 21. A. 2) etc. und zufolge königl. Decrets ähnliche, »durch monumentalen Werth »oder durch ihre Kunst- und wissenschaftlichen Schätze ausgezeich»nete Anstalten« [8]). Die Kosten der Unterhaltung trägt der allgemeine [9]) Cultusfond, in Rom [10]) der Stadtfond. Soweit der Staat die

---

5) Oben §. 9. A. 5 u. §. 13. A. 9. Arch. **29**. S. 8, **38**. S. 85. **48**. S. 69 und 85 (Encyclica 15. Febr. 1882), **50**. S. 443 (Congregatio Inquisitionis 22. Dec. 1880), **51**. S. 123, apostolischer Brief 1. Juni 1869, Poenitentiaria 20. Febr. 1867 A. 36 (betr. die Umwandlung §. 18.) und 21. Mai 1877, Avv. **1880** p. 187 und 407, **1885** p. 3 u. 230, So. 306 A. 9.

6) Avv. **1879** p. 19, **1880** p. 395, unten §. 16. A. 5 u. 6, §. 17. A. 5, §. 19. A. 18 u. §. 28 u. 30[3], oben §. 13. A. 7 u. 9. An den gottesdienstlichen Lasten kann der Bischof (§. 20. A. 10) nach Umständen eine Ermässigung zufolge Poenitentiaria 21. Februar 1880, Avv. **1885** p. 124 eintreten lassen. Dem Weiterveräusserer kirchlicher Güter wird die Lossprechung nur dann gewährt, wenn er sich verpflichtet, den erzielten Gewinn der Kirchenbehörde — nöthigenfalls in Fristen — zu erstatten. Avv. **1878** No. 1 p. 3, vgl. **1881** p. 211, **1882** p. 17 u. **1885** p. 3.

7) G. 7. Juli 1866 A. 18[6] u. [7] u. 33, T. 86, 214, 246, 250[4], 267. 283 u. 333, oben §. 14. A. 3. Desgleichen behielt der Staat, als pachtzinsfreies Eigenthum, diejenigen kirchlichen Grundstücke, welche bei Verkündung des G. 7. Juli 1866 (A. 20 u. 21, T. 231, Arch. 54. S. 171 (Vorwort) A. 5) irgend einem öffentlichen Dienstzweige gewidmet waren oder sich zur Einrichtung von Gefängnissen eigneten, §. 13. A. 13. Ueberweisung zum dienstlichen Gebrauche der *Gemeinden:* §. 31. A. 9.

8) G. 15. Aug. 1867 A. 1.

9) G. 7. Juli 1566 A. 33 u. 35 Schlusssatz, unten §. 17 I, ehedem die cassa ecclesiastica, G. 29. Mai 1855 A. 27, T. 86. Mitunter besitzen solche »edifizi monumentali« auch jetzt noch eigenes Vermögen. G. 11. Aug. 1870 A. 6, unten A. 14 u. §. 17. A. 7[c] u. §. 27. A. 15.

10) G. 19. Juni 1873 A. 10 u. 22, T. 508 u. 512, unten §. 17. In Rom wurden die Bibliotheken der dort aufgehobenen Klöster unter königlicher Verwaltung im ehemaligen Collegio romano dei Gesuiti vereinigt. Arch. 25, S. CXLIII, Avv. 1880 N. 31.

betreffenden Gebäude nicht für sich selbst beibehielt, liess er die mitübernommenen Manuscripte, Bücher, Archive, wissenschaftlichen, Kunst- und Alterthumsgegenstände [11]) öffentlichen Bibliotheken oder Museen einverleiben.

III. Vom gesammten nutzbringenden Vermögen der Kirche, — nicht nur der *aufgehobenen* [12a]), sondern auch der *beibehaltenen* [12b]) Anstalten, — erhob der Staat als *einmalige* Abgabe 30 %, indem die Staatsschuldentilgungsbehörde von der für übernommene Grundstücke (§. 18. A. 4) dem Cultusfond (§. 17. A. 2) bezw. der beibehaltenen Anstalt geschuldeten Umwandlungsrente *vorweg* $^3/_{10}$ abzog. Der Rest ($^7/_{10}$) der Rente ward sodann um denjenigen Betrag ermässigt, welcher $^3/_{10}$ des Werthes des *sonstigen* nutzbringenden Vermögens der Anstalt an Zehnten, Renten u. s. w. (§. 18 II), Grund- oder Kapitalzinsen entspricht; insoweit der Rest der Rente hiefür nicht ausreichte, musste der Cultusfond bezw. die beibehaltene Anstalt dem Staate die erforderlichen Zehnten, Renten und Zinsen *eigenthumsweise abtreten* [12a]).

Frei von dieser tassa straordinaria bleiben nur

---

11) Ausnahmsweise verblieben solche Gegenstände in Gebäuden der Provinzen, Gemeinden oder Wohlthätigkeits- und Unterrichtsanstalten (§. 17. A. 11, §. 31. A. 9 u §. 32 A. 1), oder in Kirchen, die für den öffentlichen Gebrauch beibehalten waren. Im letzteren Falle behielten die kirchlichen Behörden die Verwaltung der Sammlungen.

12a) G. 15. Aug. 1867 A. 18, R. 728. An Stelle des auf 600 Million Fr. (T. 13, 97, 174, 281 u. 426, Vorwort A. 5, Arch. 54. S. 170 = Sep.-Abdr. S. 4) veranschlagten Ertrags lieferte diese ausserordentliche Kirchensteuer, welche Italien nur mit seiner damals ungünstigen Finanzlage (§. 18. A. 4) zu rechtfertigen suchte, bisher 586 Million Fr. Dem 30 %igen Abzuge unterlagen selbst solche Anstalten, deren Grundvermögen schon vor 1866 in öffentliche Renten umgewandelt worden war (*Grassi* 203[4] u. 1881 I 96, T. 439, vgl. §. 17. A. 2 u. 8[b]), die lombardischen Klöster (§. 24. A. 1, App. Brescia 23. Juni 1869) das, Privatpersonen oder weltlichen Anstalten (§. 13. A. 15) heimgefallene wie das, Gemeinden (oder Provinzen, §. 31. A. 8) überlassene Vermögen und die Leibrenten der letzten Inhaber aufgehobener Stellen vom Mehrbetrage über 500 Fr. jährlich (oben Anm. 4[g]). Für die Höhe der 30 %igen Steuer bleibt die wegen Umwandlung des Grundvermögens in Staatsrente (§. 18. A. 4) vorgenommene Werthsberechnung massgebend, Avv. 1884 p. 466.

12b) Die 30 % wurden namentlich auch abgezogen den bischöflichen Tafeln (unten §. 21. A. 9), den Domcapiteln (§. 22. A. 8[a]), den Seminaren, den Tischtitel- und den Exercitienstiftungen (§. 23. A. 9, 10, 12 u. 13), den Bruderschaften (§. 31. A. 17), selbst (Kass. Rom. 28. Mai 1877, *Grassi* 137) den Missions-, Predigt- und sonstigen Religionsunterrichts-Stiftungen. Dienstwohnungen und -Gebäude, wie Seminar- und Uebungshäuser gehören nicht zum »nutzbringenden« Vermögen und unterliegen daher der Abgabe nicht.

a) sämmtliche kirchliche Anstalten zu *Rom*[13]) und an den vorstädtischen Bisthumssitzen,

b) die Pfarr- und öffentlichen Neben*kirchen*[15]) und, insoweit ihr Einkommen zur gehörigen Instandhaltung nicht ausreicht, *monumentale* Cultusgebäude[14]),

c) die *Pfarr-* und Pfarrgehülfen*pfründen*[15]),

d) die *Domherrnstellen*, insoweit mit Einrechnung der von ihnen stiftungsmässig (§. 17. A. 5, §. 23. A. 3, vgl. §. 24. A. 4) abzuhaltenden Gottesdienste ihr Jahreseinkommen 800 Fr., und die übrigen *Dompfründen*, insoweit mit Einrechnung solcher Gottesdienste ihr Jahreseinkommen 500 Fr. nicht erreichen würde[16]). Auch ist

e) von dem, dieser »ausserordentlichen Abgabe« unterliegenden Werthe vorweg der Betrag der *Hypothekenschulden* (§. 12. A. 4, §. 14. A. 6 u. §. 18. A. 5) sowie der Kapitalsanschlag *vertrags-* oder *stiftungsmässiger* etc. Lasten[17]) abzurechnen, vorausgesetzt, dass letztere auf einem für die Anstalt fremdartigen[17]) Zwecke beruhen.

---

13) G. 19. Juni 1873 A. 20, oben §. 3. A. 3, unten §. 17 II.

14) G. 11. Aug. 1870 A. 6, T. 333 u. 458, unten §. 17 I 1 und §. 27. A. 15, oben A. 9 u. 10, §. 14. A. 3 u. 6; *Grassi* 103 u. 118.

15) G. 11. Aug. 1870 A. 5, T. 456, unten §. 25 A. 8 u. §. 27. A. 2, 3 u. 4.

16) G. 19. Juni 1873 A. 25, T. 388 u. 513, Avv. 1880 p. 380, Vorwort (Sep.-Abdr. S. 3) Arch. 54. S. 169. Die Domherrnpfründen von wenigstens 1600 Fr. und -Vicariate von wenigstens 800 Fr. jährlichem Einkommen wurden in ihrem *vollen* Betrage (d. i. auch von den ersten 800 bezw. 500 Fr.) der 30 %igen Abgabe unterworfen, unten §. 22. A. 8[a].

17) Kass. Rom. 3. Oct. 1876, *Grassi* 204[3] u. [4]. Für gestiftete *Gottesdienste* (oben §. 12. A. 7, unten §. 17. A. 4) darf nichts abgezogen werden, da solche stets »*dem Zwecke der Anstalt entsprechen*«. Kass. Rom. 6. Febr. 1877, 4. u. 29. Oct. 1879, *Grassi* 202, 204[5], 1881 I 91 u. 97, Avv. 1880 p. 236 u. 307. Dieser Grund würde für *Gotteshäuser*, wenn ihr Vermögen überhaupt der 30 %igen Steuer unterläge, richtig sein, trifft aber für Seminare deshalb nicht zu, weil der Zweck derselben nicht in der Abhaltung von Gottesdiensten, sondern in der Ausbildung der Geistlichen besteht (§ 15. A. 3 u. §. 23). Der Grund träfe selbst (§. 26. A. 8) für Pfarrpfründen nicht ganz zu, weil den Inhabern derselben für die Tage, an welchen sie gestiftete Gottesdienste zu halten haben, das anderweite Messstipendium entgeht. Dagegen muss den Urtheilen (Kass. Rom 4. Oct. 1876 u. 5. Jan. 1877, T. 438, unten §. 17. A. 4) beigepflichtet werden, wornach bei Berechnung der Steuer vom Seminarvermögen nicht sämmtliche, sondern *nur diejenigen Freiplätze* (als aes alienum) abgezogen werden dürfen, auf deren Verleihung die Angehörigen gewisser Familien oder Gemeinde bezw. Minderbemittelte als solche *Anspruch* haben. Von letzteren Freiplätzen ist daher, selbst wenn solche mit Messstiftungen belastet sind, die 30 %ige Steuer *nicht* zu entrichten. Kass. Rom. 11. April 1878 (Avv.

f) An Stelle der »ausserordentlichen Steuer« entrichten *die Patrone*[18]) die im §. 19ª u. ᵇ bezeichneten Taxen von 30 % bezw. 22 %.

§. 17. *Allgemeiner und römischer Cultusfond. Erfüllung stiftungsmässiger Lasten.*

Aus der Vermögensmasse der (§. 16. A. 1) aufgehobenen kirchlichen Anstalten, soweit dieselben keinem weltlichen Patronate (§. 19. A. 9 u. 12) unterlagen, wurden zwei, vom Staate formell ausgeschiedene, eigenen Zwecken dienende Anstalten gebildet, nämlich der allgemeine und der römische Cultusfond:

I. Der *allgemeine kathol. Cultusfond* ist eine Centralstiftung für ganz Italien mit Ausnahme der Stadt Rom. Diesem Fond wurden von der Staatsdomänenverwaltung als Eigenthum überwiesen: die Grund-, Erb-, Lehenzinsen, Renten, Kapitalien, Zehnten (unten §. 18 II) und alle sonstigen jährlich wiederkehrenden *Einkünfte*[1])

1879 p. 14, vgl. 1880 p 286, oben §. 15. A. 7, unten §. 23. A. 7. Wegen nicht privatrechtlicher Lasten, wie der Einkommensteuer, darf die Anstalt keinen Abzug an dem der 30 %igen Steuer unterliegenden Werthe machen. *Grassi* 1881 I 96.

18) *Grassi* 155³ u. 205, vgl. jedoch 174², wornach im Falle des §. 13. A. 15 gleichwohl nochmals die 30 % zu entrichten wären.

1) G. 15. Aug. 1867 A. 2 IV. Der allg. Cultusfond ist nicht sowohl ein ausschliesslich für kathol. Cultuszwecke ausgeschiedener Theil des *Staatsvermögens* oder (*Grassi* 88³) ein *Staats*-Nebenfond, als vielmehr eine *einheitliche* (unten Anm. 8ᵇ u. §. 31. A. 1) *Landesstiftung* zu Gunsten des »gruppo nazionale della chiesa«. T. 4, 74, 81, 92, 103, 171, 251, 341 u. 345. Avv. 1880 p. 236, *Cassani* pr. qu. 442 u. Cast. 250. Die dem Cultusfond überwiesenen Gefälle (§. 18 II) werden nach den für Staatseinnahmen geltenden Vorschriften (G. 15. Aug. 1867 A. 21, *Grassi* 215, 216, 1881 II 188, T. 443) durch die Domänen- und Einregistrirungs-Einnehmer erhoben und auf Grund besonderer Verrechnung an den Cultusfond abgeliefert. In Rechtsstreitigkeiten über solche Gefälle wird der Cultusfond (unten Anm. 9) durch die Generaldomänendirection vertreten. Doch hat sich dieselbe mit der Verwaltung des Cultusfond in Einvernehmen zu setzen, sobald das Recht selbst in Frage gestellt wird. St.-R. 9. Jan. 1868, T. 337, *Grassi* 151⁵ u. ⁹, 1881 I 3 u. 88, II 147, unten Anm. 5. — Der römische Stadtfond (unten Anm. 11) behielt auch die *Fahrnissstücke* und Forderungsrechte, einschliesslich der Rückstände an obigen Gefällen; an den Cultusfond braucht die Staatsdomänenverwaltung solche nicht mitabzuliefern. *Grassi* 71, T. 336, vgl. 158. — Die 5 %ige Gebühr (oben §. 13. A. 15) des Staates für die Erhebung der Gefälle wurde nicht aus dem Jahresbetrage letzterer, sondern aus der Umwandlungsrente (unten Anm. 2), somit selbst dann vom Cultusfond erhoben, wenn für die aufgehobene Anstalt derartige Gefälle überhaupt nicht bestanden.

der aufgehobenen Anstalten und an Stelle ihrer Grundstücke[2]) 65 % der entsprechenden (§. 18. A. 4 u. 6) *Staatsrente.*

Abgesehen von etwaigen Zuwendungen (oben §. 13.) fliessen gemäss A. 31 des G. 7. Juli 1866 dem Cultusfond die Beiträge zu, welche die *geistlichen* Anstalten (§. 21. A. 10, §. 22. A. 8, §. 23. A. 10, §. 30. A. 2, §. 31. A. 18) von ihrem *Reineinkommen* jährlich[3]) abzugeben haben. Als Reineinkommen gilt der bei Veran-

2) G. 7. Juli 1866 A. 11 u. 25. Ausser der 30 %igen Steuer (§. 16. A. 12. Kass. Rom. 27. April. 1876, 14. Juni 1878 u. 4. März 1880, Avv. **1880** p. 381 u. 393, **1884** p. 536, T. 235, 239, 245 u. 351) zieht der Staat dem Cultusfond noch 5 % von den Umwandlungsrenten ab, für die Mitverwaltung der Gefälle (obige Anm. 1). G. 7. Juli 1866 A. 11 I, G. 15 Aug 1867 A. 2 II, Kass. Rom 17. Oct. 1876, T. 168, 209, 245[4], 334 u. 351, Avv. 1879 p. 79 u. 1880 p. 381, *Grassi* 1881 I 6 u. II 23, oben §. 13. A. 15, §. 16. A. 4 u. 12, unten §. 18. A. 9. Die Güter der durch das sard. G. 29. Mai 1855 (oben §. 16. A. 1 u. 12, unten §. 19. A. 13 u. 17) aufgehobenen kirchlichen Anstalten gingen (A. 4, T. 81, 90 u. 94) auf die »cassa ecclesiastica« über; letztere musste dieselben gemäss G. 21. Aug. 1862 dem Staate abtreten, welcher ihr hiefür den *vollen* Reinertrag (§. 16. A. 4 b) als Staatsrente gewährte, vgl. R. 401, P. 94. Gemäss G. 7. Juli 1866 A. 25 sind sämmtliche Rechte der cassa ecclesiastica und gemäss A. 28[1] u. 37 (T. 246, 251 u. 271) sämmtliche hierauf ruhende Lasten und Verwaltungskosten auf den allgemeinen Cultusfond übergegangen.

3) R. 720, T. 237, *Cassani* pr. qu. 649 u. 715. In der Sitzung des Senats vom 16. Juni 1866 suchte der Justiz- und Cultusminister die bereits durch sard. Gesetz vom 29. Mai 1855, A. 24 (T. 85 u. 258, *Grassi* 34, Kass. Mailand 11. Juli 1864) eingeführte geometrische Progression der »Rentenüberschüsse« damit zu rechtfertigen, dass »die Stiftungen nicht sowohl zum »Vortheile gewisser Pfründen oder Kirchen, als vielmehr dazu bestimmt seien, »der Gesammtkirche die Mittel zur Erfüllung ihres Zweckes zu bieten, dass »also die einzelnen Anstalten hinsichtlich des Vermögens, dessen Vertheilung »sich nach den Bedürfnissen zu regeln habe, nicht zu individualisiren, sondern »nur als zusammengehörende Masse aufzufassen seien.« (Dagegen oben §. 15. A. 1). Es ist jedoch ungerechtfertigt, dass nicht bloss die wirklichen Ueberschüsse (wie in Bayern und Baden, vgl. Ggl. 255 A. 4) centralisirt werden, und dass die »quota di concorso« (Arch. 29. S. 8) auf die *einzelnen* Bedürfnisse keine Rücksicht nimmt. — Beizutragen haben auch die letzten Nützniesser aufgehobener Pfründen vom Mehrbetrage über 1000 Fr., Kass. Rom. 27. Jan. 1877 u. 12. April 1880, T. 443, Avv. 1884 p. 501 u. 538, oben §. 16. Anm. 4 b, *Grassi* 1881 I 94, dagegen *Grassi* Januar 1879 p. 3. Doch sind weder Wohlthätigkeitsstiftungen etc., obgleich sie für gottesdienstliche Zwecke jährliche Reichnisse aufbringen (§. 31. A. 13), noch Vereine (§. 24. A. 14) z. B. von Geistlichen zu wechselseitiger Unterstützung (G. 3. Aug. 1862 A. 3, *Grassi* 280 u. 330), Altersversorgung, oder zur Gründung einer Volksbibliothek (Avv. **1884** p. 536) der bezeichneten Abgabe unterworfen. Nur *gottesdienstliche* Stiftungen (§. 15. A. 3, §. 31. A. 6 b) sind beitragspflichtig; ein örtliches Vermächtniss zur Vergütung von Geistlichen für den Jugend-*Religionsunterricht* (§. 15 A. 4) wurde von Kass. Rom 17. Juni 1878 freigelassen, Avv. 1879 p. 21. Die

lagung zur *Todthandabgabe* ermittelte Güterertrag; doch gehen hievon ab[4]) die Todthandabgabe selbst (oben §. 12. A. 7, T. 257), die Grund- und ähnlichen Zinsen (§. 16. A. 3), desgleichen die Absitzfristen (§. 12. A. 4) sowie mit Ausnahme der Gottesdienste[5]) alle sonstigen vertrags- oder stiftungsmässigen Lasten (§. 31. A. 6).

Ausser den Verwaltungskosten[9]) und der Unterhaltung der wegen ihrer Kunst- oder wissenschaftlichen Schätze beibehaltenen Anstalten (oben §. 14. A. 3, §. 16. A. 9 und 10) fallen dem Cultusfond gemäss A. 28 des G. 7. Juli 1866 zur Last:

1) die gesetzmässig eingegangenen *Verpflichtungen* (§. 14. A. 6) der aufgehobenen Anstalten, sowie[5]) die *vertrags-* oder *stiftungsmässig* auf den eingezogenen Kirchengütern ruhenden gottesdienstlichen[5]) und sonstigen (§. 31. A. 3 u. 9, §. 32. A. 1)

Abgabe trifft nur die Person des Pfründeninhabers. Daher haftet der Nachfolger nicht für Rückstände des Vorgängers (oben §. 12. A. 6). Kass. Rom 7. Mai 1879, Avv. 1880 p. 332.

4) Das G. 15. Aug. 1867 A. 20 (T. 259 u. 442) nimmt die stiftungsmässig auferlegten Seelenmessen von den »pesi inerenti« nicht aus; bloss deshalb, weil bei Anrechnung der gottesdienstlichen Lasten der vom Gesetze in Aussicht genommene höhere Ertrag nicht erzielt werden könnte, verweigert Kass. Rom 21. April 1877 — T. 260 — die Anrechnung, obgleich die Abhaltung der Gottesdienste (§. 13. A. 8, §. 15. A. 6—10 u. §. 16. A. 7, unten A. 5 u. §. 28, 30 A. 3) im Klagewege erzwungen werden könnte. Ueber die Höhe der Beiträge zum Cultusfond entscheiden die Gerichte, *Grassi* 34. Die Seminare können nur die in virtù di particolari fondazioni zu gewährenden posti gratuiti abrechnen, nicht aber auch all jene Freiplätze, die sonst zufolge der Satzungen oder der Hausordnung gewährt werden. Kass. Rom 3. März 1879, A. 1879 p. 140, ebenso oben §. 16. A. 7, unten §. 23. A. 12.

5) Circ. der Cultusfondsverw. 30. April 1878, *Grassi* 210 u. 212[3], Kass. Rom 21. April 1877. §. 13. A. 7 u. 9, §. 15. A. 6, §. 19. A. 17, §. 21. A. 16, §. 24 A. 4 u. §. 27. Der Cultusfond zahlt halbjährlich (Avv. 1883 p. 129, vgl. 1880 p. 153) nach dem in der Diöcese geltenden Tarife (tassa sinodale, *Grassi* 95 u. 180[5], 1881 I 124, unten §. 20. A. 10) die Vergütung für gestiftete Gottesdienste den von ihm mit der Abhaltung derselben beauftragten Geistlichen; suspendirte Geistliche (oben §. 6. A. 8 u. §. 16. A. 4[d], R. 766) können hiermit nicht beauftragt werden. Statt gegen den *Cultusfond* könnte die Klage auch gegen den *Staat* gerichtet werden, *Grassi* 1881 II 147, Kass. Rom 11. Mai 1881, oben Anm. 1. Der Cultusfond braucht, zudem die behufs *buchstäblicher* Erfüllung der Stiftung eingeschriebenen Pfandrechte zufolge G. 15 Aug. 1867 A. 4 (T. 348 u. 358, vgl. 168 u. 205, Avv. 1885 p. 217, *Grassi* 163[9], unten §. 18. A. 5) ihre Wirksamkeit verloren haben, die gestifteten Gottesdienste *nicht unbedingt* in der vom Stifter bestimmten Art und Kirche abhalten zu lassen; es genügt, dass die stiftungsmässigen Lasten in der, »den veränderten Zeitverhältnissen« entsprechenden Weise erfüllt werden. T. 252, 358 u. 379, Kass. Rom 10. Juli 1878, 12. März u. 28. Mai 1881, Cast 270, Avv. 1879 p. 128, 1880 p. 297 u. 429, *Grassi* 168, 1881 I 91 II 81 u. 115. Deshalb also, weil das Collegiatstift (§. 25. A. 1) oder

Obliegenheiten, jedoch nur insoweit, als dadurch der zwanzigfache[6]) Betrag der Staatsrente und der jährlichen Gefälle der betreffenden Anstalt nicht[6]) überstiegen wird;

2) die Ruhegehälter von Mitgliedern der aufgelösten Orden und Genossenschaften[7a]) und die Leibrenten[7b]) der letzten Besitzer aufgehobener Pfründen;

3) alle Ausgaben für Cultuszwecke, soweit dieselben bis 1867 vom Staate[7c]) getragen wurden;

4) soweit noch Einnahme-Ueberschüsse vorhanden sind, zunächst die Zuschüsse an die *Pfarrer* (§. 26 A. 14) zur Ergänzung des Diensteinkommens auf jährlich 800 Fr.; endlich

5) soweit dereinst noch weitere Ueberschüsse verfügbar bleiben

---

Kloster (§. 24. A. 3) aufgehoben wurde, durch dessen Mitglieder oder in dessen Kirche die hl. Messen gelesen werden sollten, kann von den Erben die Zuwendung nicht zurückgefordert werden (oben §. 13. A. 11). Klagt übrigens der Cultusfond an Stelle der aufgehobenen Anstalt auf Zahlung der Rente, welche mit der Abhaltung von Gottesdiensten belastet ist, so muss er die den *nunmehrigen* Umständen entsprechende Abhaltung der Gottesdienste nachweisen. Kass. Rom 10. Juli 1877, 9. August 1879 und 21. Juni 1884, *Grassi* 96, 120, 146[4]), Avv. 1880 p. 297 u. 309, **1884** p. 536, dagegen Kass. Rom 3. April 1880, 10. März u. 12. Aug. 1884, Avv. **1880** p. 297 u. 308, **1885** p. 67 u. 82 *Grassi* 1881 I 91 u. 93. In letzteren Fällen entband übrigens der Kass.-Hof den Cultusfond nur deshalb vom Verwendungsnachweise, weil derselbe (folgende Anm. 6, oben §. 16. Anm. 4) nur »*innerhalb* der verfügbaren Mittel« hafte.

6) G. 7. Juli 1866 A 30, T. 175 u. 256, spricht zwar nur von einer Haftung bis zum 20fachen Betrage der *Staatsrente*, da damals die »sonstigen Gefälle« gleichfalls vom Staate miteingezogen werden sollten; zufolge G. 15. Aug. 1867 wurden jedoch letztere dem Cultusfond nachträglich noch herausgegeben. Der Cultusfond haftet ebensowenig, als (oben §. 16. A. 4) der Domanialfiscus, die Gemeinde oder Provinz (§. 31. A. 9) *über* den Betrag der Bereicherung hinaus, wohl aber der Patron §. 19. A. 17.

7a) Unten §. 24 II. Wegen augenblicklicher Unzulänglichkeit der Einnahmen des Cultusfonds kann letzterer — ebenso wie der römische Stadtfond, unten II 1 und 2, G. 19. Juni 1873 A. 15 — behufs Entrichtung der Ruhegehälter und der im Texte unter Ziff. 1) bezeichneten Verbindlichkeiten mit Genehmigung des Verwaltungsraths und des Ministeriums (Regolamento 21. Juli 1866 A. 4[2] u. 5[3], §. 14. A. 6) Anleihen aufnehmen, welche mittelst der Ueberschüsse der folgenden Jahre zu verzinsen und zu tilgen sind. G. 7. Juli 1866 A. 7 u. 35, T. 157, 249 u. 268; vgl. Ziff. 6 des Textes. Für Unterrichts- und Wohlthätigkeitszwecke könnte zwar der römische, nicht aber der *allgemeine* Cultusfond *facultative* Zuschüsse leisten, unten § 31. A. 9 u. §. 32. A. 1.

7b) Die Pfründeninhaber können nur gegen den Cultusfond klagen. *Grassi* 120[4], vgl. jedoch oben §. 16. A. 4[e] u. 12.

7c) Unten Anm. 14, §. 21. A. 8, §. 23, §. 26. A. 12 u. §. 29[c]. A. 4[a] *Grassi* 1881 I 130, betr. Zuschuss für eine (§. 16. A. 9) »monumentale« Kapelle.

sollten, die nöthigen Zahlungen zur Entlastung der *Provinzen* (§. 21. A. 8[a], §. 23. A. 7, §. 27. A. 2) und *Gemeinden* (§. 18. A. 10, vgl. §. 19. A. 7, §. 26. A. 13, §. 29. A. 4[b] u. §. 30. A. 11) von den ausschliesslich (§. 19. A. 7) auf *allgemeinen* Gesetzesbestimmungen beruhenden Verpflichtungen zu Cultuszwecken.

6) Sobald die Anleihen[7]) des Cultusfonds vollständig zurückgezahlt sind, überantwortet derselbe von den Staatsrenten, Kapitalien und sonstigen Rechten (§. 18 II) einer jeden aufgelösten geistlichen Genossenschaft den Rest, welcher nach Deckung der Verbindlichkeiten derselben (oben Ziff. 1) und nach Zurückbehaltung mindestens des zwanzigfachen[6]) Betrags der ständigen Lasten derselben[5]) übrig bleibt,

zu $^1/_4$ derjenigen Gemeinde[8a]) in welcher die Genossenschaft bestand, für Unterrichts- und sonstige (§. 32. A. 1) gemeinnützigen Zwecke,

zu $^3/_4$ dagegen der Staatskasse als lastenfreies Eigenthum.

8a) Das G. 7. Juli 1866 A. 35 findet auch auf die *vorher* schon unterdrückten Genossenschaften, (»corporazioni religiose soppresse dalle leggi precedenti«), deren Vermögen auf den Cultus mitübergegangen war, rückwirkende Anwendung (vgl. übrigens Kass. Palermo 17. Jan. 1874 bei *Grassi* 104), beschränkt sich jedoch (T. 169, 250[5], 268 u. insbes. 270) auf das Klostergut (§. 24. A. 3), wiewohl an und für sich auch *Collegiatstifte* (§. 16. A. 1 und §. 25. A. 1) zu den religiösen Körperschaften zu rechnen sein dürften. Das Vermögen der Receptivstifte mit Pfarrrechten fällt seinerzeit (§. 25. A. 2) ohnehin im vollen Betrage den *Gemeinden* zu. Auch im Uebrigen hätte *Cassani* pr. qu. 370, 430, 466. vgl. 89, wenn die Auflösung der kirchlichen Anstalten nicht zu umgehen gewesen wäre, lieber den Gemeinden, als der Staatskasse den Löwenantheil an der Beute sämmtlicher aufgehobenen Anstalten zugedacht. Die Gesetzgebung hat jedoch — abgesehen von Gebäuden (§. 31. A. 9) — nur von den Klosterstiftungen für Zwecke der *Kranken*pflege (§. 31. A. 9) oder des *Unterrichts* (§. 32. A. 5, vgl. §. 13. A. 9. 13 u. 17, §. 16. A. 4) den *vollen* Vermögensbetrag (abzüglich allerdings der 30 bezw. 35 %!) der betreffenden Gemeinde überwiesen. Selbst T. 270 kann »die bedingungslose Zuwendung voller $^3/_4$ des Ueberschusses des Klosterguts an den *Fiscus*, mit der sonst die Gesetzgebung beherrschenden Uneigennützigkeit (Vorwort A. 5, Arch. 54. S. 170 = Sep.-Abdr. S. 4, unten Anm. 14) des Staates nicht leicht in Uebereinstimmung bringen.« In Folge dieser Anomalie des Art. 35. des G. 7. Juli 1866 ist Art. 28. *desselben* (!) Gesetzes sofort und bleibend *unausführbar* geworden, indem nur bei voller Mitverwendung des Klosterguts die Möglichkeit sich ergeben hätte, wenigstens bei Beginn des nächsten Jahrhunderts die dermalen noch von den Gemeinden und Provinzen (oben Ziff. 5 des Textes) zu tragenden Cultusausgaben aus dem Cultusfond zu bestreiten (vgl. unten §. 26. A. 13). Dieser verhängnissvolle Rechenfehler im ganzen Finanzirungsplane findet übrigens in der Ueberstürzung der Parlamentsverhandlungen in Folge des Kriegs mit Oesterreich einige Erklärung, wenn auch keine Entschuldigung.

Die Ueberantwortung erfolgt jedoch nur allmälig in dem Masse, in welchem die Leibrenten und Ruhegehälter (oben Ziff. 2) erlöschen. Die aus den Einnahmen der einzelnen Anstalten nicht gedeckten bezüglichen Zahlungen des Cultusfonds werden hierbei auf sämmtliche vom Cultusfond verwaltete Vermögensmassen innerhalb des ganzen Königreichs [8b]) verhältnissmässig vertheilt. Vom betreffenden Viertel haben übrigens die Gemeinden vorweg eine 3 %ige Einkommensteuer und daneben die Todthandabgabe zu entrichten [8c]).

Zur Vertretung des Cultusfonds ist ein *Verwaltungsrath* [9]) berufen. Derselbe erledigt die wichtigeren Geschäfte in collegialer Berathung und besteht aus einem Director und sechs Räthen, von

---

8b) Der Anspruch der Gemeinde auf Ueberweisung des quarto wird nicht schon durch das Absterben der letzten Mitglieder *der im Gemeindebezirke bestandenen Körperschaft* oder den Nachweis, dass selbst nach Zurückbehaltung des zwanzigfachen Jahresbetrags der Ruhegehälter gerade *dieser* Mitglieder ein Ueberschuss vorliege, begründet; vielmehr müsste feststehen, dass auch nach Sicherstellung der für *sämmtliche* ehemalige Körperschaften und Pfründen des ganzen Landes geschuldeten Ruhegehälter und Leibrenten eine Mehreinnahme noch vorhanden ist. Der Cultusfond als (obige Anm. 1) Gesammtmasse hat nämlich trotz der (obige Anm. 6) beschränkten Haftung gegenüber älteren Verbindlichkeiten, hinsichtlich einer Reihe von Anstalten an Leibrenten bezw. Ruhegehältern mehr zu zahlen, als die Jahreseinnahmen der Receptivstifte und Caplaneien (§. 16. A. 4[b]), ja als selbst das gesammte eingezogene Vermögen z. B. der Bettelorden (§. 24. A. 10) ausmachen. Zur Aufbringung dieses Ausfalls haben auch die von wohlhabenden Klöstern herrührenden Sondermassen gleichmässig d. i. nach dem Verhältnisse ihrer Ueberschüsse beizutragen. — Eine besondere Abrechnung findet nur für die Insel Sicilien statt; die dortigen Gemeinden, an deren Stelle die verhältnissmässig zahlreicheren Klöster die Armen- und Schullasten grossen Theils getragen hatten, sollten nämlich — gegen gleichzeitige Uebernahme von einem Viertel der ferner laufenden Ruhegehälter — ihr Ueberschuss-Viertel schon vom 1. Januar 1867 ab überwiesen erhalten. T. 269, Kass. Rom 14. Juni 1878 u. 6. Juli 1880, unten Anm. 10, *Grassi* 1881 I 5 u. II 23. Die Ueberweisung erfolgte jedoch erst Anfangs der 1880er Jahre, weil sich nicht eher nach Deckung sämmtlicher in Sicilien zu zahlender Ruhegehälter und bezw. Leibrenten ein Ueberschuss ergab. Die Ueberweisung hätte allerdings schon vom 1. Januar 1867 ab erfolgen können, wenn nicht auch die Staatsrenten der Klostergüter (§. 16 III) ein Jahr später um 30 % gekürzt worden wären.

8c) Generaldirection des Cultusfonds 6. August 1880 bei *Grassi* I 5, vgl. II. 23.

9) Regl. 21. Juli 1866 A. 4, T. 249. Der Verwaltungsrath, dessen Beamte denen einer Staats-Centralbehörde (D. 14. Dec. 1866) gleichstehen, hält »Namens des Staates« das »patrimonio abbandonato« in Obhut. Hinsichtlich des Vollzugs der Gesetze 7. Juli 1867 und 15. Aug. 1867 wird der Cultusfond durch die betreffende intendanza di finanza mitvertreten. *Grassi* 88 [2], obige Anm. 1.

welchen ersterer lebenslänglich, letztere auf je 2 Jahre vom Könige ernannt werden. Der Verwaltungsrath steht unter der Leitung des Cultusministers, welcher principielle Bescheide, Anlehen [7]), sowie die Beibehaltung monumentaler Gebäude (§. 16. Anm. 9) genehmigt. Der Minister vermittelt auch den Verkehr des Verwaltungsrathes mit dem Staatsrathe und mit der *Ueberwachungscommission* [10]).

Die Ueberwachungscommission [10]) besteht aus je drei vom Senate und von der Abgeordnetenkammer auf immer ein Jahr gewählten und drei vom Könige ernannten Mitgliedern; sie nimmt von der Geschäftsführung des Verwaltungsraths fortlaufende Kenntniss und erstattet jährlich dem Könige einen Bericht, welcher mit den Jahresrechnungen des allgemeinen und des römischen Cultusfonds, sowie jenen der kgl. Oeconomate (§. 11. A. 11) als Anlage zum Cultusetat dem *Parlamente* (G. 14. Aug. 1879) vorgelegt wird.

II. Der »*Fond für Wohlthätigkeits-* [7]) *und Religionszwecke in der Stadt Rom*« entstand aus dem Vermögen der in Rom aufgehobenen Klöster (§. 24.) und ordensähnlichen Anstalten [11]). Er wurde vergrössert durch die von den Inhabern weltlicher Patronatsrechte [12]) geschuldete Abgabe für Einziehung von Pfründen und kirchlichen Stiftungen.

Dieser Stadtfond wird von einem königl. Commissar an Stelle

10) Regl. 21. Juli 1866 A. 5, D. 30. Sept. 1869. Nach Art. 1. hört der König den Staatsrath mit seinem Gutachten über Beschwerden gegen Collegialbescheide des Verw.-Raths, z. B. wegen Nichterfüllung (obige Anm. 5) stiftungsmässiger Lasten, wegen Nichtherausgabe des Antheils der Gemeinden (obige Anm. 8). — Peruzzi und 80 andere Abgeordnete wollten den Cultusfond, wie die Intercalarverwaltung der kgl. Oeconomate (oben §. 11. A. 11), auf die Diöcesen vertheilen und den »Diöcesancongregationen« übergeben lassen. Sc. 389 u. 488, Arch. 54. S. 173, oben §. 11. A. 2 u. 9 u. §. 15. A. 2, Arch. **55**. S. 8, 10 u. 25 = Sep.-Abdr. 53, 55 u. 70.

11) G. 19. Juni 1873, Cast. 247, T. 109 u. 504, Arch. **30**. S. 230, **54**. S 168. R. 284. Aufgehoben wurden in der Stadt Rom 126 Manns- und 98 Frauenklöster (in der Provinz Rom 185 und 73). Einzelne Vermögensstücke wurden den Stiftungen für Ausländer (§. 13. A. 12, §. 17 II 4 u. §. 18. A. 8), der Armen- und Krankenpflege (oben §. 16. A. 4, unten §. 31 A. 9), Unterrichts- und Erziehungszwecken (§. 32. A. 5) oder Pfarreien (§. 25. A. 6) gewidmet. Der Fond besitzt die an Stelle des Grundbesitzes (§. 18. A. 3 u. 7), der Ablösungskapitalien (§. 14. A. 4b u. 7) und der Mobilien (oben Anm. 1, G. 19. Juni 1883 A. 12) getretenen Staatsrenten und hat trotz der Mitberücksichtigung gewisser Wohlthätigkeitszwecke die Eigenschaft nicht sowohl einer gemischten (§. 31. A. 11), als vielmehr (oben §. 15. A. 2, G. 19. Juni 1873 A. 3) einer reinen *Cultusstiftung*.

12) Unten §. 19. A. 13 und 14, T. 388 u. 511, G. 19. Juni 1873 A. 14 und 16[3].

der vormaligen Giunta[13]) verwaltet. Er hat gemäss A. 14. des G. 19. Juni 1873, nach Bestreitung der eigenen Verwaltungskosten und Unterhaltung der Kunst- und wissenschaftlichen Schätze in Rom (§. 16. A. 10),

1) die vertrags- oder stiftungsmässig[5]) auf den eingezogenen Kirchengütern ruhenden *gottesdienstlichen* und sonstigen Obliegenheiten (G. 19. Juni 1873 A. 2 u. 15) zu erfüllen[6]),
2) die *Ruhegehälter*[7]) der Mitglieder der in Rom aufgelösten Orden auszuzahlen,
3) die in Rom dem *Staate* 7[c]) obliegenden Ausgaben für Cultuszwecke, sowie für (päpstliche und andere) kirchliche Gebäude[14]) zu leisten, endlich
4) soweit noch Ueberschüsse verfügbar bleiben (G. 19. Juni 1873 A. 3[II]), die oben §. 3. A. 11 (Arch. 54. S. 302 = Sep.-Abdr. S. 29) bezeichnete Rente bis zum Höchstbetrage von jährlich 400,000 Fr., für Vertretung der *ausländischen* geistlichen *Orden* in Rom, zu entrichten.

§. 18. *Umwandlung des Grundvermögens in Staatsrente. Beibehaltung der Kapitalien etc. und Zehnten.*

I. Das gesammte *bewegliche* Vermögen (unten Ziff. II) verblieb nach Abzug von 30 % (oben §. 17 III) den staatlich anerkannten kirchlichen Anstalten; dagegen wurden die *Liegenschaften*, welche kirchlichen Anstalten gehörten, vom Staate[1]) eingezogen und

---

13) G. 19. Juni 1873 A. 9, abgeändert durch G. 7. Sept. 1879, vgl. Avv. 1884 p. 385 (commissario dell' asse ecclesiastico).

14) G. 19. Juni 1873 A. 3: »edifizi *sacri* ed ecclesiastici.« Gar.-G. 4[II] bezeichnet die Gebäude des hl. Stuhles als »*sacri* palazzi apostolici.« Italien scheint also den Versuch sich vorbehalten zu wollen, bei der »Neuordnung des Kirchengutes« (oben §. 15. A. 2, Arch. 54. S. 174, 55. S. 25 = Sep.-Abdr. S. 8 u. 70) die Jahresrente des hl. Stuhles zu 3,225,000 Fr. wenigstens theilweise auf den Erlös der römischen *Kloster*güter zu überweisen, um sich dadurch der Entrichtung der weiteren Rente für Vertretung der *ausländischen Orden* in Rom zu entziehen, indem alsdann selbstredend hiefür »keine Ueberschüsse mehr verfügbar bleiben« würden. Der hl. Stuhl braucht jedoch die Dotation zu jährlich 3,225,000 Fr. (oben §. 3. A. 8, Arch. 54. S. 300 = Sep.-Abdr. S. 27) nur als *Staatsrente* aus der Staatsschuldentilgungskasse anzunehmen; die etwaige Vereinnahmung der Ueberschüsse des röm. Cultusfonds zur Staatsschuldentilgungskasse behufs leichterer Aufbringung der Dotation würde allerdings als res inter *tertios* acta an und für sich den hl. Vater weniger berühren, immerhin aber zur vielbetonten »*Uneigennützigkeit*« des ital. Staates (oben A. 8[a]) schlecht passen.

1) G. 7. Juli 1866 A. 11, Arch. **52**. S. 169, **54**. S. 73 u. 171. Den Corporationen gestattet Italien »nur *nach Massgabe der Staatsgesetzgebung*

(§. 16. A. 4) veräussert. Den *Pfarrpfründen* (§. 25. A. 9, vgl. §. 16. A. 4[e] u. §. 23. A. 13) allein ist noch der Besitz und Erwerb selbst nutzbringender Grundstücke gestattet; sonst wird, abgesehen (oben §. 3.) von den *päpstlichen* Palästen, Bibliotheken, Alterthums- und Kunstsammlungen, kirchlicher Grundbesitz nur noch anerkannt: bezüglich der *bischöflichen* Paläste (§. 21. A. 8) und Seminare sammt Gärten (§. 23. A. 8[a] u. 9), ferner bezüglich der *öffentlichen* Kirchen nebst den dazu gehörigen Dienstgebäuden und Dienstgrundstücken (§. 27. A. 1[b]). Sobald eines dieser Grundstücke die bezeichnete Bestimmung verliert oder ein anderes Grundstück, sei es durch Freigebigkeit (§. 13. A. 2) oder im Wege (§. 14. A. 1 u. 2) der Zwangsvollstreckung einer kirchlichen Anstalt zufällt, soll es veräussert und der Erlös in Staatsrente angelegt werden [2].

Selbst der Propaganda hat der Kassationshof zu Rom mittelst Plenarbeschlusses vom 29. Januar 1884 die Fähigkeit, Liegenschaften zu besitzen, abgesprochen [3].

---

die Ausübung von Vermögensrechten« (oben §. 15. A. 2, *Cassani* pr. qu. 375), ähnlich dem franz. Cultusverfassungsgesetze vom 18. Germinal X, welches in Ziff. 74 der organischen Artikel dem kath. Bekenntnisse ausser den Gotteshäusern und den Dienstwohnungen der Geistlichen sammt angrenzenden Gärten keinerlei Grundbesitz gestattet hatte, — eine Beschränkung, welche in Frankreich übrigens durch G. 2. Jan. 1817, Ggl. 72 A. 2, aufgehoben wurde. — Die ital. Gerichte betrachten die Umwandlung des Grundbesitzes in Renten als eine vom Willen des Eigenthümers unabhängige anderweite Vermögensanlage kraft gesetzlichen *Zwanges*; darnach kann wegen dieser Umwandlung eine *Rückforderungsklage* nicht darauf gestützt werden, dass das geschenkte oder vermachte Grundstück seiner Cultuswidmung entzogen worden sei, mag auch der Stifter erklärt haben, dass für den Fall der Veräusserung des Grundstücks die Stiftung rückgängig werden solle, T. 245, oben §. 13. A. 5 u. 17. *Mezzanotte's* Antrag, auch das Grundvermögen der *Wohlthätigkeitsstiftungen* in Staatsrente umzuwandeln, gelangte nicht zur Annahme. *Grassi* 274.

2) G. 7. Juli 1866 A. 32, Avv. 1885 p. 49 u. 236, R. 214, 220 u. 231, T. 267 u. 511, *Geffcken* 42. (vormals D. 26. Juni 1864 A. 5, *Grassi* 265, 271[4].) Jeden Erwerb von Liegenschaften haben die kirchlichen Anstalten schleunigst dem recevitore del registro (vgl. Ggl. 72 A. 6) behufs der Umwandlung anzuzeigen. Die kirchlichen Anstalten in der Stadt Rom (G. 19. Juni 1873 A. 19 II, oben §. 16. A. 3) müssen von der Emphyteuse frei werdende Grundstücke sofort wieder in Erbpacht geben oder veräussern.

3) Der Kassationshof nahm auf die (§. 13. A. 12, §. 14. A. 7 u. §. 23. A. 1) internationale Eigenthümlichkeit der Propaganda keine Rücksicht, indem er (Arch 52. S. 112) ausführte, die Propaganda sei, obgleich sie nicht *unmittelbar* gottesdienstliche Zwecke verfolge (oben §. 15. A. 3), eine juristische Persönlichkeit *kirchlichen* Charakters und deshalb von der Rentenumwandlung nicht auszunehmen. Hiergegen ist jedoch einzuwenden, dass auch Bruderschaften zu den »juristischen Persönlichkeiten kirchlichen Charakters« gehören

An Stelle der veräusserten Kirchengüter und ihrer Kaufpreise hat der Staat für die einzelnen kirchlichen Anstalten eine Rente im Staatsschuldbuche einschreiben lassen, die den einzelnen Anstalten vom Tage der staatlichen Besitzergreifung ab zusteht, und zwar in Höhe des für die Veranlagung zur Todthandabgabe ermittelten Reinertrages. Eine Berichtigung der Rentenberechnung, z. B. für den Fall, dass einzelne Güter ausser Ansatz gelassen werden, kann im Rechtswege verlangt werden; eine Klage darüber ist nicht gegen den

---

und dennnoch der Umwandlung nicht (§. 31. A. 17) unterworfen werden konnten, weil sie gleichfalls mehr (§. 23. A 9 u. §. 32. A. 10) humanitären, als Cultus-Zwecken dienen. Mit Recht (Cast. 266) hatte aus gleichen Gründen der Kassationshof zu Rom noch unterm 7. Juni 1881 entschieden, dass die Propaganda der Umwandlung nicht unterliege, indem er dieselbe als ein »istituto sui generis,« inspirato ad un gran concetto *umanitario* e mondiale, perquanto si attiene alle sue funzioni *educative* e di civilizzare« bezeichnete. T. 517. *Geffcken* 40 u. 43, Avv. 1885, p. 62, *Grassi's* (oben §. 9. A. 5) Denkschrift »della Sentenza in Propaganda Fide, Firenze 1884, tipografia della Pia Casa di patronato pei Minorenni (46 S. in 12⁰) und *Grassi* 1881 II 47—52 u. 121. Alle Rechtsverwahrungen gegen das Urtheil des Kassationshofs vom 29. Januar 1884 sind — als Anhang — beigefügt der zu Rom erschienenen Schrift: La Propaganda e la conversione dei suoi beni immobili per opera del Governo italiano (tipografia editrice Romana, 2 Bände, 10 Fr.), besprochen Arch. 54. S. 73. Auch das Grundvermögen aller sonstiger Stiftungen zur Förderung des Religionsunterrichts (§. 15. A. 4) soll zufolge Erlasses der Generaldomänendirection vom Juni 1878 (*Grassi* 137) in Staatsrente umgewandelt werden, unten Anm. 8.

4) G. 7. Juli 1866 A. 11. Nach Cast. 249 befand sich in manchen Gemeinden die Hälfte der Grundstücke in kirchlichem Besitze; deshalb nahmen der App. Hof Trani (4. Aug. 1867) und Kass. Rom 12. Nov. 1880 an, das Gesetz verfolge weniger einen fiscalischen, als den »*volkswirthschaftlichen* »Zweck, diese Güter wieder in den Verkehr zu bringen und solche dem land»wirthschaftlichen Fortschritte zugänglich zu machen.« Ebenso *Grassi* 40 u. 107 1881 II 101. Dagegen nach Kass. Turin 24. Jan. 1872, T. 95 waren es »nicht nur die für Unterdrückung der todten Hand sprechenden *volks*wirth»schaftlichen Erwägungen, sondern *hauptsächlich* die Angesichts drohender »Kriegsgefahr dringendst gewordenen *finanziellen* Bedürfnisse, welche der Ge»setzgebung die Conversion als das geeignetste Finanzmittel erscheinen liessen, »da die Einzelprüfung (unten Anm. 6) des Ertrags der Grundstücke mit zu »grossen Weitwendigkeiten verbunden gewesen wäre.« Es wird dann weiter ausgeführt, dass der Staat in dieser »Nothlage« von seinem Rechte Gebrauch gemacht habe, dem »Kirchengute ein greifbares Opfer aufzuerlegen, keineswegs »gerade als Züchtigung, aber immerhin als unvermeidliche Folge der wohl be»trächtlichen Hinterziehungen, die man sich bei der Selbsteinsteuerung zur »Todthandabgabe erlaubt hätte.« — »Mittelst einer, jeden Gegenbeweis aus»schliessender absoluter *Rechtsvermuthung* stelle das Gesetz die für die Höhe »der *Todthandabgabe* massgebende Bodenrente dem wirklichen Reinertrage »des Grundstückes gleich.« Ebenso Kass. Rom 5. Nov. 1877, *Grassi* 75[4], 151[5].

Cultusfond, sondern gegen den Domänenfiscus zu richten[4a]). Der Reinertrag erhöht sich wegen einer seit der ursprünglichen oder berichtigten Veranlagung bewirkten Urbarmachung, Weinbergsanlage, Baumpflanzung, Be- oder Entwässerung oder sonstigen Verbesserung[5]), dagegen nicht wegen Steigens der Preise der Bodenerzeugnisse oder wegen einer auch *ohne* menschliches Zuthuen eingetretenen Weiterentwicklung der im Boden vorhandenen Fruchtbarkeit[5b]).

Bis zum abgeschätzten *wirklichen* Reinertrage ward nur dann die Staatsrente erhöht, wenn Grundstücke aufgehobener Anstalten (§. 17. A. 2) in Folge mangelhafter Anmeldung oder Prüfung zur

---

Aehnlich drückt sich App. Venedig 1. Febr. 1884, Avv. 1885 p. 68 aus. »Die kirchlichen Anstalten, welche, um nur eine möglichst niedrige Todthandabgabe (oben »§. 12. A. 7 u. §. 13. A. 14) zu entrichten, den Bodenertrag zu gering angegeben »hatten, haben sich die Nachtheile selbst zuzuschreiben, welche sich hieraus in »Folge einer zu niedrigen Staatsrente ergeben.« Zufolge Art. 8 u. 9 des G. 21. April 1862 (T. 189, *Grassi* 1881 II 73, oben §. 11. A. 12) findet alle drei Jahre eine Neuprüfung des Bodenertrags behufs Berichtigung der Todthandveranlagung statt. Danach konnte wegen der bis Ende 1864 eingetretenen Zu- und Abgänge oder sonstigen Aenderungen des Bodenertrags eine Revision beantragt werden. Dagegen schon für die zweite Revisionsperiode, bis zum 31. Dec. 1867, war die Revision dadurch ausgeschlossen, dass bereits vorher der Staat in den Besitz der Grundstücke gelangt war. Kass. Rom 11. Februar und 16. April 1879, Avv. 1879 p. 79, vgl. 37. Die Veranlagung, welche bei Erlassung des G. 7. Juli 1866 in Kraft stand, wurde als endgültig und massgebend für die Höhe der Umwandlungsrente erklärt. Der Staat hat also an Rente denjenigen Betrag zu entrichten, welcher als *reiner Grundertrag* bei der Todthandveranlagung fatirt oder eingeschätzt worden war. Diese, vom jeweiligen Stande des Zinsfusses durchaus unabhängige Bodenrente wurde formell als eine 5 %ige bezeichnet, so dass schon der zwanzigfache Betrag das Kapital darstellen würde. Aus dem bezeichneten Gesichtspunkt der staatlichen »*Nothlage*« würde künftighin auch eine *Herabsetzung* der ohnehin sehr niedrig bemessenen Zwangsrente, trotzdem diese Massnahme einem Vertragsbruche gleich käme, gerechtfertigt werden können. Vgl. Avv. 1885 N. 143 p. II, Avv. 1885 p. 43 u. N. 138 p. III, Nuova Antologia April 1885.

4a) Kass. Rom 20. Mai 1879, Avv. **1879** p. 128 und 140, **1880** p. 393, vgl. 272, oben §. 16. A. 4.

5) Kass. Rom 26. Juli u. 15. Nov. 1876, 19. März 1877, T. 195 u. 197. *Grassi* 74[1] u. 75[1]. Solche Verwendungen, gegen deren Ausführung häufig dem Pächter eine Ermässigung des Pachtzinses gewährt war (*Cassani* pr. qu. 422), berechtigen zur Erhöhung der Staatsrente, selbst wenn solche erst in der Zeit vom 1. Januar 1865 (obige Anm. 4) bis zur Besitzergreifung statthatten. Wenn die Grundstücke für Kapitalien, Renten etc. *verpfändet* waren, welche der Staat mitzuübernehmen hatte, so ward die Staatsrente um den Jahresbetrag der Zinsen, Renten bezw. der sonstigen Last vermindert. G. 15. August 1867 A. 4, T. 348 u. 357. *Grassi* 203[3], oben §. 16 III[c] u. §. 17. A. 5.

5b) Kass. Rom 11. Febr. u. 16. April 1879, Avv. **1879** p. 79, **1880** p. 165.

Todthandabgabe nicht veranlagt waren[6]; und nur in der *Stadt Rom* wurde der *volle Verkaufspreis* von Gütern der aufgehobenen[7]) Klöster und klosterähnlicher Anstalten zu Gunsten des römischen Stadtfonds und von Güter der beibehaltenen[8]) Anstalten zu Gunsten der letzteren für den Ankauf von Staatsrenten nach dem *Tagescurse* verwendet.

Von der nach vorstehenden Bestimmungen berechneten Staatsrente wird die Einkommensteuer abgezogen[9]).

II. Kapitalien, Renten, Erb-, Grund-, Lehenzinsen und *Zehnten*, sowie sonstige, jährlich wiederkehrende Hebungen unterlagen nicht der Umwandlung in Staatsrente (vgl. jedoch §. 14. A. 7, §. 16. A. 12 u. §. 17. A. 1). Sie werden daher von den beibehaltenen kirchlichen Anstalten — nach, wie vor — in *eigener* Verwaltung, *Grassi* 69 u. 88, T. 334 u. 356) forterhoben. Auch kann wenigstens in der römischen Provinz[10]) und namentlich in Piemont[11]) auf Zahlung geistlicher Zehnten (decime sacramentali) noch geklagt werden.

---

6) G. 7. Juli 1866 A. 11 III, T. 96, 168 u. 188, Kass. Rom 19. März 1877, Kass. Turin 24. Januar 1872, *Grassi* 74.

7) G. 19. Juni 1873 A. 11, oben §. 17. A. 11.

8) G. 19. Juni 1873 A. 17, *Cassani* pr. qu. 511 u. 515, T. 112 u. 504. In Rom wurde den beibehaltenen Anstalten gestattet, an Stelle von Staatsrenten Schuldverschreibungen des ital. Bodencredits zu erwerben und den Verkauf binnen 3 Monaten selbst zu betreiben. Die zu Gunsten von *Ausländern* in Rom beibehaltenen oder verweltlichten Stiftungen hatten die Wahl, den Grunderlös entweder in italienischer Staatsrente oder in Renten des auswärtigen Staats (falls dieselben auf den Namen der Stiftung lauteten,) oder als verzinsliche Kapitalien anzulegen. G. 19. Juni 1873 A. 23, obige Anm. 2, §. 13. A. 12 u. §. 17. A. 11. Auch *ausserhalb* Italiens *domicilirenden* geistlichen Anstalten gestattet die ital. Gesetzgebung innerhalb ihres gesammten Geltungsbereichs keinen Grundbesitz mehr. T. 107, 110, 112, 503 u. 512, obige Anm. 3, unten §. 24. A. 1, dagegen R. 403.

9) G. 2. Jan. 1876, T. 31, 116 u. 193, Kass. Rom 11. Febr. u. 1. März 1879, 17. Febr. 1880 u. 28. Dec. 1883, *Grassi* 67, 75², Avv. **1879** p. 79 u. 93, **1880** p. 297 u. **1884** p. 406. Die Staatsrente muss im vollen Betrage quittirt werden, da auf Verlangen über die tassa di richezza mobile eine bes. Quittung ertheilt wird. Das kirchliche Vermögen unterliegt hiedurch insoferne einer Doppelbesteuerung, als bereits um den Betrag der Grundsteuer, welche bei der Veranlagung zur Todthandabgabe abgezogen wird (oben §. 12. A. 7, T. 113), die vom Staate zu zahlende Rente vermindert ist. Dass der Staat noch eine weitere Abgabe für Verwaltungskosten den *fortbestehenden* geistl. Anstalten (wie dem Cultusfond, oben §. 17. A. 2) abziehe, wurde für unzulässig erklärt. Kass. Rom 11. Febr. 1879, Avv. 1879 p. 79.

10) Vgl. §. 26. A. 16. Ein Ges.-Entwurf (Avv. 1884 p. 385 u. 525) beabsichtigt, für ganz Italien die »*sacramentalen*« Zehnten ohne Entschädigung aufzuheben, einschliesslich derjenigen Zehnten, die sich im Besitze des (§. 17 I

§. 19. *Patronat, gutsherrliche und Familienstiftungen.*

Wer ein Gotteshaus errichtet, dasselbe mit den zur Instandhaltung des Gebäudes und zur Feier des Gottesdienstes (§. 30.) erforderlichen Mitteln ausstattet und zugleich eine ausreichende Pfründe (§. 9[3] u. §. 12. A. 11) für den Geistlichen stiftet[1]), erwirbt ohne Weiteres[2])

---

u. II) allg. und des röm. Cultusfonds, der Gotteshäuser (§. 29[1]) und Pfründen (§. 12. A. 1) befinden. Danach würden die bürgerlichen Gemeinden, solange nicht der Staat oder der Cultusfond (§. 17 II[5]) an ihre Stelle tritt, die Pfarrbesoldungen (§. 26.) auf jährlich 500 bezw. 800 Fr. zu erhöhen haben. Der bezeichnete Gesetzentwurf will bloss diejenigen sacramentalen Zehnten bestehen lassen, die unter lästigem Titel in Besitz von Privatpersonen übergegangen sind. Ueber Weinzehnten vgl. *Cassani* 1880 p. 492, Arch. 54. S. 178 A. 19. — Soweit die Zehnten nicht auf Grundstücken ruhen, *Cassani* pr. qu. 1876 p. 169), wie z. B. die Abgabe des ersten Nachwuchses (primizi Avv. 1880 p. 313, 1885 p. 82, *Cassani* 1880 p. 390, *Grassi* 1881 II 31 u. 116) sind nur Katholiken zur Entrichtung der Zehnten verpflichtet. Im Zweifel spricht die Vermuthung für Dominikalzehnten, Kass Neapel 3. Aug. 1883, Avv. 1884 p. 345, *Grassi* 1881 p. 22. In Umbrien hat die Staatsgesetzgebung alle Zehnten aufgehoben. Avv. 1880 p. 289. Nach kirchlichen Vorschriften sind die Gläubigen zur Fortentrichtung der Zehnten im Gewissen verpflichtet, soweit die Aufhebung der Zehnten nicht im Einvernehmen mit den kirchlichen Behörden geschehen ist. Ein Einvernehmen liegt hinsichtlich eines Theiles der Insel Sicilien und hinsichtlich der ganzen Insel Sardinien vor. T. 85, unten §. 26. A. 9, 12 u. 13, §. 19. A. 7.

11) Kass. Turin 23. Juni 1856 u. 16. März 1870, Avv. 1880 p. 325, 332 u. 337. Ueber die französische Gesetzgebung vgl. Ggl. 97; das D. 3. Nov. 1789 wurde in Italien nach 1814 wieder zurückgenommen.

1) Ausserdem wird ein volles Patronat durch unvordenkliche *Verjährung* begründet. Ein auf Verleihung seitens des hl. Stuhles (unten §. 20. A. 5 und §. 22. A. 8[b]) beruhendes Vorschlags- oder Benennungsrecht kann jederzeit zurückgezogen werden. *Cassani* pr. qu. 259 u. 275. Wer an Stelle des Berechtigten und gegen dessen Widerspruch in drei aufeinanderfolgenden Erledigungsfällen oder während voller 40 Jahre das Vorschlagsrecht ausübt, erwirbt durch Verjährung das Patronat. Kass. Turin 17. Juni 1871, T. 373, App. Catania 8. Oct. 1883, vgl. Avv. 1884 p. 442 u. 453, *Grassi* 172[5], unten Anm. 7. Mehrere können gemeinschaftlich das Patronat (T. 375, unten Anm. 8 u. 14[c]) erwerben, indem z. B. der Eine die Gebäude errichten (*Cassani* pr. qu. 250 u. 274, *Grassi* 226) oder (unten A. 8) wiederherstellen lässt, der Andere den Grund und Boden hergibt oder die Gotteshausstiftung (§. 27.) bezw. die Pfarrpfründe (§. 25. A. 9) dotirt. In Sicilien und Neapel erwerben jedoch (Kass. Neapel 11. Febr. 1884, Rom 17. April 1879, Avv. 1879 p. 79 u. 1884 p. 477, 1885 p. 229, St.-R. 11. Aug. 1864, Ggl. 175 A. 2, unten §. 26. A. 4) die Pfarrangehörigen, selbst wenn sie alle Baukosten aufbringen, weder für die Familienhäupter, noch für die Gemeinde das Patronat. — Nur bei sofortiger und endgültiger Zuwendung ausreichenden Kapitalvermögens weihen die Bischöfe die Kirchen ein (oben §. 8. A. 2, Neap. III 1[1] = Arch. 51. S. 54) und errichten sie (unten Anm. 14) die Pfründen.

2) Kass. Turin 14. Sept 1878, Avv. 1879 p. 38, T. 372. Wer im Auftrage des Stifters dafür Sorge zu tragen hat, dass die Erben die stiftungs-

für sich und seine *Rechtsnachfolger* [3]) das volle *active Patronat*, soferne er nicht ausdrücklich darauf verzichtet. Dasselbe enthält folgende Rechte:

a) bei Erledigung der Pfründe nach Massgabe der kirchlichen [4]) Vorschriften den Nachfolger »*vorzuschlagen*« oder zu »benennen« (§. 20. A. 5),

mässigen Lasten (unten Anm. 17) erfüllen, erlangt dadurch noch kein *Vorschlagsrecht;* doch (Kass. Rom 1. u. 4. Juni 1879, Avv. **1880** p. 212, vgl. 200 u. **1884** p. 526, *Grassi* 174 [2], vgl. 176 [3] u. [6]) schliesst der Stifter selbst hinsichtlich des Rechtes der Gütereinziehung (Text a u. b, A. 12—15) seine *Intestaterben* dadurch vom Patronate aus, dass er *Dritten* (z. B. dem Domcapitel, *Grassi* 1881 I 127) das Vorschlagsrecht überträgt. Die Ausübung des Rechtes der Gütereinziehung kann zwar Gegenstand eines Verkaufs bilden (*Grassi* 1881 I 95 u. Avv. 1884 p. 488); ein *persönliches* Patronat darf jedoch, solange es nicht durch Einziehung erlöschen soll, nur unter unentgeltlichem Titel übertragen d. i. nur verschenkt oder vermacht werden (P. 480). Ist das Patronat als *Real*recht mit einem Grundstücke verbunden, so geht es auf denjenigen über, der das Grundstück, gleichviel ob unter entgeltlichem oder unentgeltlichem Titel, erwirbt; ohne *kirchliche* Zustimmung kann es jedoch weder vom Grundstucke getrennt, noch besonders vererbt werden. Kass. Rom 1. März 1883, Avv. 1883 p. 189. Zur Ausübung der Patronatsrechte sind in allen Fällen nur *Katholiken* berechtigt. *Cassani* pr. qu. 1878 p. 280.

3) *Cassani* pr. qu. 257. oben §. 8 A. 7, Arch. 54. S. 320 = Sep.-Abdr. S. 47. Soferne nicht das Patronatsrecht ausdrücklich auf die Person des Stifters oder gewisser Erben (*Grassi* 175 [3]) bezw. Linien (179 [1]) beschränkt worden ist, geht dasselbe nicht blos auf die Blutsverwandten, sondern auch auf die Testamentserben über. Es gilt als *freivererbbar* (ereditario) selbst dann, wenn zunächst nur die Familie (patronato gentilizio o famigliare) oder gar nur der Mannesstamm bedacht war. Kass. Turin 20. Jan. 1875, Rom 19. März 1884, Avv. **1884** p. 452, vgl. **1879** p 38 u. 189, **1880** p. 189 u. **1885** p. 176 *Grassi* 171 [1], 172 [6] u. [7]. Mitunter ist nur der *Erstgeborene* (171 [2] u. 176 [6]) zum Patronate berufen. Ein patronato agnatizio vertheilt sich nicht nach Stämmen, sondern nach *Köpfen*, indem alle *männlichen* Familienangehörigen, somit auch die Söhne *neben* dem Vater theilnehmen, Kass. Turin 15. April 1879, *Grassi* 28, 29 [7], vgl. jedoch 176 [6]. Der persönlich oder vom Vorgänger erklärte Verzicht auf die Erbschaft (*Grassi* 172 [4]) schliesst ebensowenig, als der Verlust des Adels (T. 374) vom Patronate aus.

4) Der Inhaber eines *geistlichen* Patronats (unten Anm. 10) muss die Pfründe zur Bewerbung ausschreiben und von den Bewerbern denjenigen vorschlagen, welcher die beste Prüfung (§. 26. A 2) bestanden hat. *Cassani* pr. qu. 269. Der Inhaber eines *weltlichen* Patronats (unten Anm. 9) hat freie Auswahl (oben §. 6. A. 5, 9 u. 12, Arch. **54**. S. 314 = Sep.-Abdr. 41), kann jedoch nicht *sich selbst* vorschlagen, falls ihm nicht auch das passive Patronat zusteht. Kass. Rom 16. Febr. 1884, Avv. 1885 p. 82. Ein *passives* Patronat (unten Anm. 14c) besitzen Gemeinden, Familien oder Agnaten, wenn unter deren Angehörigen der Activ-Patronatsberechtigte seine Auswahl treffen muss. Kass. Neapel 23. Jan. 1884, Avv. 1884 p. 406 u. 525, **1879** p. 104. *Cassani* pr. qu. 257, *Grassi* 28, dagegen 174 [1].

b) die Verwaltung des Gotteshaus- (§. 28.) und des Pfründenvermögens (§. 12 u. 26. A. 10) zu überwachen [5]),

c) während der *Stellenerledigung* das Pfründenvermögen selbst zu verwalten 5 [b]) und

d) im Falle eigener Verarmung aus den Ueberschüssen des Gotteshauses (§. 30 [b]) oder der Pfründe (§. 12. A. 11) *Unterstützung* zu erhalten [6]).

All diese Rechte *erlöschen* [7]), wenn der Patron für die Instandhaltung der Kirche oder der Dienstwohnung oder für den gottesdienstlichen Bedarf (§. 20. A. 5, §. 29. A. 5 u. §. 30. A. 10) nicht mehr sorgt. Von ihm geht das Vorschlagsrecht auf denjenigen über, der das unzureichend gewordene Gotteshaus- und Pfründenvermögen wieder auf den erforderlichen Bestand ergänzt; doch kann neben demselben der Bisherberechtigte [8]) im Mitbesitze des Patronats belassen werden. Man unterscheidet ein *weltliches* [9]), *geistliches* [10]) oder gemisch-

5) Unten Anm. 14. Die Zustimmung des Patrons ist erforderlich zur freiwilligen Veräusserung der Pfarrgrundstücke (T. 70 A. 1, neap. D. 1. Dec. 1833, oben §. 14. A. 2) wie zu jeder Veränderung der Pfründe (oben §. 9. A. 4).

5b) App. Genua 23. Juni 1884, *Cassani* pr. qu. 287, Avv. 1879 N. 2 p. 6, *Grassi* 1881 II 55, oben §. 11. A. 7, §. 12. A. 7, unten Anm. 14, §. 21. A. 4.

6) Avv. 1879 p. 38, oben §. 9. A. 6 Für dies Recht des Patrons haftet, wenn solches (§. 13. A. 12) innerhalb fünf Jahre angemeldet wurde, die an Stelle der Stiftungsgrundstücke getretene Staatsrente, G. 15. Aug. 1867 A. 4, T. 62, 349 u. 357, unten Anm. 12 u. 17. Für die Patronatsherrschaft bestehen zumeist (oben §. 15. A. 6, Avv. 1885 p. 112) Seelenmessstiftungen; auch hat sie im Gotteshause einen erblichen Sitz (oben §. 8. A. 7, Arch. 54. S. 320 = Sep.-Abdr. S. 47). Erbgruft: §. 33. A. 1.

7) Durch *Verzicht* auf alle Rechte befreit sich der Patronatsherr von der Baulast, vorausgesetzt, dass solche ausschliesslich auf dem Patronate und nicht auch auf anderen Rechtstiteln, wie dem Besitze von Zehntrechten etc. beruht. R. 244 u. 247. Die Gemeinden und Provinzen sollen von den auf dem *Patronate* beruhenden Verpflichtungen auch nicht durch den Cultusfond (oben §. 17 I [5], T. 252) entlastet werden. — Abgesehen von der Ersitzung (oben Anm. 1, App. Casale 23. April 1880, Avv. 1880 p. 429) geht das Patronat auch durch 100jährigen *Nichtgebrauch* verloren.

8) P. 461, obige Anm. 1. unten Anm. 14 [c]. Wenn der Patron seinen Verpflichtungen nicht genügt, so lässt der Bischof die Kirchengeräthe und sonstigen Reste des Stiftungsvermögens auf diejenige Kirche übertragen, worin künftighin die gestifteten Gottesdienste abzuhalten sind. Kass. Turin 13. März 1884, Avv. 1884 p. 537, unten §. 30. A. 1 u. 10.

9) T. 86, 308, vgl. 104, *Grassi* 126 [10], P. 96 u. 317, R. 287, 592 u. 765. *Weltlichen* Patronats ist auch die von einem Geistlichen aus Pfründenersparnissen oder sonstigen *Privat*mitteln gestiftete Pfründe. Im Besitze eines weltlichen Patronats können sich nicht nur Privatpersonen, Spitäler (T. 386), Bruderschaften (*Grassi* 1881 II 59, Avv. 1885 p. 222, §. 31. A. 19), Gemeinden (*Grassi* 175 [1], 176 [5], oben §. 13.

tes[11]) Patronat, je nachdem die Stiftung aus weltlichen[9]), kirchlichen[10]) oder theils[11]) weltlichen, theils kirchlichen Mitteln herrührt. Die gesetzliche Vermuthung spricht für die weltliche Eigenschaft.

Bis zum 15. August[12]) 1869 konnte

A. 11, unten §. 25. A. 1, §. 26. A. 3 u. 4), sondern auch kirchliche Personen (*Grassi* 1881 II 82) befinden. Das im Gar.-G. 15 aufrecht erhaltene *königliche* Patronat (oben §. 11. A. 3, unten §. 20. A. 4 u. 5, §. 22. A. 4 u. §. 26. A. 1[c]) unterscheidet sich von den übrigen weltlichen Patronaten dadurch, dass der König das Vorschlagsrecht durch Nichteinhaltung der viermonatlichen Frist nicht verliert. T. 53, 65, 309 u. 375. Die *Staatsdomänen*verwaltung hat die aufgehobenen Pfründen königlichen Patronats (§. 22. A. 4, §. 25. A. 11—14) eingezogen. St.-R. 7. Juli 1869, T. 375, *Grassi* 154[1], 170 u. 173[8]. Der *königlichen Civilliste* (»proprietà regia«) verblieben dagegen ungeschmälert die *Hofkirchen* sammt Caplanspfründen (»chiese palatine«, Kass. Turin 9. Mai 1877 und Rom 9. Juni 1880, Cast. 259, *Grassi* 225, 1881 I 73—78 u. 85, II 26, T. 375 u. 453), selbst wenn sie nicht den bischöflichen oder Pfarrkirchen gleichgestellt waren (§. 20. A. 2 und §. 25. A. 11). Das betreffende Gotteshaus- und Amtsvermögen gilt nicht als Kirchen-, sondern nur als *Kron*gut und hat der Hofcaplan, welchen der König zu seiner Privatseelsorge beruft, nur dieselbe Stellung, wie der Schlossgeistliche eines »Patronats«herrn (unten Anm. 18, §. 25. A. 14[a].

10) Obige Anm. 4, unten §. 22. A. 1[a] u. 8[b]. Mitunter wurden aus den Ueberschüssen des Diöcesanvermögens oder wohlhabender Pfarreien (*Cassani* pr. qu. 047 u. 610) neue Pfarrpfründen durch den Bischof gestiftet, oder aus den Ueberschüssen der Mutterkirche Capellen und Pfarrgehülfenstellen, welche später erst zur Selbständigkeit gelangten Kass. Rom 21. Dec. 1883, Avv. 1884 p. 417, App. Cagliari 30. Dec 1874, Avv. 1880 p. 214. An Stelle der Inhaber eines *geistlichen* Patronats hat der Staat selbst das Vermögen *aufgehobener* Pfründen eingezogen. T. 84 u. 244.

11) Unten §. 22. A. 1[b] u. 4 Sofern nicht in *jedem* Erledigungsfalle beide Theile mitzuwirken haben, wird das gemischte Patronat *abwechselnd* vom weltlichen und vom geistlichen Patrone ausgeübt. Avv. 1880 p. 260, *Cassani* pr. qu. 257 u. T. 368.

12) G. 23. Aug. 1868, T. 358 u. 361. Für die Pfründen zu Rom und an den Sitzen der sechs vorstädtischen Bisthümer (oben §. 3. A. 3 und §. 17 II, Arch. **54**. S. 298, **55**. S. 41 = Sep. Abdr. S. 25 u. 86) war die Frist auf ein Jahr bestimmt seit dem Tage, an welchem der Entwurf zum Gesetze vom 19. Juni 1873 (A. 29, T. 358 u. 510) beim Parlament eingereicht worden war. Bei Einhaltung der Frist ging der rechtliche Besitz (§. 16. A. 2) sofort unmittelbar auf den Patron über. T. 362. Bei Versäumung der Frist (unten Anm. 14) behielt — ausserhalb der Stadt Rom und der Sitze der vorstädtischen Bisthümer — der Cultusfond (§. 17 I, Avv. 1885 p. 104, T. 358 u. 362) das Vermögen der aufgehobenen kirchlichen Anstalten, jedoch unbeschadet des Rechtes des Patrons, falls er sich innerhalb fünf Jahre gemeldet hatte, wegen etwaiger Unterstützung (oben Anm. 6, unten Anm. 17) sich an die um 35 % vom Staate ermässigte Rente im Besitze des Cultusfonds zu halten. — Der Patron kann den Verzicht auf das Einziehungsrecht solange zurücknehmen, als derselbe nicht (vom Bischofe oder Dritten) ausdrücklich angenommen ist. Kass. Turin 14. Sept. 1878, Avv. 1879 p. 38, T. 360, unten Anm. 17.

a) mittelst der *rivendicazione*[13]) gegen Entrichtung von 30 % das Vermögen der *nicht* zur pfarrlichen *Seelsorge* (§. 12. A. 2, §. 15. A. 3, §. 22. A. 2 u. 4 u. §. 25. A. 1—5) verpflichteten Chorcaplaneien, Communíen, Domcapitel-, Receptiv- und sonstigen Collegiat*stiftspfründen*,

b) mittelst des *svincolo*[14]) gegen Entrichtung von 22 % das

13) G. 15. Aug. 1867 A. 5, oben §. 16 III f. A. 18. Es mussten je 7½ % *sofort* bei Abgabe der Erklärung, 1, 2 und 3 Jahre später entrichtet werden. Die Erklärung erfolgte frei von Stempel- und Staatsgebühren (T. 362) an den Einregistrirungseinnehmer und zwar gemäss Min. C. 28. Juli 1869 (dagegen *Grassi* 1881 I 4 u. 95) vor einem Notare. Zufolge A. 22 des G. 29. Mai 1855 erfolgte auch ohne Erklärung schon kraft des Gesetzes die Devolution an den Patron (T. 105 u. 360); auch brauchte erst *nach* dem Erlöschen des Niessbrauchs (unten Anm. 16) des letzten Pfründenbesitzers die Gebühr entrichtet zu werden, und zwar nicht an den Staat, sondern an die cassa ecclesiastica (oben §. 17. A. 2). Die Gebühr betrug allerdings 33⅓ %, ist jedoch (G. 3. Juli 1870, T. 381) auch für die schon vor 1867 eingezogenen Pfründen auf 30 % ermässigt worden. Die Staatsgebühr zu 30 % bezw. 22 % verjährt in 5 Jahren. Avv. 1885 p. 189 u. 250, dagegen *Grassi* 175², 1881 I 20, vgl. 96. — Die *Rückforderungs*klage der Stifter oder Dritter (§. 13. A. 8 u. 11) geht der Einziehungsklage der Patrone vor. Kass. Turin 15. Jan. 1873, Avv. 1884 p. 526, *Grassi* 162¹, T. 356.

14) T. 105, 215, 218 u. 308, oben §. 16. A. 18. Das Doppelte der Gebühr von Erbschaften unter Nichtverwandten beträgt nämlich 22 %, *Cassani* pr. qu. 472, T. 359 u. 383, vgl. *Grassi* 1881 I 3, 117 u. 145. Die Würde und Pfründe des *Klosteroberen* (Abāte, Priore, Rettore) bildet mitunter den Gegenstand eines Patronats, nie aber ein ganzes Kloster (§. 24); die Mitglieder der Genossenschaft besitzen nämlich als solche keinerlei Pfründen. Kass. Rom 23. Febr. u. 7. März 1877, *Grassi* 87³, T. 363 u. 365. — Hinsichtlich der Gebühr zu nur 22 % stellt das Gesetz den uneigentlichen Pfründen auch (§. 25. A. 14ᵇ) die *geistlichen* Caplaneien gleich, obgleich solche ebenso wie die Stiftspräbenden kirchlich als förmliche Pfründen errichtet und anerkannt waren. *Cassani* pr. qu. 472, *Grassi* 124 (Randzusatz) und 125². — Uneigentliche Pfründen (»benefici improprii«) sind an und für sich nur solche, welche in Ermanglung einer incardinazione ecclesiastica (T. 368) nie in's *kirchliche* Eigenthum übergegangen (*Cassani* pr. qu. 117, *Grassi* 152¹¹ u. 177⁹, unten §. 25. A. 12), vielmehr stets weltliches Besitzthum verblieben sind (T. 105 u. 364). Die Stifter (»istitutori«, T. 366) und ihre Erben (*Grassi* 176³ bezw. die sonstigen Rechtsnachfolger (»aventi causa«, Kass. Rom 7. März 1877) übten an Stelle der Kirchengewalt, selbst die Aufsicht (»ingerenza« vgl. Avv. 1885 p. 213, T. 365 u. 367), mitunter sogar an Stelle des Präbendaten die volle Vermögensverwaltung aus (T. 370); nur mussten sie das betreffende Stiftungsvermögen ihrem Zwecke erhalten. Die, gewisser Massen die Rechte der Patronatsherrschaft wahrnehmende Familie brauchte, da das Stiftungsvermögen ihr, auch insoweit es im J. 1807 eingezogen worden war, in der Restaurationszeit (*Grassi* 173¹) hatte zurückgegeben werden müssen, dies Vermögen nicht erst zu »revindiziren«, sondern solches nur von seiner Widmung zu Gunsten des Präbendaten zu *befreien*

Vermögen der nicht zur pfarrlichen Seelsorge verpflichteten Abteien, Prälaturen, weltlichen und geistlichen Caplaneien (§. 25. A. 11—14), ähnlichen *Präbenden* (§. 23. A. 12) oder gottesdienstlichen *Privatstiftungen*

von den Inhabern eines weltlichen Patronatsrechtes eingezogen werden.

Diese Abgaben waren an den Staat, in Rom [12]) an den Stadtfond (§. 17 II A. 12) und an den Sitzen der sechs vorstädtischen Bisthümer an die Gemeinden zu entrichten.

Behufs Berechnung und Feststellung des Betrags der 30 bezw. 22 $^{0}/_{0}$igen Abgabe werden vom Werthe des eingezogenen Vermögens nicht die stiftungsmässigen Lasten, sondern nur die Schulden und Grundzinsen abgerechnet [14b]). Besteht neben dem activen zugleich [4]) ein passives [14c]) Patronatsrecht, so erhalten die Inhaber des activen und des p a s s i v e n Patronats je die Hälfte des Vermögens und tragen auch in diesem Verhältnisse die Kosten [14c]). Eine Pfründe oder Stiftung *gemischten* Patronats [11]) erhält der weltliche Patron im Falle der *rivendicazione* (oben a) gegen Entrichtung der Hälfte [14d]) des

---

(»svincolare«, *Grassi* 123, T. 371), um der Verpflichtung, solches zu dem Stiftungszwecke zu verwenden bezw. die Stelle wieder zu besetzen, entledigt zu werden. — Nur ausnahmsweise, bes. (*Grassi* 1881 I 128) in Ermanglung von Patronatsberechtigten, hatte der *Staat* auch von den uneigentlichen Pfründen Besitz ergriffen (T. 381 u. 383, *Grassi* 126[4] u. 1881 I 3, oben Anm. 12, unten A. 16 u. 17); ausserhalb dieses Falles findet beim svincolo *keine* Vermittlung der Staatsdomänenverwaltung statt (T. 369). — [Mitunter wurde das svincolo auch schon auf nicht religiöse Familienstiftungen ausgedehnt, z. B. auf Vermächtnisse zur *Aussteuer* an Familienangehörige, *Grassi* 177[7], vgl. §. 30. A. 5 u. §. 31. A. 2]. — Die Quasi-Patrone, welche nicht bis zum 15. August 1869 gegen die Staatsgebühr von nur 22 $^{0}/_{0}$ »*disvinculirt*« hatten, konnten die betreffenden Güter immer noch bis zum 15. August 1872 gegen eine Staatsgebühr von 30 $^{0}/_{0}$ »*vindiziren*«. G. 15. Aug. 1867 A. 4, *Grassi* 175[6], T. 348, obige Anm. 12.

14b) G. 15. Aug. 1867 A. 5, T. 358, 381 und 402, *Grassi* 177[8] (senza detrazione dei pesi, unten Anm. 17, oben §. 12. A. 8).

14c) Unten §. 22. A. 1[b], Kass. Rom 23. Febr. 1885, T. 84, 86, 359, Avv. 1885 p. 176, *Grassi* 176[6], 178[4] u. (hinsichtlich der 30 bezw. 22 $^{0}/_{0}$) 160[6]. Massgebend ist der Besitzstand zur Zeit der Aufhebung der Anstalt; die blossen »Anerben« erhalten keinen Antheil, *Grassi* 29[7], 172[5], 174[3] und 176[6]. Die Mitpatrone (obige Anm. 1 und 8) erhalten, selbst wenn sie die Antragsfrist (Anm. 12) versäumt hatten, ihren Antheil gegen Zahlung des Kostenantheils von demjenigen, der das svincolo durchgeführt hat. *Grassi* 172[4], 175[2], vgl. 178[4], 1881 I 4 u. 134, II 112.

14d) T. 359, 369 u. 382. G. 15. Aug. 1867 A. 5[II], *Grassi* 154[3] u. 176[4]. Von Rechtswegen erhält der weltliche Patron, neben welchem eine geistliche Patronatsherrschaft (oben Anm. 11) berechtigt ist, nur die Hälfte des Vermögens und braucht daher auch nur die Hälfte der Abgabe zu entrichten.

Gutswerths und 15 %, im Falle des svincolo (oben b) gegen Entrichtung [14e]) der 22 % und in beiden Fällen werden die Lasten abgerechnet. In allen Fällen wurden die Patronatsherrn oder Quasipatrone durch die Einziehung des Vermögens verpflichtet, dem Inhaber der eingezogenen Pfründe, solange er nicht derselben durch staatsgerichtlich bestätigtes (§. 16. A. 4[d]) geistliches Urtheil für verlustig erklärt ist, den ordentlichen Reinertrag [15]) der Pfründe, abzüglich [16]) der 5 %igen Zinsen der vom Patrone entrichteten 30 bezw. 22 % zu gewähren, auch die Kosten für Abhaltung der stiftungsmässigen Gottesdienste sowie die sonstigen stiftungsmässigen Lasten zu tragen [17]). Nach *kirchlicher* Vorschrift kann der Patron nur dann

---

Daher wird ihm das gesammte Pfründenvermögen nur gegen Zahlung der halben Abgabe und der Hälfte des Gutswerths überlassen.

14e) Kass. Florenz 30. Jan. 1873, T. 369 u. 370 (dagegen Kass. Rom 29. Juni 1879, Avv. 1879 p. 140). Da das ganze Stiftungsgut im Obereigenthume der Familie verblieben war, so braucht letztere nicht auch noch, wie im vorhergehenden Falle die Hälfte des Vermögenswerthes zu ersetzen.

15) Oben §. 12. A. 2 u. §. 16. A. 4[c], *Grassi* 154[4], 160 u. 174. Dem Inhaber der Stelle musste auch die nach der Stiftungsurkunde hiermit verbundene Dienstwohnung (§. 16. A. 4[b], *Grassi* 161[1]) belassen werden. Einem der canonischen Investitur entbehrenden oder jederzeit (§. 6. A. 9, §. 16. A. 4[b] u. §. 25. A. 14[a]) widerruflichen Stelleninhaber wird der Fortgenuss der Stelle nicht gewährt. *Grassi* 26, vgl. 136[7], 1881 I 20. Die Mitübernahme einer anderen Pfründe (§. 16. A. 4[c]) bildet hier noch keinen Grund zur Zurückziehung der Leibrente Der Patron überwacht zwar die Erfüllung der stiftungsmässigen Lasten seitens des Inhabers, kann jedoch die Gewährung der Leibrente nicht vom vorgängigen Nachweise des Inhabers, dass er bisher die Lasten erfüllt habe, abhängig machen. *Grassi* 179[1] u. 1881 II 68, unten §. 30. A. 3.

16) §. 16. A. 4[g]) Kass. Florenz 18. Febr. 1875, Kass. Rom 16. März, 29. April und 18 Mai 1877, 13. März 1878, *Grassi* 152[4], 155[1], 156[7] und [9], 178[2—4], 205[8—12], 1881 I 125, App. Palermo 17. Juli 1880, Avv. **1879** p. 93 u. **1880** p. 368, T. 385 u. 388 (Dagegen Kass. Turin 25. Juni 1875, *Grassi* 203[5], *Cassani* pr. qu. 521, vgl. 486). Der Stelleninhaber brauchte dem Patrone (dagegen §. 16. A. 4[c]) die Pfründe nicht eher herauszugeben, als bis seine Leibrente berechnet und die Zahlung derselben vom Patrone sichergestellt war. Kass Rom 26. Juli 1880, Avv. **1880** p. 368 u. 486, **1884** p. 381, *Grassi* 159[4]. Der Cultusfond (oben Anm. 14, App. Florenz 10. April 1884, Avv. 1884 p. 381 u. 501) bezw. der Staat (*Grassi* 159[3]) haftet dem Pfründeninhaber als Selbstschuldner, wenn er ohne vorgängige Sicherstellung der Leibrente das Pfründengut dem Patrone überlassen hatte und Letzterer kein pfändbares Vermögen mehr besitzt. Auf dem Gute ruhende stiftungsmässige Lasten können auch noch dem Erwerber gegenüber geltend gemacht werden. App. Parma 10. Dec. 1883, Avv. 1884 p. 489, folgende Anm. 17. (Einkommensteuerfreiheit: §. 16. A. 4[h]).

17) Kein svincolo dai pesi! Oben Anm. 2 u. 14[b], §. 13. A. 9 u. 11, §. 17. A. 5 u. §. 22. A. 4[b]) T. 357, 369, 379, 388 u. 513. R. 292 u. 765. Kass. Florenz 31. Juli 1872 (T. 378), Kass. Turin 16. Juli 1873, Kass. Rom 4. u. 24. Juli 1877.

Stiftungen einziehen und darüber verfügen, wenn er nach Bestimmung des Bischofs den Werth vergütet, unter Abzug eines Betrages für den Verzicht auf das Vorschlagsrecht, oder wenn er die jährlichen Zahlungen durch Erlegung des zwanzigfachen Betrags ablöst[18]).

Avv. **1880** p. 406 und 417, **1883** p. 129. *Grassi* 27. Beibehalten sind auch Zahlungen für Unterrichts- oder Wohlthätigkeitszwecke. §. 31 u. 32, T. 380. Die auf dem Gute, nach Art von Grundzinsen etc., ruhenden *dinglichen* Lasten (§. 16. A. 4 b) konnen auch dritten Erwerbern gegenüber geltend gemacht werden und zwar von der *Gotteshaus*verwaltung hinsichtlich in der Pfarrkirche abzuhaltender Gottesdienste (unten §. 28.) gemäss B. G. B. 1128 selbst dann, wenn die Gotteshausverwaltung nicht ausdrücklich bedacht oder als forderungsberechtigt erklärt ist, noch sich in dem zwischen Dritten abgeschlossenen Kaufsvertrage die betreffende Vergütung hat zusichern lassen. App Palermo 10. Dec. 1883, Avv. 1884 p. 489, vgl. *Grassi* 163 7, 1881 I 124. Nicht nur die (oben Anm. 16) auf gewissen *Grundstücken* ruhenden oder (Kass. Florenz 23. April 1885 Avv. 1885 p. 217) versicherten, sondern auch die *persönlichen* Lasten bleiben beibehalten. Zufolge G. 29. Mai 1855 A. 22, T. 85, 379 u. 392 sorgte die cassa ecclesiastica (oben §. 17. A. 2) durch Vorenthaltung eines ausreichenden Betrags für die Erfüllung selbst der blos als *Gewissens*pflichten (§. 15. A. 5, §. 16. A. 5, §. 20. A. 10) dem Patrone auferlegten Lasten und blieb es letzterem anheimgestellt, solche durch Erlegung eines Kapitalbetrags (franz. G. 8 Germ. IX, §. 25. A. 13) gleichfalls abzulösen. Dermalen entbehren aber Leistungen, woran weder Private, noch Gemeinden oder Gotteshäuser (oben §. 13. A 7 und §. 15. A. 6) ein Interesse haben, jeglichen Rechts- und Verwaltungsschutzes Avv. **1879** p. 13 u. **1880** p. 417, *Grassi* 143 4, 179 3, 180 4 u. 181, II 55. — Die Haftung des Patrons beschränkt sich nicht, wie die des Cultusfonds (§. 17. A. 6) auf die Bereicherung; die Patrone pflegten daher, wenn die Lasten den ihnen verbliebenen Betrag (78 bezw. 70 %) des Vermögens überschritten, die Stiftung dem Staate zu überlassen (obige Anm. 12 u. 14), ohne übrigens, wie *Cassani* pr. qu. 471 annimmt, desshalb auf das Alimentenrecht (obige Anm. 6) zu verzichten.

18) Es werden auch Staatsrenten nach dem Tagescurse angenommen. Poenitentiaria 21. Juli 1884, Avv. 1885, p. 3, 40 u. 166, oben A. 9 Schluss, §. 13. A. 9, §. 16, A. 5 u. 6, unten §. 20. A 10. Der Patron, welcher das Vermögen einer geistlichen oder weltlichen Caplanei (§. 25. A. 14) eingezogen hat, gilt *staatlich* als freier Eigenthümer desselben und ist es seinem *Gewissen* (obige Anm. 14 u. 17) überlassen, ob er einen Caplan aufstellen will oder nicht. Auch in Deutschland bestehen ähnliche Privatpfrunden, besonders bei Gutsherrschaften.

Nachstehend folgt der Schluss, nämlich

III. Hauptstück: *Diöcesan- und Ordensverhältnisse.*

IV. Hauptstück: *Pfarreien und Gotteshäuser.*

V. Hauptstück: *Verweltlichte Anstalten.*

III. Hauptstück.

1. Diöcesan- und Ordensverhältnisse.

§. 20. *Ernennung und Amt der Bischöfe.*

I. Die Erzbischöfe, *Bischöfe*[1]) sowie die *Aebte* und Prioren[2])

1) Seit Ablehnung des dem Parlamente am 12. Dec. 1865 von den Ministern Sella und Cortese vorgelegten Gesetzentwurfs, welcher die Diöcesananstalten von Staatswegen für den Umfang je einer Provinz vereinigen wollte (T. 92 u. 275, *Cassani* pr. qu. 645, 703 u. 705), hat die Regierung nicht mehr die Initiative zur Zusammenlegung der, allerdings häufig sehr kleinen Diöcesen ergriffen; Cavour suchte die Verminderung der Diöcesen auf 80 (Sc. 43 und 458⁶, vgl. 82 A. 1, 303 A. 1 u. 425) durch *Vereinbarung* mit dem hl. Stuhle zu erreichen; oben Arch. **54**. S. 173, **55**. S. 3 u. 25 = Sep.-Abdr. S. 7, 48 und 70 Vorwort A. 13 u. §. 9. A. 1, §. 15. A. 1, P. 290. T. 275 nimmt für Italien nur noch 264 Diöcesen an, dagegen der Avv., welcher (1885 N. 137 u. 146) für Ende 1885 eine auch die gesammte Pfarrgeistlichkeit Italiens mitumfassende »Statistica ecclesiastica« in Aussicht stellt, deren noch 278, worin jedoch, abgesehen von San Marino, auch Malta und Monaco inbegriffen sein durften. Hiernach wären es 47 Erzbisthümer, 6 vorstädtische (oben §. 3. A. 3, Arch. 54. S. 298 = Sep.-Abdr. S. 25) und 217 sonstige Bisthümer, endlich 8 benefizi *quasi vescovili* (P. 316, unten A. 2); vgl. dagegen das Anfangs 1885 in der vaticanischen Buchdruckerei zu Rom erschienene Amtshandbuch (667 S.): »La Gerarchia cattolica, la cappella e la famiglia pontificia per l'anno 1885.« An der *Abgrenzung* der Diöcesen unter sich trifft der hl. Vater Abänderungen im Einvernehmen mit der Regierung, insoferne hiedurch die *äusseren* Rechtsbeziehungen berührt werden (unten Anm. 7 u. §. 21. A. 6 u. 8), dagegen kann, weil hiedurch in keiner Weise die Vermögensrechte betroffen werden, die Curie ohne Weiteres den Metropolitanverband (oben §. 5. A. 5 u. §. 9. A. 1) ändern, einzelne Bisthümer hievon, sowie von der bischöflichen Gewalt gewisse Anstalten (Avv. 1883 p. 37, unten §. 24. A. 19, §. 26. A. 6ᵇ) ausnehmen und die Befreiung jederzeit wieder aufheben.

2) T. 18, 87, 98 u. 363. Dem jeweiligen *Abte* von Monte Vergine (oben §. 16. A. 8, R. 285) hat die Regierung bei Einziehung des Klostervermögens (§. 24 I) die Dotation eines bischöflichen Tafelgutes beibehalten und ihm auch seither die Ausübung bischöflicher Rechte nicht beanstandet. *Cassani* pr. qu. p. 80, 131 u. 133. Auch auf ausserhalb Roms gelegene und mit den Rechten einer Diöcese nullius ausgestattete Priorate, welchen die Curie mit Ausnahme der Priesterweihe, die Berufung von Synoden (unten Anm. 9) und der Ausstellung von lettere demissoriali die Befugnisse eines *Bischofs* zuerkennt, erstreckte sich die Gütereinziehung nicht. Generaldomänendirection 8. Aug. 1868, T. 309. vgl. 276, Avv. 1879 p. 80, vgl. unten §. 25. A. 11, *Grassi* 1881 I 74.

mit bischöflicher[1]) Gerichtsbarkeit werden vom *hl. Vater*[3]) ernannt und gegebenen Falls[2b]) abberufen oder mit Coadjutoren[7]) versehen. In A. 15. des Gar.-G. »entsagt für den ganzen Umfang des König»reichs die Regierung, unbeschadet allenfallsiger[4]) *Patronats*rechte

---

2b) Oben §. 6. A. 9, §. 7 II, *Cassani* pr. q. 310. Auch die Demission (297, unten §. 26. A. 1[a]) bedarf der Genehmigung des hl. Vaters.

3) Dass für die Bischöfe die canonische Einsetzung durch den *hl. Vater* unerlässlich ist, erkennt auch Italien an. Sc. 236, 425. 455[13] u. 457[5], oben §. 7 II u. §. 9. A. 7, Arch. **54**. S. 317 u. **55**. S. 5 = Sep.-Abdr. S. 44 u. 50. Die Regierung hat kein »*Veto*« (Sc. 263, 282, 342 A. 2 u. 457) gegen die Ernennung selbst, sondern bestreitet den staatlich nicht bestätigten Bischöfen höchstens die *äussere* Rechtswirksamkeit, oben §. 6. A. 3 und §. 11. A. 2, Arch. **54**. S. 310, **55**. S. 8 = Sep.-Abdr. 87 u. 53, unten §. 26[III] A. 10; übrigens unterliegt bereits ernstlicher Erwägung der förmliche *Verzicht* der Regierung auf Bestätigung der Ernennung zu Gunsten einer Art Bischofs*wahl* nicht sowohl durch die Laien (Sc. 232. 238, 261 u. 455[13]), als vielmehr durch die Diöcesangeistlichkeit (Sc. 37 u. 242), nämlich durch das *Domcapitel* (Sc. 247 u. 251, unten A. 8 u. §. 22. A. 9) unter allenfallsiger Betheiligung der Landpfarrer (§. 26 II Sc. 251, oben Vorwort Anm. 9 u. §. 15. Anm. 2. Arch. **54**. S. 173. 174 u. 178, **55**. S. 25 = Sep.-Abdr. 6, 13 u. 70. Zu Gunsten der »*Diöcesancongregationen*« wollte die Regierung 1865 ihrem Bestätigungsrechte entsagen. *Cassani* pr. qu. 664 u. 672, Sc. 488, Arch. 54. S. 170, 171, Vorwort A. 13 u. §. 11, §. 2 u. 9. Dermalen wirken die Laien nur zur Verwaltung des *Gotteshaus*vermögens mit, und selbst dies hauptsächlich nur in Oberitalien, *Cassani* pr. qu. 657, unten §. 27. A. 9 und §. 28, oben §. 8. A. 3.

4) Nur für den Fall der *gütlichen* Abtretung des Kirchenstaates hatte unterm 29. August 1870 Italien dem hl. Vater die Città leonina (oben §. 1. A. 2) und den Verzicht auf das *kgl. Patronat* sowohl hinsichtlich der höheren, als der niederen (§. 22. A. 8[b] u. §. 26) Kirchenämter angeboten (Arch. 25. p. LXVIII, Sc. 455); nachdem jedoch dieser Vorschlag abgelehnt worden war, hielt die Regierung die gesammten Patronatsrechte aufrecht (Sc. 41 A. 2, 422 u. 446 A. 4, T. 55, 56 u. 309, oben §. 19. A. 9) und beanspruchte — namentlich seit 1882 (Arch. **48**. S. 213, vgl. **39**. S. 202, unten §. 21. A. 2) —, dass für alle Bischofssitze, auf welche die früheren *Landesherrn*, wenn auch *ohne förmliches Patronat* (Sc. 225, unten A. 5), »benannt« oder »vorgeschlagen« hatten, die königliche Ernennung des neuen Bischofs *vor* dessen Präconisation nachgesucht werde. Die *Initiative* des Vorschlags verlangte also die Regierung nicht mehr; Minister Vigliani glaubte 1874, das königl. Patronat noch durch die, übrigens auch fur Pfründen *freier* Verleihung vorgeschriebene staatliche Besitzeinweisung (oben §. 11. A. 2, Arch. 55. S. 7 = Sep.-Abdr. 52, Sc. 323 A. 1) nachträglich wahren zu können. Die Curie dagegen erachtete selbst die auf Grund des Privat- bezw. des gemeinen canonischen Rechtes (P. 446, T. 57 u. 65) dem Fiscus oder dem Staatsoberhaupt zustehenden Patronatsrechte als durch Bekämpfung der Kirche verwirkt (Arch. 39. S. 202, **41**. S. 177, 54. S. 183 u. 312 = Sep.-Abdr. S. 39, oben §. 6. A. 5, *Geffcken* 30) und besetzte

»des Staatsoberhauptes, welche keine Aenderung erleiden sollen, dem »»Rechte«, auf die bischöflichen Sitze zu benennen 5) oder vorzu-

namentlich seit 1871 auch solche Bischofsstühle, auf welche etwa kraft *Privat*-patronats die Landesherrn präsentirt oder benannt hatten, ohne je mehr den Vorschlag der Regierung abzuwarten.

5) Dass die Regierung dem Kirchenoberhaupte den ihr genehmen Bewerber für den Bischofsstuhl »ernennt« oder »*benennt*«, bedeutet nicht mehr, als »bezeichnet« oder »vorschlägt«. Diese »nomina« ist nur ein mit »Präsentation« gleichbedeutender Ausdruck. Arch. 39. S. 196 (vgl. übrigens 54. S. 182) und *Cassani* pr. qu. 658. Ein kirchliches Amt kann nur von der *Kirche* selbst übertragen werden. — Das Recht, den Bischof dem hl. Vater zu benennen (*regia nomina*), beanspruchten die Inhaber der königl. Gewalt in Sardinien (Insel und Festland, Arch. **54**. S. 180), Neapel und Sicilien sowie Lombardei-Venezien nicht auf Grund der landesherrlichen *Dotation* der Bisthümer und förmlichen Patronatsrechtes (§. 19 A. 9, Arch. **55**. S. 50 = Sep.-Abdr. S. 95), sondern nur zufolge der *Concordate* und sonstigen *vertragsmässigen* Abmachungen mit dem hl. Stuhle, welcher unter der Voraussetzung des Fortbestandes der *internationalen* Beziehungen zwischen Kirche und Staat, dem Landesherrn hiedurch eine Art kirchliche Gerichtsbarkeit (oben §. 5. (Schluss), Arch. 54. S. 309 = Sep.-Abdr. 36) delegirt hatte. Die Curie entäusserte sich nicht endgültig oder vorbehaltlos dieser Zuständigkeit und konnte daher besonders bei Aufkundung des Vertragsverhältnisses derartige Zugeständnisse zurückziehen. In Folge der, den Concordatsstandpunkt beseitigenden »*Trennung des Staates von der Kirche*« (Vorwort Anm. 4 u. §. 5. A. 1, Arch. **54**. S. 170 u. 306 = Sep.-Abdr. 4 u. 33) ist an die Curie auch dieser Theil von ihr übertragen gewesener Kirchengewalt *zurückgefallen* und der hl. Vater »in der Vollausübung des geistlichen Amtes wieder frei und ungehindert«; die Regierung erkennt die internationalen aber *vertragsmässigen* Beziehungen zur Kirche nicht mehr als massgebend an, ordnet vielmehr *einseitig* (Arch. **54**. S. 17 u. **55**. S. 25 = Sep.-Abdr. S. 5 u. 70) das bezügliche Verhältniss und kann daher auch für sich keinerlei Vorschlags- oder Ernennungsrecht aus den *Concordaten und päpstlichen Zugeständnissen* mehr ableiten. *Cassani*, Rif. disc. 1878 p. 195, 570 u. 585, T. 55 u. 308, P. 316, Parlament 1870/71 p. 1099, Sc. 228, 307 u. 457 5, vgl. 290, 410, 453 5 u. 2, 485. Nicht auf dem *gemeinen* canonischen Rechte, sondern auf den *concordatsmässigen* Beziehungen zwischen Staat und Kirche beruht der Vorschlag, welchen auch ohne nachweisbaren legitimen Titel (Sc. 255) das Tridentinum (Sessio 25) den *thatsächlichen* Inhabern der Staatsgewalt nach dem damaligen Besitzstande beliess; da hiernach ohne Rucksicht auf den Souveränitätstitel die jeweiligen »*Possidentes*« regna zur Ausübung des Präsentationsrechtes zugelassen werden, so würde schon kraft des (Arch. 54. S 287, Sep.-Abdr. S. 14) Eroberungsrechtes der König von Italien als Besitznachfolger der Krone beider Sicilien die Bischöfe von Chieti, Neapel etc. (*Cassani* pr. qu. 582 u. 656, *Grassi* 255 u. 257) zu benennen haben, wenn wirklich ein von den *öffentlich*-rechtlichen Beziehungen zwischen Staats- und Kirchengewalt unabhängiges d. i. *gemein*rechtliches Patronat vorläge (oben §. 9. A. 9 u. Arch. **55**. S. 50 = Sep.-Abdr. S. 95). Letzteres könnte aber nur dann anerkannt werden, wenn das Staatsoberhaupt bzw. der Fiscus die auch sonst dem Patronatsherrn obliegenden *Verpflichtungen*,

»schlagen[6]).« (»renuncia al diritto di nomina[3]) e proposta[6]) nella »collazione dei benefizi maggiori.« — »Nella collazione dei benefizi »di patronato regio nulla è innovato«).

War der Coadjutor nicht zugleich mit dem Rechte der *Nachfolge* (§. 21. A. 2) bestellt, so wählt bei Erledigung des Stuhles das *Domcapitel* (§. 22. A. 1[a]) zur einstweiligen Wahrnehmung der bischöflichen Rechte einen *Capitelsvicar*; bei der endgültigen Besetzung[8]) des bischöflichen Stuhles hat sich dagegen das Domcapitel in keiner Weise mehr zu betheiligen.

II. Unter der Aufsicht des *hl. Vaters*[9]) leitet innerhalb der

---

namentlich hinsichtlich des Domes und des bischöflichen Palastes (sard Patent 6. Jan. 1824, §. 21. A. 8, §. 27. A. 2, §. 29. A. 5 und §. 30. A. 9, *Cassani*. Rif. disc. 1878 p. 372. *Grassi* Novb. 1878 p. 1) erfüllen würde. — Dasselbe gilt von Capitelspfründen: §. 22. A. 4 am Schlusse u. A. 8[b].

6) In *Toskana* schlug bis 1860 das Staatsoberhaupt dem hl. Vater für die bischöflichen Stühle je 4 Bewerber zur *Auswahl* vor; in den Herzogthümern *Parma* und *Modena* dagegen hatte die Regierung weder die Benennung, noch ein Vorschlagsrecht.

7) P. 326, 342, 345, 410 u. 431, *Grassi* 1881 II 72, R. 571, Sc. 304 u. 426, T. 18, 62 u. 67. Weder der Coadjutor, noch der Capitelsvicar erhält Bezüge aus dem Tafelgut, solange nicht der König die Wahl bestätigt hat, oben §. 11. A. 4, unten §. 21. A. 2, 4 u. 5. Bei der Wahl des Capitelsvicars führt der Archidiacon den Vorsitz (§. 22. A. 6). *Cassani* pr. qu. 67 u. 76. Innerhalb des franz. Rechtsgebiets müssen die Domcapitel 2 Capitelsvicare wählen, welche nur *gemeinsam* die Diöcese regieren Ggl. 265 A. 5.

8) Der hl. Vater ernennt allenthalben in Italien kraft der *Reserven*. *Cassani* pr. qu. 133, 140, 203, 208, 219, 303 u. 671, Sc. 247 u. 433, P. 389, obige Anm. 3, unten §. 22. A. 8[b].

9) Consecration: oben §. 11. A. 10, Arch. 55. S. 10 = Sep.-Abdr. 55. Der Verkehr zwischen der Curie und den Bischöfen etc. unterliegt in keiner Weise mehr der staatlichen Ueberwachung (oben §. 5. A. 8). Zufolge der auf dem vaticanischen Concil anerkannten Grundsätze kann der hl. Vater an *Stelle des Bischofes* Amtshandlungen kraft *eigener* Gewalt unmittelbar selbst wahrnehmen. Sc. 297. Einer Urlaubsbewilligung seitens des hl. Vaters oder (obige Anm. 1, §. 9. A. 7) des Erzbischofs bedarf der Bischof zu einem länger, als 3 Monate dauernden Aufenthalte ausserhalb der Diöcese, P. 320, Arch. **46**. S. 168, Sc. 372 A. 1. Der hl. Stuhl behält sich — abgesehen von der ihm etwa zustehenden Besetzung einzelner Pfarreien (§. 26. A. 1[a]) und Canonicate (§. 22. A. 8[b]) — namentlich die Genehmigung vor: zur Belastung der Pfründen mit Pensionen zu Gunsten der Vorbesitzer (§. 12. A. 11), zu Veräusserungen (§. 14. A. 2 u. §. 22. A. 1[a], dagegen *Cassani* pr. qu 120 u. 378), zur Errichtung von Klöstern (§. 24. A. 18 u. 19), und namentlich zu den allgemeinen Beschlüssen, welche der Bischof nach Anhörung der *Diöcesansynode* (oben §. 5. A. 6) erlässt. Die Synode hat nie zu entscheiden (P. 112 u. Sc. 243) und wählt auch die Commissäre für die Pfarrprufungen (§. 26. A. 2) nicht mehr (*Cassani* pr. qu. 632). Diöcesansynoden fanden statt: zu Pavia 1878 (Arch. 55. S. 64), zu

Diöcese[9]) der Bischof sämmtliche Angelegenheiten der kath. Kirche, indem er sich zur Abfassung seiner Erlasse, namentlich auch der Hirtenbriefe[10]), der Beihülfe insbesondere der Mitglieder des Domcapitels (§. 22. A. 1[a]) bedient, aus dessen Mitte er regelmässig auch seine[13]) *Generalvicare* sowie den Vorstand und die Beisitzer etc. des Officialats (unten §. 21. A. 1 u. 6) entnimmt. Abgesehen (§. 11—14.) von der *Pfründen*einweisung (§. 22. A. 8[b], §. 23. A. 2 u. §. 26, A. 1[a] u. 10), den wichtigeren *Vermögensgeschäften* und sonstigen *gemischten* Angelegenheiten (§. 9), bedürfen die Erlasse der Diöcesanbehörden keinerlei Staatsgenehmigung[10]).

Wegen der von der *kirchlichen* Oberbehörde versagten *Be-*

Modigliana und Urbino im J. 1880 (Arch. 52. S. 234 u. 236), zu Nocera im J. 1881 (S. 235), zu Pavia und Neapel 1882 (Arch. **49**. S. 332, **50**. S. 381, **51**. S. 54, **54**. S. 167, Vorwort A. 1 = Sep.-Abdr. S. 1) sowie zu Ancona, Borgo und Nicosia v. J. 1883 (Arch. **52**. S. 239—242 u. **55**. S. 68).

10) Die Beschränkungen, welchen ehedem die *Hirtenbriefe* (Arch. 54. S. 178 u. 309 = Sep.-Abdr. S. 12 u. 36, Vorwort A. 20 u. §. 5. A. 9; unten §. 21. A. 2 u. 3) und sonstige Ausschreiben der Bischöfe von Cultuspolizeiwegen unterlagen, sind gleichfalls weggefallen (oben §. 5. A. 2 u. 7, Sc. 455, 456[16] u. 457[3]). Wie in Frankreich (Ggl. 222 u. 247 A. 5), sollen kath. *Katechismen* (§. 32. A. 6 u. 8, Verf.-Urk. A. 28, *Cassani* Rif disc. 1878 p. 319) und von den Priestern oder Gläubigen zum *Gottesdienste* zu verwendende Bücher nur mit ausdrücklicher Genehmigung des Bischofs gedruckt und diese Genehmigung auf der Druckschrift selbst erwähnt werden; Art. 28 II der Verf.-Urk. (= des in den röm. Provinzen mittelst D. 8. Oct. 1870 eingeführten Statuto fondamentale vom 4. März 1848) lautet: »Die Bibeln, Katechismen, liturgischen und Gebetbücher »können nicht ohne vorgängige Erlaubniss (»preventivo permesso«) des Bischofs ge»druckt werden.« Abweichend von Frankreich (Ggl. 252 u. 271 A. 8 u. 298 A. 1) und Deutschland braucht dagegen der Bischof selbst seine Verordnungen wegen *organischer* Einrichtungen oder Veränderungen hinsichtlich der Domcapitel (T. 397, §. 22 A. 7[a]), der geistlichen Erziehungs- und Besserungsanstalten (§. 23. A. 4 u. §. 24. A. 2) und der Gotteshäuser (vgl. §. 27. A. 2) der Regierung weder zur Genehmigung, noch auch nur zur Einsicht vorzulegen. Die kirchlichen Oberen haben deshalb, weil sie den Gläubigen den Verfassungseid (§. 31. A. 4) und am Königstage jede Kirchenfeier ausdrücklich verbieten (oben §. 6. A. 11, Arch. 54. S. 315 = Sep.-Abdr. S. 12), den Patronen (§. 19. A. 18) oder den Erwerbern ehedem kirchlicher Güter (§. 13. A. 9, §. 16. A. 6) bis zur Erfüllung ihrer moralischen Verpflichtungen alle religiösen Rechte vorenthalten (oben §. 5. A. 3) etc., keinerlei repressive Massnahmen zu befürchten. Abgesehen von den hinsichtlich der Glocken und der Prozessionen (§. 10. A. 6) bestehenden Beschränkungen ordnet der Bischof ohne jegliche Staatseinmischung den Religionsunterricht (§. 32. A. 8, vgl. jedoch A. 9), den Gottesdienst und die Gotteshauspolizei (§. 8. A. 1—8, das Biniren: Neap. III 2[15], Arch 51. S. 62), desgleichen die kirchlichen Rechte und Pflichten der Orden (§. 24. A. 2 u. 14 etc.) und Bruderschaften (§. 31. A. 19), die Stolgebühren (§. 17. A. 5, §. 26. A. 8, §. 29. A. 2, 30. A. 3, §. 33. A. 4) die kirchliche Beerdigung (§. 3. A. 2 u. §. 33. A. 7) etc

stätigung eines Vertrags kann, selbst wenn für diesen Fall vereinbart war, dass der Vertrag als nicht zu Stande gekommen gelten sollte, die Nichtigerklärung oder Auflösung des Vertrags staatsgerichtlich nicht[11]) erwirkt werden. — Die kirchliche Oberbehörde wird von der Regierung mit ihrem *Gutachten* über Veräusserungen (§. 14. A. 2) und sonstige, staatlich zu bestätigende Vermögensgeschäfte der Pfründen etc. und Gotteshäuser hauptsächlich nur im vormaligen Königreiche Neapel (oben §. 14. A. 12) und im Geltungsbereiche (unten §. 27. A. 9[a]) des franz. Decrets vom 30. Dec. 1809 gehört[12]). Der Bischof kann, gegen seine Gewalt sich auflehnende Pfründenbesitzer gerichtlich[12b]) aus den Pfründen entfernen lassen; im Uebrigen (§. 11. A. 12, 28. A. 2) entbehrt das Recht der kirchlichen Oberbehörde, die *bestimmungsgemässe Verwendung* des Kirchenguts zu überwachen, des staatlichen Schutzes (vgl. jedoch §. 14. A. 12, §. 15. A. 1, §. 19. A. 8 u. 12, §. 27. A. 13, §. 31. A. 5 u. 19, §. 32. A. 8 u. 11 u. §. 33. A. 7). — Zur Ueberwachung der Landgeistlichen und des Vollzugs seiner Anordnungen bedient sich der Bischof der *Vicarii foranei*[13]) oder besonderer Commissäre.

---

11) App. Turin 18. Jan. 1855, App. Cassale 15. Oct. 1874, Avv. 1880 p. 157 u. 181, R. 233, §. 28. A. 2[a], oben §. 14. A. 8 u. 12, vgl. auch §. 12. A. 3 hinsichtlich der Verpachtungen über 3 Jahr, §. 13. A. 4 u. 9 hinsichtlich der Annahme und Ausschlagung von Messstiftungen (§. 14 A. 4 u. Neap. V 2[4]), betreffs der 200 Fr. überschreitenden Anleihen der Pfarrpfünden (§. 12. A. 4 und Neap. IV 9[19]), §. 14. A. 3 betr Kunstgegenstände.

12) Unten § 21. A. 4, Ggl. 67 A. 6[8], 254 A. 3[b] u. 299 A. 2, Avv. 1884 p. 374 betr. Ligurien. Die Beschlüsse des zur Seminarverwaltung gebildeten »Diöcesanausschusses« (§. 23. A. 8) erlangen die Rechtswirksamkeit stets erst durch *bischöfliche* Bestätigung.

12b) Oben §. 6. A. 11, §. 7. A. 3, Sc. 356, vgl. Kass. Rom 28. Jan. 1881 bei *Grassi* 1881 II 53.

13) Neap. V 1, Arch. 51. S. 112, unten §. 26. A. 1[b]. Hinsichtlich der Aufsicht auf die Geistlichkeit am Diöcesanhauptorte lässt sich der Bischof regelmässig durch einen seiner *Generalvicare* (*Grassi* 258[1], R. 443) bezw. einen der Würdenträger des Domcapitels vertreten, unten §. 22. A. 6. Die Rechte juristischer Personen werden den Aufsichtssprengeln oder *Decanaten* nicht zuerkannt, oben §. 9. A. 1. — Die *Generalvicare* (*Grassi* 258[1] u R. 443) und *Weihbischöfe* bedürfen (anders in Frankreich, Ggl 266 A. 2) staatlicher Bestätigung nur dann, wenn sie in den Genuss einer für Vertreter des Bischofs eigens errichteten Pfründe (§. 9[2]) oder mit bürgerlicher Rechtswirksamkeit (§. 11. A. 5) in einen Antheil der Einnahmen der bischöflichen Tafel eingewiesen werden sollen. Ist daher die Ernennung des Bischofs bezw. Coadjutors oder die Wahl des Capitelsvicars vom Könige bestätigt worden, so können dieselben sich in ihrem ganzen Wirkungsbereiche nach Aussen hin, also namentlich auch hinsichtlich der Ernennungen rechtsgültig durch in beliebiger Zahl

§. 21. Königliche Bestätigung und Vermögensrechte der Bischöfe.

Ausserhalb Roms und der vorstädtischen Bisthümer (oben §. 3. A. 3, Sc. 82a) werden die der *bischöflichen Tafel* [1]) gehörenden Kapitalien, Renten, Zehnten und ähnlichen Rechte während der Erledigung des bischöflichen Stuhles *staatlich* verwaltet (§. 11. A. 12) und dem Bischofe zur Verwaltung und zum Genusse erst überwiesen, nachdem der *König* seine Ernennung *bestätigt* hat (oben §. 11. A. 2 u. 6). Seit 1882 wird diese Bestätigung keinem Bischofe mehr ertheilt, der solche erst *nach* seinem Amtsantritte nachsucht [2]).

---

von ihnen aufgestellte Generalvicare oder Weihbischöfe ohne Weiteres vertreten lassen.

1) Das Tafelgut geniesst die Rechte einer juristischen Person, Cast. 107 u. 256, R. 283, oben §. 15 I Aus dem Ertrage des Tafelgutes und den Nebeneinnahmen (unten Anm 6) vergutet der Bischof auch die Generalvicare (§. 20. A. 13), den allenfallsigen Coadjutor bezw. Weihbischof, die Mitglieder des Officialats (R. 464, T. 75, oben §. 6. A. 10 und §. 20, vgl. unten §. 22. A. 7), die Secretäre und sonstigen Gehülfen, mitunter selbst die Unterbeamten der Domkirchen. Nicht selten ruhen auf dem Tafelgute auch die Baulast am Dome (§. 26. A. 11, §. 29. A. 6 u. §. 30 II, T. 73 u. 261) und am bischöflichen Palast (unten Anm. 8) sowie vertrags- oder stiftungsmässige Reichnisse für Gottesdienste, Seminare etc.; all diese Verpflichtungen müssen *vor*weg aus dem Ertrage des Tafelgutes durch's Oeconomat bestritten werden, auch wenn dem Bischofe die Bestätigung versagt ist, oben §. 11. A. 10b. Neben der mensa, welche mit staatlicher Genehmigung auch für *sonstige* Diöcesanzwecke bestimmte Zuwendungen annehmen kann (Ggl. 244 A. 6), haben von den Diöcesananstalten nur noch die Domkirche (§. 27. A. 2), die Domcapitelpfründen (§. 22. A. 7b) und die geistlichen Bildungs-, Versorgungs- und Besserungsanstalten (§. 23.) juristische Persönlichkeit. Voraussichtliche Ersetzung der königlichen Oeconomate durch bischöfliche Oberstiftungsräthe: oben §. 11. A. 9.

2) Arch. 48. S. 213. Die staatliche Bestätigung blieb seit 1882 stets den Bischöfen versagt, welche, *ohne solche abzuwarten*, die Consecration (§. 11. A. 10) erhielten, einen Hirtenbrief (§. 20. A. 10) erliessen oder irgend welche sonstige Amtshandlung vornahmen. Fur die Bisthümer königlichen *Patronats* (oben §. 20. A. 4 u. 5) soll schon vor der Präconisation die kgl. »*Ernennung*« nachgesucht werden. Der Bischof muss *persönlich* um die Bestätigung nachsuchen (Sc. 332) unter Vorlage der *Urschrift* der *ihm* ertheilten Bulle (Sc. 322 und 332); die an das Domcapitel (§. 22), die Geistlichkeit oder das Volk (§. 26) gerichteten Bullen (Sc. 327) genügen nicht mehr; bis 1875 berücksichtigte die Regierung auch durch das Domcapitel, die Gemeindebehörde oder selbst durch Private an Stelle des Bischofs eingereichte Gesuche (Sc. 241, 325 A. 2—332), falls nur das Einverständniss des Bischofs mit dem Gesuche irgendwie festgestellt war, Sc. 333. Anfänglich (selbst noch 1877) hatte die Curie den *Bischöfen* (dagegen §. 26. A. 10) ausserhalb der Lombardei, Veneziens und des vormaligen Königreichs Sardinien (Sc. 319, 328 und 332, oben Vorwort Anm. 20 und 21, Arch. 54. S. 178 (= Sep.-Abdr. S. 12), vgl. 38. S. 30, 41. S. 176 u. 48. S. 211, *Cassani* 1872 p. 361 u. 413, 1877 p. 57) verboten, um die Bestätigung nach-

Solange die Ernennung nicht vom Könige bestätigt ist, erachtet die Regierung den bischöflichen Stuhl als *erledigt* und kann daher der Bischof weder den Ertrag des eigentlichen Tafelgutes [1]) erheben, noch Namens der *Tafel* klagen, verklagt werden oder *Rechtsgeschäfte* vornehmen [3]); doch kann er rechtsgültig Mitglieder des Domcapitels wie *Pfarrer* ernennen [4]) und absetzen [5]) sowie sonstige, wenn auch

---

zusuchen Das dem Bischofe aus päpstlichen Mitteln gezahlte Sussidio unterliegt der Einkommensteuer, oben §. 12. A. 8, *Grassi* 1881 II 72. Der Ministerpräsident Minghetti theilte am 7. Mai 1875 (Sc. 332) der Abgeordnetenkammer mit, dass seit Erlass des Gar.-G. der hl. Vater 135 Bischofe und 15 Coadjutoren mit Anwartschaft auf Nachfolge (oben §. 20. A. 7) ernannt habe; 94 hätten das königl. Exequatur nachgesucht, aber nur 28 hätten die Bestätigung erhalten. Noch 1882 hat die Regierung dem Cardinal Parochi die Bestätigung als Erzbischof von Bologna versagt, da der Stadtrath die Befürchtung ausgesprochen, dass seine Installation »zur Missstimmung, vielleicht selbst zu Unordnungen (oben §. 10. A. 7) Anlass bieten könnte«! Arch. 48. S. 212.

3) Einem der königl. Bestätigung entbehrenden Bischofe fehlt unzweifelhaft die Legitimation zur Besitzergreifung und Vertretung des *Tafelgutes* (die rappresentanza giuridica dell' ente ecclesiastico, Kass. Rom 23. Juli 1877, *Grassi* 258, T. 66, oben §. 11. A. 2, Arch. **55**. S. 7 = Sep.-Abdr. 52); doch bestreitet ihm die Regierung nicht das Recht, Hirtenbriefe (obige Anm. 2) zu erlassen, Pontificalakte und sonstige *rein geistliche* Amtshandlungen (oben §. 6. A. 3, Arch. 54. S. 310 = Sep.-Abdr. 37) vorzunehmen. (Min.-E. 24. Febr. 1872 bei *Grassi* 258).

4) St-R. 9. Febr. 1872, *Grassi* 258, Sc. 336 u. 446 A. 4, App. Neapel 3. Dec. 1878, Avv. 1879 N. 2 p. 6, oben §. 11. A. 7 u. §. 19. A. 5 [b], dagegen *Grassi* 38. Zufolge Min.-E. 22. Sept. 1876 (Arch. **36**. S. 412, **41**. S. 176 und **48**. S. 214) sollen allerdings die Oberstaatsanwälte weder hinsichtlich der Ernennung von Domherrn (§. 22. A. 8 [b]) oder Pfarrern (§. 26. A. 1 [a]), noch hinsichtlich der Bestätigung von Vermögensgeschäften (§. 14. A. 12 und §. 20. A. 12) etc. irgend welche Anträge staatlich nicht anerkannter Bischöfe annehmen. Auch der Provinzialschulrath (§. 23. A. 4 u. §. 32. I) nimmt von solchen keine Gesuche, z. B. wegen Eröffnung von Unterrichtsklassen, entgegen (Min.-E. 3. Dec. 1872, R. 768 u. 773), verkehrt vielmehr nur mit dem Seminardirector (§. 23. A. 8 [b]), welchen noch der staatlich bestätigte frühere Bischof bezw. Capitelsvicar (unten Anm. 4, §. 20. A. 7) ernannt hatte.

5) App. Brescia 31. Juli 1876, T. 68, vgl. R. 766. Doch würde die Regierung zur Pfründenentziehung auf Grund der Verfügung eines staatlich *nicht* bestätigten Bischofes kaum mitwirken (oben §. 7. A. 2 Arch **54**. S. 316 = Sep. Abdr. 43); auch Kass. Rom 23. Juli 1877 (T. 77) u. App. Palermo 16. Oct. 1875 (Sc. 335 u. 342, App. Brescia bei *Cassani* pr. qu. 597, 599, 618, 635, 658 und 679 betreffs der bei Mantua gewählten Pfarrer, §. 26. A. 4) versagten — in Uebereinstimmung mit dem Min.-E. 22. Sept. 1876, obige Anm. 4 — den staatlich nicht bestatigten Bischöfen die abilitazione all' *esterno* esercizio dell' officio, da die Amtsakte mit *bürgerlichen* Rechtsfolgen keine einfachen »funzioni *spirituali*«, sondern in die *Aeusserlichkeit* tretende Bethätigungen der jura imperii seien. Hiernach würden die Ernennungsurkunden (Anm. 4), wie die

über das forum internum hinausgehende Jurisdictionsakte (»nelle relazioni esterne e con le autorità civili«) vornehmen. Desgleichen bezieht er *unabhängig*[6]) von der königlichen Bestätigung die[1]) stiftungsmässigen (§. 17. A. 5), ständigen oder herkömmlichen *Beiträge* der Pfründen (§. 12. A. 11), Seminare etc. (§. 23. A. 7) und Gotteshäuser (§. 30. A. 3) für die Diöcesanverwaltung[6]) sowie die *Dienstwohnung*[7]). Letztere sammt zugehörigen Höfen und Gärten, sowie ein ländlicher Sommeraufenthalt blieben von der *Umwandlung* in Staatsrente ausgenommen[8]); dagegen unterliegt ausserhalb Roms und der vorstädti-

---

Strafbescheide, um staatliche Anerkennung zu erlangen, noch vom seinerzeit staatlich bestätigten Capitelsvicare (oben §. 20. A. 7) unterzeichnet werden müssen, als ob der bischöfliche Stuhl noch erledigt wäre.

6) Oben §. 9. A. 6 u. §. 15. A. 1, *Cassani* pr. qu. 154 u. 157, P. 427 u. 461, R 569 u. 775, wie das cathedraticum (§. 27. A. 2), das synodaticum, ferner das bei Besteigung des bischöflichen Stuhles oder einem sonstigen ausserordentlichen Anlasse fällige subsidium charitativum (*Cassani* pr. qu. 153), freie Verpflegung bei Pfarrvisitationen (Avv. 1882 p. 55, unten §. 22. A. 2), Taxen für Einsendung der *Dispens*gesuche (Avv. 1885 p. 148, oben §. 4. A. 5, §. 6. A. 8, §. 13. A. 9, §. 16. A. 6 u. §. 19. A. 18) Die Ausfertigungsgebühren (juria curialia) werden regelmässig von den bezugsberechtigten Unterbeamten unmittelbar erhoben. Neap. V 1[8], Arch. 51. S. 118. Aus all diesen Nebeneinnahmen pflegt vorweg der persönliche und sächliche Bedarf der bischöflichen Gerichts- und Verwaltungsbehörden (obige Anm. 1) bestritten zu werden.

7) R. 479 u. 503, dagegen Arch. **48**. S. 211, Sc. 299. 302 u. 336. Mitunter haben die königl. Oeconomate, deren Ueberwachung von Rechtwegen auch der bischöfliche Palast als Eigenthum der Tafel (*Cast.* 126, oben §. 12. A. 2) mitunterliegt, einen Bischof, welcher die königl. Bestätigung nicht nachgesucht oder nicht erhalten hat, hieraus und selbst aus dem Seminargebäude vertrieben.

8) Oben §. 18 I, G. 7. Juli 1866 A. 18, T. 71 und 214, Avv. 1880 p. 212. Weder die Villa, noch Höfe, Garten und Park brauchen mit der Wohnung in unmittelbarem Zusammenhange zu stehen. App. Turin 31. Jan. 1870, *Grassi* 81, R. 569. Dieselben sind frei von Steuern (oben §. 4. A. 8 u. §. 12. A. 7, Arch. **54**. S. 305 u. **55**. S. 13 = Sep.-Abdr. S. 32 u. 58), von der Todthandabgabe (*Grassi* 320[4] u. 335[16], dagegen Avv. 1880 p. 212, 1879 p. 14), sowie von der Einquartirung in Friedenszeiten. Die Unterhaltungslast am Palaste und Dome obliegt, soweit nicht die Ueberschüsse des Tafelgutes (oben Anm. 1 u. §. 26. A. 11, unten Anm. 10, oben §. 12. A 2 und 4) beziehungsweise der Domkirche (§. 27. A. 2) ausreichen, dem Patrone (sard. Patent 6. Jan. 1824, oben §. 19 A. 7 u. 9, §. 20. A. 5, §. 29. A. 6 u. §. 30 II), endlich (P. 89, Avv. 1884 p. 373) den Gemeinden, oder vielmehr der Provinz (oben §. 9. A. 1, §. 17 I 5) bezw. zufolge besonderen Rechtstitels (Ggl. 260) dem Staate, an dessen Stelle übrigens (oben §. 17 I[3] und II[3] A. 14) der allgemeine bezw. der röm. Cultusfond bereits getreten ist; auch soll der allg. Cultusfond (§. 17 I[5]) die auf allgemeinen gesetzlichen Bestimmungen beruhenden Verpflichtungen der Gemeinden und Provinzen dereinst übernehmen.

schen Bisthümer das Tafelgut der *Einziehung* von 30 %[9]) sowie der jährlichen Abgabe zum *Cultusfond*[10]).

§. 22. *Domcapitel* (nur noch höchstens 12 Canonicate).

Ausserhalb Roms und der vorstädtischen Bisthumssitze[1]), wo alle Collegiatstifte, wenn auch nicht im Besitze von Pfarrrechten (§. 25. A. 1), erhalten blieben und nur die Canonicate, Dom- und Stiftscaplaneien, Prälaturen, Abteien (§. 25. A. 2—4, 11—13) und

---

9) G. 7. Juli 1866 A. 31[3]) u. G. 15. Aug 1867 A. 19 (oben §. 16. A. 12[b]). Den damals im Genusse der Pfründe befindlichen Bischöfen ergänzt der Cultusfond, wiewohl die bischöfliche Congrua nur 4300 Fr. beträgt (oben §. 12. A. 11), die Reineinnahme der bischöflichen Tafel auf jährlich 6000 Fr., soferne solche durch die Einziehung der 30 % unter 6000 Fr. gesunken war. T. 256, 266 u. 442. Wenn mit dem bischöflichen Stuhle eine Pfarrei unirt (§. 9. A. 4) ist, so wird aus dem Tafelgute die von der Rentenumwandlung (§. 18. A. 1) sowie von der Einziehung der 30 % (§. 16. A. 12[b]) freizulassende Pfarrdotation (quota curata, unten §. 25. A. 6 u. 9) ausgeschieden. Kass. Rom 29. Mai u. 17. Juni 1878, Avv. 1878 N. 1 p. 7, — *Grassi* 123[7] und Randzusatz 1, August 1878 p. 1, — *dagegen* 128[3], vgl. 152[1], 1881 I 94, T. 312.

10) Als quota di concorso entrichten ausserhalb Roms und der vorstädtischen Bisthümer die Bischöfe 1/3 von der Jahreseinnahme des Tafelgutes über 10,000 Fr.,
1/2 " " " " " " 20,000 Fr.,
2/3 " " " " " " 30,000 Fr.,
und den *vollen* Mehrbetrag über 60,000 Fr. T. 257, oben §. 17. A. 3. Trotz dieser »Rentenüberschusse« sowie der Einziehung (obige Anm. 9) von 30 % müssen auch jetzt noch im vormaligen Königreiche *Neapel* die Bischöfe 1/3 des Reinertrags des Tafelguts an den Staat abgeben. Kass. Rom 17. Mai 1878 und 21. Dec. 1883, T. 266 u. Avv. 1884 p, 357, vgl. *Grassi* 212[1]—214, 1881 I 97. Jedenfalls hätten die *Erz*bischöfe, besonders in den ehemaligen Landeshauptstädten in geringerem Masse, als die *Suffragan*bischöfe auf dem Lande herangezogen werden sollen. *Cassani* pr. qu. 450. Der Rentenüberschuss-Beitrag wird aus der *Summe* des Ertrags der per aequalitatem (§. 9. A. 4) *unirten* bischöflichen Tafel berechnet. *Grassi* 210[4] (211[4]) u. 213[4], dagegen App. Rom 3. Febr. 1877. Decret 1 Oct. 1884 hat auch gegenuber den bischöflichen Tafeln auf der Insel *Sardinien* das Spolienrecht aufgehoben, so dass nunmehr in ganz Italien das Oeconomat nur *während der etwaigen Erledigung* (§. 12. A. 11) den Reinertrag der bischöflichen Tafel bezieht, Avv. 1885 p. 238.

1) G. 19. Juni 1873 A. 14 u. 16, oben §. 3. A. 3 u. §. 17[II], Arch. **54.** S. 298 u. **55.** S. 41 = Sep.-Abdr. 25 u. 86. In Rom und den vorstädtischen Bisthümern wurden weder die dem *königlichen*, noch die dem *geistlichen* Patronate oder der freien Verleihung unterliegenden Canonicate und Vicariate auf 12 bezw. 6 ermässigt (unten Anm. 2).

1a) Das Capitel bildet den Senat des Bischofs, *Cassani* pr. qu. 57, 61, 73, 146, 153 u. 207; der Zustimmung des Capitels bedarf übrigens der Bischof nur in einzelnen Fällen, wie (p. 671) zur Veräusserung (§. 20. A. 9) von Kirchengütern. Das Capitel ernennt (oben §. 20. A. 7) den Capitelsvicar, ein Mitglied des Diöcesanausschusses (§. 23. A. 8, T. 18, vgl. Vorwort A. 13, Arch. 54. S.

einfachen Handpfründen *weltlichen* oder gemischten[1b]) Patronats (oben §. 19. A. 11 u. §. 25. A. 13) der Einziehung unterlagen, hat der Staat von den geistlichen Körperschaften, — gleichviel ob solche behufs der Seelsorge, der Beihülfe[1a]) in der *Diöcesanverwaltung, des* Chordienstes[7a]) oder zu sonstigen Zwecken errichtet waren, — *für jedes Bisthum* blos das Domcapitel beibehalten und zwar von den der *freien* Verleihung oder dem *kirchlichen* Patronate unterliegenden Pfründen lediglich *12 Canonicate* und *6 Beneficien*[2]). Das Vermögen

174) und zufolge Herkommens, Patronats (§. 19. A. 10), oder sonstigen Rechtstitels (unten A. 5) Pfarrer, Pfarrvicare etc. ständig oder abwechselnd mit dem Bischofe. P. 342. Urlaub über 3 Monat suchen die Mitglieder des Capitels beim Bischofe nach. P. 320, oben §. 9. A. 7; sie verlieren die Hälfte des Jahreseinkommens, wenn sie trotz wiederholter Warnung über 3 Monate vom Dienste abwesend bleiben, Congreg. Conc. 22. August 1885, Avv. 1885 p. 231, §. 6. A. 4. Insoweit nicht die Capitelsordnung (oben §. 20. A. 10, Arch. 55. S. 67, 213 = Sep.-Abdr. 104) anders bestimmt, haben die Mitglieder des Capitels im Officialate (§. 21. A. 1), im Seminare (Avv. 1879 p. 12, unten Anm. 2) sowie für sonstige Diöcesanzwecke nach jeweiliger Anordnung des Bischofs mitzuwirken.

1b) Oben §. 19. A. 11, *Grassi* 1881 II 81. Kass. Rom 26. Jan. 1881. Auch die Inhaber eines *passiven* Patronats weltlicher Eigenschaft können revindiciren.

2) G. 15. Aug. 1867 A. 6, G. 11. Aug. 1870 A. 8, P. 327, R. 283, 480 u. 582, Kass. Rom 20. Febr. 1878, *Grassi* 226, Avv. 1879 p. 141. Der Antheil am Stammvermögen, welcher durch Nichtwiederbesetzung der über 12 bezw. 6 hinausgehenden Domherrnstellen und Beneficien frei wird, wächst nicht etwa (R. 583 u. 771) den beibehaltenen Präbenden zu, sondern fällt dem allgemeinen Cultusfond zu. Kass. Rom 27. Jan 1877, 30. April 1880 u. 20. Mai 1883, Avv. 1880 p. 308, 1881 p. 69, 1883 p. 273 *Grassi* 182[1], 183[1] u [2]. Dies gilt namentlich auch von dem *Abzuge*, welchen etwa die eingezogene Stelle per le distribuzioni quotidiane oder für die massa piccola d. i. zur Vergütung der jeweils Chordienst leistenden Mitglieder zu erleiden hatte. Dieser Abzug — in der Regel 1/3 der Pfründe, *Cassani* pr. qu. 171, T. 397, mitunter auch mehr, Avv. 1885 p. 15 — theilt als Bestandtheil der Pfründe das Schicksal letzterer. Kass. Rom 27. Jan. 1877, 30. April 1880 u. 11. April 1885, T. 397, Avv. 1879 p. 141, 1880 p. 308 u. 1885 p. 15 u. 237, *Grassi* Sept. 1877 p. 5, 1881 I 85. Ausser den dem Chordienste beiwohnenden Mitgliedern erhalten, da keine entgegengesetzte Uebung mehr zugelassen wird (Avv. 1885 p. 5), nur diejenigen noch Vergütung, welche durch Versehung der Pfarrei (unten Anm. 5, Avv. 1879 p. 103, 111, 135 u 141, 1881 p. 258, 1884 p. 359), durch Krankheit oder durch vom Bischofe aufgetragene Geschäfte, z. B. Assistenz bei der Priesterweihe oder bei Pfarrvisitationen (oben § 21. A. 6, Avv. 1879 N. 2. p. 4), als Musikdirector der Domcapelle (1885 p. 5), durch Unterrichtsertheilung als Theologus (1882 p 88 u. 258, unten Anm. 6), im Seminare, durch Beichthören als Poenitentiarius (Neap. IV 1[8], Arch. 51 S. 72) verhindert sind. Der nur zur Erholung Beurlaubte erhält keinen Antheil (Avv. 1880 p. 171). Statt täglich, wird die Vergütung mitunter erst am Schlusse des Monats oder Jahres vertheilt. T. 297,

der übrigen Capitelspfründen freier Verleihung oder kirchlichen (§. 19. A. 10) Patronats wurde zu Gunsten des Cultusfonds eingezogen [3]). Alle Canonicate und Dombeneficien *weltlichen* Privat-Patronats unterlagen dagegen der Einziehung seitens der Patrone (§. 19[a], A. 9 u. 13, Arch. 55. S. 49 u. 51 = Sep.-Abdr. S. 94 u. 96) und zwar selbst dann, wenn hierdurch der Bestand des Capitels unter die Zahl von 12 höheren und 6 niederen Pfründen fiel [4]), letzterenfalls übrigens unbeschadet der

300 u. 397. Verschieden von der durch *Abzug* an den Pfründen gebildeten Masse sind die zur Vergutung für den Chordienst eigens bestimmten *Stiftungen* (*patrimonio* delle distribuzioni, massa commune, gleichfalls als »massa piccola« bezeichnet, unten Anm. 7[b]; trotz der Einziehung aller (§. 19[a] A. 13) Patronatspfründen des Capitels und (§. 16. A. 1) der über 12 bezw. 6 hinausgehenden Stellen verbleiben solche, eigenen Zwecken dienende Vermögensmassen ungeschmälert dem Capitel, der »mensa capitolare«. Kass. Rom 12. Aug. 1880 u. 11. April 1885, T. 398, App Lucca 5. Juli 1878 u. App. Catania 26. März 1884, Avv. 1878 N. 1 p. 7, 1879 N. 3 p. 15, 1880 p. 153, 344 u. 392, 1884 p. 500 u. 538, 1885 p. 237, *Grassi* 183[3—6] u. 185, 1881 p. 11—19. Auch das Oeconomat kann während der Erledigung des Canonicats oder Vicariats keinen Antheil beanspruchen, §. 11. A. 12, 1885 p. 149. Für Erzdiöcesen hätte *Cassani* pr. qu. 473 die Beibehaltung von mindestens 15 Canonicaten als nöthig erachtet.

3) G. 15. Aug. 1867 A. 5 u. 6, T. 393, oben §. 16. A. 1 u. §. 17 I. Dass mit dem 13. Canonicate eine Capitels*würde* (unten A. 6) verbunden war, stand der Einziehung nicht entgegen; wohl aber blieben alle Pfründen erhalten, auf welchen (unten §. 25. A. 4) pfarrliche Seelsorge ruhte, ferner die stiftungsgemäss von einem Domherrn oder Dombeneficiaten mitzubesorgenden »Caplaneien« (§. 25. A. 2 u. 13), da letztere nicht etwa »siebte« Beneficien, noch überhaupt eigene »Rechtssubjecte«, sondern nur Fundationszuflüsse bilden, deren Jahresertrag dem Besitzer der beibehaltenen Pfründen gegen Beibehaltung der gestifteten Gottesdienste belassen bleibt. Avv. 1884 p. 501, vgl. 1880 p. 154 u. 380, T. 304 und 388, unten Anm. 8[a]. Auch jetzt noch können den einzelnen Capitelspfrunden Messstiftungen zugewendet werden, Avv. 1880 p. 314, oben §. 15. A. 6[b], Arch. 55. S. 27 = Sep.-Abdr. 72.

4) Kass. Rom 19. Mai 1877, 30. Nov. 1880 u. 26. Januar 1881, Avv. 1880 p. 153, *Grassi* 182[2], 1881 II 81. Gemäss G. 11. Aug. 1870 A. 8 hatte jedoch noch Kass. Rom 11. Juni 1880, *Grassi* 1881 I. 85, App. Turin 3. Juni 1871 und 25. April 1874 (Giurisprud. 1874 p. 466, *Grassi* 182[1] u. [2], R. 583) weltlichen Patronatsherrn nur insoweit die Einziehung zugestanden, als noch 12 *höhere* und 6 *niedere* Pfründen erhalten blieben; hiemit stimmen überein T. 393 u. 459, *Cassani* pr. qu. 494 und Finanz.-Min.-E. 8. Aug. 1868. Wenn also neben 10 Canonicaten *kirchlichen* Patronats oder *freier* Verleihung 4 Canonicate weltlichen Patronats bestanden, so würden die Inhaber letzterer Patronate nur je die Hälfte der Pfründen einziehen können. Hiernach hat auch die Regierung die Capitelspfründen königl. Patronats (oben §. 19. A. 9, Arch. 55. S. 50 = Sep.-Abdr. 95) nur insoweit eingezogen, als solche die Zahl 12 bezw. 6 überschritten. G. 15. Aug. 1867 A. 1[2] macht hinsichtlich der weltlichen Patronate keinen Unterschied, ob solche sich in Händen des *Königs*

Verpflichtung der Patrone (salvo l'adempimento dei pesi), als eine auf dem eingezogenen Vermögen *stiftungsmässig* ruhende Last die Besoldung des zur Bewältigung der Diöcesangeschäfte weiter nöthigen Beamten dem Bischofe fortlaufend zu zahlen[4b]). In die Zahl der 12 Canonicate werden auch der *Dompfarrer*[5]) und die *Kapitelswürden*[6]) *eingerechnet.*

(§. 19. A. 9) oder eines *Privaten* befinden. Von Rechtswegen stehen daher auch Privaten keine weitergehenden Rechte zu, als solche dem königl. Patronate zukommen Die vom Staatsoberhaupte nicht kraft eigentlichen *Patronats*, sondern nur zufolge der Abmachungen mit der Curie besetzten Capitelspfründen blieben erhalten, soweit nicht die Zahl 12 bezw. 6 überschreitend. T. 308, unten Anm. 8, oben §. 20. A. 5.

4b) *Cassani* 460, vgl. *Grassi* 181[1], oben §. 19. A. 17, vgl. §. 16. A. 4; ein Gerichtsurtheil in diesem Sinne liegt allerdings noch nicht vor, doch wollte der Gesetzgeber nur die weder (§. 25.) zur Seelsorge, noch (§. 9. A. 6 u. §. 21. A. 1) zur Jurisdiction, noch zur Beihülfe hiefür nöthigen Pfründen eingezogen, auch stets die stiftungsmässigen *Lasten* beibehalten wissen.

5) G. 15. Aug. 1867 A. 6 »compreso il beneficio parochiale«, T. 389 u. 393, vgl. §. 25. A. 4. Wenn die Dompfarrei mit dem Capitel unirt ist (oben §. 9. A. 4, Arch. 55. S. 4 = Sep.-Abdr. 49), so versehen entweder die Capitelsmitglieder *der Reihenfolge nach* die Pfarrei (R. 574 u. 577, T. 306, vgl. §. 26. A. 7 u. 8), allenfalls unter Beihilfe eines — etwa aus der Reihe der Capitelsmitglieder Avv. 1885 p. 193 — auf Ruf und Widerruf aufgestellten coadiutore (Avv. 1880 p. 268, T. 290, unten §. 25. A. 10), oder das Capitel — als Inhaber der cura habitualis Avv. 1884 p 478, oben Anm. 1[b] — ernennt einen vicario curato regelmässig auf Zeit Lebens, Congreg Concilii 26. April 1879, Avv. 1879 p. 76, vgl. *Grassi* 152[1], unten §. 26 A. 1. (Neben dem Dompfarrer kann einem anderen Mitgliede des Domcapitels herkömmlich die Aussegnung der Leichen oder die Vornahme einzelner Pfarrakte zustehen, Avv. 1879 N. 2 u. 7). Wenn jedoch, wie häufig in Frankreich (Ggl. 263 u. 269), die Dompfarrei bisher schon einen eigenen Pfarrer (»priore. accipretes«, *Grassi* 101[2], §. 25. A. 11) mit einer *von der Capitalsmasse ausgeschiedenen* Pfründe hatte, so blieb sie neben den 12 Canonicaten fortbestehen (Kass. 13. Mai 1876, 30. Dec. 1882, *Grassi* 182[3], 225[1], Avv. 1883 p. 165, T. 289, 294 u. 299, vgl. oben §. 9. A. 6, Arch. 55. S. 4 = Sep.-Abdr. 49) und unterlag alsdann — nach den für Pfarrpfründen geltenden Bestimmungen, §. 25. A. 8 u. 9 — auch nicht, wie das Domcapitelvermögen (unten A. 8[a]), der 30 %igen Staatsabgabe, noch der Rentenumwandlung, T. 293 u 294, App. Florenz 8. Aug. 1873, *Grassi* 225[2], vgl. 1881 I 89. Kass. Turin 25. Febr. 1874, unten A. 8[a].

6) Le dignità nelle cattedrali non sono conservate, se non sono capitolari. App. Aquila 17. Nov. 1868, T. 293 u. 393, *Grassi* 181 A. 2 u. Juli 1878 p. 5. P. 325, unten Anm. 8[a] u. [b]. Stiftungsmässig darf eine Capitelswürde mitunter nur an Bewerber mit dem Doctorgrade verliehen werden. Avv. 1884 p. 494. Mit Ausnahme Roms und der vorstädtischen Bisthümer, unterlag jede *ausserhalb* des Capitelsverbandes bestandenen Pfründe eines Erzpriesters, eines Erzdiacons (*Cassani* pr. qu. 73 u. 77, *Grassi* 121[1], oben §. 20. A. 7 u. 13, unten §. 25. A. 11), eines Domdechants (*Grassi* 182[3]), Dompropstes, Theologen (oben Anm. 2), Scholasten, Poenitentiars etc. der Einziehung. Avv. 1879 p. 140.

Geistliche, welchen als »*dreizehnten*« und weiteren Domherrn der jeweilige Bischof, ohne rechtlich hierzu verpflichtet zu sein, Präbenden aus dem Ertrage seines Tafelgutes (§. 21. A. 1, vgl. übrigens §. 13. A. 1[a], Arch. **55**. S. 15 u. 215 = Sep.-Abdr. S. 60 u. 106) gewährt, geniessen alle *kirchlichen* Rechte wirklicher Domherrn, haben aber keinen Antheil an den, gleichviel ob vor oder nach Errichtung der betreffenden Pfründe, zu Gunsten des »*Domcapitels*« gemachten Zuwendungen[7a]). Formell pflegt die juristische Persönlichkeit *nicht* sowohl der *Gesammtheit* des Capitels, als vielmehr nur den *einzelnen* Canonicaten und Beneficien[7b]) beigelegt zu werden, wiewohl letztere nicht gehindert sind, das ihnen etwa gemeinsam zustehende Vermögen durch ihren Schatzmeister, wie früher, fortverwalten zu lassen.

Die Canonicate wie die Dombeneficien haben ausserhalb Roms und der vorstädtischen Bisthümer vom *Mehrbetrage* der jährlichen Reineinnahmen über 1000 Fr. 5 %, über 5000 Fr. 12 % und über 10,000 Fr. 20 % an den Cultusfond (als »Rentenüberschüsse«) abzugeben[8a]). — Die Mitglieder der Domcapitel werden vom *hl. Vater*

7a) Congregatio Concilii 16. Dec. 1882, Avv. 1883 p. 62. *Ehren*domherrn theilen mit den wirklichen Domherrn blos den Sitz im Chor und die Amtskleidung, Avv. 1883 p. 186, Ggl. 271. Chordienstordnung: Avv. 1878 N. 1 p. 4, Neap. IV 1. Arch. **51**. S. 75. Die Domherrn leisten den Eid vor dem Bischofe und vor dem Capitel, Arch. **50**. S. 383; auch sie entbehren der politischen Wählbarkeit (oben §. 4. A. 3, Arch. 54. S. 303 = Sep.-Abdr. 30).

7b) Cast. 256, R. 593. Hauptsächlich nur, um die Annahme auszuschliessen, als ob den fortbestehenden Pfründen das Vermögen der eingezogenen Stellen zuwachse, nennt G. 15. Aug. 1867 A. 1 nicht die »Capitoli«, sondern nur die »canonicati e benefici delle chiese cattedrali« als Träger der Vermögensrechte, Avv. 1879 p. 141, T. 292 (A), 293 u. 391, *Grassi* 184[3], dagegen *Grassi* 101, 182[3], T. 20[20] u. 38, vgl. Avv. 1881 p. 164, 1882 p. 9 u. 39. In Avv. 1885 p. 15 verhandelt noch mit dem Staate ein *Capitel* als solches. Mitunter fehlt gänzlich eine massa *grossa* capitolare, so dass die einzelnen Stellen ausschliesslich auf ihre besonderen Pfründen angewiesen sind (T. 73, 395, 398 u. 515, R. 583, oben §. 11. A. 2 am Schlusse Arch. 55. S. 8 = Sep.-Abdr. 53), oder es besteht das gemeinsame Capitelsgut lediglich in der Stiftung zur Vergütung für den Chordienst (oben Anm. 2, unten §. 25. A. 6).

8a) G. 7. Juli 1866 A. 31, T. 256, *Grassi* 101, oben §. 17. A. 3, Arch. 55. S. 36 = Sep.-Abdr. 81. Ein Gesetzentwurf von 1865 hatte als unangreifbaren Mindestbetrag (oben §. 4. A. 9 u. §. 12. A. 11, Arch. **54**. S. 305 u. **55**. S. 14 = Sep.-Abdr. 32 u. 59) des Diensteinkommens angenommen: für einen einfachen Domherrn 1500 Fr. bezw. an einem Erzbisthume 1800 Fr. und für den Träger einer Capitelswürde 2500 Fr. *Cassani* pr. qu. 704, vgl. 520. Abgabe des halbjährigen Pfründenertrags an die Domkirche: §. 29. A. 8. Die 30 %ige *Staatsabgabe* (oben §. 16. A. 16, Arch. 55. S. 33 = Sep.-Abdr. 78) trifft erst den Mehrertrag des Reineinkommens (vgl. §. 24. A. 4) der Domherrnstellen über 800 Fr. und der Domvicariate über 500 Fr. Das Grundvermögen der oder vom Bischofe[8b]) lebenslänglich *ernannt* und gegebenen Falls abberufen oder mit Gehilfen versehen. Ausserhalb Roms und der vorstädtischen Bisthümer erfolgt die Einweisung in die Pfründe erst nach staatlicher Bestätigung der Ernennung[9]).

§. 23. Geistliche Bildungs-, Versorgungs- und Besserungs-Anstalten.

Art. 13. des Gar.-Gesetzes »unterstellt die Seminare, Acade»mien, College und andere katholischen geistlichen Erziehungs- und »Bildungsanstalten in der Stadt *Rom* und an den Sitzen der 6 *vor»städtischen* Bisthümer auch fortan der alleinigen Leitung des »hl. Stuhles und schliesst hinsichtlich derselben jede Einmischung »der staatlichen *Unterrichts*behörden aus« [1]). Auch im übrigen Italien

Capitelspfründen unterlag selbst dann, wenn die einzelnen Mitglieder dem Dompfarrer Aushülfe zu leisten hatten, (Kass. Florenz 7. Febr. 1870, *Grassi* 71 [4]) der Umwandlung in Staatsrente und der 30 %igen Abgabe (*Grassi* 1881 I 96), nicht jedoch auch das der *ausgeschiedenen* Dompfarreipfründe, G. 11. August 1870 A. 2, T. 297 u. 454, oben A. 5, unten §. 25. A. 9, *Grassi* 227 [1], Kass. Palermo 17. Juni 1871.

8b) §. 20. A. 9 u. §. 21. A. 4. Kraft der Reserven besetzt der hl. Vater regelmässig die *erste* Capitelswürde (obige Anm. 6, vgl. §. 20. A. 5 u. 8) und die in gewissen Monaten sich erledigenden Stellen (*Cassani* pr. qu. 194, 219 u. 243, vgl. Sc. 297) u. zwar zumeist nur auf Vorschlag des Bischofs oder des Domcapitels (P. 410 u. 431) bezw. des Inhabers des *geistlichen* Patronats (§. 19. A. 4 u. 10). Auch die Canonicate gehören zu den benefizi minori (§. 20. A. 4, *Cassani* pr. qu. 131). Das ehedem in Neapel, Piemont und Lombardei-Venezien dem *Könige* zugekommene Ernennungsrecht ist gleichfalls hinsichtlich der Canonicate und der Dombenefizien weggefallen. G.-G. 15, Sc. 307 und 457, oben Anm. 4, §. 19. A. 1 und §. 20. A. 5. Auf Lebensdauer werden selbst die einfachen Dombeneficien verliehen. P. 295 u. 317, R. 275, oben §. 6. A. 9 = Arch. **54**. S. 314, Sep.-Abdr. 41.

9) Oben §. 11. (insbes. A. 2 Schluss). Wenn die Ernennung vom Bischofe ausgegangen ist, so kann jetzt schon der Oberstaatsanwalt die Bestätigung ertheilen (oben §. 11. A. 7, Arch. 55. S. 9 = Sep.-Abdr. 54, — dagegen ehedem D. 26. Juli 1863 A. 3, T. 63. Den Domherrn wie den Pfarrern (§ 26. A. 10 hatte der hl. Vater alsbald allgemein gestattet, die *staatliche* Bestätigung nachzusuchen, Sc. 325. Zufolge des dem Parlamente am 7. Febr. 1865 vorgelegten Gesetzentwurfs sollte die Ernennung der Mitglieder des Domcapitels nur auf Vorschlag der Diöcesancongregation erfolgen. (Vorwort Anm. 13, Arch. 54. S. 174, Sep.-Abdr. 8, oben §. 20. Anm. 3).

1) *Geffcken* 24, Sc. 214 u. 417. Hinsichtlich des *Vermögens* sind auch die geistlichen Unterrichtsanstalten, soweit nicht etwa im vaticanischen Gebiete (Arch. **53**. S. 471, **54**. S. 291 u. 298 = Sep.-Abdr. S. 17, 18 u. 25, oben §. 1. A. 5 u. 8) gelegen, der Staatsaufsicht unterworfen §. 14. A. 7 u. §. 18. A. 3) Arch. 55. S. 23 u. 43 = Sep.-Abdr. 68 u. 88. — Die Gregorianische Universität, deren Gebäude in der *Stadt* Rom (Arch. **25**. CXLIII u. **31**. S. 186) seitens Italiens enteignet wurden, ertheilt die akademischen Grade für Philosophie,

ordnen die kirchlichen Oberbehörden selbständig [2]) die gesammte Vorbildung der Geistlichen; nur hinsichtlich der Knabenseminare haben sie vor Beginn des Schuljahres Verzeichnisse der von ihnen ernannten Beamten und *Lehrer* sowie der Zöglinge dem Provinzialschulcollegium (§. 32. A. 6) vorzulegen, auch vom Ministerium als unwürdig oder ungeeignet bezeichnete Lehrer zu *entfernen* [3]). Privatanstalten, auch kirchlich geleitete Schulen, welche für ihre Abgangsprüfungen die *Gleichstellung* mit den *Staatsanstalten* beanspruchen, unterliegen dem für letztere geltenden Lehrplane [4]) und der Staatsaufsicht; letztere

Theologie und canonisches Recht. Avv. 1885 N. 143 p. II. Uebrigens war der Antrag (Sc. 216 u. 471), »die in Rom und an den vorstädtischen Bisthumssitzen (oben §. 3. Anm. 3), bestehenden oder noch zu errichtenden Facultäten päpstlicher Universitäten den *ausländischen* Universitäten hinsichtlich der Verleihung von Diplomen und akademischen Würden gleichzustellen«, nicht einmal im Senate angenommen worden.

2) R. 571. Auch in das *prot* Predigerseminar (oben §. 4. A. 10, Arch. 54. S. 305 = Sep.-Abdr. 32) und die *Rabbinerschulen* mischt sich der Staat nicht ein. Die theologischen Facultäten an den *Staats*universitäten (§. 32. A. 8) wurden durch G. 26. Jan. 1873 aufgehoben und sind noch nicht durch *kirchliche* Facultäten »für *höhere* theol. Studien«, wie solche sich *Cassani* Rif. disc. 1878 p 431 am Sitze gewisser Erzbisthümer dachte, ersetzt worden (R. 445, Sc. 38, 155, 188 A. 1, 258, 271 A. 1, 401 u. 456); doch wurden an mehreren Seminarien bereits Akademien des hl. Thomas errichtet. Arch. 55. S. 68. Für ganz Italien wollten (Sc. 215 u. 487 [22]) Peruzzi sowie in der Hauptsache auch Cavour (Sc. 38 u. 455 [17]) »die staatliche Einmischung in Unterrichtsanstalten sowohl hinsichtlich der Auswahl der Lehrer, als auch der Lehrgegenstände, deren Zahl und Reihenfolge ausschliessen.« Uebrigens folgt die Aufhebung der Staatsaufsicht hinsichtlich der Priesterseminare bereits aus Gar.-G. A. 16 u. 19; jedenfalls unterbreitet der Bischof die Ernennung des Superiors oder Directors des Seminars und dessen Vertreter sowie Gehülfen für die geistliche Bildung und Handhabung der Zucht nur insoweit einer staatlichen Bestätigung, als etwa für diese Beamten bestimmte *Pfründen* (§. 12. A. 1, Arch. 55. S. 11 = Sep.-Abdr. 56) stiftungsmässig ausgeschieden sein sollten. Scaduto unterstellt zwar selbst diejenigen Vorbereitungsschulen oder Knabenseminare, worin nur ausdrücklich für den geistlichen Stand bestimmte Zöglinge aufgenommen werden (T. 50), »nach *jeder* Richtung hin der Staatsaufsicht«, kann aber (Sc. 427, vgl. 411 u. 450, Arch. 54. S. 171 u. 173 = Sep.-Abdr. S. 5 u. 7, Vorwort Anm. 5 u. 7) zur Begründung seiner Ansicht keine *Gesetzes*stelle anführen.

3) Min.-E. 3. u. 18. Dec. 1872, R 769. Die consigli scolastici verweigern dem Beamten oder Lehrer den permesso nur dann, wenn er als Ausländer (oben §. 11. A. 1, Arch. 55. S. 7 = Sep.-Abdr. 52), wegen mangelnder Vorbildung oder erlittener Strafen dem Unterrichtsgesetze nicht entspricht. Die Poenitentiaria gestattete schon am 20. Febr 1867 (A. 35 u. 41, Avv. 1885 p. 2, Sc. 329) den Seminarlehrern, die staatliche Anerkennung nachzusuchen und den Bischöfen, ihnen zu diesem Behufe Zeugnisse über die bisherigen Leistungen im Unterrichte auszustellen.

4) R. 770, Sc. 38 u. 214. Das im J. 1884 mit Regierungserlaubniss zu

erstreckt sich jedoch in keinem Falle auch auf den Religionsunterricht, Kirchengeschichte, Kirchenrecht und theologische Fächer [5]). Zu einem *weltlichen* Berufe übergehende Zöglinge einer mit staatlich als geeignet anerkannten Lehrern besetzten und auch sonst den Staatsvorschriften gemäss eingerichteten scuola classica werden unter Vollanrechnung der hierin verbrachten Studienjahre zu den Prüfungen einer gleichartigen Staatsschule zugelassen [6]). Die bei Erlassung des Gesetzes vom 15. August 1867 bestandenen geistlichen Erziehungs- und Bildungsanstalten behielten die *juristische Persönlichkeit* [7]), wie die Versorgungskassen 8[a]), verblieben unter der Verwaltung des *Diö-*

Rom eröffnete kath. Gymnasium und ähnliche höhere Schulen der Bischöfe mit der Ermächtigung, Reifezeugnisse für die Universität auszustellen, wie das liceo episcopale in Neapel (Neap. III 3 u. IV 5, Arch. 51. S. 63, 91 u. 137, vgl. unten §. 32. A. 9) das zu Sinigaglia und Possagno (Avv. 1885 N. 149 u. 153) nehmen auch ausserhalb des Convicts wohnen bleibende und selbst solche Zöglinge auf, die sich nicht ausdrücklich dem geistlichen Berufe schon gewidmet haben. *Cassani* 1871 I 210, pr. qu. 1876 p. 156, 553 u. 560. Einem *staatlich nicht* in die Pfründe eingewiesenen Bischofe bleibt die Staatsgenehmigung zur Neuerrichtung einer Unterrichtsanstalt (R. 767, oben § 9. A. 3 u. §. 21. A. 4) versagt. Mitunter mussten sich daher die kirchlichen Oberbehörden schon damit begnügen, dass, wie zu Mondovi (Avv. 1885 p. 2) die Zöglinge von einem religiös geleiteten Internate aus die scuola governativa besuchen. Ausnahmsweise unterhalten Priester-Seminare auch öffentliche *Volks*schulen, Kass. Rom 8. Nov. 1877. *Grassi* 52, unten §. 32. A. 11.

5) *Cassani* pr. qu. 553 u. 560, Sc. 214, 400, 417 u. 427.

6) Sc. 216 A. 1, Min.-E. 3. und 18. Dec. 1872, R. 769. Dass zu diesen Prüfungen die Zöglinge eines freien Knabenseminars, welches von der Kirche ohne Rücksicht auf Staatsvorschriften eingerichtet ist, erst *ein Jahr nach* Ablegung der geistlichen Tracht zugelassen werden, entspricht nicht der »Gleichheit Aller vor dem Gesetze«. T. 50 A. 2.

7) Oben §. 9. A. 6, §. 11. A. 12, §. 15. A. 2 u. 3 u. §. 17 I [5] (Arch. 55. S. 4, 8, 25 u. 38 = Sep.-Abdr. 49, 53, 70 u. 83), unten §. 32. A. 2, (§. 8. A. 8 u. §. 9. A. 6, §. 12 (Schluss), §. 21. A. 1, §. 26 IV u. §. 30 [2] betreffen die Einnahmen der Seminare aus Sammlungen u. Beiträgen der Pfründen und Gotteshäuser; der Cultusfond gibt keine Beiträge mehr T. 253), Avv. 1882 p. 260, Cast. 256, R. 304, 330 u. 332. *Ausgaben:* § 16 u. 17 A. 4, §. 21. A. 6. Ausserhalb der unmittelbaren Kirchenprovinz Rom (T. 505) bestanden im J. 1867 in Italien 288 Seminare. Der Regierungsvorschlag, blos in *Erz-* oder eximirten Diöcesen (§. 20. A. 1, T. 275) die Seminare fortbestehen zu lassen, ist nicht durchgedrungen.

8a) *Grassi* 280 [1], oben §. 11. A. 11, §. 13. A. 1[a], §. 15 I, Arch. 55. S. 10, 15 u. 26 = Sep.-Abdr. 55, 60 u. 71, unten §. 24. A. 1. Besonders in Piemont und Toscana verwaltet der Diöcesanausschuss auch Versorgungs- u. Pfarr-Unterstützungskassen. Beihülfen für arme Gotteshäuser (§. 29 [d]) u. sacerdoti bisognosi (vgl. §. 26. A. 14) leisten auch die von den kgl. Generalöconomaten (oben §. 11. A. 9) in Bologna, Turin und Venedig verwalteten Stiftungen. Die *cesanausschusses*[8b]) und behielten das Eigenthum[9]) der Unterrichts- und Convictsgebäude sammt Höfen, Küchen- und sonstigen Gärten sowie den zur Fortsetzung des Unterrichts während des Sommers aus Gesundheitsrücksichten erforderlichen *Landwohnungen.* Dasselbe gilt von den Besserungs- und *Uebungshäusern*[10]). Zuwendungen für *Freiplätze*[11]) in den Seminaren oder für die erste Einrichtung und

---

Pfarr-Emeritenanstalten gelten als Wohlthätigkeitsstiftungen (unten §. 31. A. 6[a]) und sind deshalb von der Umwandlung frei. §. 18. *Grassi* 72[1], App. Turin 17. April 1868.

8b) Avv. 1879 p. 99, T. 72 u. 73, oben §. 15. A. 6. Der Diöcesanausschuss besteht aus vier Mitgliedern, von welchen der Bischof (§. 20. A. 12) zwei, das Domcapitel (§. 22. A. 1[a], Avv. 1879 p. 99) sowie die Pfarrgeistlichkeit (§. 26 II) je eines ernennen. Laien wirken nicht mit. (Seminardirector: §. 21. A. 4). *Cassani* pr. qu. 713. (In Frankreich hat die Staatsgesetzgebung den Ausschuss abweichend vom Tridentinum gebildet, Ggl. 21 u. 273). Die Aufsicht, welche dermalen das kgl. Oeconomat über den Diöcesanausschuss führt, würde wohl bei Einrichtung von Diöcesancongregationen (oben Vorwort A. 13 u. §. 11. A. 2 u. 9, §. 20. A. 3 u. §. 21. A. 1, Arch. 54. S. 173, 55. S. 7, 10, 210 u. 215 = Sep.-Abdr. S. 8, 52, 55, 101 u. 106) auf letztere übergehen.

9) G. 7. Juli 1866 A. 18[2]), T. 214 u. 217, hinsichtlich der Villen: Kass. Neapel 4. Aug. 1870, Kass. Rom 20. Febr. u. 31. Jan. 1877, *Grassi* 81[2] und 203[3], T. 217, vgl. R. 570, oben §. 16. A. 12, Arch. 55. S. 33 = Sep.-Abdr. 78. Die *verpachtet* gewesenen Zugehörungen der Seminare, sowie in Rom auch die sonstigen Liegenschaften der Propaganda hat der Staat in Staatsrente umgewandelt (oben §. 18. A. 3, Arch. 55. S. 44 = Sep.-Abdr. 89), selbst wenn die förmliche erectio canonica des Seminars zu einer kirchlichen Anstalt nicht urkundlich mehr nachweisbar ist, indem die kirchliche Eigenschaft schon aus dem Zwecke der Anstalt abgeleitet wird. Kass. Rom 8. Nov. 1877, *Grassi* 72[2].

10) R. 305 und 571. An den Cultusfond zahlen als »Rentenüberschuss« (§. 17. A. 3) die »*esercizi spirituali*« (unten §. 31. A. 18) 5 % von 1000 Fr. Jahreseinkünften ab, 12 % von 5000 Fr. ab, 20 % von 10,000 Fr. ab, die *Seminare* dagegen nur erst von 10,000 Fr. ab 5 %, von 15,000 Fr. ab 10 % und von 25,000 Fr. ab 15 % (T. 256 enthält einen Druckfehler); hiebei dürfen weder Freiplätze (unten A. 11 u. 13), noch Messstiftungen (oben §. 16. A. 17) vorweg abgerechnet werden. Avv. 1882 p. 261, 1883 p. 56. — In den Uebungshäusern (oben §. 16. A. 12, Arch. 55. S. 33. Sep.-Abdr. 78), welche mitunter mit Seminaren oder Missionsanstalten zusammenhängen, werden — in der Regel jährlich, Neap. IV 3[21], Arch. 51. S. 85 u. 86, vgl. 55. S. 69 u. 75 — die Pfarrgeistlichen geübt, auch kirchliche Strafen (unten §. 24. A. 2, Arch. 54. S. 310, oben §. 6. A. 4) verbüsst. Die Uebungs*häuser* selbst unterlagen nicht der Umwandlung (App. Neapel 24. Aug. 1869, *Grassi* 73[1]), wohl aber ihr rentenbringendes Vermögen der Abgabe von 30 % (Avv. 1880 p. 321, App. Lucca 13. Juli 1876, *Grassi* 135[4], oben §. 16. A 12).

11) Obige Anm. 10, unten Anm. 13 und §. 31. A. 10, St.-R. 18. April 1877, Avv. 1879 N. 2 p. 5, Kass. 9. Mai 1873 (wornach die Verwaltung einer Freiplatzstiftung selbst der Gotteshausbehörde, unten § 30[4], übertragen werden kann), Kass. Florenz 9. Juni 1873, Avv. 1880 p. 273 u. 286, vgl. *Grassi* 144[11]; *dagegen* Kass. Turin 30. Dec. 1873, R. 366 u. 369, App. Rom 23. Dec.

(einstweilige) *Versorgung neugeweihter* [12]) Geistlichen gelten als selbstständige *Wohlthätigkeits*stiftungen (§. 31. A. 10), selbst wenn stiftungsmässig in Ausnahmsfällen auch wohlhabende Bewerber zugelassen werden, und unterliegen daher weder [13]) der Rentenumwandlung noch der Einziehung von auch nur 30 %.

1874, Avv. 1880 p. 320. Wenn Freiplätze oder (unten Anm. 12) Tischtitel etc. nur (*Cassani* pr. qu. 183) für *Familien*- oder Gemeindeangehörige gestiftet sind, so werden Verleihungen an Fremde auf Klage der Erben bezw. (§. 6. A. 5 u. §. 13. A. 7, Arch. 54. S. 312 u. 55. S. 17 = Sep.-Abdr. 39 u. 62) des Gemeinderaths rückgängig gemacht. Seminarfreiplätze unterlagen, selbst wenn ihre Verleihung von keinem Armuthszeugnisse abhängt, schon deshalb nicht der *Einziehung*, weil alle Stiftungen zur Förderung des Religionsunterrichts (§. 15. A. 4, Arch. 55. S. 26 = Sep.-Abdr. 71) beibehalten sind, vgl. *Grassi* 288 [24].

12) Oben §. 15. A. 3, §. 16. A. 12 u. §. 17. A. 4. Eine *gleichmässige* Rechtsprechung hat sich übrigens noch nicht gebildet. Kass. *Florenz* 1. April 1875, Turin 19. Juli 1872 u. *Neapel* 9. Nov. 1883 (Avv. 1884 p. 429, *Grassi* 130) anerkennen den Fortbestand selbst eigener (»autonomer«) Stiftungen für das patrimonio sacro oder clericale und geben dem Bischofe das Recht, im Interesse der von ihm neugeweihten Priester auf bestimmungsgemässe Verwendung des Stiftungsertrags zu klagen; dagegen hat Kass. *Rom* 14. Nov. 1876 und 15. Jan. 1877, *Grassi* 133 u. 158, ebenso App. *Rom* 23. Dec. 1874, Avv. 1880 p. 321, vgl. *Grassi* 126 [2], 1881 I 135, II 64 zu Gunsten des Staats und App. Rom 12. Juli 1884 (Avv. 1885 p. 166) zu Gunsten des *Patrons* (§. 19 [b]) ähnliche Stiftungen als eingezogen erklärt, übrigens (oben §. 16. A. 4 [b], Arch. 55. S. 30 = Sep.-Abdr. 75) unbeschadet des lebenslänglichen Fortgenusses der Bezüge durch die bei Verkündung des Gesetzes im Besitze gewesenen Inhaber. Zufolge App. Messina 5. Febr. 1880, Avv. 1881 p. 380 hatte auch jede Tischtitelstiftung (patrimonio sacro) jedenfalls die ausserordentliche Abgabe von 30 % (oben §. 16. A. 12 [b]) zu entrichten, insoweit sie nicht überhaupt gänzlich einzuziehen war. Falls *minder* wohlhabenden Zöglingen der Eintritt in den Priesterstand hiedurch ermöglicht wird (abilitare giovani *poveri* alla carriera del sacerdozio«, T. 327), blieben stiftungsmässige *Tischtitel* als Wohlthätigkeitsstiftungen (§. 31.) jedenfalls beibehalten. Kass. Rom 5. Jan. 1877. Solche Stiftungen sind nicht etwa einfache oder Handpfründen (§. 25. A. 14 [b]), deren Genuss von einer institutio canonica seitens des Bischofs abhängt (*Cassani* pr. qu. 277); sie werden vielmehr auf Grund der Bescheinigung des Bischofs über die Priesterweihe durch die im Stiftungsbriefe bezeichneten Patrone, Gemeinde- oder (§. 30 [4]) Gotteshaus- etc. Behörden verliehen. Der Genuss der Tischtitel (bezw. Freiplätze) kann durch die Abhaltung von Gottesdiensten bedingt sein: nicht selten ist die Stiftung einer Gotteshausverwaltung, aber nicht als freies Eigenthum, sondern nur zur Obhut übertragen. Kass. Turin 9. Mai 1873 (obige Anm. 11). Der titolo di ordinazione beträgt in Italien ausserhalb der Diöcese Pavia (Arch. 55. S. 66 u. 70) nirgends auch nur 300 Fr. jährlich (Sc. 371 und 415, R. 335, *Cassani* pr. qu. 151, 295 u. 485), in der Diöcese Bologna nur 40 Scudi = 212 Fr. 80 Ct., trotzdem selbst das Doppelte noch nicht zum einfachsten Lebensunterhalte ausreicht. Verpfändung von Grundstücken für Privattischtitel R. 335, Kass. Palermo 23. Dec. 1884, Avv. 1885 p. 250.

13) Kass. Rom. 3. März 1879, Avv. 1879 p. 30, Kass. Turin 9. Mai 1873 u. Kass.

§. 24. *Religiöse »**Genossenschaften**«, Ruhegehälter der letzten Mitglieder, Fortbestand der »**Privat**vereine«.*

I. Zufolge Art. 1. des Gesetzes vom 7. Juli 1866, eingeführt in der Stadt Rom durch Gesetz vom 19. Juni 1873 haben »alle religiösen [1]) *Orden*, *Körperschaften und Congregationen*, gleichviel ob

---

Florenz 9. Juni 1873 (obige Anm 11), *Grassi* 144 [11] u. 145 [12], Arch. **55**. S. 33, 34 u. 44 = Sep.-Abdr. 78, 79 u. 89, §. 16. A. 12[b], 17 u. §. 18, unten §. 31. A. 6 u. 17. Die Rentenumwandlung war von Kass. Turin 13. Febr. 1873. vgl. Kass. Turin 20. Dec. 1869, *Grassi* 148 [4] u. 280 [2] u. [3], §. 18. A. 1 als statthaft erklärt worden.

1) T. 92, 122 u. 503, oben §. 16. A. 1, Vorwort A. 5, Arch. **54**. S. 168 u. 170, **55**. S. 28 = Sep.-Abdr. 2, 4 u. 74. In Nord- u. Mittelitalien wurden ausnahmslos die Klöster von der franz. Regierung (Ggl. 97 u. 341 A. 2, D. 7. Mai 1810, *Grassi* 2), bezw. im »Königreiche Italien« durch D. 25. April 1810 unterdrückt, ohne dass solche wieder schon allein in Folge der allgemeinen Restaurationsdecrete aufgelebt wären, selbst wenn sie inzwischen thatsächlich fortbestanden hatten; wenigstens hat dies Kass. Rom 11. Febr. 1879 (ebenso 27. Juli 1880, *Grassi* 1881 I 88) hinsichtlich des Erlasses des Königs von Sardinien v. 21. April 1814 so festgestellt. Von den mittler Weile wieder durch Einzelerlasse staatlich anerkannten Orden wurden zunächst aufgelöst: die *Gesellschaft Jesu* und alle Collegs derselben (§. 23. A. 8[a], unten Anm. 16) durch Decret des Generalstatthalters des Königs in den sardinischen Landen vom 25. Aug. 1848 (*Grassi* 232, T. 89 u. 123, Arch. 45. S. 134) sowie die Frauen des *Sacro Cuore* (Sc. 12, Ggl. 340 A. 1), sondern durch G. 29. Mai 1855 (T. 81 u. 87) alle Orden *mit Ausnahme* der *Prediger*-Orden (wie der Oratorianer, oben §. 15. A. 4, *Grassi* 48 [2], 1881 II 181, Rosminianer etc. §. 15. R. 3 u. 4, Arch. **55**. S. 26 = Sep.-Abdr. 71) und der Niederlassungen für Zwecke der *Erziehung* (unten §. 32. A. 3, 4 u. 11) oder der *Kranken*pflege (§. 31. A. 3 u. 10). Vom Vermögen derjenigen Orden, welche in der *Lombardei* schon in Folge der Einführung vorbezeichneter Gesetze aufgelöst wurden, zog Italien nur 30 % ein (oben §. 16. A. 12, Arch. 55. S. 32, Sep.-Abdr. 78); der Rest blieb (Züricher Vertrag A. 16, Kass. Turin 18. Juli 1878, T. 204 u. 435, *Grassi* 200 u. 202 [1], 1881 I 94, Sc. 192, oben §. 15. A. 1) für die hiernach bemessenen Pensionen der Mitglieder und zu sonstigen kirchlichen Zwecken innerhalb der *Diöcesen* erhalten; den Jesuiten (T. 123, Kass. Turin 10. Juli 1874, vgl. App. Lucca 14. April 1877 und App. Ancona Juni 1885), Benedictinern, Augustinern etc. selbst wurden auch letztere 70 % nicht herausgegeben, weil ihnen die Rechtsfähigkeit überhaupt in Italien abgehe. Im *Auslande* als Corporationen anerkannte Orden würden zufolge *Cassani* pr. qu. 518 in Italien nicht einmal *Mobilien* besitzen, noch hierwegen klagen oder verklagt werden können, dagegen oben §. 1. A. 8, Arch. **54**. S. 291, **55**. S. 18, 25, 29 und 46 = Sep.-Abdr. S. 18, 63, 70, 74 u. 91, App. Casale 28. März 1868 bei *Grassi* 147 [1] u. 232, vgl. 1881 I 88 und oben §. 13. A. 8, §. 15. A. 2, §. 16. A. 2 und §. 18. A. 8. Protest der Curie gegen die Aufhebung der Orden in Rom. Arch. **28**. C (= 100), **29**. S. 8, **30**. S. 230 u. 257, **31**. S. 187, oben §. 1. A. 8 u. §. 3. A. 11, Arch. **54**. S. 291 u. 302 u. **55**. S. 25 = Sep.-Abdr. S. 18, 29 u. 70.

»regulär oder säculär«[1b]) sowie die klosterähnlichen[2]) *Pflege- und Zufluchthäuser*«, deren Insassen nach *kirchlich* genehmigten Ordnungen ständig *zusammen*[2b]) wohnen, die Rechte *juristischer* Personen verloren und ist ihr und all ihrer Niederlassungen[3]) Vermögen zu 30 %

1b) *Grassi* 47² u. 1881 II 176, Kass. Rom 13. Juni 1881.

2) P. 94 u. R. 403. Die *geistliche* Eigenschaft eines »*conservatorio*« (*Grassi* 1881 II 184, Neap. IV 9 = Arch. 51. S. 108 u. 110), asilo (Neap. IV 9¹⁵) oder »*retiro*« (vgl. oben §. 23. A. 10) geht schon hervor aus der *bischöflichen* (*Grassi* 45, 49 u. 51, oben §. 20. A. 10, unten Anm. 19) Genehmigung der Satzung oder Hausordnung (*Cassani* pr. qu. 397) *in Verbindung* (*Grassi* 47¹ u. 51⁹) und aus der (feierlichen, unten Anm. 8) Ablegung selbst nur zeitweiliger Gelübde (App. Rom 28. Dec. 1876, Min.-E. 6. Oct. 1868, T. 126, 128, 148, vgl. 465). Die Niederlassungen der Schwestern des St. Vincenz von Paula erfüllen diese Voraussetzungen, *Grassi* 52¹⁰, Kass. Rom 9. Juli 1877. Der *kirchliche* Character wird auch weder durch seinerzeit hinzugetretene staatliche (§. 9². Arch. **55.** S. 4 u. 15 = Sep.-Abdr. 48 u. 60) Genehmigung bezw. Aufsicht, noch dadurch ausgeschlossen, dass durch ein hiermit verbundenes Pensionat, Waisenhaus etc. auch Erziehungs- und Wohlthätigkeitszwecke mitverfolgt wurden, T. 126 u. 225. Allerdings unterlag der Einziehung ebensowenig ein weltliches, *ausschliesslich* Wohlthätigkeits- oder Unterrichtszwecken dienendes Pflege- oder Zufluchthaus, *Grassi* 44, als das in Folge nachweisbarer *Stiftungstitel* (§. 31. A. 6, 7 und 9) ausschliesslich Erziehungs- oder Wohlthätigkeitszwecken gewidmetes Vermögen der Klöster sowie Pflege- und Zufluchthäuser (§. 31. A. 9). T. 283, 330 u. 447, vgl. *Cassani* pr. qu. 399. Die »Oblaten« legen keine feierlichen Gelübde (professiones), sondern nur Versprechen (simplices promissiones) ab; ihr Vermögen unterlag daher nicht der Einziehung, *Grassi* 50 u. 51⁹, abgesehen davon, dass ihnen die »canonica erectio« und ihrem Vermögen deshalb die *kirchliche* Eigenschaft (§. 25 A. 12) abging. — Kass. Rom 23. Dec. 1876. vgl. *Grassi* 1881 II 177.

2b) Eine Genossenschaft von Priestern, von deren Mitgliedern ein Theil ständig *ausserhalb des Ordenshauses* wohnt, fällt trotz der feierlichen Gelübde nicht unter das G. 7. Juli 1866. Kass. 23. Juli 1877, *Grassi* 52, dagegen 1881 II 181, Kass. Rom 13. Juni 1881.

3) Der Einziehung unterlagen zwar *nicht* auch die *Ausstattungen* derjenigen Mitglieder, welchen (unten A. 12) noch keine feierlichen Gelübde abgelegt hatten, noch die zum *persönlichen* Gebrauche der Ordensmitglieder bestimmten Mobilien (Regolamento 21. Juli 1866 A. 32, T. 158), noch Zuwendungen zur Verbesserung von den Ordens*mitgliedern* als *Sonder*gut besessener Gegenstände (App. Cagliari 18. Febr. 1871, *Grassi* 143⁵, Avv. 1880 p. 262), noch endlich das Ergebniss der letzten *Sammlungen* (T. 158, oben §. 8. A. 8, Arch. **54.** S. 320 = Sep.-Abdr. 47, »la somma raccolta dai postulatori dell' ordine«, Kass. Neapel 13. Oct. 1869, Avv. **1880** p. 262, vgl. **1879** p. 79, Kass. Rom 4. April 1879), wohl aber namentlich auch Vermächtnisse zur Ausstattung (unten Anm. 12 u. §. 30. A. 5, §. 31. A. 8) von Klosterschwestern, Kass. Florenz 23. Dec. 1875 *Grassi* 85⁷, u. 1881 II 78, Stiftungen für Almosen zu Gunsten von Bettelorden (vgl. §. 31. A. 10) und alle Stiftungen zur Unterhaltung der dem Kloster gehörenden Gebäude oder zur Abhaltung von Gottes-

vom Staate (oben §. 16 III) und zu 70 % vom allgemeinen Cultusfond (§. 17 I), in der *Stadt* Rom dagegen, auch was die Generalordenshäuser (oben §. 3. A. 11) anlangt, zum vollen Betrage vom Stadtfond (§. 17 II), endlich an den Sitzen der *vorstädtischen* Bisthümer (§. 3. A. 3, G. 19. Juni 1873 A. 16) »für Wohlthätigkeits- und Unterrichtszwecke« von der betreffenden Gemeinde *eingezogen* werden. Das für gewisse Kloster*würden* gestiftete *Pfründen*gut (§. 19. A. 14) fiel den weltlichen *Patronen* zu, während die *Gemeinden* das der Krankenpflege (§. 31. A. 3, 9 u. 10) oder dem Unterrichte (§. 32. A. 3, 4 u. 11) stiftungsmässig gewidmete Klostergut sofort überkamen und auch vom übrigen Klostergute noch ein Viertel (§. 17 I 6 A. 8) zu erwarten haben. Sonst blieben von der Gütereinziehung nur verschont: die Abteien und Priorate mit (§. 20. A. 2) *bischöflichen* oder (§. 25. A. 11 u. 12) *pfarrlichen* Rechten, die kunstgeschichtlichen *Baudenkmäler* (§. 16. A. 8, Arch. **55**. S. 32 = Sep.-Abdr. S. 77) und in Rom gewisse Stiftungen für *Ausländer* (§. 17. A. 11 u. 14, Arch. **55**. S. 20, 41 u. 46 = Sep.-Abdr. S. 65, 86 u. 91).

II. Diejenigen Mitglieder der durch Gesetz vom 7. Juli 1866

---

diensten (§. 17. A. 7) in der Klosterkirche (App. Ancona 31. Juli 1879, Kass. Rom 17. Aug. 1882, Avv. 1879 p. 128, 1882 p. 261 u. 273, *Grassi* 1881 I 91, II 22 u. 54), die Klosterkirche selbst (vgl. jedoch §. 27. A. 7 u. 15), desgleichen Jahresreichnisse der Gemeinden für hl. Messen, jedoch unbeschadet des vom Cultusfond zu liefernden Nachweises über (Arch. **55**. S. 28, 37 u. 54 = Sep.-Abdr. 73, 82 u. 99, §. 17. A. 5, vgl. §. 15. A. 10 u. §. 28. A. 3 b) Erfullung der Lasten (Avv. 1883 p. 249). Kass. Rom 9. Mai 1883 hat die Gemeinde für entlastet erklärt, insoweit für den Cultusfond nach Abzug der Kosten der Gottesdienste von Reichnisse nichts übrig bliebe. Keinen Anspruch hat übrigens der Cultusfond auf ein für Geistliche (unten Anm. 17) eines gewissen Klosters den Erben und Erbeserben auferlegtes Jahresreichniss, wenn vom (Oberlandes-) Gerichte die Thatsache festgestellt ist, dass hiermit keine Zuwendung an das »*Ordenshaus*« *selbst* beabsichtigt war. Kass. Rom 22. Febr. 1884, Avv. 1884 p. 514 u. 562, vgl. übrigens *Grassi* 15⁴ u. 88², unten §. 31. A. 8. Die fiscalische Einziehung ward nicht durch eine *Substitution* zu Gunsten des Gotteshauses ausgeschlossen, oben §. 13. A. 10, Arch. **55**. S. 18 = Sep.-Abdr. 18. Bei Uebernahme des Klostervermögens hat die Regierung die vom Kloster aufgenommenen Anleihen nur theilweise anerkannt, oben §. 14. A. 6, Arch. **55**. S. 23 = Sep.-Abdr. 68, doch musste sie den Mitgliedern Ersatz leisten für die nützlichen Verwendungen, welche letztere aus ihrem Sondergute bestritten hatten. Kass. Rom 1. März 1879, Avv. 1879 p. 30 u. 140, vgl. §. 12. A. 5, Arch. 55. S. 13 = Sep.-Abdr. 58. *Cassani* pr. qu. 374, 407 u. 424 (oben §. 16. A. 1 u. §. 17. A. 8 a) wollte, falls den Klöstern die Rechte *selbständiger* juristischer Personen nicht mehr erhalten bleiben konnten, das Klostervermögen wenigstens der *Gotteshaus*verwaltung der betreffenden Gemeinde erhalten wissen, so dass wenigstens die von der *örtlichen* Kirchenbehörde als nöthig erachteten klösterbezw. 19. Juni 1873 der *juristischen* Persönlichkeit entkleideten [4]) religiösen Orden, welche einer klösterlichen Niederlassung innerhalb [5]) des Königreichs *Italien* noch am 7. Juli 1866, bezw. innerhalb [6])

lichen Niederlassungen unter der Aufsicht (dagegen unten Anm. 19) der *Pfarr*-geistlichkeit beibehalten worden wären, gewisser Massen als Nebenfond (§. 30. A. 5) des Gotteshausvermögens.

4) Die Ruhegehälter der Mitglieder der durch G. 29. Mai 1855 etc. und in den eroberten Provinzen durch Erlasse der kgl. Commissare aufgehobenen Klöster bemessen sich nach, wie vor, nach den betreffenden Gesetzen (*Grassi* 5, 21, 33), ohne jedoch über den durch G. 7. Juli 1866 festgesetzten Höchst betrag seit dem 7. Juli 1866 neu erhöht werden zu können. G. 7. Juli 1866 A. 9, T. 160, *Grassi* 1881 I 92, Kass. Turin 6. März 1873 u. Rom 19. Febr. 1879. Die Ruhegehälter der letzten Mitglieder der (T. 136) bis zum Juli 1866, bezw. zu Rom bis zum Juni 1873, im Besitze der Corporationsrechte befindlich gewesenen Orden begannen vom Tage ab, an welchem die Regierung vom Klostereigenthume Besitz ergriff (oben §. 16. A. 2, Arch. 55. S. 29 = Sep.-Abdr. 74, G. 7. Juli 1866 A. 7 u. G. 19. Juni 1873 A. 13, T. 157 u. 510); dieselben *ruhen* während des Aufenthalts *ausserhalb* (§. 11. A. 1, Arch. 55. S. 7 = Sep.-Abdr. 52) des italien. Staatsgebietes, soferne nicht die Regierung dem Inhaber gestattet, den Ruhegehalt auch im *Auslande* zu verzehren (G. 7. Juli 1866 A. 10). Solange das Ordensmitglied, gleichviel ob Priester, Bruder oder Schwester, für gottesdienstliche Verrichtungen (vgl. unten Anm. 18, oben §. 23. A. 8[a]), Krankenpflege (§. 31. A. 3), Unterricht (§. 32. A. 11) oder sonstige Dienste vom Cultusfond (§. 17. A. 5, Arch. 55. S. 37 = Sep.-Abdr. 82), vom Staate, einer Provinz oder Gemeinde eine Besoldung oder fortlaufende Vergütung bezieht, *vermindert* sich um die *Hälfte* dieses Bezugs der Ruhegehalt (G. 7. Juli 1866 A. 8. *Cassani* pr. qu. 419, *Grassi* 64 A. 2, T. 160. Diesem Bezuge steht auch das Einkommen aus einem endgültig d. i. *lebenslänglich* (§. 22. A. 8[b] und §. 26. A. 1[b], auch §. 6. A. 9, Arch. 54. S. 314 u. 55. S. 30, 53, 223 = Sep.-Abdr S. 41, 75, 98 u. 114, unten Anm. 18, Avv. 1879 p. 30 u. 103, 1880 p. 320, Kass. Rom 19. Febr. 1879, App. Brescia 17. Dec. 1873) übertragenen beneficio stabile, *non* revocabile ad nutum gleich. (Aehnliche Minderungen traten in Frankreich ein, Ggl. 6 A. 1[a], 141 u. 351.) Durch den erst *nach* Anweisung des Ruhegehaltes erfolgten *Ausschluss* aus dem Orden geht der Ruhegehalt nicht mehr verloren, wie noch unter der Herrschaft des G. 29. Mai 1855 von Kass. Mailand (7. Sept. 1860 u. App. Genua 5. April 1861, *Grassi* 23[1]) angenommen worden war (unten Anm. 17). Die Curie gestattet den Ordensmitgliedern die Annahme der Ruhegehälter unter der Bedingung, solche behufs Fortführung eines gemeinsamen Ordenslebens der Klosterkasse einzuzahlen, Avv. 1880 p. 176 und 293, unten Anm. 17.

5) G. 7. Juli 1866 A. 3 (»nello Stato« oder »nel Regno«, T. 133 u. 505, oben §. 11. A. 1, Arch. 55 S. 7 = Sep.-Abdr. 52). Uebrigens hatte schon vor Einverleibung der Provinz Rom das G. 29. Juli 1868 A. 2 dem Königreiche das *päpstliche* Gebiet dann gleichgestellt, wenn die Gelübde des betreffenden Ordens überhaupt nur in Rom abgelegt werden durften oder wenn sich im päpstlichen Gebiete das Noviziat der Ordensprovinz befand.

6) G. 19. Juni 1873 A. 13, vgl. 26 u. 29, *Grassi* 1881 I 3, (1881 I 140 betr. Volkszählung), Kass. Rom 15. Juli 1880.

der Provinz *Rom* bei der Volkszählung im J. 1871 sowie noch am 19. Juni 1873 angehörten und mit Einhaltung der[7]) *Staatsgesetze feierliche*[8]) Gelübde ersterenfalls in[5]) Italien vor dem 18. Januar 1864 (T. 92), letzterenfalls[6]) vor dem Tage, an welchem der Entwurf des nachmaligen Gesetzes vom 19. Juni 1873 dem Parlamente vorgelegt wurde, abgelegt hatten, erhalten als jährlichen *Ruhegehalt:*

I. aus dem *allgemeinen* Cultusfond, je nachdem sie am 7. Juli 1866 bezw. 19. Juni 1873 (oben §. 17 I 2, vgl. §. 13. A. 16, §. 31. A. 9, Arch. **55**. S. 21 u. 38 = Sep.-Abdr. S. 66 u. 83).

A. Besitzende Orden:	noch keine 40 Jahre,	40 bis 60,	über 60 Jahre alt waren:
1. *Priester*, *Chorschwestern* aller Orden und mitgliedsberechtigte Brüder des Ordens[9]) San Giovanni di Dio, falls sämmtliche auch die *lebenslänglichen* Gelübde vor dem 18. Januar[5]) 1864 bezw. Mai[6]) 1873 abgelegt hatten .	360 Fr.	480 Fr.	600 Fr.
2. alle übrigen Mitglieder, d. i. die vorgenannten, falls sie damals erst *zeitweilige* Gelübde abgelegt hatten und Laienschwestern wie			

7) *Grassi* 1881 II 97. Wenn die Gelübde vor dem *staatsgesetzlich* gestatteten Lebensalter oder ohne die staatsgesetzlich etwa erforderliche Genehmigung (unten Anm. 15) abgelegt worden, so erhalten Priester, Diacone, Subdiacone und Chorschwestern 250 Fr., Laienschwestern und Brüder 144 Fr. Unterhaltsbeitrag, (— vorausgesetzt, dass sie nicht mindestens den gleichen Jahresbetrag aus eigenem Vermögen oder von Dritten schon beziehen —) und zwar Zeit Lebens, falls sie bei Verkündung des G. 29. Juli 1868 (A. 3 und 4, T. 505) bereits das 50. Lebensjahr erreicht hatten, andernfalls (dagegen *Cassani* pr. qu. 490) dagegen nur auf 5 Jahre!

8) Einfache oder Novizengelübde (unten Anm. 19) berechtigen nicht zur Pension. T. 133, 143 u. 147, Avv. 1879 p. 129, *Grassi*' Manuale 60 u. *Grassi*' Bolletino 1881 I 92 (dagegen *Grassi* Manuale 59[1]). Die *feierlichen* Gelübde müssen genau nach Massgabe der Satzungen des *Ordens*, welchem man angehört, geleistet sein, G. 19. Juni 1873 A. 13, App. Palermo 17. Dec. 1883, Avv. 1884 p. 357. Die Schwestern des hl. Vincenz von Paula (§. 31. A. 3 und 10, Ggl. 334 A. 4) legen feierliche, aber nur zeitweilige Gelübde ab: *Grassi* 50 u. 51[10]; der Beweis kann nur durch einen Auszug aus dem Verzeichnisse der abgelegten Gelübde erbracht werden, durch andere Beweismittel nur dann, falls dies Verzeichniss nicht mehr zu haben ist. *Grassi* 37, 60[6]. Kass. Rom 8. März u. 10. Juli 1884, Avv. **1879** p. 129, **1884** p. 418, 442 u. 477, *dagegen* Kass. Rom 20. Juli 1877. T. 133.

9) G. 29. Juli 1868 A. 1[2], unten §. 31. A. 3.

	je nachdem sie noch keine 40 Jahre,	40 bis 60,	über 40 Jahre alt waren:
Laienbrüder selbst dann, falls sie schon lebenslängliche Gelübde abgelegt hatten	200 Fr.	240 Fr.	300 Fr.
B. Bettelorden[10]):			
3. *Priester* und *Chorschwestern*, falls sie vor dem 18. Januar[5]) 1864 bezw. Mai[6]) 1873 die lebenslänglichen Gelübde abgelegt hatten	250 Fr.	250 Fr.	250 Fr.
4. alle übrigen Mitglieder, d. i. die vorgenannten, falls sie damals erst zeitweilige Gelübde abgelegt hatten und Laienschwestern wie Laienbrüder, selbst dann, falls sie schon lebenslängliche Gelübde abgelegt hatten . . .	96 Fr.	96 Fr.	144 Fr.

II. aus dem *römischen* Cultusfond (oben §. 17 II 2):

A. Besitzende Orden in der Stadt Rom:

5) Priester u. Chorschwest. ohne Rücksicht auf das Lebensalter 600 Fr.
6) Laienbrüder und Laienschwestern . . . . 300 Fr.

B. Bettelorden[10]) *in der Stadt Rom:*

7) Priester und Chorschwestern . . . . . . 300 Fr., endlich
8) Laienbrüder und Laienschwestern . . . . . 150 Fr.

9) Ohne Lohn *dienende* Brüder und Schwestern erhalten als einmalige Abfindung 100 Fr., wenn schon 10 Jahre im Dienste des Ordens, dagegen nur 50 Fr. wenn sie kürzere Zeit, übrigens schon vor dem 18. Januar 1864 im Dienste des Ordens standen (T. 134 und 142). — Der jährliche Ruhegehalt der bei Einführung des Gesetzes in Folge unheilbarer Krankheit unbedingt *erwerbsunfähigen*[11]) Mitglieder erhöht sich (obgleich sie das 60. Lebensjahr noch nicht überschritten haben,) im Falle 1) sofort auf 600 Fr. und im Falle 2) so-

10) *Bettel*orden (§. 8. A. 8, Arch. 54. S. 320 = Sep.-Abdr. 47) sind die Kapuziner sowie die Minores observantes, sowie jene Klöster, welche bei der Einziehung kein rentenbringendes Vermögen besassen. Kass. Rom 23. Jan. 1879, T. 142. Die Ruhegehälter hingen nicht mehr, wie zufolge G. 29. Mai 1855 A. 9 (T. 82, 134 u. 146) vom Vermögen des *betreffenden* Klosters ab; der Cultusfond hatte zur Zahlung derselben Vorschüsse aufzunehmen (oben §. 17. A. 8[b], Arch. 55. S. 40 = Sep.-Abdr. 85).

11) G. 7. Juli 1866 A. 4 u. G. 19. Juni 1873 A. 12, App. Florenz 22. März 1875, T. 143 u. 509, *Grassi'* Manuale 61.

fort auf 300 Fr., in den Fällen 3) und 4) gleichmässig auf 400 Fr., im Falle 7) auf 400 Fr., endlich im Falle 8) auf 300 Fr. Statt der Ruhegehälter unter 1), 2), 5) und 6) konnten Chor- und Laienschwestern, welche dem Kloster eine *Ausstattung*[12]) eingebracht hatten, hieraus 6 %, wenn noch nicht 30 Jahre alt etc., dagegen (T. 149) 28 %, wenn über 75 Jahre alt, als jährliche Leibrente beanspruchen. Auf innerhalb dreier Monate von der Gesetzesverkündung ab ausdrücklich und in eigener Person gestellten Antrag musste den *Schwestern* wenigstens ein Theil ihres bisherigen *Kloster*gebäudes zur lebenslänglichen Benützung belassen werden, unbeschadet des Rechtes der Regierung, sie in ein anderes Kloster verbringen zu lassen, namentlich sobald ihre Zahl unter 6 herabsinkt[13]).

III. Als rein *privatrechtliche* Vereine, welche nicht auf den Namen des Ordens, sondern nur auf den der Mitglieder als jederzeit *theilbares* Miteigenthum, Vermögen besitzen, können die staatlich der Corporationsrechte entkleideten religiösen Vereinigungen *fortbestehen*, auch ähnliche Genossenschaften sich jederzeit neu bilden, ohne hiezu irgendwelcher staatlichen Genehmigung zu bedürfen. Die *Ordensoberen als solche*[14]) können weder klagen, noch verklagt werden,

12) G. 7 Juli 1866 A. 5. Jede *nach* dem 18. Januar 1864 bezw. in Rom nach dem Mai 1873 entrichtete *Aussteuer* wurde der Schwester oder Dritten, welche solche entrichtet hatten, ohne Abzug zurückerstattet, desgleichen jede sonstige Ausstattung, wenn bei Einziehung des Klostergutes das Mitglied noch nicht feierliche Gelübde abgelegt hatte. Ggl. 346 A. 4, T. 148, oben A. 3, §. 13. A. 8, Arch. 55. S. 18 = Sep.-Abdr. 63; vgl. *Grassi* 15[1], 22[1] und [17], 85[2], 86, 96[1]. Den Mitgliedern der Mannesklöster wurde das Klostereinbringen nicht ersetzt. *Grassi* 24 A. 1.

13) G. 7. Juli 1866 A. 6 u. G. 19. Juni 1873 A. 6, T. 151 u. 507, *Cassani* pr. qu. 415 u. 505. In der Stadt und in der Provinz Rom wurden den Ordensschwestern, Brüdern u. Priestern, welche aus Alters-, Gesundheits- bezw. Familienrücksichten nicht ohne erhebliche Schwierigkeiten aus dem Kloster ausscheiden konnten, von der Regierung »»2 bis 3 Klöster bis auf Weiteres in Gnaden«« belassen. G. 7. Juli 1866 A. 6 Schlusssatz.

14) Ggl. 338 u. 339, H. 312. Unter gleichen Bedingungen sind auch staatlich »aufgelöste« Collegiat- odor Receptivstifte etc. (§. 25. A. 1 und 2) beibehalten worden. All diese »Vereine (§. 17. A. 3) sind blos deshalb, weil sie die Rechte *juristischer* Personen verloren haben, gleichwohl aber unter kirchlicher Leitung fortbestehen, noch lange nicht »gesetzwidrig« (Bürg. G.-B. 1122); sie unterliegen auch gesetzlich keinerlei besonderen Vermögenbeschränkungen. Die Klostermitglieder besitzen, wie alle sonstigen bürgerlichen und politischen Rechte (oben §. 4. A. 3 u. §. 6. A. 4 u. 5, Arch. 54. S. 303 u. 311 = Sep.-Abdr. 30 u. 38) namentlich auch die volle *Erb*berechtigung (G. 7. Juli 1866 A. 2, T. 9, 129 u. 140, Kass. Turin 11. Febr. 1867 u. 12. Jan. 1876, *Grassi* 22[2], 49 53, 263[1], 267[1]; in Sicilien hatten sie solche bereits durch D. 15. Febr. 1861 (Avv. 1884 p. 416) wieder erlangt.

wohl aber die einzelnen Vereinsmitglieder. In Ermanglung entgegengesetzter Abmachungen bezw. letztwilliger Verfügungen geht der einem Mitgliede zustehende Antheil am gemeinsam besessenen Vermögen, ebenso wie sein Sondergut auf dessen *Erben* über; doch können letztere nicht auch solche Vermögensstücke beanspruchen, welche der Erblasser nach der *thatsächlichen* Feststellung des (Oberlandes-) Gerichts nicht auf *eigene* Rechnung, sondern nur als Vertreter sonstiger Ordensmitglieder besessen oder erworben hat. Schenkungen und letztwillige Zuwendungen, welche nach der *thatsächlichen* Feststellung des (Oberlandes-)Gerichtes einem Mitgliede nicht als Privatperson, sondern ausschliesslich für die *Genossenschaft*, gemacht wurden, sind (oben §. 13. A. 3) nichtig und können binnen 30 Jahren vom Schenkgeber oder den Erben zurückgefordert werden.

In *bürgerlicher* Beziehung haben die *Ordensgelübde* keinerlei Wirksamkeit[15]). Abgesehen von den bezüglich der *Jesuiten*[16]) in einzelnen Gebietstheilen bestehenden Beschränkungen, kann das klöster-

---

15) Oben §. 5. A. 7, §. 6. A. 4, Arch. **54**. S. 308 u. 310 (= Sep.-Abdr. 35 u. 37). Die Staatsgesetzgebung *ignorirt* völlig die Thatsache der Ablegung der Gelübde der Armuth, des Gehorsams und der Keuschheit; dieselben könnten jetzt selbst vor dem 16. Lebensjahre abgelegt werden (T. 133^4 u. 505^3), nachdem die ehedem, wie in Bayern und Frankreich (obige Anm. 7, Ggl. 335 A. 9 u. 343 A. 8) bestandenen staatspolizeilichen Beschränkungen weggefallen sind. Selbst die Ablegung *feierlicher* Gelübde steht dem nicht entgegen, dass die Eltern minderjährige oder noch nicht emancipirte Kinder aus dem Kloster *gerichtlich* zurückfordern, Bürg. G.-B. 221, oben §. 4. A. 4. — Der Austritt oder die Ausschliessung (oben A. 4) aus dem klösterlichen Zusammenleben berechtigt keinen Theil zu gerichtlicher Klage; wenn Mitglieder *vor* Ablauf des Zeitraums, für welchen sie die Gelübde abgelegt haben, aus der Gemeinschaft *austreten*, so haben sie nicht, wie noch in Frankreich (Ggl. 14 A. 7 und 335 A. 8), die Verurtheilung zur Leistung von Schadenersatz zu befürchten. Ebensowenig können aber auch aus einem Orden in Italien *ausgestossene* Mitglieder gegen die Vereinsgenossen auf Gewährung des *Lebensunterhalts* (Ggl. 350 A. 13) klagen. — Bestrafung wegen »unbefugten« Tragens der *Ordenstracht* findet zwar in Frankreich (Ggl. 158 A. 17), nicht mehr aber in Italien statt. *Grassi* 53.

16) *Toscanische* Verord. 3. März 1774 u. 2. Oct. 1788, D. des Generalgouverneurs der *Lombardei* 22. Juni 1859, *sardinisches* D. 25. August 1848 (oben A. 1). eingeführt in den ehemals österreichischen Gebietstheilen, in *Parma*, *Modena*, Umbrien, der Romagna und den Marken. Zufolge dieser, durch Min.-E an die Generalprocuratoren 27. Sept. 1880 (Arch. **45**. S. 134) eingeschärften Bestimmungen ist den Jesuiten jede Versammlung, wenn auch in noch so geringer Zahl, verboten. *Ausländer* kann allerdings die Regierung ohne Grundangabe jederzeit ausweisen, vgl. oben §. 2. A. 6 u. §. 3. A. 11, Arch. **54**. S. 295 u. 302 = Sep.-Abdr. S. 22 u. 29. Ggl. 340 A. 1.

liche *Zusammenleben*[17]) ebensowenig, als die Ordensthätigkeit in der *Schule* (§. 32. A. 3—5 und 11), der Armen-[4]) und *Krankenpflege* (§. 31. A. 3 u. 9) oder in der *Seelsorge*[18]) polizeilich gehindert werden. — Die Staatsgesetzgebung steht dem nicht entgegen, dass die Klöster von der Gewalt des Bischofs, in dessen Diöcese sie liegen, befreit sind[19]).

---

17) »Non è vietato di unirsi a scopo religioso«, Kass. Rom 8. Mai 1882, Avv, 1883 p. 93, *Cassani* pr. qu. 373, 400. 411 u. 691, *Castagnola* 63, 109, 133 u. 143, *Grassi* 23[3] u. 1881 I 32, Ggl. 337 u. 352 A. 4, R. 401 u. 431, T. 50, 80, 135, 136, 151, 228, 507, vgl. 109, *Curci*, la nuova Italia p. 40, Sc. 42, 487[23] u. 490[19]; oben §. 4. A. 1. Die rein religiöse Einrichtung, das »ente religioso« besteht fort; weggefallen ist nur die Corporationsberechtigung, das »ente giuridico«, oben §. 15. A. 1, Arch. 55 S. 25 = Sep.-Abdr. 70. Die *Regierung* macht die Fortgewährung des Ruhegehaltes nicht mehr, wie ehedem unter der Herrschaft des G. 29. Mai 1855 (*Grassi* 7[2], T. 82, 134, vgl. 154, oben Anm. 4), von der Fortführung des Klosterlebens abhängig. Von der *Gewissens*pflicht, beisammen wohnen zu bleiben und ihr gesammtes Vermögen einschlüssig des Ruhegehaltes (obige Anm. 4, §. 10. A. 5, Avv. 1880 p. 197, 210 u. 294. *Cassani* pr. qu. 598 u. 724) dem Ordenszwecke zu widmen, wurden jedoch die »Brüder« bezw. »Schwestern« auch in Folge der *staatlichen* Auflösung der Corporation nicht entbunden. Vereinsfreiheit: oben §. 4. A. 2, Klosterfriedhöfe: unten §. 00 A. 1 u. 7.

18) Zufolge Ersitzung oder päpstlich (§. 20. A. 9) genehmigter Stiftung kann die Pfarrei einem Orden als beneficio regolare übertragen sein (Avv. 1879 p. 34, *Cassani* pr. qu. 131 u. 171); aber auch einem Orden angehörende Pfarrer können in den Genuss der Pfarrpfründe nur mit *staatlicher* Bestätigung eintreten. §. 11. A. 2 (Arch. 55. S. 7 = Sep.-Abdr. 52), §. 25. A. 6, §. 26. A. 2 u. 10.

19) Oben §. 3. A. 11 u. §. 20. A. 1 u. 9, unten §. 26. A. 6[b]. Anders in Frankreich, Ggl. 334 A. 6; auch für Italien empfieht *Cassani* pr. qu. 374 u. 402, — obige Anm. 3 — die unmittelbare Unterordnung sämmtlicher Klöster unter den *Ordinarius*. Die Ordensmitglieder behalten die bisherige Immunität, solange wenigstens noch 3 Reguläre zusammenwohnen und unter ihnen sich wenigstens *ein* Priester befindet, Avv. 1880 p. 294, vgl. 305 u. 1879 p. 138 u. 211. Wenn aus ihrer bisherigen Niederlassung vertrieben (oben A. 13), so sammeln sich die Ordensmitglieder in einem benachbarten Kloster (Avv. 1880 p. 175 u. 185); in der Zwischenzeit unterstehen sie der Aufsicht des Ordensprovincials oder in dessen Ermanglung der des Bischofs (Avv. 1884 p. 305 u. 319). — Pflege u. Zufluchtshäuser, sowie Zweigniederlassungen kann der Bischof genehmigen (obige Anm. 2); förmliche *Klöster* können dagegen nach kirchlichen Vorschriften nur mit *päpstlicher* Gutheissung (oben §. 20. A. 9, Neap. IV 7[4], Arch. 51. S. 99) errichtet werden. *Frauen*klöster dürfen zwar Novizen (oben Anm. 8) regelmässig (Neap. IV 8, Arch. 51. S. 102) nicht ohne bischöfliche Erlaubniss aufnehmen; gegen den Antrag der Klosteroberen kann jedoch der Bischof keine Aufnahme verfügen, auch keine Schwester in eine andere Niederlassung, wenngleich desselben Ordens, versetzen. Avv. 1885 p. 4.

IV. Hauptstück.

Pfarreien und Gotteshäuser.

§. 25. *Pfarr- und Pfarrgehülfenpfründen einschlüssig der wegen pfarrlicher Seelsorge beibehaltenen Prälaturen etc., Abteien und Caplaneien.*

Nach den Staatsgesetzen (oben §. 15. A. 1) werden geistliche Körperschaften als Träger der Pfarrgerechtsame (»enti collettivi parrochiali«) nicht mehr anerkannt, mit Ausnahme der Domcapitel (§. 22. A. 5) und der in Rom und an den Sitzen der vorstädtischen Bisthümer beibehaltenen *Collegiatstifte*[1]). Die übrigen Collegiatstifte[1]), ferner die *Receptiv*stifte[2]), die Chorcapla-

1) Ausserhalb Roms und der »Vorstädte« (Arch. 54. S. 298 = Sep.-Abdr. 25, oben §. 3. A. 3, G. 19. Juni 1873 A. 16) sind die »capitoli delle chiese *collegiate*« bereits in Folge des G. 15. Aug. 1867 A. 1[1] der juristischen Persönlichkeit und ihres Vermögens verlustig gegangen. *Grassi* 71[2], 73[3], 122[5], April 1878 p. 3 u. 1881 II 100, P. 95 u. 325, R. 283 u. 592, T. 283, 288, 505 u. 511, App. Neapel 21. Febr. 1868, Kass. Rom 20. Dec. 1877 u. 10. Aug. 1880, oben §. 13. A. 11, §. 16. A. 1 u. 4[b], §. 17. A. 8 u. §. 19[a] A. 13, Arch. 55. S. 20, 28, 39 u. 51 = Sep.-Abdr. 65, 73, 84 u. 96. Das sard. G. 29. Mai 1855 hatte dieselben wenigstens noch in den Städten über 20,000 Seelen und selbst in kleineren Orten dann fortbestehen lassen, wenn sie Pfarrrechte übten. T. 81, 215 u. 275, *Grassi* 8, 16[6], 27[1]; in Oberitalien waren — mit Ausnahme von St. Ambros in Mailand und St. Johann in Monza (T. 297 u. 301) — die Collegiatstifte theils während der französischen (Ggl. 106 A. 3), theils während der königl. italienischen Herrschaft unterdrückt worden. (Collegiatstifte waren nicht selten aus Pfarrkirchen (§. 26. A. 3) dadurch entstanden, dass der hl. Stuhl (oben §. 9. A. 6, Arch. 55. S. 4 = Sep.-Abdr. 49) vormaligen Pfarrgehülfenstellen die Rechte von Domherrn oder Mitpfarrern beilegte, *Grassi* 121[2], 1881 I 86, Avv. 1880 p. 344, vgl. 339, 1884 p. 514). *Ohne Corporationsrechte* d. i. als rein *privat*rechtliche Vereine, (wie geistliche Säcular-Orden, vgl. §. 24. A. 17), können die Collegiatstifte fortbestehen, mit einem jederzeit theilbarem Genossenschaftsvermögen, eigenem Archive und gemeinsamen Einnahmen z. B. aus der Betheiligung an kirchlichen Feierlichkeiten, wie Leichenzügen (§. 26. A. 8, Neapel IV 2, Arch. 51. S. 78, Avv. 1884 p. 294, 1885 p. 182 u. 184). Von den Collegiatstifts*pfründen* blieben nur diejenigen bestehen, auf welchen die Last der Pfarrei oder wenigstens der *ständigen* Unterstützung in der *pfarrlichen* Seelsorge (oben §. 9. A. 6, unten Anm. 10) ruhte. *Grassi* 128[5], vgl. 1881 II p. 134. Patronats- und Rückfallsrechte: §. 13. A. 11, §. 17. A. 8[a], §. 19. A. 9 u. §. 22. A. 5, das ist: Arch. 55. S. 20, 39, 50 u. 221 = Sep.-Abdr. 65, 84, 95 u. 112.

2) G. 7. Juli 1866 A. 11 und G. 15. Aug. 1867 A. 1 u. 2. *Grassi* 153[7] und 1881 I 86, vgl. oben §. 13. A. 10 u. §. 16. A. 4[c], Arch. 55. S. 19 und 31 = Sep.-Abdr. 64 u. 76. Die chiesa ricettizia war eine *Familien-* oder eine *Orts*stiftung, je nachdem die Bewerber um die Präbenden Familien- oder Orts-

neien[3]) und *Communie* sind aufgehoben. Aus dem Vermögen einer jeden dieser Körperschaft wurde in jedem Pfarrsprengel[4]), worin dieselbe den *sonntägigen* Pfarrgottesdienst hielt und die Sacramente spendete, die bisher *selbständige Pfarrpfründe*[6]) für den mit Wahr-

---

angehörige sein mussten. Die Zahl der Stellen konnte eine offene oder ausnahmsweise eine geschlossene sein: die Verleihung oder Zulassung erfolgte gewisser Massen auf Grund des Patronats, vgl. *Grassi* 174[2] u. 177[1] — durch die Verwalter des Stifts, d. i. in der Regel durch die Mitglieder selbst und bedurfte nicht nothwendig der kirchlichen Einsetzung oder Bestätigung. App. Neapel 30. März 1871, T. 186, vgl. 168, 275, 316 u. 336, P. 95 u 318, R. 586, vgl. oben §. 19. A. 14, Arch. 55. S. 4 = Sep.-Abdr. 96. Die Präbenden konnten, selbst stiftungsgemäss (oben §. 9. A. 4, Arch. 55. S. 4 = Sep.-Abdr. 49), mit den Stellen des *Domcapitels* verbunden sein. Alsdann wurden, bei Einziehung des Stifts-Vermögens, den beibehaltenen Capitelspfründen (oben §. 22. A. 3), die stiftungsmässigen Antheile an der massa ricettizia belassen, und solche denselben in Staatsrenten, Kapitalien etc. zugewiesen. T. 304, Avv. 1880 p. 154, *Grassi* 119[1], vgl. 152[10]. Auch Pfarrer und Pfarrgehülfen behielten ihren Antheil an diesen Pfründen, trotz der Einziehung des übrigen Stiftsvermögens. Kass. Rom 11. Juli 1878, Avv. 1879 p. 38, unten §. 26. III A 14 u. 16. Die Receptivstifte bestehen noch heute als Vereine von privatrechtlichem Charakter, oder als Privatanstalten, die von Familien ohne rechtliche Verpflichtung bis auf Weiteres beibehalten wurden. Avv. 1879 p. 79, 1885 p. 55, 155, 178 u. 227, vgl. unten A. 7[b] u. [c], §. 24. A. 15 u. 17, oben Anm. 1 u. §. 19. A. 10.

3) Eine cappellania corale (T. 283 u. 305), communía oder communería (*Cassani* pr. q. 458, Kass. Rom 22. Febr. u. 24. Juli 1878, T. 275 283 u. 304, *Grassi* 1881 I 95[100] u. II 58, vgl. R. 579 u 590) ist nur eine Abart der chiesa ricettizia. In Rom und den »Vorstädten« (obige Anm. 1, *Cassani* pr. qu. 513) sind auch diese und ähnliche Körperschaften beibehalten worden.

4) St.-R. 20. Febr. 1871 u. 14. März 1872, T. 298, Kass. Rom 4. u. 13. Mai 1876, auch 11. Nov. 1879, Avv. 1879 II p. 5, 1880 p. 226 u. 272, R. 575. Die Bestimmung des G. 15. Aug. 1867 A. 1, sowie das G. 11. Aug. 1870 A. 2, dass blos *»un solo beneficio curato«* beibehalten bleiben soll, bezieht sich nur auf den Fall, dass die *Körperschaft* als Personengesammtheit (*Grassi* 121[5], 122[2], 225 und 1881 II 100, oben §. 22. A. 5) die Pfarrei zu besorgen hatte, also nicht etwa auf den Fall, dass die singoli benefici zufolge besonderen Rechtstitels für verschiedene Sprengel, wenn auch in derselben Kirche (§. 27. A. 7[b], T. 295 u. 299, *Grassi* 129[1], Kass. Rom 4. Mai 1876, Avv. 1882 p. 217) die pfarrliche Seelsorge hatten. T. 299, oben §. 22. A. 3.

5) Zur Erhaltung der einen Pfarrpfründe genügt nicht das Pfarr*recht* (cura habitualis, *Grassi* 8[2], R. 572, 575 u. 581) der Körperschaft, sondern nur die Ausübung des Pfarramtes; auch wird erfordert, dass die Ausübung nicht etwa auf Ersuchen der benachbarten Pfarrei, sondern zufolge unmittelbaren Auftrags des Bischofs, und zwar über alle Gläubigen des bestimmten Sprengels (vgl. *Grassi* 123) bestätigt wird. Es wird verlangt: »esercizio attuale, pieno, (T. 98, 108, 310 u. 315) stabile, (T. 311, unten Anm. 10 u. 14), esclusivo e continuato della giurisdizione parrochiale in un dato circondario.«

6) App. Florenz 3. März 1871, Avv. 1880 p. 226, *Grassi* 73[2] u. [3]. Der

nehmung dieser Amtshandlungen beauftragten Geistlichen ausgeschieden. Wo eine selbständige Pfarrpfründe bisher nicht bestanden hatte, wurde aus Grundstücken, Kapitalien und sonstigen nutzbaren Rechten eine besondere Masse [7]) gebildet, deren Jahresertrag so hoch sein sollte, als die bisherige Einnahme des Pfarrgeistlichen, nach dem Durchschnitte der Jahre 1858—1867, und zwar aus seinem ständigen Gehalte und aus Zuschüssen und sonstigen Einkünfte für pfarramtliche Thätigkeit. Die bürgerliche Gemeinde, in deren Sprengel die Körperschaft die Seelsorge wahrnahm, erlangte das Eigenthum am Vermögen der Receptivstifte [2]) und Communíen nebst den an Stelle des Grundbesitzes (§. 18 I) getretenen Staatsrenten, unter der Verpflichtung [7b]), nach Erlöschen der Bezüge der letzten Stiftsmit-

---

Pfarreistiftung war nicht nur das Stammvermögen der eigentlichen *Pfründe* zu belassen, welches die Hauptbesoldung des Pfarrers bildete, sondern auch der 20fache Betrag der jährlichen Einkünfte aus dem gemeinsamen Stiftsvermögen (oben §. 22. A. 2 u. 7[b], Kass. Rom 4. Febr. 1884, Avv. 1884 p. 514, *Grassi* 122[6], 156[8], 1881 I 24, dagegen II 136 u. *Grassi*, Manuale 123) anzuweisen, nebst den Kosten für Anstellung von Pfarrgehülfen (§. 26 IV A. 6[a]) und für Besorgung (§. 27. A. 8 u. §. 29. A. 6) des Gottesdienstes (Kass. Rom 1. März 1884, Avv. 1884 p. 561, dagegen *Cassani* pr. qu. 493, *Grassi* 1881 II 136). Ebenso wie die einem *Receptiv*stifte (oben Anm. 2), blieb auch die einem *Kloster* (§. 24. A. 3) *einverleibt* gewesene Pfarrpfründe (vgl. Arch. 48. S. 452, Ztschr. für K.-R. XIX 223, T. 311) sammt Kirche (unten §. 27. A. 7) ungeschmälert erhalten. Eine Entscheidung Kass. Rom 20. Dec. 1877 (Avv. 1880 p. 394 u. 429, *Grassi* 123), welche selbst die beni lasciati alla sagrestia o parrochia della chiesa ricettizia einzog, würde sich nur für diejenigen Fälle rechtfertigen lassen, in denen die Pfarrei des Stiftes sich auf die *Stiftsmitglieder* (obige Anm. 5) beschränkte, also in Folge der Aufhebung des Stiftes wegfiel (vgl. §. 27. A. 15). Das Einkommen einer in *Rom* oder den Vorstädten (obige Anm. 1) von einem Manne*skloster* versehenen Pfarrei (ufficiata dalla corporazione o annessa«, G. 19. Juni 1873 A. 2. 3 u. 14, T. 506 u. 510, *Cassani* pr. qu. 1876 p. 503, 1880 p. 498, Avv. 1884 p. 386, oben §. 24. A. 18, unten §. 26. A. 11) wird aus dem eingezogenen Klostervermögen bis auf höchstens 3000 Fr. jährlich ergänzt. Incorporirte Pfarreien derjenigen Klöster, welche durch G. 29. Mai 1855 A. 23, T. 85 u. 251 eingezogen wurden, erhielten damals noch keine förmliche Pfarrdotation ausgesondert; doch muss der Cultusfond — als Nachfolger der sardinischen Kirchenkasse (§. 17. A. 2, Arch. 55. S. 36 = Sep.-Abdr. 81) — den Pfarrkirchen, falls deren eigene Mittel nicht ausreichen, soviel zuschiessen, als zur Deckung ihres Bedarfs fehlt (§. 29. A. 6).

7) Min.-E. bei T. 305, oben §. 12. A. 2 (Schluss) Arch. 55. S. 12 = Sep.-Abdr. 57. Die aus den Ruinen des ente collettivo auflebende Pfarrpfründe ist im Uebrigen nicht Rechtsnachfolger desselben. T. 292. Für die Dompfarrei wird aus dem Stammvermögen des Capitels keine Dotation ausgeschieden, da der Dompfarrer (§. 22. A. 5) seinen Antheil am Ertrage des gemeinsamen Vermögens nach, wie vor, bezieht.

7b) G. 15. Aug. 1867 A. 2, T. 334, vgl. 251, *Grassi* 121[4], 1881 I 128.

glieder die Gotteshausverwaltung (unten §. 27, 29. A. 6 u. §. 30.) zu dotiren und zur Entlastung des Cultusfonds (oben §. 17 I[4]) das Reineinkommen des *Pfarrers* auf jährlich 800 Fr.[7c]) zu ergänzen. Pfarrpfründen unterliegen weder der *30* %igen Staatsabgabe[8]), noch der *Umwandlung* des Grundbesitzes in Staatsrenten[9]). Den Pfarr-

---

Soweit also mit dem Receptivstifte eine Seelsorge verbunden war, konnte weder der Staat (§. 16), noch — auf Grund eines weltlichen Patronats (§. 19.) — die Familie das Stiftsvermögen einziehen. Die bürgerliche Gemeinde, die das um 30 % gekürzte Stiftsvermögen erhält, braucht hieraus blos *eine* Pfarrstelle zu dotiren, selbst wenn alle Stiftsmitglieder dem jeweiligen Pfarrer auszuhelfen hatten. Avv. 1879 p. 30 u. 103, 1880 p. 178 u. 272; doch muss sie der Pfarrdotation die Kosten für das Halten der erforderlichen Hilfsgeistlichen beifügen. Kass. Rom 18. Juli 1877, *Grassi* 122[3], vgl. übrigens 1881 II 135. Receptivstifte kamen hauptsächlich nur in Süditalien vor. *Cassani* (pr. qu. 425, 464 u. 493, vgl. 64) hätte auch den Gemeinden *Nord*italiens das Vermögen der aufgehobenen geistlichen Körperschaften gewünscht. (§. 17. A. 8, Arch. 55. S. 39 = Sep.-Abdr. 84). *Grassi* 1881 I 154 ist der Meinung, dass nicht ein Durchschnitt aus den Jahren 1858—1867 zu ziehen, sondern derjenige Zeitpunkt massgebend sei, der zehn Jahre vor Anwendung des Gesetzes lag.

7c) Hieran lässt auch der Gesetzentwurf Avv. 1884 pro 385, unten §. 27 II A. 14 u. 16, keine Aenderung eintreten.

8) G. 11. Aug. 1870 A. 5, T. 184 u. 456, R. 780, Kass. Turin 22. Nov. 1872, Kass. Rom 17. Juli 1878, Avv. 1879 p. 14, 1880 p. 226 u. 249, Arch. 55. S. 34 = Sep.-Abdr. 79, oben §. 16 III[c], A. 15 u. 17, unten §. 26 IV.

9) G. 7. Juli 1866 A. 11, T. 315, *Cassani* pr. qu. 710, Rif. disc. 1877 p. 197 u. 225, 1878 p. 155. Der volle Grundbesitz — nicht nur das Pfarrhaus, *Grassi* 1881 I 154, §. 26. A. 11 — verblieb allen *Pfarrpfründen* (oben §. 12. A. 2, §. 18 u. 19. A. 1, Arch. 55. S. 11, 43 u. 47 = Sep.-Abdr. 56, 88 u. 92), Kass. Rom 6. Juli 1877 u. 11. Juni 1879, Avv. 1879 p. 21 u. 128), auch den mit dem Bischofsstuhle (§. 21. A. 9) oder einem Stifte (obige Anm. 6) unirten, wie den Dompfarreien (Kass. Rom 11. Juni 1879, Avv. 1879 p. 128, oben §. 22. A. 8[a]), ebenso allen benefici *coadiutoriali*, App. Brescia 5. Mai 1869, Kass. Florenz 15. März 1869 (T. 314), Turin 22. Nov. 1872 u. Rom 23. Febr. 1880, Avv. 1880 p. 226, 249 und 318, unten Anm. 10 und §. 26. A. 6[a]. Die Pfarrei musste in ihrem vollen Grundbesitze auch dann belassen werden, wenn der Pfarrer aus dem Ertrage desselben die Kosten des *Gottesdienstes*, z. B. in Ermanglung eines eigenen Gotteshausvermögens (§. 27. A. 8 u. §. 29. A. 6) zu tragen hat, Kass. Palermo 8. März 1870, Kass. Rom 12. Sept. 1877, *Grassi* 74[3], vgl. übrigens 136[5] u. 1881 I 92, R. 208 u. 210, T. 182. Dagegen unterliegen der Umwandlung in Staatsrente auch jene Gotteshausgrundstücke, aus deren Ertrage der Pfarrgehalt gezahlt wird, *Grassi* 72[1], Kass. Rom 29. Jan. 1877, T. 180, 182 u. 454, oben §. 12. A. 1 u. §. 18 I, Arch. 55. S. 11 u. 43 = Sep.-Abdr. 56 u. 88, unten §. 30[3] A. 3; doch blieben von der Umwandlung frei die vom Pfarrer selbst *verwalteten* Grundstücke, welche nur dem Namen nach dem *Gotteshause* zugeschrieben sind, in Wirklichkeit aber einen Theil der *Pfarrpfründe* bilden. Avv. 1884 p. 554, *Grassi* 74[2], 217, Kass. Rom 12. Sept. 1876. Neuerdings beabsichtigt man, selbst den Grundbesitz der Pfarr-

pfründen gleichgestellt sind in dieser Beziehung die Pfründen der *Hülfspfarrer* (§. 26 I) und der im Filiale wohnenden *Pfarrcapläne*[10a]), ferner die Pfründen der Vicare und sonstigen *Pfarrgehülfen*, d. i. derjenigen Ortsgeistlichen, die durch ihr Hauptamt[10b]) verpflichtet sind, in eigener Person[10c]) ständig den Pfarrer in der pfarrlichen Seelsorge[10d]) zu unterstützen. Dagegen erstreckte sich die Einziehung

pfründen in Staatsrente umzuwandeln, *Grassi* Nov. 1878 p. 2, Avv. 1879 p. 122, 1881 p. 6, 1885 N. 137 p. III. — Kassation Florenz 15. März 1869 hat die für die Rentenumwandlung (§. 18 A. 4, Arch. 55. S. 44 = Sep.-Abdr. 89) massgebenden Gründe deshalb »keine Anwendung auf die Pfarrer und die Pfarrge»hülfen finden lassen, weil letztere ihre Pfründengüter in der *ergiebigsten* Weise »selbst bewirthschaften.«

10a) Auch solche Nebenpfründen sind von der 30 %igen Abgabe, wie von der Umwandlung frei: Kass. Turin 22. Nov. 1872, *Grassi* 127[1] u. 227[2]. Avv. 1880 p. 226, 249 u. 308, 1881 p. 236, vgl. übrigens §. 22. A. 8[a]. In Lombardei-Venezien heissen die Vorstände der chiese sussidiarie »*viceparrochi*«, Avv. 1885 p. 180 u. 252, R. 559, T. 313; »*capellani residenziali*« (vicaires résidants, Ggl. 185 u. 297) sind die exponirten Localcapläne, welche als »selbständige Vicare« im Sprengel der Filialkirche (succursale, Avv. 1880 p. 226, Kass. Rom 5. April 1879, R. 386, 398, 554 u. 559) unter der »Aufsicht« des Pfarrers alle Pfarrrechte ausüben. Ebenso wie den neben der Pfarrkirche bestehenden Capellen (unten §. 27. A. 4), kann auch den einzelnen Pfründen der Pfarrgehülfen besondere juristische Persönlichkeit zukommen. Cast. 256.

10b) Oben §. 9. A. 6. Alle derartigen Pfründen, welchen die Beihülfe an der pfarrlichen Seelsorge nur nebenbei, nicht als *Hauptamt* oblag, wurden (§. 15. A. 3, §. 16. A. 1 u. §. 19. A. 14, Arch. 55. S. 26, 29 u. 51 = Sep.-Abdr. 71, 74 u. 96) eingezogen. G. 15. Aug. 1867 A. 1[4] (vgl. G. 11. Aug. 1870 A. 4[b] u. 5), App. Casale 7. März 1884, Avv. 1885 p. 21, R. 554, *Grassi* 122[3]. Die rettori, coadiutori capellani (T. 313) oder coadiutori titolari (Avv. 1880 p. 226 u. 345, R. 550) bedienen häufig eine Nebenkirche. Die vicari perpetui (*Cassani* pr. qu. 51, Avv. 1880 p. 249 u. 308, Ggl. 293, unten §. 26. A. 6[a] u. 11, oben §. 6. A. 9) sind Gehülfen des Pfarrers für alle Arten der Pfarrgeschäfte und wohnen deshalb regelmässig im Pfarrhause. Die Pfründen dieser letzteren Hülfsgeistlichen werden häufig durch den Pfarrer mitverwaltet. Avv. 1880 p. 226, R. 593, oben §. 12. A. 1. Aber auch in anderen Fällen kann der Pfarrer (§. 26. A. 6[b]) die Ansprüche geltend machen, die eine Aufrechthaltung der Pfründen der Pfarrgehülfen betreffen. *Grassi* 1881 I 86, Kass. Rom 23. Febr. 1880 u. 21. Febr. 1883, §. 30. A. 9.

10c) Anm. oben 5, unten 14[a], T. 81 u. 276; der Pfarrgehülfe hat ein benefizio residenziale (*Cassani* pr. qu. 104), muss also im Pfarrsprengel wohnen, oben §. 6. A. 4. Arch. 54. S. 311 = Sep.-Abdr. 38.

10d) G. 11. Aug. 1870 A. 5, Avv. 1879 N. 2 p. 5. Pfarrbeihülfe braucht weder (obige Anm. 10[a]) für den gesammten Umfang des Pfarr*sprengels*, noch für *sämmtliche* Parrochial*akte* zu erfolgen (Kass. Rom 15. Mai und 26. Juni 1876, *Grassi* 129[2] u. 130[4], (vgl. März 1878 p. 5), Avv. 1878 N. 1 p. 8 und 1880 p. 238, vgl. übrigens T. 315); doch unterlagen der Einziehung Pfründen, deren Inhaber nicht allen Pfarrangehörigen oder nicht wenigstens einer bedurch die Inhaber weltlicher Patronatsrechte (§. 19. A. 9, Arch. 55. S. 50 = Sep.-Abdr. 95) und bei deren Ermanglung durch den Cultusfond (§. 15. A. 5, §. 17 I, Arch. 55. S. 26 u. 35 = Sep.-Abdr. 71 u. 80) mit Ausnahme (oben §. 3. A. 3 u. §. 22 A. 1, Arch. **54**. S. 298 u. **55**. S. 218 = Sep.-Abdr. 25 u. 109) Roms und der »Vorstädte« — auf alle selbständigen Stiftungen für ausschliesslich gottesdienstliche, aber *nicht pfarrseelsorgliche* Zwecke, namentlich auf die *nicht* zur pfarrlichen Seelsorge verpflichteten *Abteien*[11]) und

---

stimmten Klasse derselben. wie den Armen, den Ausländern, sondern nur den Bewohnern eines Schlosses (oben §. 8. A. 5, Arch. **54**. S. 319 = Sep.-Abdr. 46), den Bediensteten oder Kranken eines Spitales etc. die Gnadenmittel zu spenden hatten. Kass. 28. Juni 1879, Avv. 1880 p. 188 u. 226, oben §. 15. A. 5, unten §. 27. A. 12. [Der Einziehung entgingen desfalls nur förmliche Spital*pfarreien* (Avv. 1885 p. 52) sowie die Pfründen der *Bruderschafts*geistlichen, oben §. 7 A. 3, §. 8. A. 1 (Arch. **54**. S. 317 u. 318 = Sep.-Abdr. 44 u. 45), unten §. 31. A. 11, 13 u. 19]. Zur Beibehaltung einer Pfründe genügte weder der Chordienst (obige Anm 3 u. §. 22. A. 1[a]), noch das Messelesen in der Pfarrkirche (Avv. 1880 p. 214 u. 226, R. 557, oben §. 15. A. 6, Arch. 55. S. 27 = Sep.-Abdr. 72), noch die »*Unterordnung*« unter dem Pfarrer, noch selbst letztere im Zusammenhange mit dem Beichthören (Kass. Rom 7. Aug. 1879, Avv. 1880 p. 226 u. 249, *Grassi* 128[6], App. Casale 7. März 1884, Avv. 1885 p. 21). Uebrigens stellen die Oberlandesgerichte die Thatsache, ob die Pfründe eine *Pfarrgehülfen*stelle ist, endgültig fest, und sie bejahen die Frage regelmässig dann, wenn eine weitere Verrichtung, z. B. der Religionsunterricht, hinzutritt (Kass. Rom 26. Juni 1876 u. 4. Febr. 1880, Avv. **1878** N. 1 p. 8 und **1880** p. 285, *Grassi* 129[3], 1881 I 86), oder wenn der Pfründeninhaber bei einer auswärtigen Hülfs- oder Filialkirche wohnt (§. 27. A. 4, *Grassi* 128[8]), oder wenn wenigstens im *Stiftungsbriefe* dem Pfründeninhaber die allgemeine Auflage gemacht ist, den Pfarrer zu unterstutzen (*Grassi* 129[2] und 130[5], Kass. Rom 15. Mai 1876); in der Ernennungsurkunde brauchte dann von dieser Verpflichtung keine Erwähnung mehr zu geschehen. In einer Entsch. des Kass.-H. Rom v. 21. Febr. 1883 wurde angenommen, der Bischof sei befugt, einer einfachen Pfründe die Verpflichtung ständiger Beihülfe in der Seelsorge der Pfarrei aufzuerlegen, wenn das Gotteshausvermögen zur Vergütung eines Vicars nicht ausreicht, oder der Pfarrer den Amtsverpflichtungen nicht mehr allein genügen kann. Vgl. *dagegen* oben §. 9. A. 6, Arch. **55**. S. 4 = Sep.-Abdr. 49. Zur Errichtung einer *Pfarrgehülfenstelle* kann auch jetzt noch unter dem Titel »*Capella*« (Kass. Rom 4. Oct. 1877, *Grassi* 123[1] u. 146[5]) oder »*Cappellanía*« (App. Brescia 10. Oct. 1872, Avv. 1880 p. 273) einem Gotteshause (§. 30[3] A 4[a]) oder einer Pfarrei (§. 26. IV A. 6[a]) das Stiftungskapital (§. 13. A. 3, Arch. 55. S. 16 = Sep.-Abdr. 61) zugewendet werden. Eine Entsch. des App. Florenz 8. Juli 1879 (*Grassi* 124[1], Gazz. dei Tribunali di Napoli XXI 741) nahm sogar an, eine solche Nebenpfründe könne als *autonome* Stiftung (§. 9[2] A. 3 u. §. 13. A. 2, Arch. 55. S. 3 u. 15, Sep.-Abdr. 48 u. 60) vom Staatsoberhaupt genehmigt werden, ohne dass dazu die Vermittlung des Gotteshauses, der Pfarrei oder der Gemeinde etc. nöthig sei (legatum cum onere).

11) G. 15. Aug. 1867 A. 1[3], T. 283 u. 363, *Cassani* pr. qu. 80 u. 460,

Priorate, *Prälaturen* [12]), Chor- [3]), Mess- und sonstigen *einfachen Beneficien* [13]) nebst den oft auch an Nichtpriester übertragbaren

---

Avv. 1879 p 80 u. 93, oben §. 19. A. 14, §. 20. A. 2, unten §. 24 I, Arch. 55. S. 96 u. 230 = Sep.-Abdr. 51 u. 121. — Abgesehen von den in der *pfarrlichen* Seelsorge thätigen Abteien und Prioraten (§. 22. A. 5) blieben nur diejenigen beibehalten, welche bischöfliche Rechte üben, oben §. 19. A. 9, §. 20. A. 2 u. §. 22. A. 6, Arch. 55. S. 50, 209 u. 221 = Sep.-Abdr. 95, 100 u 112.

12) G. 15. Aug. 1867 A. 1 [4], *Grassi* 127 [6]. Im Gegensatze zu den förmlichen Kirchen*pfründen*, welche unter der Gewalt der Hierarchie stehen, unterlag das Vermögen der Prälaturen und der *weltlichen Caplaneien* nie einer vorwiegend kirchlichen Verwaltung oder Aufsicht, so dass solches von den Bischöfen auch nicht mit Abgaben belastet werden konnte (*Cassani* pr. qu. 153). Dasselbe hat seine rein weltliche Eigenschaft auch nicht dadurch eingebüsst, dass etwa zur Stiftung dieser Präbenden von der *kirchlichen* Oberbehörde eine ausdrückliche oder stillschweigende (*Grassi* 49) Genehmigung ertheilt worden war. Daher brauchen die Familien oder Gemeinden, die über Verleihung solcher Stellen zu verfügen haben, das Vermögen nicht erst »einzuziehen« oder zu vindiciren, sondern nur von der anklebenden kirchlichen Widmung zu befreien oder zu disvinculiren, oben §. 19. A. 14 u. §. 24. A. 2, Arch. 55 S. 51 u. 229 = Sep.-Abdr. 96 u. 120, unten A. 14 [a].

13) G. 15. Aug. 1867 A. 1 [5] u. [6], Bürg. G.-B. 833 u. 1075, Avv. 1883 p. 178 u. 224, *Grassi* 1881 I 90, oben §. 9 A. 4 u. 6 u. §. 15. A. 5, Arch. 55. S. 4 u. 26 = Sep.-Abdr. 49 u. 71. Die weder der bischöflichen Gerichtsbarkeit noch der pfarrlichen Seelsorge dienenden Pfründen wurden im Königreiche Sardinien bereits durch G. 29. Mai 1855 A. 3 u. 21 (T. 81) unterdrückt; zeitweilig aufgehoben waren solche schon im vormaligen Königreiche Italien durch D. 25. April 1810 (Avv. 1879 p. 79, R. 281) und in Piemont sowie den übrigen an Frankreich einverleibt gewesenen Provinzen durch G. 8. Germinal IX (Ggl. 296 A. 15, oben §. 19. A. 17, Arch. 55. S. 54 = Sep.-Abdr. 99). Es handelt sich hier nur um benefizi non residenziali, *Cassani* pr. qu. 131, 388, 462 und 725, *Grassi* 125 [3].

14a) Präbenden, deren Inhaber die gestifteten Gottesdienste nicht *selbst* abzuhalten, sondern nur die Kosten hiefür den von ihnen hiermit beauftragten Geistlichen zu entrichten hatten (Avv. 1880 p. 201, R. 274 u. 278, *Cassani* pr. qu. 116, *Grassi* 26 [2], vgl. 28), unterlagen schon gemäss obiger Anm. 10 [a], (§. 15. A. 6) der Einziehung des Patrons (Avv. 1885 p. 201, *Grassi* 24) beziehungsweise des Staates, indem als »Pfarrgehülfe« vom Gesetze nur noch derjenige Pfründeninhaber anerkannt wird, welcher in *eigener* Person ständig in der Seelsorge aushilft. Als »laicale« gilt eine nur einem *Priester* übertragbare capellania dann, wenn der Stifter solche *ohne* bischöfliches (oder päpstliches) decretum erectionis errichtet hatte. Avv. 1885 p. 25, Cast. 260—264, P. 321, R. 273, T. 87, 99 u. 319 Im Neapolitanischen war zur Errichtung derselben nicht einmal *Staats*genehmigung (oben §. 13. A. 1 [a], Arch. 55. S. 15 = Sep.-Abdr. 60, Kasss. Rom 12. Juni 1883, Avv. 1884 p. 417) erforderlich. Als gutsherrliche oder Familienstiftungen (oben §. 19. A. 15—18, Arch. 55. S. 52 = Sep.-Abdr. 97) verbleiben die weltlichen Caplaneien, trotzdem die Stiftung derselben vom Bischofe »genehmigt« worden war (*Grassi* 125 [6]), im Privateigenthum; im *Kirchenstaate* jedoch erlangten die kirchlichen Oberbehörden

*Laien*caplaneien [14]) sowie den kirchlicher Seits als *Pfründen* errichteten *geistlichen* [14b]) Caplaneien.

§. 26. *Ernennung, Amt, Einkommen und Lasten der Pfarrer.*

1. Die Pfarrer und Hülfspfarrer werden von der *kirchlichen Oberbehörde* [1a]) *lebenslänglich* [1b]) ernannt und zwar entweder kraft

---

allmälig auch über die *weltlichen* Caplaneien eine gewisse Hoheit, indem sie solche den Pfründen gleichstellten und ihren Sitz rechtlich in diejenigen Gotteshäuser verlegten, worin die gestifteten Gottesdienste abzuhalten waren. Die *öffentlichen* Capellen blieben trotz der Unterdrückung der Caplansstellen beibehalten, unten §. 27. A. 6, *Grassi* 220. — In Folge ihrer weltlichen Eigenschaft unterstanden *Laien*caplaneien, bes. in Süditalien nicht selten der Verwaltung des Armenraths (*Grassi* 223 u. 224, Kass. Rom 23. August 1877, Avv. 1885 p. 1, 13 u. 25, *Grassi* 1881 I 84) und entgingen, soweit hauptsächlich Wohlthätigkeitszwecken gewidmet, der Einziehung, unten §. 27. A. 11 u. §. 31. A. 6 u. 10. Der *pfarrlichen* Seelsorge dienende Laiencaplaneien wurden beibehalten trotz des Mangels canonischer *Errichtung* (Kass. Turin 22. Nov. 1872, *Grassi* 124 u. 227, 1881 I 90, T. 312, vgl. 318, Kass. Rom 5. Jan. 1877 und 23. Febr. 1880, Avv. 1880 p. 214, 308, 405, 1879 p. 38 u. 103, vgl. übrigens 1883 p. 38 und *Grassi* 128 [4]), sowie trotz des dem Patron etwa zustehenden Rechtes, den Caplan *jederzeit* (oben Arch. 54. S. 314. 55. S. 53 = Sep.-Abdr. 41 u. 98, §. 6. A. 9, §. 19. A. 15 u. 18, Avv. 1880 p. 202, vgl. *Grassi* 125 [6] u. 1881 II 130, R. 278) abzuberufen. Auch (obige Anm. 12) bei Laiencaplaneien und Tischtiteln (§. 23. A. 12) findet keine *Pfründen*errichtung (kein »decretum erectionis«) statt, wiewohl die Kirchenbehörde nicht selten zur betreffenden Stiftung wenigstens hinsichtlich der auferlegten Gottesdienste ihre Genehmigung ertheilte, T. 314. Der Quasi-Patron braucht hier nicht erst (*Cassani* pr. qu. 277) dem Bischof »vorzuschlagen« oder zu »benennen«, sondern ernennt sofort, da der Bischof nicht canonisch instituirt, und weist auch in den Besitz selbst ein (ohne Mitwirkung des kgl. Oeconomats, oben §. 11. A. 7, vgl. wegen der Hofkirchen §. 19. A. 9, Arch. 55. S. 9 u. 50 = Sep.-Abdr. 54, 91 u. 95).

14b) Die geistlichen Caplaneien sind an und für sich Pfründen (oben §. 19. A. 14). Sie werden erworben durch canonische Einsetzung oder durch 30jährigen Besitz. Avv. 1880 p. 368. Als »geistlich« kann die kirchliche Oberbehörde eine Caplanei nur dann behandeln, wenn die *kirchliche Errichtung* durch bischöflichen oder päpstlichen Erlass nachweisbar ist. Kass. Rom 18. April 1868, T. 318 vgl. 372, vgl. übrigens *Grassi* 127 [1] u. 1881 II 55 (Investitur ersetzt die Erection). Die Verleihung einer solchen Caplanei gab einen Titel zur Priesterweihe (§. 23. A. 12, *Cassani* pr. qu. 175, 177 u. 178). Auch *geistliche* Caplaneien können Gegenstand eines *weltlichen* Patronats sein, oben §. 19. A. 9, vgl. übrigens Avv. 1884 p. 402, *Grassi* 125 [8], 1881 I 85 u. 95.

1a) Statt des Bischofs hat ausnahmsweise der *hl. Vater* (§. 20. A. 9) oder das *Domcapitel* (§. 22. A. 1 [a] u. 5, Arch. 55. S. 212 u. 219 = Sep.-Abdr. 103 u. 110) das Ernennungsrecht. — Wer ernennt, genehmigt auch die *Demission*, §. 20. A. 2 [b], Avv. 1885 p. 244. — Für den Fall, dass Pfarrer und Domherrn von einem *staatlich* nicht anerkannten Bischofe, Capitelsvicar oder Coadjutor ernannt werden, soll (Min.-E. 22. Sept. 1876, oben §. 11. A. 7, §. 20.

freien Verleihungsrechtes oder auf Vorschlag des Patrons [1c]). Im Falle des freien Verleihungsrechtes oder eines geistlichen Patronats (Arch. 55. S. 48 u. 50 = Sep.-Abdr. 93 u. 95, §. 19. A. 4 u. 10) haben sich die Bewerber einer *Prüfung* [2]) zu unterziehen und ist derjenige zu ernennen, welcher die beste Prüfung bestanden hat. — Weder die Vertreter der Gemeinde [3]), noch die kathol. *Familienhäupter* [4]) haben beim Mangel eines Patronatsrechts Einfluss auf Er-

---

A. 13 u. §. 21. A. 4, Arch 55. S. 9, 214 u. 216 = Sep.-Abdr. 54, 105 u 107) die Entscheidung des *Staatsoberhauptes* wegen Verabfolgung des Pfründenbesitzes eingeholt werden.

1b) Titolo permanente, fisso ed irrevocabile, oben §. 6. A. 9, §. 22. A. 8[b] u. §. 24. A. 4, Arch. 54. S. 314, 55. S. 223 u. 231 = Sep.-Abdr. 41, 114 u. 122, *Cassani* pr. qu. 137, R. 22 u. 208. Die Bestimmungen des canonischen Rechtes (§. 5. A. 2) über die *Unabsetzbarkeit* der Pfarrer gelten in Italien auch noch für die *Hülfspfarrer* (§. 25. A. 10[a], §. 27. A. 4, anders in Frankreich: Ggl. 23 A. 4 u. 287 A. 1). Widerruflich sind die Stellen der Pfarr*verweser* (economi spirituali), welche in dringenden Fällen schon vom vicario foraneo (§. 20. A. 13, Arch. 55. S. 214 = Sep.-Abdr. 105, *Cassani* pr. qu. 50, Avv. 1884 p. 381) bestellt werden können. — Auch Pfarrverwesern soll vor ihrer staatlichen Bestätigung keine Einnahme aus dem Pfründenvermögen angewiesen werden. Kass. Rom 16. Nov. 1877, *Grassi* 122[4], T. 74, oben Arch. 54. S. 316 u. 55. S. 9 = Sep.-Abdr. 43 u. 54, §. 6. A. 12 u. §. 11. A. 9, unten Anm. 6[a], 12—16.

1c) §. 6. A. 5. Die nicht auf dem gemeinen canonischen Rechte (§. 19. A. 1), sondern nur auf Verleihungen des hl. Stuhles beruhende Befugniss des Staatsoberhauptes, Pfarrer vorzuschlagen oder zu benennen, ist in Folge der Trennung des Staats und der Kirche weggefallen, oben Arch. 55. S. 211 = Sep.-Abdr. 102 = §. 20. A. 5, Sc. 307 u. 457[3], vgl. *Hinschius*, Staat und Kirche 294 A. 9.

2) §. 20. A. 9, Arch. 44. S. 471, Avv. 1884 p. 343 und 1885 p. 245, *Cassani* pr. qu. 626, 632, 676—679, Sc. 271. Selbst ein bereits angestellter Pfarrer, der sich um eine andere Pfarrei bewirbt, muss sich der Prüfung unterziehen. Congreg. Episcop. et Reg. 28. Nov. 1884. Ein geistliches Patronat kann auch passiv einem Orden zukommen. §. 19. A. 4 u. §. 24. A. 18, Arch. 55. S. 48 u. 236 = Sep.-Abdr. 93 u. 127).

3) In Italien haben nur wenige *Gemeinden* ein förmliches Patronat (oben §. 19. A. 1 u. 9 Sc. 253, 265 u. 424; anders im Cantone Tessin, Sc. 262). Im Jahre 1865 wurde durch den Parlamentsausschuss beantragt, in allen Pfarreien, die nicht weltlichen Patronats seien, einer gesetzlich einzuführenden Pfarrvertretung (Arch. 54. S. 173, 55. S. 8, Vorwort A. 12 und §. 11. A. 2 = Sep-Abdr. 7 u. 53) ein Vorschlagsrecht (»proposta«) einzuräumen. Dieser Antrag gelangte jedoch nicht zur Annahme, *Cassani* pr. qu. 584, 594, 599, vgl. 607, 624, 679 u. 700, Sc. 36, 104 u. 252, *Cassani* (pr. qu. 185 und 206) sowie Minister Vigliani empfehlen für die künftige Gesetzgebung eine *Volksabstimmung* über die Person, welche dem Bischofe als Pfarrer vorgeschlagen werden soll. Sc. 268 u. 424, *Minghetti* »Stato e Chiesa« p. 217; vgl. italien. Parlamentsverhandlungen 1863/65 p. 159.

4) Vereinzelt kommt ein Patronat der *Gemeindebürger* vor (*Cassani*

nennung der Pfarrer; doch soll Niemand als Pfarrer der Gemeinde aufgedrängt[5]) werden.

II. Der Pfarrer steht unter Leitung und Aufsicht der kirchlichen *Oberbehörden* (§. 5 A. 3 u. §. 20. A. 13) und wird unterstützt durch die ihm beigegebenen Vicare, Coadjutoren oder Capläne[6a]),

---

pr. qu. 627 u. 682), die als »comizio nominatore del parroco« gemeinschaftlich ihr Recht ausüben. Alsdann bestimmt nicht selten der Bischof, die Bewerbungen müssten bei ihm eingereicht werden; auch bestellt er häufig einen Commissar zur Leitung der Wahlversammlung. Demgegenüber behauptet *Cassani* (pr. qu. 263 u. 286, vgl. 258, 262, 269, 629, 634 u. 688, oben §. 6. A. 5), der Vorsitzende des Gemeinderaths habe die Wahl zu leiten, und zwar deshalb, weil Verpflichtungen hinsichtlich der Baulast (Arch. **55**. S. 49 = Sep.-Abdr. 94, oben §. 19. A. 7 u. 8, unten §. 29. A. 5 u. §. 30. A. 10) mit dem Patonate der parrochiani verbunden sind, und weil gemäss A. 82 (vgl. 102[10]) des Gd.-Ges. 20. März 1865 »die Interessen der Pfarrangehörigen, soweit es sich um Zahlungsverbindlichkeiten handelt, durch den *Gemeinderath* vertreten werden« (»sono sottoposti al Consiglio communale«). Doch dürfte diese Folgerung nicht richtig sein. Die von *Cassani* angeführten Gründe könnten leichter zu der Meinung führen, dass der Gemeinderath an *Stelle der Gemeindebürger* das Patronat auszuüben habe. Sonst wird eine Volksabstimmung zur Wahl des Pfarrers weder von der *Kirche* (Congreg. Concilii 23. Mai 1874, Avv. 1879 p. 102), noch vom *Staate* (oben §. 7 A. 3, §. 9. A. 1 u. 7, §. 21. A. 5, Sc. 267, vgl. 236, Arch. **32**. S. 246, **54**. S. 317, **55**. S. 3, 5 u. 216 = Sep.-Abdr. 44, 48, 50 u. 107) anerkannt. Allerdings hat ein Min.-E. 20. Mai 1876 den Kirchenfabrikräthen zu Paludano und San Giovanni bei Mantua die Verwaltung des Pfründengutes unter dem Anheimgeben übertragen, die Nutzungen hievon den eletti parroci zuzuwenden (Sc. 267); doch wird dieser Erlass als *ungesetzlich* bekämpft, *Cassani* pr. qu. 624, vgl. 584, 594, 599, 607, 679 und 700, oben §. 12. A. 1.

5) Oben A. 1[a], §. 12. A. 2, *Cassani* pr, qu. 680. Unverträgliche Pfarrer werden entfernt, §. 6. A. 11. Die Abberufung würde aber nicht bei der Regierung (oben §. 7. A. 3), sondern nur bei den kirchlichen Oberbehörden in Anregung gebracht werden können. Die Mitglieder des Gemeinderaths sind hierzu nicht besser legitimirt, als sonstige Gläubige. Avv. 1885 p. 141.

6a) Der Pfarrer ernennt und besoldet seine Gehülfen mit Genehmigung des Bischofs (Neap. IV 3[14], Arch. **51**. S. 84, R. 550 u. 558, Ggl. 294 A. 7); dies gilt sowohl hinsichtlich der *ständigen* (§. 25. A. 10[a] u. [b], unten Anm. 18), als auch der für den Fall der Erkrankung oder anderweiten Verhinderung erforderlichen *zeitweiligen* Gehülfen. Wegen des, eine Last der Pfarrei bildenden Unterhalts der ständischen Gehülfen (Kass. Palermo 8. März 1870, R. 210, §. 26. Ziff. IV des Textes) musste die Pfarrdotation (oben §. 25. A. 6 u. 7[b]) entsprechend erhöht werden. Nur diejenigen ständigen Pfarrgehülfen, denen eine *eigene Pfründe* (§. 25. A. 10[d]) zusteht, hat der Bischof zu ernennen, vorbehaltlich die staatliche Einweisung in die Pfründe (oben §. 11. A. 5, Arch. **55**. S. 9 = Sep.-Abdr. 54). Auch von Amtswegen kann der Bischof dem Pfarrer einen Vertreter bestellen, namentlich im Falle einer Bestrafung (§. 6. A. 12 u. §. 11. A. 5) und für die Dauer einer Krankheit oder Abwesenheit. Die *zeit-*

Er handhabt, insoweit nicht einzelne Anstalten [6b]) von der Pfarrgewalt *befreit* sind, innerhalb des Pfarrsprengels (§. 9 [1]) die *Ordnung* [6c]) in allen Gotteshäusern, hält und überwacht den *Gottesdienst*, desgleichen den Religionsunterricht (§. 25. A. 10[d] u. §. 32. A. 8 u. 11) in den öffentlichen wie den freien Schulen. Er führt die Vorstandschaft (§. 22. A. 2 u. §. 27. A. 9) in der Gotteshausverwaltung, vertritt die Interessen der Kirchengemeinde (§. 25. A. 10[d] u. §. 28. A. 6[b]), spendet die Sacramente [7]) und beerdigt [8]). Zufolge

weiligen Gehülfen (oben A. 1[b]) können jederzeit (vom Bischofe, vgl. §. 22. A. 5) abberufen werden, *ständige* Gehülfen (§. 25. A. 14[a]) nur ausnahmsweise. Unter der Aufsicht des Pfarrers stehen auch diejenigen Geistlichen, welche an nichtöffentlichen Capellen angestellt sind und aus Privatmitteln (§. 19. A. 17 u. 18) besoldet werden. Neap. IV. 3[8], App. III 2, Arch. **51**. S. 82, **55**. S. 54 = Sep.-Abdr. 99. — Ist der Höchstbetrag der Gemeindeumlagen nicht überschritten, so kann der Gemeinderath dem Pfarrer einen freiwilligen Zuschuss für ständige Pfarrgehülfen bewilligen, jedoch nur für die Zeit von je 5 Jahren, R. 252, unten §. 29. A. 3 u. §. 30[3]. Die Gemeindeaufsichtsbehörde kann die Genehmigung nicht aus dem Grunde versagen, dass der Hülfsgeistliche das Placet nicht nachgesucht habe (St.-R. 25. Nov. 1882, Avv. 1883 p. 93; denn nur zur Errichtung einer bleibenden Stelle (§. 9[2]) und zur Einweisung in eine solche (§. 11.) ist Staatsgenehmigung erforderlich.

6b) Vgl. §. 20. A. 1 u. §. 13. A. 19 bezüglich der Bruderschaften. — Regulär*klöster* (§. 24. A. 19) sind häufig von der *Pfarr*gewalt befreit, selbst wenn der betreffende Orden von der *Diöcesan*hoheit nicht eximirt ist, Avv. **1879** p. 26 u. 135, **1881** p. 208, **1882** p. 233 u. **1883** p. 169; sie beerdigen stets ihre Mitglieder ohne Mitwirkung des Ortspfarrers (Arch. **46**. S. 262), dürfen aber sonst keine Pfarrgeschäfte verrichten. Neap. IV 7[19], Arch. 51. S. 101.

6c) Oben §. 8 u. 10, unten Anm. 8. Der Pfarrer ist für das Kirchenmobiliar (§. 28. A. 2[b], §. 30. A. 1) verantwortlich, da er die Schlüssel zur Kirche, selbst zum Glockenthurme und zur Gemeinde-Uhr (§. 30. A. 3 und 8) führt. Die Gemeinde kann deshalb auch die Besorgung der Gemeinde-Uhr in der Kirche nur einer dem Pfarrer genehmen Persönlichkeit übertragen. Avv. **1879** N. 2, p. 6 u. **1883** p. 145.

7) Der Pfarrzwang erstreckt sich nur auf pfarrliche, nicht auch auf priesterliche Verrichtungen, wie die Segnung von Kerzen, Palmen, Früchten etc. Avv. **1878** N. 1 p. 4, **1879** p. 85 u. **1880** p. 327. Ohne Erlaubniss des Pfarrers dürfen weder seine Pfarrangehörigen sich zu auswärtigen Geistlichen begeben, um durch dieselben Taufen, Trauungen oder Beerdigungen vornehmen zu lassen, noch auswärtige Geistliche in seinem Sprengel Amtsakte, noch ohne Ermächtigung der kirchlichen Oberbehörde (Avv. 1885 p. 254) Sammlungen vornehmen. Mitunter gebührt jedoch der *Dom*pfarrei das Taufen in der Zeit von Gründonnerstag bis Weissen Sonntag (§. 22. A. 5, Dr. *Bellesheim* im Arch. 55. S. 66) oder ist überhaupt dem Pfarrer der *Mutter*kirche für die hievon losgetrennte neue Pfarrei der fonte battesimale vorbehalten worden, oben §. 9. A. 3 u. 6, Avv. **1879** p. 18, 75 u. 86, vgl. **1880** p. 279.

8) Oben §. 25. A. 1, unten §. 23. A. 4[b], Avv. **1882** p. 158 u. 233, **1885** p. 51 u. 235, vgl. **1881** p. 158, 196, 217, 241, 253, 265 u. 277. Zufolge Her-

des Pfarrzwanges bedürfen *auswärtige* Geistliche hierzu der Zustimmung des Pfarrers.

Wegen der Mitwirkung bei Ernennung eines Mitgliedes der Seminarverwaltung vgl. oben §. 20. A. 3 u. §. 23. A. 8[b], wegen des Urlaubs §. 9. A. 7 und wegen des politischen Eides §. 5. A. 10, Arch. **54**. S. 309, **55**. S. 5, 210 u. 226 = Sep.-Abdr. 36, 50, 101 und 117.

III. Jeder Pfarrer und Hülfspfarrer erhält den Ertrag der *Stol*gebühren sowie der üblichen Opfer und *Sammlungen* (oben §. 8. A. 8), ferner aus den Gemeinde- [9a]), den Gotteshauskassen (§. 30 [3]),

---

kommens hat nicht selten die *Dom*pfarrei das Recht (oben Anm. 7 u. §. 22. A. 5), Fremde zu beerdigen, welche am Diöcesanhauptorte sterben, *ohne* daselbst den *Wohnsitz* erworben zu haben. Avv. 1885 p. 51. In Ermanglung eines solchen *Rechtstitels* kann der Bischof keiner Pfarrei das Recht der Beerdigung entziehen oder beschränken (Avv. 1880 p. 256); den einzelnen Gotteshäusern verblieb nämlich das Monopol der kirchlichen Beisetzung, wenn letztere auch nicht mehr auf dem *pfarrlichen*, sondern nur noch auf dem *gemeindlichen* Friedhofe erfolgen darf, unten §. 33. A. 7. — Nur zufolge jederzeit widerruflicher Duldung des Pfarrers darf der Caplan einer Bruderschaft die Leiche eines Mitgliedes im Sterbehause aussegnen oder zum Friedhofe geleiten, unten §. 31. A. 19, Avv. 1879 N. 2 p. 4. N. 3 p. 11. Der Pfarrer des *Sterbeortes* erhält den kirchlichen Bestimmungen gemäss den vierten Theil der Gebühr, wenn die Leiche *ausserhalb* des Sterbeortes beigesetzt wird. Avv. **1878** N. 1 p. 4, **1879** p. 36 u. 136, vgl. **1881** p. 110 u. 229 [Zufolge Avv. 1879 p. 26 würde das Recht der Beerdigung nicht dem Pfarrer, in dessen Sprengel man *zufällig* stirbt, sondern dem Pfarrer des *Wohnsitzes* bezw. demjenigen gebühren, welchem zuletzt die Seelsorge oblag]. Für die Durchfuhr der Leiche durch die dazwischen liegenden Pfarreien können letztere weder eine Gebühr, noch Antheil an den Kerzen (Avv. **1884** p. 544, vgl. **1885** p. 110 u. 229) beanspruchen, wenn auch die Geistlichkeit des Sterbeortes im Ornate die Leiche prozessionsweise durch die anderen Pfarrsprengel hindurch geleitet. Die zum Leichenzuge oder bei den Leichengottesdiensten angezündeten *Kerzen* verbleiben ausschliesslich der Pfarrgeistlichkeit, auch dann, wenn sich der Caplan der Friedhofskirche im Friedhofe dem Leichenzuge anschliesst, Avv. 1884 p. 547, unten §. 33. A. 4 u. 7, Ggl. 160 A. 2. — Der etwaige Antheil der *Gotteshaus*verwaltung an diesen Kerzen bestimmt sich nach dem Ortsgebrauche, unten §. 29[c], R. 173, Riv. amm. **1864** p. 84 u. **1873** p. 420. Keine Gebühr braucht entrichtet zu werden von *Armen* (Neap. IV 3[18], vgl. IV 2[8], Arch. 51. S. 79 u. 84) oder wenn die kirchliche Begleitung der Leiche *nicht verlangt* wird (§. 4. A. 5), oder wenn solche wegen ansteckender Krankheit polizeilich *verboten* ist. (R. 175, Avv. 1884 p. 543). Wegen des *Tarifs* und der Einklagung der Stolgebühren, Neap. III 4, Arch. **51**. S. 70 u. **55**. S. 70, unten Anm. 13, §. 29. A. 2 und §. 33. A. 4. — Das Vorzugsrecht (Bürg. G.-B. 1956[2]) kommt auch den *kirchlichen* Beerdigungsgebühren zu Gut. Kass. Turin 12. Sept. 1884, Avv. 1884 p. 513.

9a) Oben §. 7 I, unten §. 29[c] A. 4[b]. Kass. Palermo 13. Nov. 1880 und den Wohlthätigkeits- und sonstigen Anstalten (§. 23. A. 8 u. §. 25. A. 2), sowie von den Patronen[9b]) und anderen Privatpersonen die Jahresreichnisse, welche letzteren zufolge *Vertrags*, *Stiftung* oder *Herkommens* obliegen; endlich hat er kraft staatlicher Bestätigung[10]) den Genuss der *Pfründen*grundstücke (§. 25. A. 9), -Kapitalien, Renten und sonstigen Rechte (§. 18 II), freie *Dienstwohnung*[11])

App. Palermo 28. Mai 1881, *Grassi* 38 u. 1881 II 31 u. 116, Avv. 1880 p. 275. Die Gemeinden sicherten zuweilen den Pfarreien einen bestimmten Jahresbetrag zu, z. B. als Gegenleistung für den Verzicht auf die von den Bewohnern oder den Grundbesitzern geschuldeten kirchlichen Zehnten (Avv. 1884 p. 337, §. 18. A. 10); in solchen Fällen bleiben die Gemeinden zur Fortentrichtung verpflichtet, wenn auch durch spätere Gesetze (unten Anm. 12, 13 und 16) die Zehnten ohne Entschädigung aufgehoben werden. — Hat eine Gemeinde seit *50 Jahren* (Avv. 1883 p. 242) oder gar seit *100 Jahren* (Avv. **1879** p. 21, St.-R. 17. Jan. 1877) eine Jahreszahlung an den Pfarrer regelmässig geleistet, ohne sich den Widerruf vorzubehalten, so darf sie wegen Nichtnachweisbarkeit des ursprünglichen Verpflichtungsgrundes eine solche Zahlung nicht einstellen, da nicht anzunehmen ist, dass sie solche *ohne* rechtliche Verpflichtung solange schon fortentrichte. — Von den vertrags-, stiftungsmässigen oder herkömmlichen Verpflichtungen werden die Gemeinden auch nicht theilweise dadurch entlastet, dass der Staat oder Cultusfond (St.-R. 31. März 1870, Kass. Rom 11. Juli 1878, unten A. 13 u. 14) den Pfarreien Zuschüsse gewährt. Bei staatlicher Ergänzung der Pfarrgehälter auf 500 Fr. in Piemont verbot Karl Felix (D. 16. Oct. 1828, Avv. 1880 p. 325, unten Anm. 12) den Gemeinderäthen, deshalb die ständigen Gemeindezuschüsse zu vermindern.

9b) Oben §. 19. A. 1, *Grassi* 38, Kass. Rom 4. Juli 1877, vgl. dagegen §. 30. A. 6.

10) Oben §. 11. A. 2 u. 7, §. 20. A. 3 u. §. 21. A. 3. Die *Gemeindebehörden* sind nicht legitimirt, Namens des Pfarrers um die Bestätigung einzukommen, oben §. 21. A. 2. Den Pfarrern und Domherrn (§. 22. A. 9) hat der hl. Stuhl schon 1872 gestattet, um die staatliche Bestätiguug und Pfründeneinweisung nachzusuchen; oben §. 21. A. 2, Sc. 325, Arch. **41**. S. 176 Avv. 1879 p. 109. Staatseid: §. 5. A. 10. Die Pfarrer verwalten das Pfründenvermögen unter Aufsicht des Oeconomats (§. 12. A. 2) sowie des etwaigen Patrons (§. 19. A. 5, Arch. **55**. S. 11, 49 u. 51 = Sep.-Abdr. 56, 94 u. 96).

11) §. 25. A. 9. Die Dienstwohnungen blieben von der Rentenumwandlung (§. 18 I, unten §. 27 I A. 1 b) auch dann verschont, wenn sie ausnahmsweise im Eigenthum der Gotteshausverwaltung standen, und zwar nicht nur die der Pfarrer, sondern auch die der Pfarrgehülfen und -Vertreter (§. 26. A. 10, »coadiutori, cappellani, rettori«, G. 11. Aug. 1870 A. 4 b), selbst die der Küster, Organisten, Glöckner und sonstigen Gotteshausbediensteten, (custodi et inservienti della chiesa«, oben §. 8. A. 2, Arch. 54 S. 318 = Sep.-Abdr. 46, unten § 30³ A. 2; übrigens soll der Umfang all dieser Wohnungen und ihres Zubehörs »auf das unbedingt erforderliche Mass beschränkt bleiben«). Die Pfarrer und Pfarrgehülfen haben nicht nur, wie auch sonst allenthalben, als Nutzniesser die *kleinen* Baufälle und die durch *eigene* Schuld verursachten

und die zufolge der im betreffenden Gebietstheile geltenden allgemeinen Vorschriften vom Staate bezw. *Cultusfond*, von der *Provinz*

Ausbesserungen zu tragen (R. 246), sondern überdiess — ausserhalb des Geltungsbereichs des franz. Decrets vom 30. Dec. 1809, St.-R. 14. Dec. 1882, Avv. 1882 p. 212, 1883 p. 237, 1884 p. 413, unten §. 27. A. 9[a] — für Hauptverbesserungen und sogar Neubauten den Ueberschuss des Pfründenertrags über die *Congrua* auf die erforderliche Reihe von Jahren abzugeben. (St.-R. 30. Aug. 1876 wegen des für Piemont noch massgebenden kgl. Patentes vom 6. Jan. 1824: Avv. 1879 p. 21, St.-R. 23. Mai 1879, Avv. 1880 p. 152, 1884 p. 381, R 208 u. 243 Dies gilt nicht nur hinsichtlich der eigentlichen *Pfarr*wohnungen, sondern auch hinsichtlich etwaiger Nebengebäude fur (unten Anm. 18) Hülfsgeistliche, desgleichen — wiewohl weder die bürgerliche Gemeinde, noch die Pfarrkinder hiefür je beizutragen brauchen (§. 12. A. 2 u. 4) —, selbst hinsichtlich der überkommenen Scheunen, Ställe und sonstigen Anlagen zur *Bewirthschaftung* der Pfarrgüter. Der Besitzer einer mehr. als die *Congrua* ertragenden Pfründe bleibt von den Hauptverbesserungen, Neu- und Umbauten nur dann frei, wenn letztere dem Patrone (§. 19. A. 7 u. 8, Arch. 55. S. 49 = Sep.-Abdr. 94), einer als Baufond (§. 30. A. 8) eigens hiefür gestifteten Vermögensmasse oder zufolge Herkommens Dritten obliegen. St.-R. 14. April 1868 u. 7. Mai 1875, Avv. 1885 p. 181. — Für die Hauptverbesserung und Wiederherstellung der Pfarr*wohnung* hat äussersten Falls die bürgerliche bezw. Pfarrgemeinde einzutreten, insoweit die Kosten auch nicht annuitätenweise aus den Ueberschüssen der Pfarr-Congrua und des Gotteshauses, sowie dem vom Besitzer kirchlicher Zehnten geschuldeten Drittel letzterer (§. 30. A. 8) gedeckt werden können. St.-R. 30. Aug. 1876, Avv. 1879 p. 21 bezeichnet statt der communi die »città, borghi, rispettive terre« als beitragspflichtig. Aus der Beitragspflicht der Gemeinde folgt kein Anspruch auf das Eigenthum. Avv. 1885 p. 259. Als Pfarr-Congrua gelten 532 Fr. oder zufolge oben §. 12. A. 11 und unten §. 29. A. 8 nur 430 Fr.; *Cassani* »Chiesa e Stato«, 1880 p. 497 gibt solche — wohl wegen oben §. 17 I[4], Arch. 55. S. 38 = Sep.-Abdr. 83, unten Anm. 14 — auf 800 Fr., für den Umfang des vormaligen Königreichs Sardinien gemäss des, hiefür aber in Folge des G. 7. Juli 1866 A. 28 kaum mehr massgebenden G. 29. Mai 1855 auf 1000 Fr. und für die Stadt Rom auf 3000 Fr. (oben §. 25. A. 6) an. Wegen der *Kirchen*baulast vgl. §. 29. A. 6 u. §. 30. A. 10. — Ebenso wie der bischöfliche Palast (§. 21. A. 8), sind die Pfarrhäuser frei von Steuern, von der Todthandabgabe (oben §. 4. A. 8 u. §. 12. A. 7, Avv. 1879 p. 14, 1885 p. 258) sowie von Einquartirung in Friedenszeiten. (R. 455.)

12) Die Entschädigungen, welche der Staat wegen Aufhebung der *Zehntrechte* (G. 25. März 1853, oben §. 18 II A. 10, Arch. 55. S. 92 = Sep.-Abdr. 47) den Pfarrern auf der Insel *Sardinien* schuldete (im Ganzen jährlich 100,000 Fr.), sind von der cassa ecclesiastica (sard. G. 29. Mai 1855 A. 24[1] u. [2], oben §. 17 I[3] A. 2 u. 7[c]) und an Stelle der letzteren vom Cultusfond (§. 17 I[1] u. [3], Arch. 55. S. 38 = Sep.-Abdr 83, Avv. 1880 p. 279, 289 u. 313) übernommen worden Dasselbe gilt von der staatlichen Ergänzung der Pfarr-Congrua auf jährlich 500 Fr. in *Piemont* und *Ligurien*, wo die Pfründengüter unter der franz. Herrschaft (Ggl. 97 u. 131) eingezogen worden waren, wesshalb — in

(§. 17 I 5) und den *Gemeinden*[13]) zu entrichtenden Gehälter und Ergänzungszuschüsse. Der *Cultusfond* zahlt an Stelle des Staates[12]) die letzterem zur Last fallenden Gehälter und Ergänzungszuschüsse

---

Uebereinstimmung mit der seitens der »commissione ecclesiastica« seit 1814 vorbereiteten Bulle Leo XII. vom 14. März 1828 — Karl Felix durch D. 16. Oct. 1828 das Einkommen der durch die Gütereinziehung verarmten Pfarrpfründen auf jährlich 500 Fr. aus Staatsmitteln ergänzte. Avv. 1880 p. 325. — In *Umbrien* ward wegen Aufhebung der Zehnten (unten Anm. 16) die Pfarr-Congrua auf 800 bezw. 1200 Fr. staatlich ergänzt, D. 29. Oct. 1860, Avv. 1880 p. 289 u. 325, App. Perugia 10. Febr. 1875.

13) St-R. 11. Juli 1873, R. 514 u. 516. In *Sicilien* sind zufolge Art. 7. des Concordats von 1818, welches für diese Insel noch nicht aufgehoben ist, die Gemeinden verpflichtet, das Pfarreinkommen für Pfarreien unter 2000 Seelen auf 100 Ducaten, von 2000 bis 5000 Seelen auf 150 Ducaten, von mehr als 5000 Seelen auf 200 Ducaten zu ergänzen, unbeschadet der Fortgewährung (obige Anm. 9) einer bisher etwa errichteten höheren Congrua. Avv. 1880 p, 290 u. 301, 1881 p. 81, 1882 p. 152 u. 286, 1883 p. 248, St.-R. 8. Oct. 1869, 29. Nov. 1873, *Grassi* 1881 II 31 u. 117. Der Ducaten (§. 12. A. 11) gilt 4. Fr. 30 Cent. Im Festlande des ehemaligen Kgr. *Neapel* müssen die Gemeinden wegen Aufhebung der kirchlichen Zehnten das Pfarreinkommen ohne Rücksicht auf die Seelenzahl der Pfarrei nur auf 100 Ducaten ergänzen, gemäss der durch Art. 2 des Decreto luogotenenziale 17. Februar 1861 aufrecht erhaltenen kgl. Verordnungen vom 25. Juli und 19. Sept. 1772, St.-R. 12. Aug. 1874, Kass. Neapel 10. Juni 1879, 7. u. 18. Juni 1884, Avv. 1880 p. 270, 289, 297 u. 337, 1881 p. 224 u. 345, 1882 p. 286, 1884 p. 309, 525 u. 561, 1885 p. 32, *Grassi* 38 u. 1881 II 83. Die Beihülfen, welche gemäss Art. 25. des D. 17. Febr. 1861 die cassa ecclesiastica' (oben §. 17. A. 2) umlagenüberbürdeten Gemeinden zur leichteren Aufbringung dieses Ergänzungszuschusses zu leisten hatte, sind zufolge G. 7. Juli 1866 A. 28 weggefallen und brauchten auch nicht vom Cultusfond übernommen zu werden. Kass. Rom 5. Jan. 1881. — Angerechnet auf die Congrua wird weder der Anschlag der *Dienstwohnung* (obige Anm. 11), noch der Betrag, welchen der Cultusfond für Abhaltung *gestifteter Gottesdienste* vergütet (oben §. 17. A. 5, Kass. Rom 11. Juli 1878, St.-R. 31. März 1870 und 13. Juli 1871, Avv. 1879 p. 38 u. 179, 1880 p. 278, wohl aber der Ertrag der *Casualien* (unten Anm. 14, Avv. 1880 p. 290 u. 301, obige Anm. 8) und der Zinsertrag aus *neu* anfallenden Freigebigkeiten (oben §. 13, Avv. 1884 p. 502). — Die »Ueberschüsse« des Cultusfonds (oben §. 17 I 5 A. 8a) können *nie* dazu ausreichen, um die Provinzen und Gemeinden von den Cultuskosten zu befreien, welche denselben in den einzelnen Landestheilen zufolge allgemeiner Bestimmungen obliegen (P. 252, R. 512, *Cassani* pr. qu. 640). An den vorberührten particularrechtlichen Bestimmungen hat auch das Gemeinde- und Provinzialverwaltungsgesetz nichts geändert (St.-R. 13. Juli 1871, Avv. 1880 p. 279 u. 301). Deshalb sind die Gemeinden — nach, wie vor — zur Fortentrichtung der Zuschüsse zum Pfarrgehalte verpflichtet. Zur Erfüllung dieser Verpflichtung werden sie durch die Provinzialdeputation oder auf Beschwerde des Pfarrers durch den *König* nach Anhörung des St.-R. angehalten.

und soll dereinst das Einkommen der Pfarrer und Hülfspfarrer aus der Pfründe und den Stolgebühren auf *jährlich* 800 Fr.[14]) ergänzen, sobald Ueberschüsse hiefür verfügbar werden. Auf Gewährung des letzteren Ergänzungszuschusses findet keine *gerichtliche* Klage statt[15]). Als Entschädigung für Aufhebung der Zehnten *soll* die

---

14) Oben §. 17 I[4], Arch. **55**. S. 38 = Sep.-Abdr. 83, G. 7. Juli 1866 A. 28[4], R. 514, T. 74, 92, 251 u. 253, Avv. 1880 p. 278. Der Gütterertrag wird auf diejenige Summe veranschlagt, aus welcher die Todthandabgabe entrichtet wird (oben §. 12. A. 7 u. §. 18. A. 4), der Durchschnittssatz der *Stolgebühren* (oben Anm. 7 u. 8) aber ohne Unterschied gleichmässig auf 30 Fr., Gen.-Director des Cultusf. 1. Juli 1885, Avv. 1885 p. 164. Den Antheil an diesem Ergänzungszuschusse kann das Ministerium den Pfarreien unter 200 Seelen ganz oder theilweise versagen, soweit dieselben nicht wegen schwieriger Verkehrs- oder Ortsverhältnisse ausnahmsweise (oben §. 9. A. 3) Berücksichtigung verdienen. Deshalb haben die Pfarrer, welche um den Ergänzungszuschuss nachsuchen, (ausser ihrer staatlichen Bestätigung, oben Anm. 10) die Zahl von wenigstens 200 Seelen nachzuweisen. Avv. 1885 p. 165; übrigens *verbot* die Poenitentiaria (Avv. 1885 p. 500) vorerst noch den Pfarrern, den Zuschuss anzunehmen.

Für 1885/86 hat der Cultusfond zur Aufbesserung der minderdotirten Pfarreien (oben §. 17. A. 8[a], Arch. **55**. S. 39 = Sep.-Abdr. 84) jährlich nur 300,000 Fr. verfügbar, woraus zufolge Erlasses des Generaldirectors des Cultusfonds vom 1. Juli 1885 2236 Pfarreien auf jährlich 400 Fr. aufgebessert werden.

Andere	1510	„ ertragen weniger als jährlich	500 Fr.,
	1952	„ „ „ „ „	600 Fr.,
	1788	„ „ „ „ „	700 Fr.,
	1759	„ „ „ „ „	800 Fr.

Im Ganzen 9245 Pfarreien haben also in Italien weniger als jährlich 800 Fr. Zur Aufbesserung auf 800 Fr. wären jährlich über 2 Million Fr. erforderlich (Avv. **1884** p. 570, N. 129 p. II, **1885** N. 144 II u. p. 164); manche Pfarrei hatte bisher nicht einmal 50 Fr. jährlich! Bei der allgemeinen Theuerung der Lebensmittel bezeichnet *Cassani* (pr. qu. 6, 444 u. 712, Chiesa e Stato 1880 p. 496) die Aufbesserung auf jährlich 800 Fr. als unzureichend. Bereits das sard. G. 29. Mai 1855 A. 24[2], T. 81 u. 85, R. 509 hatte alle Pfarreien aus dem Ertrage der eingezogenen Klostergüter auf 1000 Fr. aufbessern wollen. Seit 1855 ist der Werth des Geldes um die Hälfte gesunken. (Mindestgehalt der Lehrer: s. unten §. 32. A. 10). — Bis zum Jahresertrage von 800 Fr. haben auch die Gemeinden die an Stelle der Receptivstifte getretenen Pfarreien zu dotiren, oben §. 25 A. 7[b] u. [c].

15) Avv. **1880** p. 278, **1884** p. 502. Diese Zuschüsse aus dem Cultusfond gelten nicht als *Pflicht*beiträge, sondern nur als *facultative* Zahlungen, welche sich ausschliesslich nach der jeweiligen Finanzlage dieser Landesstiftung bemessen. In widerruflicher Weise werden bes. den Inhabern minder dotirter Pfarreien auch anderweite Zuschüsse mitunter gewährt, nämlich durch die Seminare, bes. in Piemont u. Toscana (oben §. 23. A. 8[a]), ferner auf Anweisung des Ministeriums durch die Generalöconomate, bes. zu Bologna, Turin und Venedig (Cast. 250, T. 74, oben Arch. 55. S. 10 = Sep.-Abdr. 55).

Gemeinde, in deren Bann letztere zu entrichten waren, das Pfarreinkommen auf 500 Fr., wenn die Gemeinde 3000 Seelen oder weniger zählt, dagegen auf 800 Fr. bei einer Bevölkerung über 3000 Seelen ergänzen.

IV. Die Pfarreien ausserhalb der Stadt Rom entrichten an den Cultusfond [17]) vom jährlichen Reineinkommen über 2000 Fr. 5 %, vom Mehrbetrage über 5000 Fr. 12 %, endlich vom Mehrbetrage über 10,000 Fr. 20 %. Die Pfarrer haben die oben am Schlusse des §. 12. (Arch. 55. S. 14 = Sep.-Abdr. 59) bezeichneten Verpflichtungen zu erfüllen. Im Einzelnen [18]) gehört zu ihren Verpflichtungen namentlich auch die Abhaltung gestifteter Gottesdienste, die Verpflegung des Bischofs und seines Vertreters bei Visitationen (§. 22. A. 2) und häufig der Unterhalt von [6a]) Hülfsgeistlichen sowie die Last, in der Gemeindeschule öffentlichen Volksunterricht zu ertheilen (§. 32. A. 1. u. 11).

---

16) Ges.-Entw. oben §. 18. A. 10, Arch. 55. S. 46 = Sep.-Abdr. 91. Die Annahme dieser Entschädigung gestattet der hl. Stuhl den Pfarrern, Avv. 1884 p. 385 u. 500. Bei Bemessung derselben werden (abweichend von obiger Anm. 13) die Stolgebühren *nicht* mitgerechnet; wohl aber mindert sich der Ergänzungszuschuss der Gemeinde in dem Masse, an welchem die Pfarrei aus Schenkungen oder Vermächtnissen (oben §. 13.) oder in Folge der facultativen Zuschüsse des Cultusfonds (oben Anm. 14) neue ständige Einnahmen erlangt. Den aus Communíen oder Receptivstiften hervorgegangenen Pfarreien (§. 25. A. 2 u. 3) brauchen die Gemeinden keine Entschädigung für Aufhebung der Zehnten zu zahlen, da sie ohnehin (obige Anm. 14) das Pfründeneinkommen bis 800 Fr. ergänzen müssen. In Italien, Sardinien und einem Theile von Sicilien sind die Zehnten schon längst aufgehoben, obige Anm. 12 u. 13.

17) G. 7. Juli 1866 A. 31 [1], oben §. 17. A. 3 u. §. 22. A. 8 [a], Arch. 55. S. 36 u. 218 = Sep.-Abdr. 81 u. 109. Die Hülfspfarrer und Pfarrgehülfen unterliegen dieser Abgabe von Rentenüberschüssen ebenso, wie die ordentlichen Pfarrer. Die Mitglieder der Domcapitel haben die 5 %ige Abgabe schon von Pfründeneinkommen über **1000** Fr. zu entrichten. Von der 30 %igen Staatsabgabe blieben alle pfarrlichen Pfrunden frei, oben §. 16 III [c] u. 25. A. 8, Arch. 55. S. 34 u. 240 = Sep.-Abdr. 79 u. 131.

18) Der Todthandabgabe (§. 12. A. 7) unterliegen auch die Güter, Kapitalien und Renten der Pfarreien, nicht aber auch die Congrualzuschüsse, Avv. **1879** p 14 u. **1880** p. 199 (betr. Lombardei-Venezien). Einkommensteuer muss selbst von den Stolgebühren und den Messstipendien entrichtet werden (Avv. 1885 p. 130, 258 u. 261, vgl. jedoch oben §. 16. A. 4 [b] u. §. 17. A. 5, Arch. **55**. S. 31 u. 37 = Sep.-Abdr. 76 u. 83), desgleichen Gebäudesteuer oder tassa su fabbricati, Avv. 1885 p. 258 u. 273. All diese Steuern verjähren in 5 Jahren. Min.-E. 5. April 1865. — Reichnisse für Wohlthätigkeitszwecke: §. 31. A. 5, an's Gotteshaus §. 29. A. 8; Cultusbaulast: obige Anm. 11, unten §. 29. A. 6 u. § 30 II A. 10. Gottesdienststiftungen: §. 12. A. 2 [b] u. 7, §. 13. A. 3, §. 15. A. 6 [b], §. 17. A. 5 unten §. 28 I, §. 29. A. 3 u. §. 30. A. 3.

§. 27. *Nothwendige oder nur facultative* ***Gotteshäuser.*** *Bald kirchliche, bald weltliche Verwaltung.*

I. Als eigene [1]), von den bischöflichen, Domcapitels-, Pfarr- und Pfarrgehülfenpfründen (§. 21. A. 1, §. 22. A. 5 u. §. 25) innerlich *getrennte Stiftungen* blieben alle *öffentlichen Gotteshäuser* anerkannt. Ihr *Grundvermögen* [1b]) wurde dagegen in *Staatsrente* ver-

1) G. 15. Aug. 1867 A. 1 b (»fabbricerie ed opere destinate alla conservazione dei monumenti ed edifizi sacri«) u. G. 11. Aug. 1870 A. 1, T. 179, 283, 333 u. 445, oben § 15. A. 1 u. 6, Arch. 55. S. 25 u. 27 = Sep.-Abdr. 70 u. 72. Die formelle Selbständigkeit der Gotteshausstiftung gegenüber der Pfründe des Geistlichen, welcher das Gotteshaus bedient, wird nicht durch das Vorhandensein einer besonderen Vertretung (*Grassi* 73¹ u. 74²) bedingt und daher dadurch nicht beeinträchtigt, dass der Geistliche selbst (unten Anm. 8) ohne jegliche Laienmitwirkung das Gotteshausvermögen neben seiner Pfründe, als ob es zu letzterer gehörte, mitverwaltet. Ebensowenig leidet die Rechtssubjectivität einer öffentlichen Kirche darunter, dass ihr Vermögen noch nicht rechnerisch vom Tafel-, Seminar- oder Capitelsgute oder vom Besitzthum der Gemeinde, Schule, Bruderschaft, Wohlthätigkeits- oder sonstigen öffentlichen Anstalt ausgeschieden ist. In Folge der von vorneherein mit Rechtsnothwendigkeit vorhanden gewesenen Trennung zwischen dem Gute des *öffentlichen* Gotteshauses und dem Pfründe- bezw. Klostervermögen konnte sich die Einziehung der einfachen Pfründen (§. 25. A. 13) und Kloster (§. 24. A. 3 u. §. 25. A. 6) nicht auch auf die mitbedienten öffentlichen Kirchen oder (unten Anm. 7 b) Altäre erstrecke n §. 25. A. 6 u. 14 a. Inhaltlich des vom Finanzminister im Einvernehmen mit dem Cultusminister erlassenen Circulars vom 9. Mai 1869 (*Grassi* 118), sind »nur solche Cultusgebäude (»sacri edifici«) als eingezogen (»soppressi«) zu er»achten, welche integrirenden Bestandtheil einer aufgehobenen Anstalt derart »bildeten, dass sie mit letzterer rechtlich nur eine Personeneinheit ausmachen »(costituiscono col ente morale abolito *unica* personalità giuridica). *Nicht* als »unterdrückt gelten dagegen Cultusgebäude, welche im Eigenthum beibehal»tener Personen oder von Privatpersonen stehen oder sonstwie ein selbständiges »Dasein führen, gleichviel ob sie eine eigene Dotation besitzen oder nicht« (»o hanno vita indipendente con o senza sostanza o dotazione propria«). R. 398.

1b) G. 11. Aug. 1870 A. 1. u. 7. Der Rentenumwandlung unterliegen hiernach selbst auf Grund des G. 7. Juli 1866 durch rechtskräftiges Urtheil hievon freigelassene Besitzungen von Gotteshäusern, auch wenn solche vom Armenrathe (unten Anm. 11) oder einer sonstigen weltlichen Behörde verwaltet wurden. Avv. **1884** p. 541 u. **1885** p. 13, Kass. Rom 26. Sept. 1876, *Grassi* 147¹ u. 217³, *Grassi* 1881 I 92, T. 179, 184 u. 445. Das gesammte Grundvermögen der »cappelle campestri« Oberitaliens blieb insoweit verschont, als solches in der Eigenschaft eines *Pfründengutes* den betreffenden Pfarrgehülfen zu Nutzungen uberlassen ist. Kass. Turin 22. Nov. 1872 und 25. Febr. 1874, T. 182 u. 454, oben §. 25. A. 9.

1c) G. 11. Aug. 1870 A. 4. Die Gotteshausgebäude selbst bleiben auch steuerfrei (§. 4. A. 8 u. §. 30. A. 2), unverjährbar (§. 8. A. 6) und unveräusserlich (§. 14. A. 2) = Arch. **54**. S. 305 u. 318, **55**. S. 22, Sep.-Abdr. 32, 45 u.

wandelt (§. 18 I); ausgenommen hievon blieben nur die Grundstücke, worauf die *Kirchen* selbst erbaut sind[1c]), die »unbedingt nöthigen« Verwaltungsgebäude und *Wohnungen* der Pfarrer, Capläne oder Vicare, selbst der Sacristane, Glöckner, Organisten und sonstigen Kirchenbediensteten (§. 26. A. 11), Zuwendungen für Unterrichts- oder Wohlthätigkeitszwecke (§. 30. A. 6[a]), ferner *alle* Besitzungen der *Hofkirchen* (§. 18, §. 19. A. 9 u. T. 433) und der »wegen ihres *monumentalen* Werthes[15]) beibehaltenen Cultusgebäude« (§. 16. A. 9) sowie endlich die »ausschliesslich zur Erhaltung, Wie»derherstellung und Vervollständigung solcher Kirchen bestimmten »Marmorbrüche, falls die Kirchen durch königliches Decret unter »die »*vaterländischen Baudenkmäler*« eingereiht werden[1d]).«

Der juristischen Persönlichkeit erfreuen sich die *Kathedralen*[2]),

---

67. Die Verwaltungsgebäude (uffici dell' amministrazione) unterliegen dagegen der Besteuerung, wie der Verjährung.

1 d) G. 11. Aug. 1870 A. 3 (wie z. B. für den Dom zu Mailand, Pisa, den dortigen Campo santo). Verschieden von den unter kirchlicher Verwaltung stehenden, *gottesdienstlich* noch benützten monumentalen Gebäuden — »chiese, *monumenti* patrii« des Art. 3. oder »edifizi addetti al culto, dichiarati *monumentali*« des Art. 6. des G. 11. Aug. 1870 — sind die »rein geschichtlichen Denkmäler«, welche ohne Rücksicht auf etwa fortdauernde Widmung zu gottesdienstlichen Zwecken (Ggl. 199 A. 16, §. 16. A. 9, unten Anm. 15) nur ihres *profanen* Kunst- oder Geschichtswerths halber beibehalten wurden. Leider blieb der Schlusssatz des Art. 1[6] des G. 15. Aug. 1867, wornach das *Staatsoberhaupt* binnen Jahresfrist ein Verzeichniss der wegen ihres *monumentalen* Werthes beizubehaltenden Cultusgebäude veröffentlichen sollte, unvollzogen (*Grassi* 118 Anm. 1), so dass die Cultusfondsverwaltung, ohne die Entscheidung des Königs abzuwarten, manches geschichtlich werthvolle oder für den Gottesdienst noch nützliche Cultusgebäude schliessen und selbst veräussern lassen konnte. Zufolge Kass. Florenz 25. Febr. 1869 (*Grassi* 226) und T. 334 entgingen nicht nur die Marmorbrüche etc., sondern das *gesammte* Grundvermögen der mehr oder ausschliesslich ihres *weltlichen* Kunst- oder Geschichtswerthes wegen beibehaltenen Cultusgebäude der Rentenumwandlung.

2) Für die Erhaltung (§. 30. A. 11) der chiesa vescovili (oben §. 20. A. 10 u. §. 21. A. 1, 6 u. 8, unten §. 29. A. 8) haben, insolange nicht der Cultusfond hiefür eintritt (§. 17 I[5]), in Ermanglung anderweiter Einnahmequellen (§. 17 I[1] u. [2], §. 29. A. 5 u. 6) die Gemeinden, namentlich innerhalb des Geltungsbereichs des franz. D. 30. Dec. 1809 A. 106—111 (unten Anm. 9. Ggl. 262 A. 8 u. 333, vgl. 260 u. 298 A. 1) dagegen die Provinzen zu sorgen. P. 89 u. 446. Das sard. D. 6. Jan. 1824 stellt hinsichtlich der Baulast den Domkirchen die bischöflichen Paläste (episcopii, oben §. 21. A. 8) gleich. Den Präfecten sind in Bezug auf die Domkirchenräthe dieselben Befugnisse, wie rücksichtlich der Pfarrkirchenvertretungen übertragen, unten Anm. 9 (Schluss) und §. 28. Den Chordienst versehen die Mitglieder des Domcapitels §. 22. A. 1[a] u. 2. Die Verwaltung der Domkirchen wird demnächst wohl den Diö-

die Haupt-*Pfarr*kirchen[3]) und die dem Pfarr- oder wenigstens dem *Filial-*[4]) Gottesdienste dienenden Neben- oder Hülfscapellen, ferner die *Wallfahrtskirchen*[5]) und alle zu einem *öffentlichen* Gottesdienste benützten Bethäuser[6]) einschliesslich der vormaligen Kloster- und

---

cesanvertretungen (Arch. 54. S. 173, 55. S. 25 = Sep.-Abdr. 7 u. 70, Vorwort A. 13 u. §. 15. A. 2) ubertragen werden.

3) Oben §. 9. A. 3 und 6, §. 25. A. 1 und §. 26. A. 7 betrifft Beiträge *früherer* Filiale an die *Mutter*kirche sowie Stolgebühren und Ehrenrechte des Pfarrers der Mutterkirche. *Filiale* mit eigener Kirche und eigenem Geistlichen leisten in der Regel keinen Beitrag mehr für die Instandhaltung der *Pfarr*kirche und den Gottesdienst in derselben, Ggl. 185, unten §. 29. A. 7 u. §. 30. A. 11, vgl. §. 29. A. 4[b] und 8.

4) Unten Anm. 10 u. 11. Für eine chiesa *suçcursale* oder *sussidiaria*, welche den franz. Vicariatscapellen entspricht [Ggl. 185 u. 189, *Grassi* 130[4], R. 193 u 241, St.-R. 3. Jan. 1857 (unten §. 29. A. 7), oben §. 8. A. 2 und 5, §. 19. A. 10, §. 25. A. 10[a], [b] u. [d], §. 26. A. 1[b]] und für den, solche bedienenden Hülfspfarrer bezw. Pfarrgehülfen hat der *Filialsprengel* (§. 29. A. 7) dieselben Verpflichtungen, wie die Pfarrgemeinde gegenüber der Pfarrkirche und dem Pfarrer; dagegen kann keine Gemeinde zur Erhaltung einer nur wegen der Bequemlichkeit Einzelner vorhandenen Hülfskirche gezwungen werden, namentlich, wenn in solcher kein ständiger Gottesdienst stattfindet. Ggl. 187. Der Hauptpfarrer führt ausserhalb des franz. Rechtsgebietes, innerhalb dessen er regelmässig durch den bei der Filialkirche wohnenden *Caplan* vertreten wird, (R. 559, Ggl. 297 A. 6 u. 298 A. 1[b], unten Anm. 9), auch im Fabrikrathe der Filialkirche den Vorsitz, wird jedoch durch den Hülfsgeistlichen — je nach dem grösseren oder geringeren Masse der Abhängigkeit des letzteren — vertreten. Avv. 1883 N. 92, 93 u. 98.

5) §. 80. A. 2 und 12[a]. Für die Wallfahrtskirchen (santuarii) und Bethäuser brauchen die *Gemeinden* keine Ergänzungszuschüsse zu leisten (§. 29. A. 7 u. §. 30. II). — Auch die nutzbaren Grundstücke der Wallfahrtskirchen wurden in Staatsrente umgewandelt, R. 399, obige Anm. 1[b]. Die Verwaltung der Wallfahrtskirchen ist auf die bürgerliche Gemeinde (unten Anm. 10) übergegangen, wenn solche einer staatlich aufgehobenen einfachen Pfründe oder einer Genossenschaft zustand (*Grassi* 48[4]); nicht selten stehen Wallfahrtskirchen unter der Verwaltung des Armenraths, besonders wenn sie für Armenzwecke mehr leisten, als für gottesdienstliche Zwecke. Avv. 1885 p. 37.

6) (»Edifizi sacri da conservarsi al culto«) G. 15. Aug. 1867 A. 1[6], (»*oratorii* aperti al culto«) G. 11. Aug. 1870 A. 1, T. 179, 445 u. 456, von Cast. 256 als »chiese independenti« bezeichnet. Die dem allgemeinen Gottesdienste geöffneten Bethäuser blieben als juristische Personen beibehalten, selbst wenn die Pfründe des dieselben bedienenden Beneficiaten eingezogen ward (oben §. 25. A. 14[a], Kass. Rom 24. Dec. 1877, *Grassi* 147[1], vgl. 31, 71[1], 217 und 222, R. 398), und wenn die canonische Errichtung nicht nachweisbar ist (T. 449); ebenso die Oratorien in Seminarien und bischöflichen Palästen (Avv. 1880 p. 335); letztere dürften übrigens regelmässig der bischöflichen Tafel bezw. dem Seminare gehören. Im unbeschränkten *Privat*eigenthume (oben §. 8. A. 5, unten §. 33. A. 1 u. 7, vgl. *Grassi* 1881 I 92[85]) stehende *Privat*capellen, worin also kein

10*

Stiftskirchen [7a]), soferne letztere dem pfarrlichen oder Filialgottesdienste geöffnet sind. Selbst einzelne Altäre [7b]) eines öffentlichen Gotteshauses können für sich selbständige Anstalten bilden.

Das vorbezeichnete Gotteshausvermögen wird verwaltet

a) vom betreffenden *Geistlichen* allein [8]) bezw. unter Mitwirkung von Laien [9]),

---

öffentlicher Gottesdienst gehalten wird, zog mittelst des svincolo (§. 19. A. 14 Arch. **39**. S. 41, **55**. S. 51 = Sep.-Abdr. 96, App. Genua 5. Juli 1873, R. 247) der patrono della fabbricería ein. Das Vermögen eines öffentlichen Oratoriums, für dessen Instandhaltung der Patron (unten Anm. 13) nicht mehr sorgt, wird auf eine andere Kirche ubertragen, oben §. 19. A. 8. — Die *Feldcapellen* (obige Anm. 1 b) werden regelmässig von den betreffenden Pfarrgehülfen verwaltet, T. 454. — Nicht als Oratorium, sondern wegen der stiftungsmässigen Leistungen für Arme, als *Wohlthätigkeits*anstalt ward die Stiftung für einen Muttergottesbildstock (simulacro sacello) beibehalten, Kass. Rom 1 Mai 1880, Avv. 1880 p. 333. Unter dem Gottesdienste der Nebenkirchen darf der Pfarrgottesdienst nicht leiden, oben §. 8. A. 1, *Cassani* pr. qu. 111. Anstalten, welche nur den Namen einer »*Capelle*« führen, in Wirklichkeit aber lediglich Messstiftungen bezw. einfache Pfründen ohne Seelsorge sind, wurden unterdrückt, oben §. 15. A. 5 u. §. 25. A. 14 a, Arch. 55. S. 26 u. 243 = Sep.-Abdr. 71 u. 134, Avv. 1884 p. 566.

7a) G. 7. Juli 1866 A. 18 u. 24. Die nicht nur dem Chordienste, sondern zugleich dem allgemeinen Gottesdienste gewidmeten Stifts- und Klosterkirchen (R. 398, T. 109, 158, 204, 214 u. 246, *Grassi* 119 u. 220 6. 9, 1881 p. 57—62) wurden sammt Mobiliareinrichtung beibehalten, ebenso die für die gestifteten Gottesdienste in der betreffenden Kirche gerade ausreichenden Zuwendungen (*Grassi* 95, 96 2, Bolletino Nov. 1878 p. 5, Kass. Rom 16. März 1880, Avv. 1880 p. 357, oben §. 24. A. 3). Messstiftungen, bei welchen sich ein Ueberschuss ergab, zog der Cultusfond regelmässig ein, wogegen derselbe für anderweite Abhaltung der gestifteten Gottesdienste zu sorgen hatte (§. 17. A. 5, Arch. 55. S. 37 = Sep.-Abdr. 82). — Kass. Rom 20. Dec. 1877 (oben §. 25. A. 2 u. 6) hat selbst das als Pfarrkirche dienende Gotteshaus eines Receptivstiftes sammt Gotteshausvermögen als der Einziehung verfallen erklärt. — Uebrigens wurde eine selbst nur für den inneren Ordensdienst benützte Klosterkirche dann beibehalten, wenn solche entweder monumentalen Charakter hatte (unten Anm. 15) oder von der *Gemeinde* in Ermanglung anderer geeigneter Gebäude als für den gottesdienstlichen Gebrauch nöthig nachgewiesen wurde (unten Anm. 10 und §. 31. A. 9).

7b) Controaltari — Avv. **1884** p. 542, 553 u. 558, **1885** p. 1 und 2, *Cassani* pr. qu. 465, *Grassi* 218 u. 220, T. 430, 451, 454 u. 457, oben §. 25. A. 4. Bisher kann noch für jeden Altar eine eigene Gotteshausverwaltung bestehen.

8) Oben §. 25. A. 6 u. 9, §. 29. A. 6. Wenn der Pfarrer, wie häufig (unten Anm. 9 e u. f) bes. in den südlichen Provinzen (und im vormaligen Kirchenstaate, mitunter selbst in Sardinien) nicht das beneficio nella chiesa, sondern »della chiesa«, das ist den Nutzgenuss der beni dotalizi sowohl seiner eigentlichen Pfarrpfründe als auch des Gotteshausvermögens selbst hat, so braucht er dermalen noch keine

oder b) von der bürgerlichen *Gemeinde*[10]), dem Armenrathe[11]), einem Spitale[12]) oder einer sonstigen weltlichen Behörde,

---

Rechnung (dagegen Avv. 1879 p. 21) zu legen, indem es seinem Gewissen überlassen bleibt, einen Theil der Einkünfte für die Kosten des Gottesdienstes und für die Armen zu verwenden, T. 180, App. Messina 4. April 1870, Temi Zanclea I N. 1, 7. 10, 20 u. 23, R. 210.

9) Die Staatsgesetzgebung hat bisher die in Art. 18. des Gar.-G. vorbehaltene *einheitliche* Neuordnung der Zusammensetzung und der Zuständigkeit der Behörden zur Verwaltung des örtlichen Cultusvermögens nicht weiter verfolgt, oben Vorwort A. 9 u. 12, sowie §. 15. A. 2, Arch. 54. S. 173 und 174, Arch. 55. S. 25 = Sep.-Abdr. 7, 8 u. 70. Zufolge des unterm 10. Aug. 1872 aufgestellten Vorschlags (»Progetto di costituzione delle deputazioni diocesane e parrocchiali«) des Unterausschusses der durch kgl. D. 22. Nov. 1871 gebildeten Commission würde die Pfarrvertretung, welche das Vermögen *sämmtlicher öffentlicher* Gotteshäuser des Pfarrsprengels verwalten soll (T. 18[10]), zu bestehen haben: aus dem *Pfarrer* oder Pfarrverweser (oben §. 26 I), einem von den *Ortsgeistlichen* aus ihrer Mitte gewählten Vertreter und je nachdem die Pfarrei 10,000 Seelen oder mehr zählt, aus 2 oder 3 seitens der kathol. Mitglieder des *Gemeinderaths* (*dagegen* Vorwort A. 12, Arch. 54. S. 173 = Sep.-Abdr. 7) gewählten *Laien*. Den Vorsitz und die sonstigen Einzelheiten würde eine Vollzugsverordnung zu regeln haben, T. 18, *Cassani* pr. qu. 138, 664, 680 u. 713, Sc. 379 u. 488.

Einstweilen bestehen in Italien folgende *Laien*vertretungen zur Verwaltung des Gotteshausvermögens:

a) *Fabrikräthe* (fabbriceríe) zufolge des *franz.* D. 30. Dec. 1809 (oben §. 14[g], §. 20 II A. 3, § 26. A. 11, unten §. 29. A. 7[c], §. 30. A. 13) in *Ligurien, Parma* und *Piacenza* (St.-R. 14. Dec. 1882, Avv. 1882 p. 212, 1883 N. 104 p. 237, 1884 N. 110–116, p. 289, 301, 313, 325, 337, 349, 361, 373 u. 413, Ggl. 299 A. 2). Zufolge Erlasses des Königs von Sardinien vom 15. November 1834 haben die Bischöfe der Provinz Genua und Porto-Maurizio (der zu Ventimiglia unterm 29. Nov. 1834) die *Pfarrer* (§. 11. A. 2) mit dem Vorsitze im Fabrikrathe wieder betraut, während in Frankreich, Luxemburg, Belgien und Elsass-Lothringen der Vorsitzende aus der Reihe der Laienmitglieder noch gewählt werden muss. Ggl. 304 A. 12. — Nur in Rechtsstreitigkeiten vertritt der Schatzmeister den Fabrikrath (Kass. Turin 15. März 1871, Giurispr. 1871 p. 207, R. 236, Ggl. 118 A. 4), sonst wird in Italien innerhalb des Geltungsbereiches des franz. D. 1809 der Fabrikrath nach Aussen stets durch den Pfarrer vertreten (vgl. unten Buchstabe c); doch muss hiebei der Pfarrer nicht Namens der Pfarrei oder der Pfarrpfründe, sondern Namens des Fabrikraths auftreten, unten §. 30. A. 9, St.-R. 30. Aug. 1879, Avv. 1880 p. 272;

b) Fabrikräthe in der *Lombardei* und *Venezien* (vgl. §. 29. A. 7[d], oben §. 14[g]) zufolge kgl. D. bezw. Istruzioni 15. Sept. 1807 (Avv. 1884 p. 301, 413 u. 469, *Cassani* pr. qu. 708 u. 713, R. 226 u. 234); hiernach wird zum Vorsitzenden ein Laienmitglied gewählt und hat nicht der Bischof, wie im Falle a), die Hälfte der Laienmitglieder bei der erstmaligen Zusammensetzung oder Integralerneuerung (Ggl. 300) zu ernennen;

c) desgleichen (»fabbriceríe, opere, regenze, consiglii (d'amministrazione) di chiesa« etc.) in *Piemont* nach Massgabe der durch kgl. Edict 21. Mai 1814, oder c) vom *Patrone*[13]) bezw. von den seitens des *Stifters* bezeichneten[14]) Persönlichkeiten,

---

wodurch die franz. Gesetzgebung wieder aufgehoben wurde, wiederhergestellten früheren Uebungen. Hiernach hat stets der Pfarrer den Vorsitz (R. 224, 226, 228 u. 235, App. Turin 8. Februar 1870, Giurispr. 1870 p. 245, Avv. 1884 p. 289 u. 413, 1885 p. 73, oben §. 11. A. 2) und vertritt stets die Gotteshausverwaltung nach Aussen, auch in Rechtsstreitigkeiten;

d) ebenso (»opere parrochiali« etc.) in *Modena* (Avv. 1884 p. 529), *Toscana* und *Lucca* (Avv. 1884 p. 413, R. 206, T. 454);

e) ausnahmsweise (oben Anm. 8, T. 449, unten Anm. 10) ebenso (»sagrestie, cappelle, monti«) im *Neapolitanischen*, beibehalten durch D. 23. Oct. 1860 u. 17. Febr. 1861 T. 447, unten §. 31. A. 3. Hiernach ist auch hier der Pfarrer presidente nato (oben §. 11. A. 2, App. Neap. 23. Febr. 1872, Gaz. dei Procuratori 1872 p. 41 und 139) und ständiger Vertreter der Gotteshausverwaltung, selbst in Rechtsstreitigkeiten (Avv. 1885 p. 74);

f) endlich in einigen (oben Anm. 8, unten Anm. 11) Gemeinden *Siciliens* die »Maramme« oder amministrazioni parrochiali, T. 20 u. 446.

In einer und derselben Pfarrkirche können z. Z. noch *mehrere* solcher Laienvertretungen bestehen (obige Anm. 7[b]), innerhalb des franz. Rechtsgebiets (obige Buchstaben a u. b) allerdings nur in den *Domkirchen* (Ggl. 263 A. 16, 269 A. 2 u. §. 298 A. 1). — Allenthalben müssen die Laienmitglieder der Gotteshausverwaltungen im betreffenden Kirchensprengel *wohnen* und sich im Genusse der *bürgerlichen* Ehrenrechte befinden; *Cassani* pr. qu. 713 verlangt das 30. Lebensjahr und (pr. qu. 668) Theilnahme am kirchlichen Leben, vgl. T. 18[b] (»appartenere notoriamente alla communione cattolica«). Die Regierung findet jedoch, wie in Frankreich (Ggl. 306 A. 1), den Nachweis der Zugehörigkeit zur kath. Kirche schon durch die *Geburt* in derselben (oder durch den Uebertritt) erbracht und ernennt bezw. bestätigt als Fabrikrathsmitglieder auch von der Kirche *Ausgeschlossene* (Sc. 369, oben §. 5. A. 4, Arch. 54. S. 173 A. 12 u. S. 308 = Sep.-Abdr. 7 u. 35, Avv. 1885 p. 191 u. 240). Der erwähnte Entwurf vom 10. Aug. 1872 verlangt »guten Ruf und thunlichste Bildung« (coltura), das ital. Staatsbürgerrecht aber nur für die Mitglieder der Diöcesanvertretung (obige Anm. 2). Zufolge Decentralisationsdecrets 16. October 1861 A. 12 ernennen die Präfecten die Laienmitglieder der Gotteshausbehörden an Stelle des Ministeriums.

10) Unten §. 28. A. 2[b] u. 4, oben Anm. 5 u. 7[a], §. 13. A. 7, §. 15. A. 10 u. §. 19. A. 17, Arch. 55. S. 17, 28, 54, 257 u. 262 = Sep.-Abdr. 62, 73, 99, 148 u. 153. Namentlich in Sicilien und im Neapolitanischen besteht nur ausnahmsweise eine eigene Gotteshausverwaltung (obige Anm. 9[c] u. [f]). Auch sonst verwaltet die bürgerliche Gemeinde häufig besonders die von ihr errichteten Filialkirchen (obige Anm. 4, §. 19. A. 1, 5 u. 9, Arch. 55. S. 47, 49 u. 256 = Sep.-Abdr. 92, 94 u. 147).

11) Unten §. 31. A. 3, 7, 10 u. 11, oben §. 25. A. 14[a]. Namentlich die »Caplaneien« in Süditalien, ebenso Oratorien und Wallfahrtskirchen (obige Anm. 5 u. 6), unterstehen (Kass. Rom 5. Juni 1875, 14. Aug. 1877 u. 1. Febr. 1879, Avv. 1880 p. 236, 1884 p. 553 u. 568, *Grassi* 220 u. 221, T. 331, 447 und 452) auch jetzt noch nicht selten der Verwaltung der congregazione di carità; gleichwohl unterlag ihr Grundvermögen der Umwandlung in Staatsrente, falls

oder endlich, wie namentlich mitunter *monumentale*[15]) und ähnliche Kirchen vom *Staate*, beziehungsweise, wie die *Hof*kirchen[16]) von der königl. Civilliste.

§. 28. *Zuständigkeit der Gotteshausverwaltungen und Staatsaufsicht.*

I. Diejenige kirchliche oder weltliche Behörde, welcher zufolge der in den einzelnen Landestheilen Italiens geltenden Bestim-

---

die Stiftung weniger die Unterhaltung einer Pfarrgehülfenpfründe, als die der Capelle bezielte. Namentlich von einem Armenrathe verwaltete »Capellen« besitzen mitunter Freischulen, Leih- und Waisenhäuser, unten §. 31. A. 6. Auch Bruderschaften (R 394) verwalten nicht selten Filialkirchen (obige Anm. 4, unten §. 31. II. A. 15).

12) §. 25. A. 10 d und §. 31. A. 10 und 11. Ein dem Gemeinde-, dem Armenrathe oder einer sonstigen amministrazione laicale unterstehendes Gotteshaus pflegt als chiesa oder capella *laicale* bezeichnet zu werden. T. 446, 449 u. 452 Als ausschliesslich der Wohlthätigkeit gewidmetes Stiftungsgut blieb von der Rentenumwandlung (oben §. 18.) verschont die im *Sondereigenthume* des Spitales befindliche Capelle, zu deren Mitbenutzung für den »öffentlichen« Gottesdienst Niemand berechtigt ist, nicht aber auch eine vom Spitale nur *mitverwaltete* öffentliche Capelle, welche für sich ein eigenes Rechtssubject bildet (obige Anm. 6).

13) Oben §. 19. A. 5, 8 u. 14. Arch. 55. S. 49, 51 u. 269 = Sep.-Abdr. 94 96 u. 160, unten §. 29. A. 5 u. §. 30. A. 10. Mit einer öffentlichen Kirche ist es unvereinbarlich, dass sie im vollen *Eigenthume* gewisser *Familien* stehen soll, *Grassi* 1881 I 92, oben §. 8. A. 5.

14) Oben §. 12. A. 2 b u. §. 13. A. 5, Arch. 55. S. 12 u. 17 = Sep.-Abdr. 57 u. 62; Kass. Rom 20. März 1879 (»amministrazione affidata a *fidecommissari*, Avv. 1879 p. 103, *Grassi* 228 u. 1881 I 92[83]). Als »Testamentsvollstrecker« würden die Vertrauenspersonen deshalb nicht mehr bestellt werden können, weil zufolge Bürg. G.-B. 906 das Amt eines Testamentsvollstreckers höchstens noch 1 Jahr dauert. Die Genehmigung der abweichend vom gemeinen Rechte bestellten besonderen Gotteshaus*verwaltung* erfolgt in der Regel zugleich mit der Annahmebewilligung, oben §. 13. A. 2. Der *Ausschuss*, welchen der Stifter zur Ueberwachung eines von ihm angeordneten *Umbaues* der Kirche niedergesetzt hat, wird von der Gotteshausverwaltung überwacht, welche allein die Stiftung nach Aussen rechtlich vertritt. *Grassi* 228.

15) Oben A. 1 d, §. 16. A. 9 u. 14, §. 17. A. 7 c, Arch. 55. S. 32, 34, 38 u. 255 = Sep.-Abdr. 77, 79, 83 u. 146, unten §. 30. A. 8. G. 15. Aug. 1867 A. 1 b stellt die »Stiftungen zur Erhaltung der *Monumente* und der für den Cultus *beizubehaltenden* Gebäude« den Kirchenfabriken völlig gleich. T. 19[12], 106, 216, 283, 334 und 458, *Grassi* 1881 I 130. Eingezogen wurden dagegen die Baufonds zur Erhaltung der nicht dem pfarrlichen Gottesdienste dienenden (Kass. Rom 17. Aug. 1882, Avv. 1882 p. 261, oben Anm. 7 und §. 24. A. 3) Kloster- und Receptivstiftskirchen (§. 25. A. 6).

16) Oben §. 19. A. 9. Das gesammte Grundvermögen der Hofkirchen blieb als Zugehör des Kronguts von der Rentenumwandlung frei. T. 453.

mungen (§. 27.) die Einziehung und Verwendung der Einkünfte (§. 29 u. 30) eines *öffentlichen Gotteshauses* übertragen ist, hat in *eigener* Zuständigkeit über die *Anschaffung* der zum gottesdienstlichen Bedarfe erforderlichen Gegenstände sowie über die *Veräusserung* entbehrlich gewordener Geräthe etc. (§. 13. A. 2) zu befinden, dagegen in den Fällen der §. 13 u. 14, sowie zu jeder *Verminderung* des Stammvermögens [1]) staatliche Genehmigung nachzusuchen, auch den *Jahresvoranschlag* der Einnahmen und Ausgaben, sowie die *Jahresrechnung* stets dem *Präfecten* [2a]) zur Feststellung,

---

1) Unten §. 30[6]. Zurückbezahlte Kapitalien (§. 14. A. 8 u. 9, Rentenablösungsschillinge (§. 14. A. 4[b]) und sonstige *einmalige* Einnahmen (§. 12. A. 2, §. 16. A. 4[e] und §. 29 II) dürfen, soweit es sich nicht um die Verwendung von Freigebigkeiten nach der Bestimmung der Schenk- oder Vermächtnissgeber (§. 13. A. 3 und §. 30. A. 8) handelt, ohne Staatserlaubniss, welche in Piemont die Oberlandesgerichte ertheilen, weder zu einmaligen, noch weniger zu laufenden Ausgaben verwendet werden. Avv. 1885 p. 61, vgl. oben §. 14. A. 7, 9 u. 11, preuss. G. 7. Juni 1876 §. 2[3], Ggl. 123 A. 7.

2a) Art. 12. des D. 16. Oct. 1861 hat, wie die dem Ministerium zugekommene Ernennung der *Laien*mitglieder (§. 27. A. 9), so auch die Prüfung und Genehmigung des *Voranschlags* (Ggl. 122) und der *Rechnung* (»l'esamine e l'approbazione dei conti e dei bilanci«) den Präfecten übertragen (Avv. 1879 p. 21, 1884 p. 413 u. 469, vgl. 529 wegen Modena, R. 237); dieselben (§. 13. A. 1[b]) überwachen, hauptsächlich wegen der allenfallsigen Beitragspflicht der bürgerlichen Gemeinden für Erhaltung gewisser öffentlicher Cultusgebäude (§. 30. A. 11), und wegen der bestimmungsgemässen Verwendung (Arch. 55. S. 214 = Sep.-Abdr. 105, unten §. 30. A. 6) der kirchlichen Einnahmen, — und zwar unter der Oberaufsicht des Ministeriums — die gesammte Vermögensverwaltung der Gotteshausbehörden in annähernd demselben Umfange, wie die kgl. Oeconomate die Pfründenverwaltung (§. 12. A. 2 und 4). Uebrigens erstreckt sich, wenn der Pfarrvorstand ausnahmsweise noch als Nutzniesser (§. 27. A. 8) im eigenen Namen oder Namens des Kirchenfabrikraths (§. 27. A. 9 Buchst. c, d, e und f, R. 606) in Ermanglung eines besonderen Rechners (Ggl. 117) das *Gottes*hausvermögen mitverwaltet, der Kassensturz (Ggl. 116 A. 13) und jede sonstige Controle des General- und Suböconomen alsdann zugleich auf das Gotteshausvermögen, Avv. 1884 p. 482. Die Staatsgenehmigung zu den wichtigeren Geschäften der *Vermögensverwaltung* soll auch künftighin durch die *Gerichte* ertheilt oder vermittelt werden, oben §. 14. A. 9 u. 11, Arch. 55. S. 24 = Sep.-Abdr. 69, T. 19. Zufolge Ziff. 14 des Mauri'schen Entwurfs vom 10. Aug. 1872 würde sogar die Jahresrechnung fortan seitens der Pfarrvertretung (Arch. 54. S. 173 = Sep.-Abdr. 7, Vorwort 12) beim *Amtsgerichte*, seitens der Diöcesanvertretung dagegen beim Landgerichte (stets im Februar) einzureichen sein. Die Gerichte würden hiernach den Bischof (§. 14. A. 12 u. §. 20. A. 12) hinsichtlich der Beschlüsse der Pfarrvertretung nicht einmal *gutachtlich* zu hören haben, was doch fast durchgehends in Frankreich (Ggl. 254), theilweise sogar in Bayern von der Regierung der kirchlichen Oberbehörde zugestanden wird, während sonst allenthalben die sowie in denjenigen Fällen, in welchen »das Gotteshaus zufolge Ver»trags oder gesetzlicher Bestimmung[2b]) (»riceve qualche sussidio »obligatorio o per contratto o per legge«) einen Zuschuss von der »*Gemeinde* bezieht, Voranschlag und Rechnung zuvor dem *Gemeinde»rathe* zur Einsicht und allenfallsigen Abgabe von Erinnerungen zu »übermitteln; über die in Folge der Erinnerungen des Gemeinde»raths entstehenden Streitigkeiten entscheidet der Präfect nach An»hörung des Präfecturraths« [2b]).

Wenn einem Erben (§. 15. A. 10), Schenk- oder Vermächtnissnehmer oder zufolge Vertrags einem Dritten die Auflage gemacht

---

neuere Gesetzgebung (vgl. preuss. G. 7. Juni 1876 §. 5, Ggl. 124 u. 303) häufig selbst das *Einverständniss* des Bischofs mit den Curatelmassnahmen der Regierung verlangt. Mit Recht beansprucht daher *Cassani* pr. qu. 661 die *Mitwirkung* des Bischofs in den wichtigeren Vermögensangelegenheiten der Gotteshäuser (etwa nach dem Vorbilde des *badischen* Oberstiftungsraths?).

2b) Gde.-G. 20. März 1865 A. 83[3] unterstellt »Voranschlag und Jahres»rechnung der Pfarrkirchen u. ähnlichen Verwaltungen (§. 27. A. 2, 3 und 4) »der *Prüfung* des Gemeinderaths, wenn solche *vertragsmässige* oder auf »(allgemeinen) *Gesetzes*bestimmungen beruhende Beiträge (§. 29. A. 7 u. §. 30. »A. 11) von der Gemeinde (thatsächlich) beziehen« (oder beanspruchen): Ein *freiwilliger* (§. 29[3] A. 3), das ist jederzeit zurückziehbarer Beitrag der Gemeinde genügt hierzu ebenso wenig, als die Befürchtung, dass *später* die Gemeinde Zuschüsse für Cultuszwecke zu bewilligen haben würde. St.-R. 18. April u. 28. Nov. 1868, Cultusministerial-E. 4. März 1870 und 9. Juni 1874, R. 269, Avv. 1884 p. 529, 1885 p. 206 u. 229, vgl. übrigens 1884 p. 469 u. 481. Das für ganz Italien geltende G. 20. März 1865 hat namentlich auch die, den Gemeinden weitergehende Befugnisse einräumenden Bestimmungen des toscanischen, des lombardisch-venezianischen, des franz. Rechtes u. s. w. (Ggl. 310 A. 1 und 330[89]) aufgehoben.

Mit der Jahresrechnung ist jeweils das Verzeichniss der Mobilien (§. 26. A. 6[c] u. §. 30. A. 1) und nutzbaren Rechte (§. 14 f u. §. 18 II) des Gotteshauses vorzulegen; die Rechnungsbelege sind stempelpflichtig, Avv. 1885 p. 189. Erinnerungen von Mitgliedern des Sprengels gegen die Art der Erfüllung stiftungsmässiger Lasten (§. 30[4] A. 5, App. Mailand 28. Dec. 1876, Avv. 1879 p. 21) und Beschwerden gegen die Gotteshausbehörden wegen Nichteinhaltung der bestehenden allgemeinen Bestimmungen werden beim *Präfecten* oder im höheren Rechtszuge beim Ministerium angebracht; dagegen entscheiden über Streitigkeiten zwischen der Gotteshausbehörde und dem Rechner wegen Ersatzpflicht die ordentlichen *Gerichte*, App. Parma 29. Jan. 1872, vgl. Ggl. 129 A. 10. *Cassani* pr. qu. 378 und 714 befürwortet, in das in der Ausarbeitung befindliche Gesetz (oben §. 15. A. 2) wegen Verwaltung des Kirchenvermögens die Bestimmung aufzunehmen, dass Voranschlag, Jahresrechnung und alle Anträge wegen Veränderung des Stammvermögens (vgl Ggl. 77 A. 6, einer *Enquête* unterstellt d. i.) zur Einsicht und Abgabe allenfallsiger Erinnerungen den Mitgliedern der Kirchengemeinde vorgelegt werden sollen.

ist, in einer gewissen[3a]) Kirche *öffentliche* (§. 15. A. 6) Gottesdienste abhalten zu lassen, so klagt gegen den Verpflichteten[3b]) auf Entrichtung der Gebühren, die *Verwaltung*[4]) der betreffenden *Kirche*

3a) Die Kirche, deren Verwaltung auf Abhaltung gestifteter Gottesdienste klagt, braucht nicht gerade eine obligatorische, wie die Pfarr- oder Filialkirche (*Grassi* 96², 276 u. 290³) zu sein; Kass. Rom 3. Nov. 1879 (Avv. 1879 p. 178) hat auch die bezügliche Klage eines *Oratoriums* (§. 27. A. 6) zugelassen. — Dagegen findet keine Klage statt, wenn dem Verpflichteten die *Wahl* des Gotteshauses, worin die gestifteten Gottesdienste abgehalten werden sollen, ohne jegliche Beschränkung freigelassen ist. *Grassi* 96², 1881 I 126, Avv. 1882 p. 234.

3b) Die Klage findet auch statt gegen den Patron (§. 19. A. 17, *Grassi* 179² u. 180⁶ u. ³, 1881 II 54, App. Venedig 30. Dec. 1880), den Cultusfond (§. 17 I¹ u. II¹, A. 5, §. 24. A. 3) bezw. die Gemeinde (§. 13. A. 10, §. 17 I⁶, §. 25. A. 2 u. §. 31. A. 9ᵃ), wenn dieselben die mit den Gottesdiensten belastete Stiftung eingezogen bezw. überkommen haben. R. 292 u. 311. Zufolge Cass. Rom 11. Dec. 1882 u. 13. März 1883, Avv. 1883 p. 154 u. 213 wäre ausnahmsweise der Cultusfond »*nur moralisch*, nicht auf Grund *klagbaren* Titels« verpflichtet, die Gottesdienste in der vom Stifter bezeichneten öffentlichen Kirche abhalten zu lassen.

4) Zufolge Kass. Turin 18. Nov. 1884 (Avv. 1885 p. 116 u. 130), Kass. Rom 1. Juli 1877 (Avv. 1880 p. 417), App. Ancona 11. Febr. 1875 (*Grassi* 290³), App. Neapel 1. März 1876, Avv. **1878** p. 7, **1879** p. 14, **1883** p. 241, würde schon der *Pfarrer* allein klagen können.

Statt des Pfarrers oder neben demselben kann auch der *Fabrikrath* klagen, App. Venedig 30. Dec. 1880, *Grassi* 1881 II 54 (»il parroco e i fabbricieri rappresentano benanco l'interesse spirituale della chiesa«), App. Turin 4. Dec. 1877, Kass. Rom. 14. u. 15. Juni u. 2. Juli 1878, 3. Nov. 1879, Avv. 1879 (N. 2) p. 6 u. 178, Kass. Florenz 31. Mai 1872 (Avv. 1879 N. 3 p. 13), Kass. Turin 7. Nov. 1878, Avv. **1880** p. 430, **1883** p. 241, R. 296.

Inhaltlich Kass. Rom 21. Jan. 1881 (*Grassi* 1881 II 81) sind jedoch »*weder* der Pfarrer *noch* die Kirchenverwaltung gesetzlich zur Vertretung der »Kirchengemeinde legitimirt« (»nè tampoco esiste per legge alcuna rappresen- »tanza giuridica dei fideli nella persona del parroco o dei rappresentanti le »opere parrochiali«); *Grassi* empfiehlt deshalb 1881 I 124 der örtlichen Kirchenbehörde, »sich jeweils der Mitwirkung des *Bürgermeisters* zu versichern, welchem das Gemeindegesetz die Vertretung der Gemeindeangehörigen überträgt, zu deren Vortheile fragliche Gottesdienste gestiftet sind«. (»Assicu- »rarsi il concorso del sindaco che per la legge communale ha la rappresentanza »dei communisti a cui favore le messe trovansi disposte«).

Unzweifelhaft kann zufolge des oben §. 26. A. 4 angeführten Gde.-G. 20. März 1865 A. 82 der *Bürgermeister* als Vertreter der Pfarr*kirchen*gemeinde (der parrochiani) klagen (§. 13. A. 7, §. 15. A. 6, §. 19. A. 17 u. §. 30. A. 5, *Grassi* 179², 180⁶ u. ³, Avv. 1878 p. 7, 1879 (N. 2) p. 6 u. 14, 1880 p. 406, vgl. 417, R. 266.

Mitunter ersparen sich durch Abhaltung des gestifteten Gottesdienstes die Gemeinde- bezw. Gotteshausverwaltungen die ihnen sonst zur Last fallenden und zwar selbst dann, wenn letztere weder zum Abschlusse des Vertrags mitgewirkt, noch die Zuwendung mitangenommen hat (§. 13. A. 7, §. 19. A. 17 u. §. 31. A. 12, Arch. 55. S. 18 u. 54 = Sep.-Abdr. 63 u. 99). Statt der örtlichen Cultusbehörde steht die Klage auch der *bürgerlichen Gemeinde* (»in Wahrnehmung der sachlichen oder geistigen Interessen des Sprengels«) zu [4].

Die Mitglieder der mit der Verwaltung des örtlichen Kirchenvermögens betrauten Behörden haften mit ihrem gesammten Vermögen dem Gotteshause für jeden durch Arglist oder grobes Versehen [5]) dem letzteren zugefügten Schaden und können zur Ersatzleistung nicht nur von der Ortskirchenverwaltung, sondern auch von der vorgesetzten Staatsaufsichtsbehörde gerichtlich angehalten werden [5]).

Die Ueberwachung des *Pfründenvermögens* [6]) und jede Ein-

Kosten einer Früh- oder Spätmesse (§. 29. A. 4 [b]) oder eines sonstigen Gottesdienstes »a vantaggio e commodo della popolazione« (Kass. Turin 18. Nov. 1884, Avv. 1885 p. 116 u. 130); zur Begründung der Klage, gleichviel ob solche vom Pfarrer, vom Fabrikrathe oder vom Bürgermeister gestellt wird, genügt jedoch schon das moralische oder religiöse Interesse (*Grassi* 1881 II 54). Ein *Geldinteresse* (Civilproc.-Ord. A. 36) braucht also nicht behauptet zu werden (App. Ancona 14. Juni 1878, Avv. 1878 p. 14, 1880 p. 106), oben §. 13. A. 7, Arch. 55. S. 78 = Sep.-Abdr. 63.

5) Kass. Turin 8. April 1870, Avv 1885 p. 74, 133 u. 251. Zwar haften auch die *Beisitzer* solidarisch für die zunächst nur dem *Vorsitzenden* und dem *Kassenverwalter* obliegenden Verpflichtungen, wenn sie letztere nicht gehörig mitüberwachen; doch kann dasjenige Verwaltungsmitglied, welchem das Versehen hauptsächlich zur Last fällt und von welchem daher zunächst Schadenersatz geleistet werden musste, keinen Rückgriff gegen die übrigen Mitglieder nehmen, deren Schuld nur in der Sorglosigkeit (fiducia) und der mangelhaften Controle bestand. Kass. Turin 18. Nov. 1884, Avv. 1885 p. 251. Die Verwaltungsmitglieder bekleiden Ehrenämter; die Gegenleistung des Gotteshauses besteht nur in der Einräumung einer Freibank, oben §. 8. A. 7, Arch. 54. S. 319 = Sep.-Abdr. 46, Ggl. 113 A. 5, 173 A. 8. — *Cassani* pr. qu. 660 befürwortet, dass im Falle einer Weigerung der Gotteshausbehörde (Ggl. 92 u. 136 A. 17) nicht nur der kgl. Oeconom (§. 13. A. 2, Arch. 55. S. 12 = Sep.-Abdr. 57) bezw. der Präfect, sondern auch der *Bischof* (unten Anm. 7) die Ersatzklage zu stellen legitimirt werde (Arch. 55. S. 214 = Sep.-Abdr. 105).

Excommunicirt (unten Anm 7, oben §. 5 A 3) ist ohne Weiteres jedes Mitglied einer Gotteshausverwaltung, welches ohne höhere kirchliche Genehmigung (§. 20. A. 9 u. §. 22. A. 1 [a], Arch. 55. S. 212 u. 218 = Sep.-Abdr. 103 und 109) kirchliche Vermögensrechte von mehr als 25 Goldthaler (= 134 Fr. 25 Ct.) zu *veräussern* oder zu *nichtkirchlichen* Zwecken, z. B. für politische Festlichkeiten (§. 5. A. 9) zu verwenden beschliesst.

6) Oben §. 12. A. 1, Arch. 55. S. 11 = Sep.-Abdr. 11. Nur im Süden haben jetzt schon mitunter Ortskirchenverwaltungen auch die Pfarrpfründen

mischung in die *Pfarrwahl* (§. 19. A. 10, §. 20. A. 3 und §. 26. A. 4, Arch. 55. S. 50 210 = Sep.-Abdr. 95, 101), die Ernennung der Hülfsgeistlichen (§. 26. A. 6) und Prediger, die Regelung der Stolgebühren (§. 26. A. 8), des Gottesdienstes und in die Handhabung der *Gotteshausordnung* (§. 8. A. 3, §. 10. A. 1 u. 5, §. 20. A. 3, Avv. 1884 p. 458, Arch. 54. S. 318, Arch. 55. S. 5 u. 210 = Sep.-Abdr. 45, 50 u. 101) ist selbst den ausschliesslich mit der Verwaltung des Gotteshausvermögens betrauten und unter dem Vorsitze des Pfarrers gebildeten Vertretungen benommen.

II. Die *Wahlen*[6b]) zum Mitgliede, Vorstande (§. 27. A. 9), Rechner und Schriftführer mit der Verwaltung des Gotteshausvermögens betrauter kirchlicher Vertretungen[7]) und die *Be-*

---

ausnahmsweise mitzuverwalten. T. 17, §. 25. A. 9 und §. 30. A. 3, Arch. 55. S. 240 = Sep.-Abdr. 131. Zufolge Ziff. 10 des im §. 27. A. 9 erwähnten (Gesetz-) Entwurfs vom 10. Aug. 1872 (Arch. 54. S. 173, 55. S. 10, 25 u. 258 Vorwort A. 10, §. 11. A. 9, §. 15. A. 2 = Sep.-Abdr. 7, 55, 70 u. 149, *Cassani* pr. qu. 138, T. 13 u. 19[11]) sollen allerdings — wie in Frankreich, Ggl. 134 u. 136 — fortan »die Pfarrausschüsse die Verwaltung der Pfarr- und der Pfarrgehülfenpfründen »überwachen, auch solche im Falle der Erledigung in unmittelbare Verwaltung »nehmen«.

Die vormalige Mitverwaltung von *Wohlthätigkeits-* und *Unterrichts*anstalten ist den Gotteshausbehörden (unten §. 31. A. 3) durch die Staatsgesetzgebung abgenommen worden; nur die Verwahrung von Bruderschaftsvermögen (§. 31. A. 16) ist hie und da denselben noch anvertraut.

6b) Der Pfarrer überwacht die Regelmässigkeit des Wahlganges und vertritt hierbei gewisser Massen die Kirchengemeinde, R. 236, oben §. 26 II. Die Wahl wird, in Ermanglung einer allgemeinen oder besonderen Verordnung, nach der bisherigen *Uebung* vorgenommen; der Gemeinderath darf sich nicht einmischen. App. Casale 4. Nov. 1855, R. 236, Giurisprudenza 1870 p. 457. Weder dem Präfecten, noch der Regierung steht ein beliebiges Ernennungsrecht zu. Senat Genua 12. Juni 1844, Avv. 1884 p. 290, vgl. übrigens Ggl. 300 und 318, oben §. 27. A. 9.

7) Nach der bisherigen Rechtssprechung, welche übrigens R. 228 u. 230 sowie Avv. 1884 p. 289 u. 458 mit dem göttlichen Rechte nicht völlig vereinbar finden, unterstehen die Gotteshausverwaltungen nicht, wie in Baden oder Preussen, zugleich der *bischöflichen* und der *Staats*gewalt, sondern in noch höherem Grade, als in Frankreich (Ggl. 303 A. 11) und Bayern (*Hinschius*, »Staat und Kirche«, 318 A. 4), als »corpi *laicali* (T. 107 u. 334, Avv. 1884 p. 289 u. 413) oder, wie App. Turin 3. Sept. 1855 sagt, als »stabilimenti unicamente soggetti alle potestà e giuridizione laicale« — in demselben Masse, wie Gemeinden und Wohlthätigkeitsanstalten — *ausschliesslich* der *Staats*gewalt in allen vermögensrechtlichen und ähnlichen Fragen. Die Gotteshausverwaltungen können zwar nur *dem Bischofe genehme* Prediger (*Canestri*, Giurisprudenza canonica e civile tit. 6 cap. 2, Avv. 1884 p. 458, §. 6. A. 5 Schluss, §. 15. A. 4, §. 16. A. 12b, §. 17. A. 3, §. 29. A. 3 u. 4b u. §. 30[3])

schlüsse[8]) letzterer unterliegen der *gerichtlichen*[9]) Anfechtung und werden aufgehoben, wenn eine Verletzung der Staatsgesetze, der in gesetzlicher Form erlassenen allgemeinen Verordnungen oder wohlerworbener Rechte vorliegt.

§. 29. *Einnahmen der Gotteshäuser, einschliesslich der Ergänzungszuschüsse der Gemeinden etc. für den laufenden Bedarf.*

I. Die *ordentlichen* Einnahmen der Gotteshäuser bestehen:

a) aus dem Ertrage ihrer Kapitalien und Renten (§. 14 f.), Zehnt- und sonstigen Rechte (§. 18. A. 10),

b) aus dem Ertrage der Opferstöcke und Sammlungen (§. 8. A. 8), sowie aus der Vermiethung oder Verleihung von Stühlen und Bänken[1]),

---

und liturgische Bücher annehmen und den sächlichen *Anforderungen* des Bischofs zur Feier des Gottesdienstes (Ggl. 195 A. 7) nicht entgegentreten; im Uebrigen (vgl. Arch. 55. S. 214 = Sep.-Abdr. 105) bildet jedoch die Einholung der oberkirchlichen Genehmigung (R. 233), z. B. zur Veräusserung abgenützter geweihter Gefässe (obige Anm. 5, Ggl. 311 A. 6), zur Veränderung von Bildwerken oder Inschriften (oben §. 6. A. 8, §. 8. A. 3, §. 13. A. 4, §. 14. A. 3 u. §. 20. A. 11, Arch. 54. S. 313 u. 319, 55. S. 16, 22 u. 214 = Sep.-Abdr. 40, 46, 61, 67 u. 105) hauptsächlich nur noch eine *Gewissens*pflicht der Mitglieder der Gotteshausbehörde, Avv. 1884 p. 425.

8) Wegen »Verletzung bürgerlicher Rechte« (§. 5 u. 6. A. 11, Arch. 54. S. 308 u. 314 = Sep.-Abdr. 35 u. 41) sind mitunter schon Verfügungen der Kirchenvertretung oder des in Ermangelung einer solchen (§. 27. A. 8. Avv. 1884 p. 425) allein entscheidenden Pfarrers ausser Wirksamkeit gesetzt werden, als es sich handelte betreffs der Art der Erfüllung *stiftungsmässiger* Lasten (§. 30 4 A. 5), betreffs der Ernennung oder *Entlassung* der Organisten (§. 30 3 A. 7), Kirchner, Glöckner R. 285 u. 230, Avv. 1884 p. 458. Oft helfen wohl schon die Präfecten durch einen Vorbescheid, welchem beide Theile sich fügen, der Beschwerde ab, so dass eine gerichtliche Entscheidung selbst nicht mehr nöthig wird,

9) Oben §. 6. A. 2, Arch. 54. S. 310 = Sep.-Abdr. 37, R. 236, App. Turin 3. Sept. 1855, App Casale 4. Nov. 1855 etc. Abgesehen von particularrechtlichen Einzelvorschriften, welche übrigens durch Ziff. 16 des im §. 27. A. 9 bereits erwähnten Entwurfs vom 10. Aug. 1872 aufgehoben werden sollen, entscheiden die *Verwaltungs*behörden nur hinsichtlich der Einsprüche gegen Voranschlag und Jahresrechnung (obige Anm. 2ª) und vorsorglich in Baustreitigkeiten (§. 30. A. 12ᵇ). In Oesterreich, Baden, Bayern, Preussen etc. entscheiden die Verwaltungsgerichte, in Frankreich (Ggl. 21, 27 A. 10 und 303) regelmässig das Ministerium, nur ausnahmsweise der Staatsrath (oben §. 7 II, Arch. 54. S. 317 = Sep.-Abdr. 44).

1) §. 8. A. 7, Arch 54. S. 320 = Sep.-Abdr. 47. Der Gemeinderath kann, trotzdem wegen ihrer subsidiären Haftpflicht (unten Anm. 7) die Gemeinde betheiligt erscheint, die Erhebung von Gebühren für Kirchenbänke und Stühle nicht anordnen, (St.-R. 8. Febr. 1884, Avv. 1884, p. 477, vgl. Ggl. 171 A. 1,

c) aus dem herkömmlichen Antheile an den Gebühren für kirchliche Feierlichkeiten [2]) und an den Kerzen (§. 26. A. 8) bei Leichenzügen und Leichengottesdiensten in Pfarr- oder (§. 27. A. 4) Filialkirchen,

d) aus den *freiwilligen* Zuschüssen der Gemeinden [3]), Oeconomate (§. 11. A. 11 u. §. 23. A. 8 [a]) und Dritter (§. 19),

e) aus etwaigen fortlaufenden *Pflicht*beiträgen des Cultusfonds [4a]), der Privaten (§. 15. A. 10, Arch. 55 S. 28 = Sep.-Abdr. 73), der Pfründen (§. 12. A. 2 [b] u. §. 26 [IV]), anderer Gotteshäuser (§. 27. A. 3),

---

2) Der Betrag aller kirchlichen Gebühren, die z. B. bei Beerdigungen (§. 26. A. 8 u. §. 33. A. 4 u. 7, Avv. 1883 p. 334) je nach der Wohlhabenheit der Pflichtigen und der grösseren oder geringeren Zahl der Feierlichkeiten abgestuft sind, bemisst sich nach der in jeder Pfarrei bestehenden Uebung. (Avv. **1878** N. 1 p. 4, **1883** p. 145, **1884** p. 336) oder nach einem durch den Bischof (§. 17. A. 5 u. §. 20. A. 10, Arch. **55**. S. 37 u. 213 = Sep.-Abdr. 82 u. 104) aufgestellten Tarife. Letzterer braucht nicht gleichmässig für den ganzen Umfang der Diöcese geregelt zu sein (R. 173) und bedarf keiner staatlichen Genehmigung, wie letztere noch in Frankreich (Ggl. 283. A. 7) nöthig ist; auch hierin darf sich der Gemeinderath nicht einmischen; oben §. 10. A. 1, St.-R. 16. Feb. 1865, Avv. 1884 p. 513 u. R. 175. Ueber die Verpflichtung zur Zahlung der Gebühren und über die Höhe derselben entscheiden die ordentlichen Gerichte. §. 6. A. 2, R. 193, vgl. Avv. **1878** N. 1 p. 4, **1885** p. 45.

3) Beiträge, die auf keiner Rechtsverbindlichkeit beruhen, (§. 30. II) darf die Gemeinde nicht dauernd, sondern stets nur für eine *bestimmte* Reihe von *Jahren* übernehmen (§. 26. A. 6 [a]), erhebt aber die Gemeinde bereits den gesetzlich festgestellten Höchstbetrag der Gemeindeumlagen, so darf sie keine *fakultative* Ausgaben (vgl. §. 30. A. 11) mehr übernehmen, namentlich auch nicht für den Kultus. G. 14. Juni 1874, Avv. 1883 p. 82. Waren gewisse Beiträge ohne Rechtsverbindlichkeit schon längere Zeit aus der Gemeindekasse geleistet, vgl. für den Predigergehalt (28. Juli 1883, Avv. 1884 p, 346, vgl. unten §. 30 [3]), für's Frohnleichnamsfest (Avv. 1884 p. 506, unten §. 30. A. 1 [b]), für Oel (§. 30. A. 1), für gewisse Gottesdienste (§. 30. A. 3. Avv. **1883** p. 249, **1885** p. 151, vgl. **1882** p. 20, 44, 56, 114, 177, 181, 205 u. 227), und hatte gleichwohl die Provinzialdeputation solche Ausgaben aus dem Gemeindevoranschlag gestrichen, so wurde die Fortzahlung im Beschwerdeweg durch den König (nach Anhörung des Staatsraths) regelmässig gestattet, vorausgesetzt, dass der Höchstbetrag der Gemeindeumlagen dadurch nicht überschritten wurde, s. übrigens Avv. **1883** p. 202, 224, 237 u. 265, **1884** p. 297 u. 334.

4a) Die *Staats*beiträge (assegni governativi) zu Gunsten der Pfarrkirchen sind in den Decreten des vormaligen Königreichs Italiens 7. April 1807 und 5. Jan. 1808 (unten Anm. 7 [d]), sowie bereits im Concordate zwischen dem hl. Stuhle u. Sardinien-Piemont v. 14. Mai 1728 ausdrücklich aufrecht erhalten worden; dieselben werden, soweit sie auf einer privatrechtlichen Verpflichtung beruhen, aus dem Cultusfond (§. 17. I [3], A. 7 [c], Arch. 55. S. 38 = Sep.-Abdr. 83) bezahlt.

der Wohlthätigkeits- (§. 31. A. 11 u. 13) und sonstigen Anstalten und der Gemeinden[4b]).

Im Verwaltungswege können die Gemeinden (ebenso wie die Wohlthätigkeitsanstalten (§. 31. A. 11), zur Erfüllung ihrer Verpflichtungen angehalten werden, und zwar nicht nur zur Fortgewährung derjenigen Zahlungen, die sie zufolge der Lasten freigebiger Verfügungen, oder auf Grund von Verträgen zu leisten haben, sondern auch zur Weiterentrichtung derjenigen Zahlungen, die dem Gotteshause (oder der Pfarrei §. 26. A. 9) seit *Generationen*, ohne ausdrücklichen Vorbehalt des Widerrufs, jährlich gemacht wurden,

---

4b) §. 7 I u. §. 17 I5. A. 8a. Zufolge Patentes des Königs von Sardinien v. 6. Jan. 1824 sollen die *Gemeinden* die Jahresbeiträge (annualità) fortzahlen, welche sie damals in *herkömmlicher* Weise den *Pfarrkirchen* zu entrichten hatten; dieselbe Bestimmung enthielt schon das in vorhergehender Anm. 4a angeführte Concordat. In ganz Italien »ersetzt die *langjährige* Uebung (vgl. oben §. 15. A. 2) den Titel« und schreibt daher die Gemeinde-Aufsichtsbehörde auch gegen den Willen des Gemeinderaths herkömmliche Zuschüsse als Pflichtausgaben im Gemeindevoranschlage ein. [St.-R.-G. u. Decrete 17. Jan. 1877, 16. Aug. 1878, 18. Juni 1879, 26. Nov. 1882, 3. Oct. 1883, 21. Aug. 1884 etc. Avv. **1879** p. 14 (für Oel) u. 139 (für den Prediger und den Organisten, §. 30 3), **1880** p. 272 u. 357, **1883** p. 206 (für Gottesdienst), **1883** p. 21 u. **1884** p. 3 (für den Fastenprediger)]. Der *Zwangs*auflage steht auch der Umstand nicht entgegen, dass der für *freiwillige* Umlagen zulässige *Höchstbetrag* bereits erreicht ist. St.-R. 13. April 1883, Avv. 1883 p. 249 für die Spätmessen (ultima messa festiva), p. 224 für die Frühmessen des Schulcaplans (§. 32. A. 11).

Zufolge St.-R.-G. 18. Juni 1879. Avv. 1879 p. 139 (Zuschuss für Prediger und Organisten) wird vermuthet, dass die Gemeinde nur *subsidiär* (unten A. 7) d. i. nur wegen *Unzureichenheit* des Gotteshausvermögens die jährliche Zahlung übernommen habe, also die Verpflichtung der Gemeinde aufhöre, wenn das Gotteshaus ausreichendes Vermögen erlange. In einem Falle, in welchem dieser Ausnahmefall nicht vorlag, verurtheilte App. Turin 26. Juli 1880 (Avv. 1880 p. 356) die Gemeinde zur Fortgewährung des Oels und der Olivenreisser (§. 30. A. 1) an's Gotteshaus auf Grund der bis 1643 zurück nachgewiesenen Uebung und der hiedurch bewiesenen *subsidiären* Haftpflicht der Gemeinde (»obligo contratto dal commune in cause massime della povertà della parrochia«); der St.-R. (31. Aug. 1873) hatte in diesem Falle die Gemeinde von Verwaltungswegen freigelassen. Weiter ging Kass. Rom 23. März 1880 in der Erwägung, dass in Ermanglung des ursprünglichen Verpflichtungstitels der Stiftungszweck stets aus gleichwerthigen Vermuthungen »indizi equivalenti«) abgeleitet werden könne. Auch Avv. 1879 p. 14 (N. 4, vgl. N. 6) u. 1880 p. 357 hatte der Staatsrath eine *primäre* Haftpflicht der Gemeinde auf Grund des Herkommens angenommen und keinen Vorbehalt für den Fall gemacht, dass das Gotteshaus später in eine *bessere* Vermögenslage kommen sollte. Vgl. Ggl. 140 A. 7 u. 179 A. 10.

auch, wenn der ursprüngliche Verpflichtungsgrund nicht mehr nachweislich ist.

Sind diese Einkünfte zur Deckung des gottesdienstlichen Bedarfs (§. 30 [1—6]) der Dom-, Pfarr- oder Filialkirche nicht ausreichend, so muss das daran Fehlende zugeschossen werden, und zwar durch den Patron[5]), ferner aus dem Ueberschusse über die Congrua (§. 26. A. 11) der *Pfründeninhaber*[6]) und äussersten Falles von der *bürgerlichen* Gemeinde[7]). Zu den bezüglichen Umlagen haben alle Steuer-

---

5) Sard. Patent 6. Jan. 1824, Avv. 1884 p. 380 (oben Arch. 55. S. 49 = Sep.-Abdr. 94) §. 19. A. 7. u. §. 26. A. 4 u. 9 [b], unten §. 30. A. 10. Der Patron hat nicht etwa nur von Jahr zu Jahr das Defizit zu decken, sondern soll, bei Vermeidung des Verlustes seiner Rechte (oben §. 19. A. 7. Arch. 55. S. 49 = Sep.-Abdr. 94), das ganz oder theilweise zu Verlust gegangene oder unzureichend gewordene Stiftungsvermögen (§. 19. A. 1) ersetzen oder ergänzen, d. i. die Stiftung nochmals mit Stammvermögen ausstatten. P. 446, 461 u. 482. Dies gilt auch solchen Kapellen gegenüber, für welche die Gemeinden (§. 30. A. 11) nicht einzutreten brauchen.

6) Kass. Palermo 8. März 1870, §. 25. A. 6 u. 9, §. 27. A. 8, §. 30 II, R. 210, 243, 246 u. 282. Die Pfarrer (ebenso die bischöfliche Tafel) haben selbst für die scheinbar weniger wesentlichen Verzierungen (»ornamenti«) §. 30. A. 1, Min.-C. 17. Sept. 1826 u. 12. Dec. 1855, Avv. 1882 p. 97 u. 1885 p. 82 u. 158) aufzukommen. Aus der subsidiären Haftpflicht der Gemeinde (§. 30. A 9 u. 11, unten A. 7) folgt die Berechtigung derselben, vorerst den Patron oder Zehntbesitzer und die Pfründeninhaber zur Erfüllung ihrer Verbindlichkeiten gerichtlich anzuhalten. App. Casale 12. April 1855, App. Venedig 21. April 1875. Den Bedarf der ehemaligen Kloster-Pfarrkirche ergänzt nöthigenfalls der Cultusfond, (oben §. 25. A. 6), den der Receptiv-Pfarrkirche die Gemeinde. (§. 25. A. 7 [b]).

7) Oben A. 4 [b] u. §. 28. A. 2 [b]. Abgesehen von der Verpflichtung zu subsidiären Ergänzungsbeiträgen (unten §. 30. A. 11) für »*Erhaltung* der öffentlichen Cultusgebäude,« haben die bürgerlichen Gemeinden gemäss Gde.-Ges. 20. März 1865 Art. 237 u. Art. 116 [12] »noch jede ihnen durch besondere gesetzliche Bestimmungen zur Last gelegte Ausgabe zu leisten.« Eine solche Pflichtausgabe bildet allenthalben in Italien die Aufbringung des *Fehlbetrags* der gottesdienstlichen Kosten, und zwar:

a) in den ehemals *sardinischen* Staaten gemäss Patents vom 6. Januar 1824 bzw. kgl. Biglietto v. 16. Feb. 1732 und Concordats v. 14. Mai 1728 (P. 89 u. 446);

b) für *Toskana* gemäss der durch grossh. D. 20. Nov. 1849 A. 77 [14] bestätigten Uebungen;

c) für *Sicilien* gemäss des dort noch geltenden Concordats v. 1818, sowie für *Neapel* gemäss D. 17. Feb. 1861, sowie namentlich der Regi Dispacci von 1772, Kass. Neapel 25. März 1879, Avv. 1879 p. 92, 1884 p. 309 u. 1885 p. 9, vgl. St.-R. u. D. 21. Aug. 1884;

d) für *Lombardei* u. *Venezien* gemäss des kgl. ital. D. 7. April 1807 u. 5. Jan. 1808;

pflichtige des Sprengels, ohne Unterschied zwischen Bewohnern und *Ausmärkern*[7 b]), verhältnissmässig beizutragen.

II. Als *ausserordentliche* Einnahmen (Ggl. 122. A. 1) der Gotteshäuser kommen namentlich in Betracht: Verkaufserlöse aus aufgelassenen, ehedem kirchlichen *Friedhöfen* (§. 33. A. 6) und sonstigen Grundstücken (§. 18, A. 2, Arch. 55. S. 43 = Sep.-Abdr. 88), *Freigebigkeiten*, welche, soweit nicht bestimmungsgemäss (§. 13. A. 3 u. §. 28. A. 1, Arch. 55. S. 16 = Sep.-Abdr. 61, unten §. 30. A. 8) sofort zu verbrauchen, verzinslich anzulegen sind, zurückbezahlte Kapitalien, Rentenablösungen und Anleihen (§. 14[c]. A. 4[b],

---

e) für *Modena* und die *Kirchen*staaten in Gemässheit des Gewohnheitsrechtes, dagegen für *Parma*, *Piacenza*, *Lucca* und *Ligurien* in Gemässheit des *franz*. D. 30. Dec. 1809. (Ggl. 182, 192. A. 1 u. 331, oben §. 27. A. 9[a], unten §. 30. A. 4[a]), wonach die *bürgerlichen* Gemeinden den Gotteshausverwaltungen den jeweiligen Fehlbetrag zuschiessen (Riv. amm. 1871 p. 398) und nöthigenfalls — das ist in Ermanglung von Ueberschüssen der Gemeindekasse — durch allgemeine *Gemeinde*umlagen, wozu auch Nichtkatholiken beizutragen haben, aufbringen müssen.

Auch die unter d) vorangeführte Decrete bezeichnen als subsidiär haftbar die »*Communi*«, das zufolge St.-R.-G. 9. Aug. 1884, Avv. 1885 p. 82 namentlich noch in Venezien geltende österreichische D. 8. Jan. 1830 dagegen die *parrochiani* (Avv. 1885 p. 169, R. 248).

Zufolge St.-R. 14. April 1868 (Avv. 1885 p. 181) sind auch ausserhalb der ehedem franz. Gebietstheile die dem Gotteshause zu leistenden Ergänzungszuschüsse nicht vorweg aus den Ueberschüssen der politischen Gemeinde zu entnehmen, sondern von den Steuerpflichtigen der *Pfarrei* (oben §. 9. A. 1—3, unten §. 33. A. 2), oder des *Filial*sprengels (oben §. 27 A. 4, St.-R. 3. Jan. 1857 u. 10. Dec. 1861, R. 193 u. 241) aufzubringen. Die Erhebung dieser Umlagen kann übrigens, da förmliche *Kirchengemeinden* (Vorwort A. 12 u. §. 15. A. 2, Arch. 54. S. 173 u. 55. S. 25 = Sep.-Abdr. 7 u. 70) erst gesetzlich gebildet und mit dem Selbstbesteuerungsrechte (Sc. 175) ausgestattet werden müssten, dermalen nur von den Gemeindebehörden angeordnet werden. Der Beitragspflicht für kirchliche Zwecke entzieht man sich nicht schon durch den einfachen Austritt aus der Kirche, sondern erst durch den förmlichen Uebertritt zu einem anderen Bekenntnisse. (Kass. Turin 14. Sept. 1872, Giurisprud. 1872 p. 655, oben §. 4. A. 4, vgl §. 18. A. 10).

7b) St.-R. 28. Mai 1875, Avv. 1885 p. 182. Dies gilt auch im Falle des §. 30. A. 11. Nur innerhalb des Geltungsbereichs der franz. D. 30. Dec. 1809 u. 14. Feb. 1810 (Anm. 7, Buchst. e u. §. 27. A. 9), namentlich im ehemaligen Herzogthume Parma werden die Forensen zu den ordentlichen *gottesdienstlichen* Kosten *nicht* beigezogen, indem die Ergänzungezuschüsse für den *laufenden* Unterhalt der Geistlichen und des Gottesdienstes lediglich auf die Personal- und die Mobiliarsteuer und nur die Ergänzungszuschüsse für den *ausserordentlichen*, besonders den Baubedarf (§. 30. A. 8 u. 11) auf die Mobiliar- und auf die Grundsteuer vertheilt werden. St.-R. 25. Juli 1876, Avv. 1879 p. 21, Ggl. 20.0 A. 2.

8, 9 u. §. 30[6], Arch. **55**. S. 22 = Sep.-Abdr. 67), endlich die Anstellungsgebühren der Geistlichen[8]).

§. 30. *Ausgaben der Gotteshäuser, einschliesslich der Baulast.*

I. Aus dem Gotteshausvermögen werden folgende *Pflicht*ausgaben bestritten:

1) die Kosten aller zum *Gottesdienste* erforderlichen Gegenstände, wie des Ankaufs der Kerzen (§. 26. A. 8), des Messweins, des Weihrauchs, des Oeles[1]) für das ewige Licht, ferner der Anschaffung und Unterhaltung der Kirchengewänder, der liturgischen Bücher (§. 20. A. 10), der heiligen Gefässe und sonstigen Geräthe[1]), auch Reinhaltung[1b]) und Ausschmückung des Gotteshauses;

2) die Verwaltungskosten, die Steuern, die *Rentenüberschussbeiträge*[2]), die Diöcesan- (§. 21. A. 6) und sonstigen Abgaben aller Art;

---

8) Constitution Benedikt XIII. Avv. 1879 p. 17, oben §. 9. A. 6. Im ersten Jahre der Ernennung entrichten die *Domherrn* der Domkirche (§. 22. A. 8[a] u. §. 27. A. 2, Arch. **55**. S. 222 u. 255 = Sep.-Abdr. 113 u. 146) die Hälfte des Pfründenertrags und die *Pfarrer* der Pfarrkirche (§. 26. A. 18 u. §. 27. A. 3, Arch. 55. S. 253 u. 256 = Sep.-Abdr. 144 u. 147) den Mehrertrag des Reineinkommens der Pfründe über 100 Scudi (= zufolge §. 12. A. 11 u. §. 26. A. 11 dermalen 430 bzw. 532 Fr.)

1) Oben §. 28. A. 7. §. 29. A. 3 u 4[b], unten §. 31. A. 10, R. 296. Als Pflichtausgaben hat App. Turin 26. Juli 1880 (Avv. **1880** p. 256, **1882** p. 181, vgl. 193) die Beschaffung des Oels (Neap. III 1[10—12], vgl. III 2[6--8] und III 3[9]) und selbst der in der Charwoche zu vertheilenden *Olivenreisser* anerkannt. Zum Ankaufe und zur Instandhaltung der *Geräthe* (»suppelettili«) und sonstigen Kirchenmobilien (oben §. 8. A. 6, §. 14. A. 3, §. 19. A. 8 u. §. 26. A. 6[c], Arch. **51**. S. 56, **54**. S. 319, **55**. S. 22, 49 u. 247 = Sep.-Abdr. 46, 67, 94 und 138) besitzen die Gotteshäuser mitunter *eigene* Stiftungen (T. 98, 99, 274 u. 277), deren Verwendung in einer Nebenrechnung nachgewiesen wird.

1b) Arch. 51. S. 56 = Neap. III 1[9] u. [12], R. 246. Die Gemeinde, der Patron oder Zehntherr können nicht verlangen, dass die *herkömmlichen* Kirchenfeste, oben §. 4. A. 8 (»solite feste religiose«) und die hiermit zusammenhängenden *Verzierungen* im Innern und Aeussern der Kirche eingestellt und die hiedurch ersparten Beträge zur Deckung jener Kosten verwendet werden sollen, wofür ihnen ein Ergänzungszuschuss (§. 29. A. 7[a]) angefordert wird. St. R. 21. März 1882, Avv. 1882 p. 250; oben §. 29 A. 3, unten Anm. 3.

2) Zufolge G. 7. Juli 1866 A. 31 entrichten dem Cultusfond die Wallfahrtskirchen 5 % von 1000 bis 5000 Fr. der *Rein*einnahmen, 12 % von 5000 bis 10,000 Fr. und 20 % vom Mehrbetrage, die übrigen Gotteshäuser dagegen erst von 10,000 bis 15,000 Fr. Reineinnahmen ab 5 %, von 15,000 bis 25,000 Fr. 10 % und vom Mehrbetrage nur 15 %. Diese Rentenüberschüsse werden nur aus der Reineinnahme nach Deckung der Pflichtbeiträge zu *Armen-* oder

3) die vertrags- und stiftungsmässigen oder (§. 30. A. 4[b]) *herkömmlichen* Bezüge der *Pfarrer*[3]), Pfarrgehülfen[4a]), Prediger

Unterrichtszwecken (§. 17. A. 3, Arch. 55. S. 36 = Sep.-Abdr. 81, unten §. 31. A. 6[b] u. §. 32.) berechnet, so dass die zu weltlichen Zwecken einem Gotteshause gemachten Zuwendungen frei gelassen werden müssen. — Auch in Frankreich sollen, wiewohl die Diöcesanabgaben für die Gotteshäuser noch nicht obligatorisch sind (Ggl. 182 A. 16, vgl. übrigens 255 A 4), die wohlhabenderen Gotteshausstiftungen angehalten werden, einen Theil ihrer Ueberschüsse dem Bischofe, namentlich für unterstützungsbedürftige Kirchengemeinden, jährlich zur Verfügung zu stellen. — Der Abgabe von **30** % (§. 16. III[6] A. 17, Arch. 55. S. 34 = Sep.-Abdr 79) unterlag das Jahreseinkommen der Gotteshäuser gemäss G. 15. Aug. 1867 A. 18 nur bis zum 1. Jan. 1871; seitdem ist es hievon befreit durch G. 11. Aug. 1870 A. 5, welchem allerdings keine Rückwirkung zukam T. 183, 434, 440 u. 456. — Frei sind die Kirchen, Sakristeien sammt Bibliotheken (§. 4. A. 8 u. §. 16. A. 11, Arch. **54**. S. 305, **55**. S. 33 u. 43 = Sep.-Abdr. 32, 78, 88) von der Gebäudesteuer (G. 28. Jan. 1865, Avv. 1880 p. 368, 1885 p. 258) und ebenso wie die Wohnungen der Pfarrgeistlichen (§. 26. A. 11) und der Kirchendiener von der Grundsteuer und der Todthandabgabe; letztere und die Einkommensteuer (oben §. 8. A. 8 u. § 12. A. 7 u. 8, Arch. **54**. S. 320, **55**. S 14 = Sep.-Abdr. 47 u. 59) müssen dagegen von den Renten und namentlich auch von den Kapitalszinsen, selbst von den Miethgeldern für Stühle und Bänke (Avv. 1885 p. 260) entrichtet werden.

3) R. 248 u. 514. Mitunter besteht in Ermangelung einer Pfarrpfründe (§. 12. A. 1) das laufende Einkommen des Pfarrers ausschliesslich im Bezuge aus der Gotteshausstiftung. Auf diesen Bezügen der Pfarrgeistlichen ruht in der Regel die Verpflichtung zur Abhaltung von *Seelen*messstiftungen (Vorwort A. 6, §. 12. A. 2[b], §. 13. A. 3, 7 u. 15[b], §. 15. A. 6[b], §. 17. A. 5 u. §. 19. A. 6, Arch. **55**. S. 16, 18, 21, 27, 37 u. 49 = Sep.-Abdr. 5, 57, 61, 63, 66, 72, 82 u. 94) oder anderer Gottesdienste, z. B. des 40stündigen Gebets (App. Neapel 18. März 1868, *Grassi* 22[2], oben §. 13. A. 5 u §. 16. A. 6). Vor Beginn eines jeden Jahres wird eine Uebersicht (»Diarius«, Neap. III. 2 [10–12], Append. III 2[8], Arch 51. S. 61, Ggl. 315 A. 5 u. 320[26]) der stiftungsmässigen Gottesdienste unter Angabe der Tage und Altäre, an welchen solche abzuhalten sind, in der Sakristei angeheftet. Die Art und Zahl derselben kann die kirchliche Oberbehörde (der Bischof nur zufolge der Quinquennalfacultäten) *ermässigen* (oben §. 6. A. 1, §. 16. A. 6, §. 17. A. 5, §. 20. A. 10, Ggl 315 A. 5 u. 321[29], Avv. **1879** p. 98, **1882** p. 127 u. 233, **1883** p. 242, **1884** p. 442, **1885** p. 138, 307 u. 252); durch die Ermässigung dürfen jedoch *privat*rechtliche Ansprüche (Arch. 54. S. 312, 55. S. 18 = Sep.-Addr. 39 u. 63, oben §. 6. A. 5, §. 13. A. 8—11 u. §. 18. A. 8), namentlich des Stifters und der Erben bezw. Besitznachfolger nicht beeinträchtigt werden (R. 467, *Grassi* 1881 I 124 und dessen Manuale 263[e]; App. Casale hat 24. Jan. 1873 der Klage des Gutskäufers gemäss, den Verkäufer trotz kirchlicher Seits gewährter Ermässigung verurtheilt, in der Gutscapelle täglich eine hl Messe lesen zu lassen. Wer als Erbe, Vermächtnissnehmer, zufolge Schenkung oder sonstigen Vertrags die Verpflichtung übernommen hat, für gestiftete Gottesdienste eine *bestimmte* Vergütung jährlich zu entrichten, braucht deshalb, weil der Tarif nachträglich erhöht wird, keinen Mehrbetrag zu entrichten. Avv. 1880 p. 417. — Der Geistliche braucht nicht

(§. 15. A. 4, §. 16. A. 12[b], §. 17. A. 3, §. 28. A. 7 und §. 29. A. 3 u. 4[b]), Organisten[4b]) und Glöckner[7]);

4) die sonstigen auf Vertrag, Stiftung (§. 13. A. 15[b]) oder Herkommen beruhenden Reichnisse, namentlich für[5]) *Wohlthätigkeits-* (§. 31. A. 5 u. 6[b]) und *Schul*zwecke (§. 31. A. 6 u. 10, §. 32. A. 1), wie für den Religionsunterricht (§. 15. A. 4, §. 17. A. 3 u. §. 32 II A. 1 u. 10, oben Arch. 55. S. 26 u. 36 = Sep.-Abdr. 71 u. 81) u. s. w.[5]);

5) die bauliche *Instandhaltung*[5b]) des Gotteshauses;

---

durch Schwur zu bekräftigen, dass er die gestifteten Gottesdienste richtig gehalten habe. Avv. 1885 p. 225, vgl. §. 17. A. 5 u. §. 19. A. 17, oben Arch. 55. S. 30, 37 u. 53 = Sep.-Abdr. 75, 82 u. 98. Für die Abhaltung der gestifteten oder bestellten Gottesdienste ist den Geistlichen Vergütung nach Massgabe des *jeweils* geltenden Tarifs zu gewähren »la tariffa sinodale vigente all' epoca in cui si debbono celebrare le messe«. App. Ancona 14. Juni 1875, Avv. 1880 p. 406, oben §. 17. A 5, Arch. 55. S. 37 = Sep.-Abdr. 82.

4a) §. 25. A 10[d], §. 26. A. 6[a] u. 11, §. 32. A. 11. Im Geltungsbereiche (§. 27. A. 9) des franz. Decrets 30. Dec. 1809 (A. 96, Ggl. 295, 322 und 331) haben die bürgerlichen Gemeinden den Vicarsgehalt nöthigenfalls bis auf 500 Fr. jährlich zu ergänzen; im übrigen Italien dagegen sind die Gemeindebeiträge für Hülfsgeistliche (§. 26. A. 18 — abgesehen von besonderen Rechtstiteln, §. 29. A. 4[b] —) rein *facultativer* Art, Avv. 1883 p. 93, unten §. 30, Ziff. III.

5) Die Interessen der »congregazione dei parrochiani« nimmt auch der Gemeinderath wahr. §. 13. A. 7, vgl. A. 3 u. 6, §. 28. A. 2 u. 4); solche opere di pietà bestehen mitunter auch für Seminarfreiplätze, Tischtitel oder sonstige Versorgung aus der Pfarrei stammender Priester (§. 23. A. 11 u. 12, R. 208). Wenn die Vertheilung von *Unterstützungen* oder *Eheausstattungen* (*Grassi* 277, 297[g] u. 313[1] u. [3], oben §. 4. A. 5, Schluss) an den Besuch von Gottesdiensten, die Verrichtung von Gebeten oder an sonstige religiöse Bedingungen geknüpft ist, so nehmen hieran nur *Katholiken* Theil, obgleich die Stiftungsurkunde Andersgläubige nicht ausdrücklich ausschliesst. St.-R. 30. Dec. 1877, Avv. 1879 p. 21, oben §. 28. A. 8, unten § 31. A. 1. — Die zu Gunsten einer kirchlichen Anstalt, welcher der Staat die Eigenthumsfähigkeit entzogen hat, auferlegten Reichnisse, wie zur Aussteuer von Ordensmitgliedern (§. 24. A. 3), brauchen nicht weiter entrichtet zu werden; nicht selten hat jedoch der Cultusfond dieselben für sich beansprucht (§. 31. A. 8). Auf den Ertrag einer dem Gotteshause zugewendeten Stiftung »für Arme der *Pfarrei*, welche Verwandte »des Stifters sind«, haben *aus* der Pfarrei fortziehende Verwandte keinen Anspruch mehr, Avv. 1885 p. 17 und 55, vgl. §. 13. A. 6. — Ausschliesslich für Familienangehörige begründete Stipendien oder Wohlthätigkeitsstiftungen stehen mitunter im Eigenthume oder doch in der Verwaltung der Familie, oben §. 19. A. 14, Arch. 55. S. 52 = Sep.-Abdr. 97, Avv. 1885 p. 39.

5b) Auch für die laufende *Unterhaltung* (»conservazione«, Gde.-Ges. 1865 A. 237) des Gotteshauses, worunter nicht nur die »ristorazione«, sondern auch die — schon in den sardinischen Verordnungen 16. Febr. 1732 u. 6. Jan. 1824 den Gemeinden subsidiär gleichfalls zur Last gelegte — manutenzione

6) endlich als *ausserordentliche* Ausgaben: gerichtliche Verurtheilungen (§. 14[g]), rückzuzahlende Anleihen (§. 14[f]) sammt Zinsen, die Lebsucht für den verarmten Patron[6]), Wiederergänzung des Stammvermögens (§. 28. A. 1), der Ankauf *einer Glocke* und nöthigenfalls der Umguss derselben[7]), sowie namentlich noch *Hauptverbesserungen*[8]) des *Gotteshauses*, des Glockenthurms[7]) und sonstiger Zugehörungen, ebenso bei Unzureichenheit der Congrualüberschüsse (§. 26. A. 11), Hauptverbesserungen an der *Wohnung* der das Gotteshaus bedienenden Geistlichen.

---

enthalten ist, haben bei Unzureichenheit der Gotteshauseinkünfte die Zehnt- und die Pfründenbesitzer sowie die Gemeinden gemäss §. 30 II (unten) beizutragen.

6) §. 19. A. 6 u. §. 26. A. 9[b], Arch. 55. S. 49 u. 249 = Sep.-Abdr. 94 u. 140. Jede andere Zahlung des Gotteshauses an den Patron gilt, soferne sie nicht etwa auf Vertrag, Urtheil oder hundertjähriger Rechtsübung beruht, als freiwillig (§. 30 III) und kann daher sowohl von der Gotteshausverwaltung selbst, als in dem Fall, dass die, letzterer einen Zuschuss gewährende Gemeinde den zulässigen Höchstbetrag der Umlagen (§. 29. A. 3) bereits erhebt, von Amtswegen abgestrichen werden. St.-R. 16. Aug. 1884, Avv. 1885 p. 237, oben §. 28. A. 2[a].

7) St.-R. 3. Jan. 1857, R. 103 u. 241. In Frankreich umfasste bis 1884 die subsidiäre Beitragspflicht der bürgerlichen *Gemeinden* auch die Anschaffung *mehrerer* Glocken (Ggl. 181 A. 14 u. 192 A. 1). *Freiwillig* (Ziff. III des Textes §. 30) können übrigens auch in Italien Gemeinden, welche den Höchstbetrag der Umlagen nicht überschreiten (§. 29. A. 3), eine zweite und weitere Glocken anschaffen, ohne dass jedoch hiedurch die Gemeinden irgend welches *Verfügungsrecht* uber diese Glocken erlangen würden, oben §. 10. A. 1, Ggl. 13 A. 6[a]. 101 A. 2, 102 A. 3[f] u. 317 A. 10. — Die Instandhaltung des *Glockenthurms* gehört zu den Pflichtausgaben des Gotteshauses. St.-R. 2. Febr. 1883, Avv. 1883 p. 201, R. 244, Avv. 1878 p. 7, vgl. unten A. 9—11. — Der *Glöckner* erhält seine Vergütung regelmässig aus der Gotteshauskasse (§. 30[3], Avv. 1883 p. 145); ihn ernennt stets die Gotteshausbehörde (§. 28. A. 8), selbst wenn die Gemeinde (St.-R. 30. Aug. 1879, Avv. 1880 p. 272, wie mitunter herkömmlich ist,) den Lohn zahlt. R. 193 u. 196, oben §. 26. A. 6[c]. Die bürgerliche Gemeinde unterhält die Thurm*uhr* und zahlt auch den Lohn für das Aufziehen letzterer. Avv. 1883 p. 145.

8) Auf die Aufbringung der Kosten des Gottesdienstes (Text oben 1—4) beschränkt sich mitunter die Verpflichtung der eigentlichen Kirchenfabrik, da neben letzterer — und gemäss G. 15. Aug. 1867 A. 1[6] sowie G. 11. Aug. 1870 A. 1, oben §. 27. A. 15 ihr völlig gleichgestellt — als *eigene Rechtssubjecte* (nach Art des Strassburger Frauenstifts, Ggl. 261 u. 263) besondere Vermögensmassen (»opere destinate alla conservazione dei monumenti ed *edifizi* sacri«) zur Unterhaltung namentlich der Dom- (§. 27. A. 2) und sonstigen öffentlichen Kirchen, der Seminargebäude, bischöflichen Paläste, sowie selbst der Wohnungen der Pfarrgeistlichen vorhanden sind.

II. Diese Baulast obliegt übrigens zunächst a) denjenigen, welche solche unter bisheriger *Freilassung*[9]) des an und für sich zureichend gewesenen *Gotteshausvermögens* zufolge Vertrags, Urtheils oder Herkommens übernommen hatten. Erst in Ermanglung eines solchen

a) Primärbaupflichtigen müssen zur Bestreitung der Baukosten auf die erforderliche Reihe von Jahren abgegeben werden:
b) die Rentenüberschüsse des *Gotteshaus*vermögens, sodann
c) die *Congrual*überschüsse der *Pfründen*inhaber (§. 21. A. 8, §. 26. A. 11 u. §. 29. A. 6) und gleichzeitig
d) ein Drittel des Jahresertrags der *kirchlichen Zehnten*[10]) oder der an deren Stelle getretenen Abfindungen, gleichviel in wessen Händen sich die Zehnten oder Entschädigungen befinden.

Erst bei Unzureichenheit aller voraufgeführten Mittel treten e) die Gemeinden[11]) für die Unterhaltung und Hauptverbesserungen

---

In Ermanglung solcher örtlichen Cultusbaufonds, ausreichender Ueberschüsse des Gotteshauses oder eigens für solche Verbesserungen bestimmter Freigebigkeiten (§. 13. A. 3) dürfen weder *Marmor*-, noch sonstige, über das Bedürfniss hinausgehende *Verzierungen* angebracht werden, obige Anm. 1[b], Riv. amm. 1871 p. 398. — Obligatorisch sind dagegen ein Blitzableiter (Avv. 1885 p. 158, sard. D. 24. Juni 1825), die Sakristei (R. 244), der Glockenthurm (obige Anm. 7), Bänke (§. 8. A. 7) sowie ein Altar sammt Tabernakel (obige Anm. 1).

9) St.-R. 14. April 1868 u. 7. Mai 1875, Avv. **1882** p. 202, **1885** p. 181, R. 238. Der *primär*baupflichtige Patron (§. 19), Fiscus (§. 17 I[1] u. [3], oben Arch. 55. S. 38 = Sep.-Abdr. 83), Pfründenbesitzer etc. wird nur von der *Gotteshaus*verwaltung (Avv. 1880 p 272) oder dem sonstigen gesetzlichen Vertreter der *Pfarrgemeinde* (oben §. 27 A. 9[a], Avv. 1884 p. 458) oder von einem *Subsidiär*baupflichtigen (§. 29. A. 6) zur Erfüllung der Verbindlichkeiten angehalten, nicht schon mittelst einer Popularklage von jedem Inhaber einer Kirchenbank (§. 8. A. 7) oder sonstigen Mitgliedern der Pfarrgemeinde. Nicht im eigenen Namen, sondern nur für die Gotteshausverwaltung bezw. als Vorstand derselben (§. 27. A. 9[a, c—f]) klagt der Pfarrer die Gefälle des Gotteshauses ein und beantragt derselbe Zwangsauflagen gegen die Gemeinden. St.-R. 30. Aug. 1879, Avv. 1880 p. 272, betr. Gehaltszuschuss für den Kirchner.

10) Von der Cultusbaupflicht der *Decimatoren* handeln sard. Patent 6. Jan. 1824 A. 4, Avv. **1882** p. 97, **1883** p. 237, P. 446, 461 u. 482, R. 240, oben §. 29. A. 5, Ggl. 182 A. 1. Dagegen sprechen *Cassani* pr. qu. 288 und die in Anm. 9 vorangeführten St.-R.-G. nur vom *Patrone*; sie setzen übrigens zweifelsohne als Verpflichtungsgrund (Avv. 1883 p. 381) den Besitz *kirchlicher* oder vom Gotteshause herrührender Zehnten (oben §. 18. A. 10, Arch. 55 S. 47 u. 49 = Sep.-Abdr. 92 u. 94) voraus, indem (§. 19. A. 7) andernfalls der Patron durch *Verzicht* auf das Vorschlags- und die übrigen Rechte sich gegen jede Anforderung von Cultusbaukosten sicher stellen könnte.

11) St.-R. 25. Juli und 30. Aug. 1876, 29. Aug. 1877, 23. Mai 1879.

der Dom-, der Pfarr- wie der Filialkirchen (§. 27. A. 2—4), der bischöflichen Paläste sowie der Wohnungen der Pfarrgeistlichen ein.

Keiner der Baupflichtigen darf *einseitig* bauliche Aenderungen an der Kirche oder dem Wohngebäude des Geistlichen vornehmen [12a]); über die Art der Bauten, namentlich über Einwendungen gegen *Bauplan* und *Kostenanschlag* entscheiden (vorsorglich) die *Verwaltungsbehörden* [12b]).

Avv. 1879 N. 1 p. 7 u. p. 21, 1880 p. 153, vgl. 1882 p. 97 u. 250, 1883 p. 81, R. 239 u. 295, oben §. 7 I, 17 I[5] A. 8a, § 27. A. 3 u. §. 29. A. 7, das ist Arch. 54. S. 316, 55. S. 39 u. 270 = Sep.-Abdr. 43, 84 u. 161. — Art. 237 des Gde.-Ges. 20. März 1865 lautet: »Bis zu anderweiter (vgl. oben §. 17 I[5]) ge»setzlicher Regelung der Cultuskosten, bildet bei Unzureichenheit anderer ver»fügbarer Mittel die *Erhaltung* der öffentlichen Cultusgebäude (»la conser»vazione degli edifici servienti al culto pubblico«) eine Pflichtausgabe der bür»gerlichen Gemeinden«. Die Gemeinde hat also höchstens zu den Kosten der *Wiederherstellung* beizusteuern (oben A. 5[b], P. 89 u. 446); dagegen kann die Gemeinde zur Uebernahme der Kosten eines *Neubaues* auch nicht aus dem Rechtsgrunde einer ihr nutzlichen Geschäftsführung angehalten werden. Kass. Turin 9. Mai 1883, Avv. 1883 p. 213. Die Gemeinde kann ihren Kostenantheil in *Jahresraten* allmälig aufbringen (St.-R. 19. Aug. 1882, Avv. 1883 p. 272). Weigert sich aber die Gemeinde, überhaupt einen Beitrag zu entrichten, so schreibt letzteren die *Provinzialdeputation* zwangsweise in den Voranschlag der Gemeinde ein (St.R. 8. Oct. 1869, 19. April 1870, 21. März 1871, 19. Oct. 1884, R. 245, Avv. 1885 p. 158, 176 u. 200) und zwar ohne Rücksicht darauf, ob der gesetzlich festgestellte Höchstbetrag der Gemeindeumlagen erreicht ist oder nicht, (St.-R. 29. Aug. 1877 u 6. April 1883, Avv. 1878 N. 1 p. 7 und 1884 p. 297,) indem dieser Höchstbetrag zwar der Uebernahme freiwilliger Ausgaben (§. 29. A. 3), nicht aber auch der zwangsweisen Erhebung bisheriger oder neuer Pflichtumlagen entgegensteht. [Die Baupflicht der Pfarrangehörigen ist allenthalben nur subsidiär, oben §. 29. A. 7; in *Frankreich* haben die bürgerlichen Gemeinden nur noch an den ihnen als *Eigenthum* zustehenden Kirchen und Pfarrhäusern (Ggl. 98, 182 u. 192 A. 1) die subsidiäre Baulast; selbst letztere beschränkt sich, (wie in Italien), auf die Hauptverbesserungen.]

12a) App Cassale 17. Jan. 1868, Avv. 1885 p. 182. Wer ohne Zustimmung der Mitverpflichteten baut, bleibt für alle hieraus entstehenden Mehrkosten verantwortlich. Demjenigen, welcher nicht einmal befragt worden war, dürfen aus der Neuerung keine Lasten erwachsen; sonst könnte die Gemeinde ohne Weiteres die Verpflichtungen des Patrons dadurch erschweren, dass sie die Pfarrkirche zur Wallfahrtskirche (§. 27. A. 5) erhöbe (*Cassani* pr. qu. 288). Vor jedem Baue werden daher namentlich auch die Gotteshausverwaltung und die Gemeindebehörde (R. 267 u. 270, Ggl. 183 u. 196) gehört; beide überwachen mit Rücksicht auf die ihnen obliegende Baulast den Unterhaltungszustand der Cultusgebäude. R. 267 u. 270.

12b) Oben §. 8. A. 2 u. §. 28. A. 9. *Mantelli*, Giurisprudenza Vol. 14 p. 186 u. 194, Avv. 1884 p. 290, vgl. 458. Wie in Frankreich (Ggl. 88 A. 6 u. 196 A. 11) muss zuvor das Gutachten Bauverständiger erholt werden, R. 240.

III. Als nur aus den *eigenen* Ueberschüssen eines Gotteshauses zu deckende **freiwillige** Ausgaben pflegen bei Genehmigung des Voranschlags (§. 28. A. 2) namentlich zugelassen zu werden die Kosten für Bilder, Bildwerke und[8]) sonstige Verzierungen (§. 8. A. 3 und §. 14. A. 3, Arch. **54**. S. 319 u. **55**. S. 22 = Sep.-Abdr. 46 u. 67), zweite und weitere Glocken[7]), jederzeit *widerrufliche* Beiträge für Bruderschaften (§. 31 II), Wohlthätigkeits-, Unterrichts- und Cultuszwecke selbst zu Handen von staatlich nicht anerkannten Anstalten (§. 8. A. 8, §. 24. A. 3 u. 5 etc.), ferner für Hülfsgeistliche[4a]), die Kosten des Kreuzes und etwa noch einer Capelle auf dem Friedhofe[13]), endlich alle sonstigen, dem *Stiftungszwecke* nicht zuwiderlaufenden Leistungen, einschliesslich der »unvorhergesehenen« Ausgaben.

V. Hauptstück.

Verweltlichte Anstalten.

§. 31. Armen-, Kranken- und sonstige Wohlthätigkeitsanstalten; Bruderschaften.

I. Nach den oben entwickelten Grundsätzen (§. 4, Arch. 54. S. 305 = Sep.-Abdr. 32) sind die *öffentlichen* Wohlthätigkeits-, Unterrichtsanstalten (§. 32) und die Friedhöfe (§. 33) der *weltlichen Verwaltung* und staatlicher Aufsicht unterworfen. Dabei sind die Bestimmungen der Stiftungen zu beobachten, wonach die Theilnahme an den Vortheilen derselben an ein bestimmtes Bekenntniss[1]) ge-

13) Auch nicht mehr im Geltungsbereiche des franz. D. 30. Dec. 1809 (oben §. 27. A. 9, Ggl. 161³, 180⁸, 203 A. 1, 323 u. 324, Avv. 1885 p. 241) tragen die Gotteshäuser zur *Unterhaltung* der Friedhöfe bei, wogegen sie aber auch jeden Antheils an den ordentlichen Nutzungen derselben entbehren, oben §. 29 II, unten §. 33. A. 2. — Auch *Kirchenmusik* ist nur facultativ. St.-R. 12. Juni 1885, Avv. 1885 p. 284.

1) Aus der Zulassung der Nichtkatholiken zu allen bürgerlichen und *politischen* Rechten folgt noch nicht ihre Zulassung zu den bisher ausschliesslich *katholischen* (§. 30. A. 5, §. 31. A. 5 u. 6, §. 32. A. 7 u. §. 33. A. 7) Orts-, Provinzial- (§. 23. A. 8a, §. 32. A. 3) oder Landes*stiftungen* (§. 17). So verblieb die Genussberechtigung z. B. am Spitale in Pignerolo, (oben §. 11. A. 11) den Katholiken, wie andererseits selbstredend auch den Waldensern und den Israeliten das Eigenthum ausschliesslich zu ihrem Vortheile (§. 32. §. 7) bestehender Anstalten allenthalben belassen wurde. Dem Gesetze vom 3. Aug. 1862 über Verwaltung der Wohlthätigkeitsanstalten (»Opere pie«, *Grassi* 273—297) unterliegen (A. 2) »auch die zum alleinigen Vortheile einer *Privat*religionsgesellschaft (oben §. 4. A. 8, Arch. 54. S. 305 = Sep.-Abdr. S. 32) bestehenden Liebeswerke u. Armenanstalten.« (»Gl' istituti di carità e di beneficenza fondati ad esclusivo favore di persone che professano un culto *tollerato*«)

bunden sein kann. — Die Armen-, Kranken- und sonstigen Wohlthätigkeitsanstalten werden, sofern nicht der *Stiftungsbrief*[2]) etwas Anderes bestimmt, durch den in *jeder Gemeinde* eingesetzten *Armenrath*[3]) verwaltet. Den Vorsitzenden des Armenrathes ernennt[3]) der Gemeinderath; zum Eintritte in den Armenrath erholen die Geistlichen die Genehmigung ihrer Oberen[4]). Wie andere juristische

---

R. 291 u. T. 223. Mindestens 3/4 aller Wohlthätigkeitsanstalten sind übrigens kirchlichen Ursprungs, indem die Ueberschüsse des Kirchenguts Armenzwecken gewidmet wurden, *Cassani* pr. qu. 22, 105 u. 500. *Statistik*: *Grassi* 1881 I. 120.

2) G. 3. August 1862. A. 4 u. 29. *Grassi* 281², 290. Avv. 1879. N. 3. p. 15 u. N. 4. p. 21, oben §. 13. A. 5. Als *Wohlthätigkeits*anstalten wurden u a. auch *Frei*schulen (*Grassi* 290², unten A. 6ª, §. 13. A. 5, §. 32. A. 11) und *Stipendien* zur Ausbildung für den *Staatsdienst* beibehalten. Avv. 1880 p. 285, Kass. Rom 3. März 1880, *Grassi* 297ᵇ, vgl. §. 19. A. 14.

3) G. 3. Aug. 1862, R. 381, A. 26. *Grassi* 289, Avv. 1879, p. 116, oben §. 10. A. 1, §. 13. A. 7 u. §. 15. A. 9. Die »Congregazioni di carità« beziehen mitunter freiwillige Beiträge aus den Interkalarüberschüssen (§. 11. A. 11, Arch. 55. S. 10 = Sep.-Abdr. 55), aus dem Cultusfond aber nur noch die auf besonderen Stiftungen beruhenden Reichnisse T. 254, oben §. 17. A. 5 u. 7. Zuwendungen für Arme werden in Ermanglung entgegengesetzter Bestimmung vom Armenrathe des *letzten Wohnorts* des Erblassers angenommen und verwaltet. Bürg. G. B. 832, oben §. 10. A. 4. Hinsichtlich der Armen-, Kranken-, Waisenhäuser etc. und sonstigen opere pie *laicali* trat an die Stelle der *kirchlichen* Verwaltung und Aufsicht (§. 28. A. 6, »ingerenza clericale«) der Armen- oder Gemeinderath, im *Neapolitanischen* zufolge D. 23. Oct. 1860 u. 17. Febr. 1861, T. 447, ebenso vom J. 1871 ab zu *Rom*. (Arch. 26. p. CLXVIII, G. 19. Juni 1873. A. 2¹ u. 3, T. 506). Dagegen haben bisher die *weltlichen* Ortsbehörden die Verwaltung des *Gotteshaus*vermögens noch nicht den *Kirchen*fabrikräthen zurückzugeben gebraucht, § 27. A. 10—12. Den *inneren* Wirthschaftsbetrieb kann der Armen- oder Gemeinderath nach, wie vor, an Ordensmitglieder überlassen (unten Anm. 7 u. §. 32. A. 11, oben §. 24. A. 4 u. 17. G. 3. Aug. 1862. A. 2). Nicht als »geistliche Körperschaft«, sondern nur als associazione pia oder opera pia *laicale* blieben die Fate-bene-Fratelli und -Sorelle beibehalten. T. 160, 227, 229 u. 505. App. Rom 4. Sept. 1884, Avv. 1885 p. 45, ebenso die pie cause del Buon Pastore (Avv. 1882 p. 273 u. 1883 p. 68, vgl. *Grassi* 1881 p. 72). Die betreffenden Anstalten gehören nicht dem Orden (§. 24. A. 8, unten Anm. 7 u. 11), sondern sind eigene Rechtssubjekte. Da nicht die Bezeichnung der unmmittelbar bedachten Person, sondern (unten Anm. 10) der Zweck entscheidet, zu welchem die Zuwendung gemacht ist, so werden Vermächtnisse zu Gunsten der Fate-bene-Fratelli oder -Sorelle von der Wohlthätigkeitsanstalt angenommen, in welcher die Brüder oder Schwestern thätig sind.

4) Avv. 1885 p. 3. Ausserhalb der ehedem sardinischen Besitzungen und Lombardei-Veneziens bedurften bisher auch *Laien* wegen des politischen Eides (Avv. 1884 p. 463, Vorwort A. 21, §. 4. A. 3, A. 20. A. 10, Arch. 54. S. 178 u. 303, 55. S. 213 = Sep.-Abdr. S. 12, 30 u. 104) zum Eintritt in den Armenrath bischöflicher Ermächtigung.

Personen, so können auch Gotteshäuser (§. 30[a]. A. 5), Seminare (§. 23. A. 11—13) und *Pfründen*[5]) zur Annahme von Schenkungen und Vermächtnissen ermächtigt werden, die ihnen für *Wohlthätigkeits-* oder (§. 32) Unterrichtszwecke gemacht sind. — Die einer geistlichen Anstalt für einen Wohlthätigkeits- oder (§. 32) Unterrichtszweck zugewendeten Vermögensstücke blieben ihrem Stiftungszwecke erhalten (§. 9. A. 6 u. §. 13. A. 7) und unterlagen, wenn die Anstalt selbst nicht unterdrückt wurde, *weder* der *Rentenum*wandlung[6a]), noch der *Einziehung* von 30 %[6b]).

Dasselbe gilt — umsomehr — von dem Falle, dass die Zuwendungen *eigene* Stiftungen bildeten, welche der aufgehobenen geist-

---

5) Oben §. 12 A. 2[b] u. §. 13. A. 5, Arch. 55. S. 12 u. 16 = Sep.-Abdr 57 u. 61. Auch vom Sacro Palazzo (oben §. 1. A. 5, T. 30) werden Wohlthätigkeitsstiftungen verwaltet. Eine Zuwendung, für welche (vor Einführung des bürg. Ges.-B.) als Testamentsvollstrecker der *jeweilige* Pfarrer bezeichnet war (App. Turin 8. März 1872, Avv. 1880 p 273), bzw. deren Jahresertrag unter die Armen durch den *jeweiligen* Pfarrer vertheilt werden soll, nimmt die Pfarrpfründe an; die Zuwendung gilt jedoch nicht als Mehrung des Kirchengutes, sondern (§. 26 IV) als fondazione di beneficenza, App. Florenz 2. April 1877, Avv. 1880 p. 273 u. 286, vgl. 1878 N. 1 p. 7 u. N. 2 p 5, 1879 p. 116. St.-R. 24. Mai 1877, 26. Jan. u. 15. Sept. 1878. Durch den vom Pfründeninhaber ausgesprochenen Verzicht auf die Verwaltung eines solchen Fundationszuflusses bleiben die Rechte der *Nachfolger* unverkümmert. (§. 20. Art. 12). Der Armenrath kann sich nicht in die Verwaltung der den Cultusanstalten für Wohlthätigkeitszwecke hinterlassenen Zuwendungen einmischen. Riv. amm. 1850 p. 225, Kass. Turin 7. Sept. 1883, Avv. 1884 p. 417, oben §. 30[4]. A. 5.

6a) Kass. Turin 20. Feb 1873, *Grassi* 217 u. 275, oben §. 23. A. 8[a] u. §. 27 I, dagegen St.-R. 16. Juni 1875 (Avv. 1884 p. 553 u. 1885 p. 230, vgl. p. 206); der St.-R. hatte sich übrigens nicht mit der Frage zu befassen, ob mit Recht die Grundstücke in Staatsrenten verwandelt worden waren, versagte vielmehr nur wegen mangelnder Aktivlegitimation der Gemeinde die Prozessermächtigung.

6b) Kass. Turin 20. Feb. 1873, R. 215, Giurispr. 1873 p. 195, *Grassi* 15[3], vgl. jedoch 49 (Kass. Florenz 22. Dec. 1875). (Mitunter gehörten Spitäler u. Leihhäuser, unten Anm. 7, den Kapellen §. 25. A. 14[a], T. 224, 451[1] u. [4], Avv. 1884 p. 298 u. 553, 1885 p. 68.) So blieben (§. 23. A. 11—13) Seminar-Freiplätze und Tischtitel für *Minderbemittelte* von der Rentenumwandlung, wie von der 30 %igen Abgabe verschont. Von den, Wohlthätigkeitszwecken stiftungsmässig gewidmeten Vermögensstücken braucht keine kirchliche Anstalt dem Staate 30 % (oben §. 16 III. Kass. Turin 20. Feb. 1873, *Grassi* 227[1]), noch dem Cultusfond Rentenüberschüsse (§. 17. A. 3 u. 4, Arch. 55. S. 36 = Sep.-Abdr. 82) zu entrichten; vielmehr werden letztere nur aus dem nach Abzug der *stiftungs*mässigen Lasten verbleibenden Jahresertrage berechnet. T. 224 u. 257. Kass. Rom 11. Juni 1884, Avv. 1885 p. 68. Circ. Generaldirection der Domänen 1875 bei *Grassi* 218[1] u. [3].

lichen Anstalt *nur* zur *Verwaltung*[7]) anvertraut waren. Hatte dagegen die unterdrückte Anstalt Vermögensstücke für Wohlthätigkeits- oder Unterrichtszwecke *eigenthumsweise* gewidmet erhalten, so bezog der Staat auch von diesen Vermögensmassen[8]) die 30%; auch zog er alle diejenigen Grundstücke ein, die nicht unmittelbar der Krankenpflege dienten. An Stelle dieser Vermögensmassen überwies er der Gemeinde[9a]) die um 30%[8]) gekürzte Staatsrente, die stiftungsmässigen

---

7) Kass. Rom 14. Juni 1876. Gemäss G. 3. Aug. 1862 A. 2[11] sollten die kirchlichen Persönlichkeiten, — gleichviel ob reguläre oder säkuläre Körperschaften, — welchen die Verwaltung (»il governo«) zugleich kirchlichen und Wohlthätigkeitszwecken dienender Anstalten (»istituti di natura *mista*«, unten Anm. 11) anvertraut war, das Vermögen und die Einküufte solcher Anstalten nach den Stiftungszwecken (auf Grund des Durchschnittes der 3 letzten Rechnungsjahre, G. 19. Juni 1873 A. 2 Schlussatz) *ausscheiden* und gesondert verrechnen. Das hiernach vom Kirchenvermögen förmlich abgetrennte und für Unterrichts- oder Wohlthätigkeitszwecke bestimmte Stammgut erlangte in Folge dieser Ausscheidung die Eigenschaft einer eigenen, rein *weltlichen* Stiftung (T. 224, 330 u. 451): letztere blieb von der Einziehung des Kirchenvermögens unberührt. G. 15 Aug. 1867. A. 1[6]. Durch die Moglichkeit dieser Ausscheidung wurde das ehedem kirchliche Vermögen nicht nur der Krankenhäuser (unten Anm. 9), sondern auch aller sonstigen Arten von Wohlthätigkeitsanstalten gerettet, T. 224[1], selbst wenn die Ausscheidung thatsächlich noch nicht durchgeführt war. Kass. Rom 14. Mai 1878, T. 330 u. 333. *Grassi* 219.

8) *Grassi* 204[6] u. [7]. Kass. Rom. 2. u. 7. März 1877, T. 221, oben §. 16; übrigens hat App. Bologna 6. Mai 1872 ohne Abzug der 30% der Gemeinde eine Stiftung für Ortsarme zuerkannt, welche einem Orden zugewendet gewesen war, und hat das letzterem hieraus zugedachte Jahresreichniss nicht auf den Cultusfond als künftigen Bezugsberechtigten oder Rechtsnachfolger des Ordens übertragen, sondern als in Folge der Klösteraufhebung *erloschen* erklärt. *Grassi* 82[1] u. 88[2], oben §. 24. A. 3 u. §. 30. A. 5, vgl. *Grassi* 1881 II. 102.

9a) R. 418, oben §. §. 24. A. 2. Nach A. 19 des G. 7. Juli 1866 »erhalten diejenigen Gemeinden, in deren Bezirke die unterdrückten klösterlichen »Niederlassungen (§. 24. A. 13 u. 17) sich befinden, als Eigenthum die zur Zeit »der Uebergabe (§. 16. A. 2) vorhandenen beweglichen Sachen und die kraft »des Gesetzes (bürg. G.-B. 421, oben §. 14 f., *Grassi* 82[2]) solchen gleichge»stellten unkörperlichen Gegenstände, ferner an Stelle der Grundstücke die ent»sprechende Staatsrente (§. 18), insoweit die betreffenden Vermögensmassen oder »einzelnen Gegenstände mittelst *gesetzmässiger Titel* (§. 13. A. 2 u. 3 u. »§. 14. A. 1. »per titoli legitimi«) der Krankenpflege (alla cura degl' infermi, »*Grassi* 1881 II. 173) oder dem öffentlichen, höheren oder niederen Unterrichte »(unten §. 32. A. 5) gewidmet sind. — Die Gemeinden müssen, um diese Ueber»antwortung (»Devoluzione«, oben §. 13. A. 12 u. §. 17. A. 8. Arch. 55. S. 20 »u. 38 = Sep.-Abdr. 65 u. 84) zu erlangen, binnen 5 Jahren von Verkündung »des Gesetzes an hierum nachsuchen, auch diese Vermögensstücke ihrem Stif»tungszwecke erhalten. Sie dürfen dieselben ohne Regierungserlaubniss (Avv. »1883, p. 201) nicht vertauschen, widrigenfalls solche dem Cultusfond (folgende

Kapitalien, Renten, Zehnten (§. 18[n]) und Mobilien, sowie die Krankenhäuser nebst Zubehör[9b]).

Stiftungen, die nach ihrer kirchlichen Bezeichnung, Verwaltung und Eigenschaft an und für sich der Einziehung (§. 16. A. 1 = Arch. 55. S. 28, Sep.-Abdr. 73) verfielen, wurden als Wohlthätigkeitsanstalten dann beibehalten, wenn wenigstens der *grössere* Theil der Jahreseinnahmen stiftungsmässig zur Ausbildung oder Versorgung hülfsbedürftiger Geistlichen, zur Bekleidung, Aussteuer oder Verpflegung Armer oder zu sonstigen Wohlthätigkeitszwecken zu verwenden und die Abhaltung von Gottesdiensten oder kirchlichen

---

»Anm. 9[b], oben §. 17. A. 8[a]) zufallen. Auch haben die Gemeinden alle auf »den Gütern ruhenden Lasten (§. 13. A 15[b], §. 16. A. 4 u. §. 28. A. 3[b]) »zu übernehmen und nach dem Werthverhältnisse der überkommenen Gegen»stände (§. 17. A. 6 u. 8) dem Cultusfond die Pensionen (§. 17 I[2] u. II[2] u. »§. 24 II) für die Mitglieder der unterdrückten (Ordens-)Häuser und Nieder»lassungen zu ersetzen.« — Hiernach hatte mit Rechtsnothwendigkeit der Staat nur die Zuwendungen zu Zwecken der *Krankenpflege* herauszugeben, nicht aber auch (Arch. 52, S. 172, dagegen obige Anm. 7, Avv. 1884 p. 298), die für Besserungs-, (§. 24. A. 2) Findel-, Armen- und Waisenhäuser etc. Nur in der Stadt *Rom* blieben die Zuwendungen auch für *alle sonstigen Wohlthätigkeitszwecke* (»opere die beneficenza«, G. 19. Juni 1873. A. 2[1], 8[2], 14 u. 16[III], T. 506) ihrem Zwecke erhalten, doch wurde die Verwaltung auch dort *weltlichen* Behörden übertragen.

9b) Gleichfalls in Folge einer *rechtlichen* Verpflichtung (App. Genua 2. Jan. 1871, *Grassi* 83[1] u. [3], App. Turin 1. Juli 1871) überliess der Staat diejenigen *Kloster*gebäude, welche als zur Einrichtung »von Schulen, Kleinkinderbewahranstalten (§. 32. A. 1), Arbeits- oder Zufluchtshäusern (§. 24. A. 2), Spitälern und anderen Wohlthätigkeitsanstalten oder für sonstige gemeinnützige Zwecke (z. B. für den Gottesdienst (§. 27. A. 7, *Grassi* 83[2]. T. 216 u. 283, *Cassani* pr. qu. 438) *nöthig« nachgewiesen* wurden, an die Provinzen oder Gemeinden, wenn dieselben dies beantragten. Dieser Antrag musste binnen Jahresfrist gestellt werden, seitdem die Gebäude von den Klosterangehörigen geräumt waren. G. 7. Juli 1866 A. 18[3], 20 u. 21, T. 231, G. 19. Juni 1873 A. 8[3], G. 21. Aug. 1862 A. 5, T. 90, 230 u. 508, Ggl. 98, A. 5, oben §. 17. A. 8). Das sard. G. 29. Mai 1855 (T. 81) hatte namentlich auch die der *Kranken*pflege (all' assistenza degl' infermi) gewidmeten religiösen Orden beibehalten, (oben §. 24. A. 1). Zur bestimmungsgemässen Verwendung für Armen- oder Unterrichtszwecke überlassener, ehedem kirchlichen Vermögensstücke werden die *Gemeinden* nicht durch die Cultusfondverwaltung (§. 17. A. 9), sondern durch die Gemeindeaufsichtsbehörden. insbesondere die Provinzialdeputation angehalten. Kass. Rom 28. Juni 1884, Avv. 1885 p. 56, vgl. *Grassi* 83[4]. Befinden sich unter dem eingezogenen Vermögen einer unterdrückten geistlichen Körperschaft Vermögensstücke, die für Wohlthätigkeitszwecke, jedoch nicht gerade für die *Kranken*pflege, bestimmt, und desshalb nicht der Gemeinde überwiesen, sondern dem Cultusfond belassen sind, so verwendet der Cultusfond (§. 17. A. 5 u. 7) die Renten hieraus für den *Stiftungs*zweck.

Festen, oder die Beschaffung von Oel, Wachs, Palmen etc. für die Kirche (§. 30[d]) nicht als Hauptzweck, sondern nur nebenbei als Last oder Bedingung auferlegt war [10]).

Zur Erfüllung vertrags- oder *stiftungsmässiger* Verpflichtungen für *gottesdienstliche* Zwecke werden Wohlthätigkeitsanstalten, ebenso wie Gemeinden, von Amtswegen [11]) oder auch gerichtlich angehalten. Zur Annahme von Schenkungen oder Vermächtnissen für *gottes-*

---

10) Oben §. 13. A 3, §. 15. A. 9, §. 23. A. 8[a], 11 u. 12, §. 24, A. 8, §. 27. A. 12, §. 30. A. 1 u. 5, T. 329 (Schluss). Kass. Rom 30. April u. 17. Juni 1878. Hinsichtlich der zu keiner pfarrlichen Seelsorge verpflichteten Kaplaneien (oben §. 25. A. 14[4], *Grassi* 146[7] u. 8[8], 219[4], 223[2], 224[4], Avv. 1879 p. 21, 1880 p. 249, 260 u. 309, 1885 p. 38, R. 368, T. 447), Kass. Rom 18. Mai 1883 hinsichtlich der ausschliesslich *armen* Geistlichen zuzuwendenden Messstipendien (Avv. 1883 p. 249, vgl. 1884 p. 298, §. 15. A. 9 u. §. 30. A. 5), Kass. Rom 22. Febr. 1884 hinsichtlich der Almosen für Kapuzinerklöster (Avv. 1884 p. 562, vgl. *Grassi* 188 I 95 u. II 171, dagegen II 78, oben §. 24. A. 3). Ein Spital verliert auch nicht durch Hinzufügung einer öffentlichen (§. 27. A. 12) Kapelle die Eigenschaft als *reine* Wohlthätigkeitsanstalt, *Grassi* 1881 I 89.

Die Frage, ob eine *weltliche* oder eine *Cultus*stiftung vorliegt, ist nach dem *Zwecke* der Stiftung zu entscheiden; es ist für diese Frage unerheblich, wer die Verwaltung führt. Demnach behält eine Wohlthätigkeitsanstalt die Eigenschaft als opera pia auch dann, wenn die Verwaltung der Gotteshausbehörde übertragen wird. Ebensowenig wird die Natur einer Gotteshausstiftung dadurch geändert, dass die Verwaltung dem Armenrathe (oben §. 27. A. 11) übertragen wird.

11) Oben §. 7 I, Kass. Rom 14. Mai 1879, Avv. 1879 p. 116, T. 331, *Grassi* 276, 294[6]. Nicht wenige Spitäler unterhalten stiftungsmässige Stellen für Hausgeistliche, oben §. 25. A. 10[d].

Auch blos *herkömmliche*, auf keinem besonderen Titel beruhende Beiträge zu Cultuszwecken können nicht aus dem Voranschlage der Wohlthätigkeitsanstalt oder der Bruderschaft vom Präfekten bezw. der Provinzialdeputation abgestrichen werden; gerichtlich wie auch im Verwaltungswege wurden die Anstalten zur Fortentrichtung verurtheilt, obgleich ein Min.-E. 23. Mai 1876 ohne Weiteres die Wohlthätigkeitsstiftungen von allen, ihrem Zwecke nicht entsprechenden Reichnissen entlastet haben wollte. St.-R. 6. Oct. 1877 und 5. Jan. 1883, Avv. 1884 p. 298, 1883 p. 193, 206 u. 230, 1879 Nr. 2 p. 5, oben §. 9. A. 6 u. §. 29[a]. A. 4. Als »istituto di natura mista« gilt eine *Wohlthätigkeits*anstalt schon dann, wenn eine ihr als bestimmtes Jahresreichniss auferlegte Last *gottesdienstlichen* Zwecken zu Gut kommt (»se l'onere serve al culto«, T. 329, vgl 224 u. 347); dass das für *gottesdienstliche* Zwecke zu verwendende Kapital eine *eigene* juristische Persönlichkeit (oben Anm. 7) darstelle und als »ente *autonomo*« mit der Wohlthätigkeitanstalt nur »unirt« sei, bildet kein Erforderniss des Begriffes einer gemischten Stiftung (G. 15. Aug. 1867, A. 1[6], T. 283 u. 330, Kass. Palermo 17. Jan. 1871); vielmehr ist das »ente misto« ein ente *unico*, aber mit doppeltem Zwecke (»con duplice scopo«, Kass. Rom 17. Febr. u. 12. Juli 1880, Avv. 1880 p. 380 u. 416), *Grassi* 147[3] u. 1881 I 89, II 153, vgl. §. 17. A. 11.

dienstliche[12]) Zwecke können sie durch die Regierung ermächtigt werden; doch unterliegen solche Zuwendungen den für Cultusstiftungen gesetzlich geltenden Beschränkungen[13]) und Lasten.

II. Als juristische Personen, die gleich den *rein* weltlichen Wohlthätigkeitsanstalten der Staatsaufsicht[14]) unterliegen, hat Art. 1 [6] des G. 15. Aug. 1867 »bis zur anderweiten (§. 15. A. 2, Arch. 55. S. 25 = Sep.-Abdr. 70) gesetzlichen Regelung« die *geistlichen*[15])

---

12) Oben §. 13. A. 2, §. 15. A. 7. u. 9, Arch. 55. S. 15 u. 28 = Sep.-Abdr. 60 u. 73. Nicht nur Bruderschaften (oben §. 15. A. 7, unten Anm. 15), sondern selbst rein weltliche Anstalten (§. 15. A. 7—10) können, vorbehaltlich der staatlichen Genehmigung, mit *Messstiftungen* belastete Vermächtnisse annehmen. Eine *Mit*ermächtigung der *Gotteshaus*verwaltung zur gemeinsamen Annahme solcher Zuwendungen findet nicht statt, (oben §. 13. A. 7 u. §. 28 I, Arch. 55. S. 18, 54 u. 264 = Sep.-Abdr. 63, 99 u. 155).

13) Kass. Rom 1. Febr. 1879, Avv. 1879 p. 38, vgl. 116 (1880 p. 262, App. Palermo 22. Dec. 1868, vgl. obige Anm. 10, dagegen *Grassi* 145 [16]. Von solchen Zuwendungen ist die *volle* Todthandabgabe (4 %, oben §. 12. A. 7, Arch. 55. S. 13 = Sep.-Adr. 58) zu entrichten, während Wohlthätigkeitsstiftungen sonst nur ½ % zu zahlen haben. *Grassi* 279 [2] u. 331 [3]. Auch Messbeneficien, die von Wohlthätigkeitsanstalten oder bürgerlichen Gemeinden verwaltet wurden, unterlagen der Einziehung (Avv. 1885 p. 1, 1880 p. 321, App. Turin 23. Nov. 1874, vgl. oben §. 15. A. 8 u. §. 25. A. 10 [d]). Von der stiftungsmässig für *gottesdienstliche* Zwecke (§. 29 [a]) zu verwendenden Vermögensmesse haben auch *weltliche* Anstalten Rentenüberschüsse an den Cultusfond (§. 17. A. 3, unten Anm. 18) abzugeben, Kass. Rom 14. Dec. 1880, *Grassi* 1881 II 155. dagegen Kass. Rom 14. Mai 1879, Avv. 1879 p. 116 u. 1880 p. 153.

14) Oben §. 14. A. 11. In *Piemont* müssen die Bruderschaften zu denjenigen Vermögensgeschäften, bezüglich welcher die *Gottes*hausverwaltungen einer staatlichen Genehmigung bedürfen, solche gleichfalls erholen, wie zur Annahme von Freigebigkeiten (§. 13), zu Veräusserungen (*Grassi* 268, oben §. 14, A. 2), selbst zur blossen Ausleihung und Empfangnahme von Kapitalien, Avv. 1885 p. 61, oben §. 14. A. 1—9 u. 11, Arch. 55. S. 23 = Sep.-Abdr. 68; dagegen *Grassi* 286 [2] u. [4], wornach Bruderschaften wie andere opere pie zur Annahme von *Mobiliar*zuwendungen keinerlei Staatsgenehmigung bedürfen. In *Modena* brauchen sie dagegen weder Jahresrechnung noch Voranschlag (§. 28) der Präfektur vorzulegen. Avv. 1884 p. 529. Als Vereine können sich Bruderschaften auch ohne polizeiliche Erlaubniss bilden (oben §. 4. A. 1, Arch. 54, S. 302 = Sep.-Abdr. 29, R. 350); juristische Persönlichkeit erlangen sie aber nur durch Erlass des Staatsoberhauptes (§. 13. A. 1 [a], vgl. Avv. 1880 p. 272 hinsichtlich der Satzungen unten Anm. 19)

15) Zu den opere di carità e di beneficenza rechnete schon G. 3. Aug. 1862 A. 1 u. D. 27. Nov. 1862 die Bruderschaften, und zwar wegen (soccorso mutuo, Ggl. 154, A. 3, *Grassi* 111, 143, 146 [8], 1881 1 62—70) der wechselseitigen Beihülfe, die ihre Mitglieder sich namentlich bei der Beerdigung (§. 33. A. 7), oft auch in Krankheiten, gewähren. Mitunter entrichten Bruderschaften auch für Unterrichtszwecke (Avv. 1879, Nr. 2, p. 3, unten §. 32. A. 1) Beiträge. Die Bruderschaften sind nicht etwa »*gemischte*« Stiftungen (Avv. 1880 p. 380,

Bruderschaften bestehen lassen, und ihnen den ungeschmälerten Besitz [16]) ihres Vermögens zugesichert, so dass die Regierung weder ihre Grundstücke (§. 18. A. 3) in Staatsrente umwandeln, noch [17a]) 30 % ihres Vermögens einziehen darf. Uebrigens haben geistliche Bruderschaften gleich den Anstalten für »*geistliche* Uebungen« (§. 23. A. 10) von dem Reinertrage, der ihnen nach Abzug [17b]) der herkömmlichen Leistungen für Wohlthätigkeitszwecke verbleibt, eine Abgabe an den Cultusfond zu entrichten, und zwar von dem (§. 17. A. 3) Jahreseinkommen über 1000 Fr. 5 %, über 5000 Fr. 12 % und über 10,000 Fr. 20 % [18]); auch unterstehen sie als *geistliche* Vereine der Aufsicht und Leitung des *Bischofs* [19]).

---

oben Anm. 7) und konnte desshalb auch nicht jener Theil ihres Vermögens, welcher der Gottesverehrung gewidmet ist (§. 16. A. 1), eingezogen werden. — Die juristische Persönlichkeit der (vor 1867 errichteten) Bruderschaften wird allseits anerkannt. Boll. giud. 1882 II 21, *Cassani* pr. qu. 398. Cast. 256, R. 343 u. 363, T. 71, 74, 257, 283 u. 320, St-R. 2. Mai 1879, Avv. 1879 p. 116. Der Vorschlag, in jeder Pfarrei nur *eine* Bruderschaft beizubehalten, war nicht durchgedrungen. T. 92. Den Bruderschaften kann auch die Verwaltung von Gotteshausvermögen (§. 27. A. 12) und die Verwendung von Messstiftungen übertragen sein, *Grassi* 27 [2], obige Anm. 12. Der Gemeinderath hat hinsichtlich der Bruderschaften keinerlei Aufsicht auszuüben. Riv. amm. 1850 p. 225, Avv. 1885 p. 206.

16) Avv. 1885 p. 67, Kass. Rom 20. Aug. 1884. Unter der franz. Herrschaft führten allenthalben die *Fabrik*räthe die Verwaltung des Bruderschaftsvermögens, R. 353 u. 356, Ggl. 57. A. 9 u. 159. A. 1. Auch in Italien erscheint der Fortbestand oder wenigstens die bisherige Selbstverwaltung der Bruderschaften durch den Gesetzentwurf (oben §. 15. A. 2, Arch. 54. S. 174 = Sep.-Abdr. S. 8) bedroht.

17 a) Kass. Turin 14. Febr. 1874, R. 355, T. 12, *Grassi* 281 [2], Kass. Rom 17. Juni 1878 u. 17. Febr. 1880, vgl. St.-R. 12. Juni 1883, Avv. 1883 p. 286, vgl. 1880 p. 309 u. 381.

17 b) Kass. Rom 25. Januar 1877, *Grassi* 212 [2], [5] u. [6].

18) G. 7. Juli 1866, A. 31 [4], Cass. Rom 20. Jan. 1879 u. 17. Febr. 1880. Avv. 1879 p. 30, 1880 p. 264 u. 344, *Grassi* 210 [3] u. 211 [1]. Bruderschaften ohne *gottesdienstliche* Uebungen bleiben als reine Wohlthätigkeitsanstalten, oder als weltliche Vereine von jedem Beitrage frei. Kass. Palermo 9. Juli 1870.

19) Oben §. 20. A. 10. Der *Genehmigung* des Bischofs (App. Turin 29. März 1880, Avv. 1880 p. 273 u. 10) bedürfen die Satzungen der Bruderschaften, namentlich wegen den Religionsübungen, die *im Gotteshause* (§. 8. A. 1 u. 2) vorgenommen werden, ferner wegen der Befugniss unter gewissen Bedingungen (Arch. 54. S. 314 u. 317. §. 6. A. 9 u. §. 7. A. 3), einen eigenen Geistlichen anzustellen, der als »moderator spiritualis« (Neap. IV 10, Arch. 51. S. 112, oben §. 19. A. 9 u. §. 25. A. 10 [d], §. 26. A. 8) von der Kirche zu bestätigen ist, ferner wegen ihres Verhältnisses zum Pfarrer (§. 26 II. A. 6 [c] u. 8) und zur Pfarrkirche, auch wegen der Processionen (§. 10. A. 8). Der Bischof kann die Bruderschaften jederzeit revidiren (Avv. 1879 p. 73, 76 u. 85, 1882

§. 32. Schulen.

I. Die *Volksschulen* (»scuole elementarie inferiori«) und die für Gemeinden von mindestens 4000 Seelen vorgeschriebenen *Mittelschulen*, sowie die höheren Töchterschulen und Bürgerschulen (»scuole superiori«) gehören zu denjenigen Anstalten, die im *Eigenthume* der *bürgerlichen Gemeinde*[1]) stehen und unmittelbar vom Gemeinderathe verwaltet werden. Unter Verwaltung der Gemeindebehörde, jedoch unter Leitung des (§. 21. A. 4 und §. 23. A. 3) Provinzialschulcollegiums[6]) stehen die *Real*schulen (»istituti tecnici«), die fünfclassigen *Gymnasien* (ginnasi) und die zweiclassigen *Lyceen* (licei), ferner alle sonstigen öffentlichen Unterrichtsanstalten. An Stelle der Gemeinde kann für solche Anstalten, namentlich für »scuole, collegi ed istituti dell' istruzione *secondaria* o superiore«, falls sie staatlich als *eigene*[2])

---

p. 130), wacht über Erfüllung ihrer stiftungsmässigen Verpflichtungen (§. 17. A. 5) und entscheidet über die Streitigkeiten der Mitglieder, soweit dieselben ausschliesslich *religiöse* Rechte betreffen. Hinsichtlich der *bürgerlichen* Rechte der Bruderschaftsmitglieder sind die ordentlichen Gerichte zuständig. Avv. 1885 p. 67, vgl. 1880 p. 286, Kass. Rom 14. Jan. 1880, oben §. 6. A. 5, Sep.-Abdr. S. 39 = Arch. 54. S. 312, unten §. 33. A. 7.

1) Avv. 1885 p. 206, oben §. 13. A. 7. Der *bürgerlichen* Gemeinde obliegt die Aufbringung des Schulbedarfs; hierzu haben mitunter der Cultusfond, Gotteshäuser (T. 453, oben §. 30[4]. A. 5, vgl. §. 10 I), Pfründen, selbst Bruderschaften (§. 31. A. 15) etc. *stiftungsmässige* Reichnisse zu entrichten. Wenn der jeweilige Inhaber einer eingezogenen Pfründe die *Gemeindeschule* zu besorgen hatte, so muss der Cultusfond der Gemeinde einen Beitrag zum Lehrersgehalte zahlen, T. 389, Avv. 1880 p. 200, vgl. übrigens 1880 p. 214 u 1884 p. 55[3], App. Brescia 4. Dec. 1877, *Grassi* 126[11], oben §. 17. A. 5 u. §. 26 IV. In Ermanglung einer stiftungsmässigen *Verpflichtung* darf der allg. Cultusfond (§. 17. A) ebenso wenig für Unterrichts-, als für Wohlthätigkeitszwecke Zuschüsse leisten; die entgegengesetzten Bestimmungen für die neapolitanischen Provinzen gelten nicht mehr T. 91, 92 u. 253; wegen des röm. Cultusfonds vgl. dagegen oben §. 17 II u. §. 31. A. 9, G. 19. Juni 1873. A. 2, 14[II] u. 16[II]. Der Staat und die Provinzen geben rein paritätischen Schulen (Sc. 398, A. 1, *Grassi* 1881 II 85, dagegen unten Anm. 11) Zuschüsse, insoweit die Gemeinde ohne arge Umlagenüberbürdung den Schulbedarf nicht aufzubringen vermag; die Zuschüsse werden jedoch lange nicht in so reichlichem Masse, wie in Frankreich (Ggl. 220, A. 5) gewährt. — Hauptsächlich zu Unterrichtszwecken haben die Gemeinden das Viertel der Staatsrente, welche an die Stelle der im Gemeindebezirke veräusserten Klostergüter trat, zu verwenden, oben §. 17. A. 8, vgl. §. 25. A. 7[b]. Auch zu *Kleinkinder*bewahranstalten, welche übrigens für die Gemeinden nicht obligatorisch sind, wurden letzteren mitunter Klostergebäude überlassen, oben §. 31. A. 9.

2) *Cassani* pr. qu. 501, *Grassi* 279[2], vgl. Cast, 265, T. 453 u. 506, G. 19. Juni 1873 A. 2[2], oben §. 13. A. 5, §. 23. A. 7, §. 31. A. 1. Zufolge Ges.-Entw. Avv. 1885 p. 249 soll jede scuole elementare publica als ente morale gelten.

juristische Persönlichkeiten anerkannt sind, eine besondere Vertretung eingerichtet sein. Als *rein weltliche* und ausschliesslich der *staatlichen* Unterrichtsverwaltung unterstellte Schulstiftungen sind das ehemalige »Kloster [3]« San Giorgio la Montagna (im Neapolitanischen), die Niederlassungen der Maria-*Schulschwestern* [4]) (collegi di Maria) in Sicilien, auch einige ehemalige Frauenklöster [11]), wie z. B. zu Padua etc. (Avv. 1883 p. 68, R. 366 u. 368) beibehalten worden. Sonst erhielt die *bürgerliche* Gemeinde bei Einziehung des Vermögens der geistlichen Genossenschaften die von solchen bisher für Volks- oder höhere Schulen benützten Gebäude sammt Zugehör, sowie die hierzu stiftungsmässig gewidmeten Geräthe, Kapitalien und Renten, an Stelle hiefür gestifteter fruchtbringender Grundstücke aber die um 30 % gekürzte Staatsrente [5]) eigenthümlich überwiesen.

II. Der *kath. Religionsunterricht* (§. 15. A. 4) an allen öffentlichen Elementar-, Mittel- und höheren Schulen wird nur auf Grund der vom Bischofe (§. 20. A. 10) vorgeschriebenen [6]) Katechismen und biblischen Geschichtsbücher ertheilt. Befreit vom Religionsunterricht sind alle nichtkatholischen Zöglinge und die Kinder von solchen Eltern, die schriftlich erklären, dass sie den Religionsunterricht selbst übernehmen wollen [7]). Die Art der Ertheilung des Religions-

---

3) Kass. Rom 18. Juni 1880, Avv. 1880 p 428, oben §. 24, ebenso das Seminar di Castiglion Fiorentino (App. Florenz 27. Nov. 1871, *Grassi* 147 [3]).

4) D. 20. Guni 1871, T. 229, vgl. Avv. 1879 (N. 2) p. 5 u. 103, Kass. Rom 5. April 1879. Gleichgültig ist, ob zur Errichtung solcher Anstalten auch eine Mitwirkung der kirchlichen Oberbehörde (»canonische Erektion«) stattgefunden hat, *Cassani* pr. qu. 398.

5) Oben §. 13. A. 17, §. 31. A. 9 u. 9, Kass. Rom 24. Juni 1876 und 26. April 1881, *Grassi* 51 [7], vgl. 126 [11], 1881 I 95 u. II 141, betr. das Vermögen der (Schulbrüder) Scolopi, Barnabiten und Dottrinari (§. 24. A. 171). Keinen Anspruch haben dagegen die Gemeinden auf dasjenige Vermögen, welches die Genossenschaften nicht zufolge Stiftung oder rechtlicher Verpflichtung, sondern nur kraft ihrer Satzungen oder freiwillig Unterrichtszwecken gewidmet hatten. Kass. Florenz 22. Dec. 1875, *Grassi* 48 [5]. In der Stadt Rom und an den Sitzen der (§. 3. A. 3) vorstädtischen Bisthümer ward die an Stelle des Grundbesitzes getretene Staatsrente nicht um 30 % verkürzt. G. 19. Juni 1873, A. 2 [2], 5, 8 [2] u. [3], 14 u. 16.

6) R. 446, vgl. unten Anm. 10. Unter den *kirchlich* (§. 20. A. 10) gutgeheissenen Religionslehrbüchern hat das consiglio provinciale sopra le scuole die Auswahl; über die in den einzelnen Klassen zu lehrenden Abschnitte des Katechismus hört letzteres die kgl. Kreisschulinspectoren und die Religionslehrer (unten Anm. 9) der höheren Lehranstalten. Règl. 15. Sept. 1860, A. 2.

7) R. 446—449. Règl. 15. Sept. 1860, A. 2 [II]. *Staatlicher* Zwang besteht nicht mehr, vgl. oben §. 4. A. 5 u. 6, §. 5. A. 7. Die Protestanten, Israeliten etc.

unterrichtes wird von der *kirchlichen* Oberbehörde überwacht[8]). Die Religionslehrer[9]) an den Gymnasien, Lyceen und Realschulen ernennt der Unterrichts*minister*; in den Elementarschulen ertheilt der Lehrer[10])

sorgen ebenfalls selbst für den allenfallsigen Religionsunterricht ihrer Kinder; mitunter bestehen hiefür Privatstiftungen, oben §. 31. A. 1.

8) G. 13. Nov. 1859, A. 325, *Grassi* 346. Behufs Prufung der Kinder im Religionsunterrichte beraumt der Bürgermeister gemäss Règl. 15. Sept. 1860, A. 36 »Tag und Stunde im *Benehmen* mit dem Pfarrer an«. Zufolge Giornale delle leggi 1872, Consulto 1124 könnte der Pfarrer (§. 26[11]), wie bis 1882 in Frankreich (Ggl. 222. A. 6 u. 10), »*jederzeit* die Ertheilung des Religionsunterrichtes in den Volksschulen übernehmen«. Das gleiche Ueberwachungsrecht steht dem Bischofe (§. 20 A. 10) hinsichtlich des Religionsunterrichtes an den höheren Schulen (unten Anm. 9, Ggl. 253, A. 3) zu. Die *Staats*universitäten entziehen sich dagegen jeglicher Controle der Kirche, oben §. 6. A. 8 = Arch. 54. S. 313, Sep.-Abdr. S. 40 u. 115, §. 23. A. 2 u. Sc. 455[17].

9) Oben Anm. 6. Die Abgeordnetenkammer wollte allerdings schon am 18. Mai 1872 (Sc. 92) die Religionslehrer (direttori spirituali) der öffentlichen höheren Schulen aufheben. Der Bischof wird nicht nothwendig vor Ernennung der Religionslehrer gehört. Ggl. 228, A. 4.

10) Min.-E. 12. Juli 1871. Zufolge A. 315 des G. 13. Nov. 1859 umfasst der Elementarunterricht die *Religions*lehre (l'insegnamento religioso), Lesen, Schreiben, Rechnen, Italienisch und die Grundbegriffe von Mass und Gewicht. Den Beschluss des Gemeinderaths zu Genua, den Religionsunterricht aus den Volksschulen *auszuschliessen*, hat der König durch D. 6. Juni 1878 nach Anhörung des Staatsraths in der Erwägung *vernichtet*, »dass die Gemeinden — »ungeachtet des Gesetzes vom 15. Juli 1877, betr. den Schulzwang — *ver*»*pflichtet* seien, den Religionsunterricht ertheilen zu lassen, wenn die *Eltern* »solchen für ihre Kinder verlangen« *Grassi* 347, Avv. 1878, N. 1. p. 7, vgl. übrigens 1882 p. 109, Sc. 334. Arch. 40. S. 306. Wiederholt hat sich die Kirche (Arch. **40**. S. 306, **41**. S. 175 u. 460, **45**. S. 352, **48**. S. 69 u. 214) über die ital. Regierung beklagt, weil sie die Lehrer nicht mehr zur Ertheilung des Religionsunterrichtes anhalte, und ihnen nicht einmal gestatte, innerhalb der obligatorischen 5 Schulstunden Katechismus und biblische Geschichte zu lehren. *Cassani* Rif. disc. **1878** p. 15, 63, 203 u. 313, **1885** p. 104. Uebrigens ist Italien in der Verweltlichung der öffentlichen Schulen nie so weit gegangen, als die *franz. Republik*, welche aus denselben neuerdings wieder sogar alle Crucifixe entfernte, den Katechismus durch die »bürgerliche Moral« oder »Vernunftsreligion« (Avv. 1884 p. 411 und 1885 p. 278, Encycl. 1. Nov. 1885. *Schumm's* »Robespierre« S. 247, vgl. »Germania« N. 195 vom 28. August 1885, *Grassi* Juli 1879 p. 6) ersetzte und die Benutzung der öffentlichen Schulgebäude zur Ertheilung des Religionsunterrichtes Geistlichen, wie Laien verbot. (Ggl. V, 49, A. 7 und 222 A. 6). In Italien können zur Vergütung für den Religionsunterricht in der Schule oder Kirche (Catechese) den Pfründen (§. 12. A. 2[b]) wie Gotteshäusern (§. 30[4]. A. 5) Zuwendungen mit staatlicher Genehmigung gemacht werden. Auch blieben alle Stiftungen hiefür aufrecht, selbst wenn letztere *autonome* Eigenschaft hatten, oben §. 15. A. 4 u. §. 18. A. 3. — Zufolge Ges.-Entw. Avv. 1884 p. 445 erhält der Gemeinderath die Wahl zwischen 3, vom Provinzialschulcollegium (vgl. oben

oder eine andere von der Gemeindebehörde hiermit betraute Persönlichkeit (R. 449) den Religionsunterricht.

III. Als Elementarlehrer können nach bestandener Staatsprüfung auch Schulbrüder und *Schulschwestern*[11]) verwendet werden; auf dem Lande ertheilen nicht selten Pfarrer oder Pfarrgehülfen (§. 26 IV) in Ermanglung weltlicher Lehrer den Elementarunterricht[11]).

§. 33. Friedhöfe.

Als eine *ausschliesslich weltliche* und daher der kirchlichen Regelung entzogene Angelegenheit behandelt die italienische Gesetzgebung die Friedhofspolizei. Die *allgemeinen*[1]) Begräbnissplätze wer-

zu Anm. 6) als geeignet bezeichneten Bewerbern um die Schulstelle; der Mindestgehalt der maestri delle scuole rurali inferiori soll 700 Fr., der der Lehrerinnen 560 Fr. betragen, wozu von 6 zu 6 Jahren Alterszulagen hinzutreten. Avv. 1885 p. 250.

11) *Cassani* pr. qu. 409, oben §. 23. A. 4, §. 24. A. 4 u. 17, §. 26 IV, *Grassi* 7[4], 48[5] u. [6] u. 52[12], 60[3], Ggl. 341. A. 2. Ist durch eine Stiftung bestimmt, dass der Schullehrer die Frühmesse (vgl. §. 29. A. 4 u. §. 30[3] A. 4[a]) zu halten oder auch sonst noch dem Pfarrer für die Seelsorge Beihülfe zu leisten habe, so kann die *Gemeindebehörde* die Schulstelle nur einem Geistlichen übertragen, der vom Bischofe (§. 20, Text nach A. 12) als geeignet erklärt wird (vgl. Avv. 1883 N. 93, 1885 N. 145, 147 u. 149); ruht auf der Pfarr- oder Pfarrgehülfenstelle auch die Verpflichtung zum Schulhalten, so trifft in der Regel gleichwohl nur der *Bischof* die Auswahl unter den hierzu geeigneten Bewerbern (vgl. Avv. 1882 p. 191, 1885 N. 149, vgl. T. 453). Die Pfarrgeistlichen (§. 26[11], Ggl. 221 A. 4, Neap. IV 3[3], Arch. **50** S. 388 u. **51**. S. 81), sowie die Ordenspriester (Neap. IV 7[9], Arch. **51**. S. 100, vgl. 136) ertheilen jeden Sonntag der Jugend Religionsunterricht in *der Kirche*, auch wenn sie — stiftungsmässig oder gegen vertragsmässige Vergütung — an Stelle der Elementarlehrer mit dem weltlichen Volksunterrichte betraut sind. Confessionelle *Freischulen* unter Staatsaufsicht §. 30[4], §. 31. A. 2 u. 6[b], auch §. 32. A. 1.

1) Nur mit Genehmigung des Präfecten darf der Verstorbene in seiner, *ausserhalb* der bewohnten Orte gelegenen *Privat*capelle (unten Anm. 7) oder sonst auf seinem Eigenthume beigesetzt werden. Min.-E. 25. Jan. 1867, Ggl. 206 A. 11 und 12. Zwar wurde durch Min.-E. 17. April 1873 die Schliessung der *Kloster*friedhöfe eingeschärft; doch können mit jeweiliger Genehmigung des Präfecten nach, wie vor, auch Ordensmitglieder auf einem ihnen gemeinsam gehörenden Grundstücke beerdigt werden. Avv. 1882 p. 233, §. 24. A. 17, Ruherechte: unten Anm. 3 u. 17. Oeffentliche und Privatfriedhöfe, selbst Einzelgräber sollen mindestens 200 Meter vom bewohnten Orte entfernt liegen (D. 8. Juni 1865 A. 60 u. 71, sard. D. 13. März 1832, R. 180 (auch von der Kirche selbst 200 Meter ab, Avv. **1884** p. 405, **1886** p. 289). Zufolge D. 8. Juni 1865 A. 65 darf in Räumen, die einem *öffentlichen* Gotteshause gewidmet sind, Niemand beerdigt werden; es kann daher auch nicht mehr eine in der Pfarr- oder Filialkirche befindliche Familiengruft vom Patrone (§. 19. A. 6) zur Beerdigung benützt werden, P. 438 u. 465, *Grassi* 120, Kass. Rom 24. Juli 1876.

den auf alleinige Kosten der *bürgerlichen* Gemeinde[2]) angelegt und unterhalten, sowie als Gemeindeanstalten von der Gemeindebehörde verwaltet.

Demgemäss weist die *Gemeinde*behörde die Gräber[3]) an. Sie regelt[4]) die Art und die Stunde der Verbringung der Leichen zum Friedhofe, desgleichen die Richtung und die Leitung des Leichenzugs. Letzterer wird von einem *Gemeindebeamten* geführt, welcher die Ordnung aufrecht hält; die *Geistlichkeit* nimmt, insoweit sie nicht etwa die kirchliche Begleitung[4b]) versagt, jedenfalls nur als »parte *accessoria*« Theil, stets jedoch in kirchlichen Gewändern und mit vorangetragenem Kreuze[5]).

---

2) G. 20. März 1865 A. 116[11], St.-R. 4. Juli 1871 u. 11. Aug. 1875, Avv. 1882 p. 51, 1885 p. 241, *Grassi* 345, R. 189, oben §. 13. A. 7, §. 29 II und §. 30. A. 12. Uebrigens werden die Kosten der in einer politischen Gemeinde befindlichen mehreren Friedhöfe auf die Umlagenpflichtigen der betreffenden *Pfarrei* vertheilt (oben §. 29. A. 7, unten Anm. 7, Riv. amm. Vol. 10 p. 434); hierin hat sich die Erinnerung an die ursprünglich kirchliche Eigenschaft der allgemeinen Begräbnissplätze erhalten. Die Unverjährbarkeit (oben §. 8. A. 6) und Steuerfreiheit (R. 393, oben §. 4. A. 8) der Friedhöfe erstreckt sich nicht auch auf die *Privat*begräbnissplätze (obige Anm. 1).

3) Die Gemeinde kann, wenn sie nicht ein längeres Ruherecht (unten Anm. 7) gewährt hat, an und für sich schon nach 6 Jahren das Grab (oder die Nische) behufs der Aufnahme einer anderen Leiche öffnen. D. 8. Juni 1865 A. 70, vgl. Ggl. 209 A. 4, unten A. 7.

4) D. 8. Juni 1865 A. 79, *Grassi* Jan. 1879 p. 1. Der Gemeinderath bestimmt insbes. die Gebühren für Benutzung der Leichenwagen (Arch. 51. S. 70) und der Sargträger; doch brauchen die Hinterlassenen, welche den Sarg selbst tragen, keine Gebühr zu entrichten. St.-R. 13. Juli 1871, R. 169 u. 172, vgl. Avv. 1882 p. 25 u. 235. Der Gemeinderath regelt in grösseren Städten nöthigenfalls, d. i. insoweit nicht der Bischof (§. 20. A. 10) hiefür den Pfarrern einen Abzug auferlegt, auch die Gebühren des vom Gemeinderathe zur Bedienung der Friedhofscapelle (unten Anm. 7) angestellten Friedhofscaplans, welcher sich an der Grenze des Friedhofs dem Leichenzuge anschliesst. Avv. 1884 p. 543, *Grassi* 1881 II 107 — Für die vom Verstorbenen oder den Hinterbliebenen *gewünschten* (unten A. 8) kirchlichen Feierlichkeiten sind dem Gotteshause (§. 29c A. 2) und der Pfarrgeistlichkeit (§. 26. A. 8) die tarifmässigen oder üblichen Gebühren zu entrichten. Auf die kirchliche Ueberführung von Leichen an andere Begräbnissorte (oben §. 2. A. 8, Arch. **46**. S. 423 u. **54**. S. 296 A. 8 = Sep.-Abdr. S. 23) hat dass Oberlandesgericht Rom am 27. Juli 1881 die für religiöse Processionen (oben §. 10. A. 6) geltenden Vorschriften in Anwendung gebracht.

4b) Oben §. 3. A. 2 und §. 20. A. 10. Die Congreg. Inquisitionis hat 21. Sept. 1885 (Avv. 1885 p. 235, oben §. 26 II A. 8) den katholischen Geistlichen untersagt, die Leiche Andersgläubiger vom Sterbehause zum Friedhofe zu begleiten, selbst wenn hierbei die Kirche nicht berührt, noch das Glockengeläute erbeten wird.

5) Avv. 1882 p. 235, Arch. **51**. S. 70 = Neap. III 4[6]. Das Singen von

Das etwaige Eigenthum des *Gotteshauses* an älteren Friedhöfen ruht, solange solche der allgemeinen Benützung dienen, tritt jedoch wieder in Wirksamkeit bei Auflassung derselben [6]). In keinem Falle darf auf der für die *Katholiken* ausgeschiedenen Abtheilung des öffentlichen Friedhofs ein *Andersgläubiger* beigesetzt werden. »Nicht-»katholiken [7]) werden in Gemeinden, in welchen für dieselben kein »besonderer [1]) Friedhof besteht, zwar auch auf dem cimitero com-

---

Psalmen und das laute Beten bei Leichenzügen kann ortspolizeilich *nicht verboten* werden. St.-R. 13. Juli 1871, R. 26 und 173, Arch. 51. S. 169 = Neap. III 4[4], oben §. 10 II. Die Leiche soll nur während der zur Aussegnung nöthigen Zeit *in* der Kirche, wenn aber bereits in Verwesung übergegangen, höchstens 20 Minuten *vor* der Kirchenthüre niedergestellt werden. Min.-E. 1872 bei R. 170 u. 172. Die vom Stadtrathe zu Rom getroffene Bestimmung, dass die Leichen, ohne die *Kirche* zu berühren, vom Sterbehause unmittelbar auf den Friedhof zu bringen seien, kam in Folge des Einspruchs der Curie, welche für diesen Fall jede kirchliche Begleitung ablehnte, *nicht* zum Vollzuge. R. 171. Ohne zuvorige Feststellung der Todesart durch den gemeindlichen Leichenschauer (Polizei-G. 20. März 1865 A. 93, Dr. *Götel*, öffentl. Gesundheitspflege, Leipzig 1878 S. 289) und ohne Erlaubniss des Civilstandsbeamten (Bürg. G.-B. 385) darf die *Familie* keine Beerdigung vornehmen lassen: der Geistliche ist für die Einhaltung dieser Förmlichkeiten *nicht* verantwortlich. (App. Turin 30. Oct. 1866, Avv. 1879 p. 78, dagegen Ggl. 44 A. 11). Fast alle grösseren Städte haben eigene Abtheilungen oder Nebenfriedhöfe für nichtkatholische Christen und abgeschieden hievon für Israeliten etc. errichtet.

6) App. Chambery 9. März 1857, Kass. Turin 5. Dec. 1858, Avv. 1884 p. 405, vgl. 1880 p. 422, 1882 p. 51, 1885 p. 241 u. 259; Ggl. 203 A. 4, oben §. 29 II und §. 31. A. 1.

7) Min.-E. 31. März 1861, Riv. amm. 1863 p. 811. Die einzelnen Abtheilungen sollen thunlichst auch einen *eigenen Eingang* erhalten. Neap. III 4[18], Arch. 51. S. 72. Für die Verbringung der Leichen von Nichtkatholiken (oben §. 4. A. 4) auf den nächsten Friedhof ihres Bekenntnisses ist keine Erlaubniss erforderlich (Min.-E. 14. Oct. 1875, Avv. 1884 p. 333), während sonst zum Leichentransporte (§. 26. A. 8) ausserhalb der Pfarrei des Sterbeortes der Präfect, ausserhalb Italiens sogar der Minister die Genehmigung zu ertheilen hat (D. 8. Juni 1865 A. 66 R. 182), auch hiefür hohe Gebühren zu entrichten sind. Da auf dem geweihten Theile des Friedhofs mitunter von der Gemeindebehörde auch des kirchlichen Begräbnisses entbehrende Katholiken beigesetzt werden (*Minghetti*, p. 75, Arch. 54. S. 167 = Vorwort S. 1 A. 1), so lässt die Kirche statt der ganzen Abtheilung neuerdings häufig nur noch die *einzelnen Gräber* einsegnen, Neap. II 4[18]. Die Trennung der Friedhöfe nach den Bekenntnissen folgt aus dem verfassungsmässigen Anspruche der röm.-kath. Kirche auf *öffentliche* Religionsübung, oben §. 4. A. 10, §. 7 II, Ggl. 213 A. 1, Avv. 1880 p. 421, R. 188, *Grassi* 1881 II 107. Zwar meint *Minghetti* p. 75, diese Trennung hänge nur vom Ermessen der *Gemeindebehörde* ab, wonach das Min.-C. 31. März 1861 der gesetzlichen Grundlage entbehren würde. Hiegegen ist jedoch zu erwidern, dass der Anspruch der Katholiken auf eine *kirchliche* Beerdigung durch die Zusammenfassung der ehedem für die einzelnen Pfarreien

»mune, aber auf einer je nach den örtlichen Verhältnissen durch »*Mauer*, *Hecke* oder *Graben* zu bezeichnenden Abtheilung beige- »setzt; der Gemeinderath hat zum Voraus hiefür eine ausreichende »Fläche sowie auch einen besonderen Platz für die[8]) ohne Taufe »verstorbenen Kinder katholischer Eltern zu bezeichnen«[7]).

§. 34. *Nachträge und Berichtigungen.*

Zu den im Arch. **54**. S. **167** = Sep.-Abdr. 1 aufgeführten Quellen des ital. Staatskirchenrechtes sind nachzutragen:

Das S. 172 = Sep.-Abdr. 6 bezeichnete Amtshandbuch (»*Manuale*«) der Cultusfondverwaltung, *Rignano*'s oben §. 4. A. 10, Arch. 54. S. 306 = Sep.-Abdr. 33 erwähnte Schrift, die wegen Miterörterung (bes. in Nr. 14—18, 20, 21, 23 und 24 des Jahrganges 1885) auch kirchenrechtlicher Fragen (Avv. 1885 N. 149 u. 154) empfohlene, von Dr. **Tosi** in Stradella bei Pavia herausgegebene Zeitschrift *L'Ape* giuridico-amministratica, contenente Dottrina, Pratica e Giurisprudenza civile, penale, amministrativa, finaziaria e commerciale (seit 1886 wöchentlich ein Heft, jährlich 13 Fr.), namentlich aber noch des cav. avv. **Grassi** in Florenz »*Manuale* di Legislazione e Giurisprudenza italiana, in ordine al diritto pubblico *ecclesiastico*« (Florenz 1879 bei *Giachetti*, 359 S. in 4⁰, 10 Fr. portofrei), sowie sein im nämlichen Verlage seit 1. Juni 1877 (jährlich seit 1880 im Durchschnitte 24 Bogen in 4⁰ je 8 Fr., bis 1879 nur 4 Fr.) erscheinendes »*Bolletino* del Contenzioso cattolico, periodico di legislazione e giurisprudenza in ordine al diritto pubblico *ecclesiastico* e finanziario« (vgl. oben §. 9. A. 5, §. 10, A. 7 etc.) — Ausser der von *Cassani* (vgl. *Kraus*, Lehrbuch der Kirchengeschichte, 2. Aufl. S. 725 u. 763), *Scaduto* und *Tiepolo* erörterten Gesetzgebung commentirt das Manuale namentlich noch die Gesetze vom 29. Mai 1855 (erwähnt oben §. 16. A. 1, §. 24. A. 1 u. 4, §. 25. A. 1 etc.), vom 21. April 1862 (oben § 12. A. 7), vom 3. Aug. 1862 (oben §. 31) und vom 24. Jan. 1864 (oben §. 14. A. 4 b), nämlich derart, dass — abgesehen von werth-

---

getrennten Friedhöfe nicht beeinträchtigt werden sollte. — Den Kirchenbehörden und den einzelnen Gotteshausverwaltungen stehen an der betreffenden Friedhofsabtheilung dieselben Rechte zu, wie ehedem an den Pfarrei-Friedhöfen Avv. 1884 p. 545, obige Anm. 2, §. 26. A. 8. Auf dem kathol. Theile des Friedhofs wird ein *Kreuz* gesetzt (§. 30 III, Neap. III 4^{11}, Arch. 51. S. 71), und an keinem Grabe wird eine gegen die *Glaubenslehre* verstossende *Inschrift* oder Abbildung (Neap. III 4^{14}, Avv. 1882 p. 13, vgl. Ggl. 205 A. 8 u. *Grassi* Juni 1878 p. 3) geduldet. Bei Einweihung der Friedhofscapelle (obige Anm. 4, Neap. III 4^{15}, oben §. 8. A. 2 und §. 26. A. 8) sowie der Privatcapellen (cappelle gentilizie, §. 8. A. 2, Avv. 1885 p. 51 u. 183) an Familiengrüften lässt sich der Bischof zumeist das Recht zusichern, dass seine Genehmigung einzuholen ist, wenn der Eigenthümer bauliche Aenderungen vornehmen will. Ebenso wie Familien, Vereine (§. 24. A. 1 u. 17), besitzen mitunter auch Bruderschaften (§. 31. A. 15, *Grassi* 1881 II 107) Ruherechtsplätze (oben Anm. 3) auf dem gemeindlichen Friedhofe.

8) Avv. 1884 p. 524, Neap. III 4^{17}, Arch. 51. S. 72, vgl. Ggl. 215 A. 7. Zur nichtkirchlichen Beerdigung werden die *Kirchen*glocken *nicht* geläutet, oben Anm. 4 u. §. 10 I, Avv. 1879 N. 2 p. 6. Leichenverbrennung in Mailand: *Grassi* 1881 I 56.

vollen Randbemerkungen — bei jedem *Artikel* des Gesetzes und der vom Könige oder Ministerium erlassenen Vollzugsverordnung übersichtlich der Hauptinhalt der Entscheidungen der Appell- und der Cassationshöfe (unter Verweisung auf die einschlägigen, im Manuale p. 359 näher bezeichneten Urtheilssammlungen) zusammengestellt wird. — Die nöthige Ergänzung findet dies Hand- und Nachschlagebuch durch das »Bolletino«; letzteres enthält seit 1880 im *ersten* (von uns mit der Jahreszahl und »I« angeführten) Theile die *Gesetze*, Gesetzentwürfe, allgemeine Verordnungen und Erlasse der Ministerien, der Generaldomänendirection und insbesondere auch der Cultusfondsverwaltung (oben §. 17. A. 9), dagegen im *zweiten* (von uns mit dem Jahrgange und II angeführten) Theile (»Giurisprudenza«) die *Rechtssprechung* der Gerichte, sowie des Staatsraths in staatskirchenrechtlichen und verwandten Fragen, wie hinsichtlich der Besteuerung der Kirchen und Geistlichen (§. 12. A. 8 u. §. 30. A. 2), der Verwaltung der Wohlthätigkeitsanstalten (§. 31); der Gebrauch wird durch erschöpfende Sach- und Gesetzesregister wesentlich erleichtert. Das »Bolletino« ist wohl jene Zeitschrift, welche zuerst den in Aussicht stehenden wichtigen *Gesetzentwurf* über das Kirchengut (Vorwort IV, §. 11. A. 2, §. 15. A. 2, §. 17 I[5], §. 20. A. 3, §. 27. A. 9, Arch. 54. S. 175, 55. S. 7, 25, 38, 210 u. 258 = Sep.-Abdr. 8, 52, 70, 80, 101 u. 149, *Grassi* Manuale 231) sammt Begründung bringen wird. — *Scaduto* hat inhaltlich seines, sich über die wissenschaftliche Behandlung des *Staatskirchenrechts* auch in Deutschland, England und Frankreich verbreitenden »Concetto moderno del diritto ecclesiastico« (21 S. in 8⁰, 50 cts., Palermo 1885 bei Pedone Lauriel), den neu errichteten Lehrstuhl des Kirchenrechts an der Universität *Palermo* übertragen erhalten; von ihm erschienen inzwischen folgende rechtsgeschichtliche Studien: »Il *Divorzio* e il Cristianesimo« (Florenz bei Pellas, 3 Fr.), »Stato e Chiesa secondo fra Paolo Sarpi« (Venedig's *Interdict* 1607, 262 S. 5 Fr.) sowie »Stato e Chiesa sotto Leopoldo I. Granduca di *Toscana*« (410 S. 7 Fr., beide zu Florenz bei Ademollo), ferner (nach römischem, deutschem und canonischem Rechte) »Il *Consenso* nelle Nozze, nella professione e nell' Ordinazione« (Neapel bei Jovene, 1885, 10 Fr.). — Von *M. Minghetti's* Schrift (Arch. 54. S. 167 = Sep.-Abdr. S. 1 A. 1) ist eine Uebersetzung zu Gotha 1881 unter dem Titel »Staat und Kirche« erschienen. Zu erwähnen ist endlich der Codice Ecclesiastico Sicolo von *A. Gallo* (Palermo bei Carini 1846—83, 27 Fr.), worin alle auf der Insel Sicilien geltenden *staats*kirchenrechtlichen Bestimmungen und rein *kirchlichen* Vorschriften, soweit letztere staatlich anerkannt sind, sich systematisch zusammengestellt und erläutert finden.

Arch. 54. S. 170 = Sep.-Abdr. 4, Vorwort A. 4. Curci, la nuova Italia ed i vecchi zelanti (Florenz 1881) p. 185 sucht aus der unterlassenen Einladung der kath. Fürsten zum letzten Concile abzuleiten, dass Pius IX. die »*Trennung* von Staat und Kirche« gebilligt habe. Vgl. *Liberatore*, »La Chiesa e lo Stato«, Neapel 1871 (»L'*Eglise* et l'*Etat* dans leurs rapports mutuels», 1877); *F. Nippold*, »Die Theorie der Trennung von Kirche und Staat, geschichtlich beleuchtet«, Bern 1881; *E. Zeller*, »Staat und Kirche« (Leipzig 1873, 57 S.) und Deutsche Rundschau, Bd. VI. S. 310; H. 221.

„ „ S. 173 = Sep.-Abdr. 7, zu Vorwort A. 10 vgl. §. 28. A. 6 und lies im Sep.-Abdr. statt S. 172 vielmehr S. 6. — Anm. 12 vgl. §. 27.

A. 9, zu A. 13 vgl. §. 20. A. 1 u. 3, betreffend den vorgedachten Gesetzentwurf = Arch. 55 S. 210 u. 258 = Sep.-Abr. 101 u. 149.

Arch. **54**. S. 177 = Sep.-Abdr. **11**, lies Zeile 6 Scaduto und vgl. in Zeile 1 u. 2 Arch. 54 S. 304 A. 5 u. 307 A. 3 (= Sep.-Abdr. 31 u. 34).

„ „ S. 178 = Sep.-Abdr. **12**. Zu A. 21 vgl. §. 4. A. 3, §. 31. A. 3 und Encyclica 1. Nov. 1885.

„ „ S. 287 = Sep.-Abdr. **14** lies in Zeile 5 der Anm. 1 »unerlässlich«, und in der 12. Zeile von unten »Stato e (nicht a) Chiesa«. — Dr. *Stommel's* Schrift: Die Wiederherstellung der *weltlichen Herrschaft* des Papstes durch den Fürsten Bismarck (Düsseldorf 1885 bei *Bagel*, 5. Aufl. 55 Seiten, gleichzeitig in franz. Sprache erschienen zu Soudier in Paris und bei *Muquardt* in Brüssel) entwickelt den Gedanken, dass der Katholicismus um der ihm innewohnenden Ideen willen einer *weltlichen* Herrschaft bedürfe, will jedoch desshalb die verfassungsmässige Gleichberechtigung anderer Bekenntnisse (oben §. 4. A. 1) nicht ausschliessen. Dr. *Stommel's* Vorschlag, der hl. Vater möge sich durch das deutsch-österreichische Bündniss in den Besitz von Constantinopel (oder *Jerusalem*?) einweisen lassen, verdient keine ernste Beachtung, da nach der geschichtlichen Entwicklung der Mittelpunkt des Papstthums in Rom liegt. — Zufolge des Schlusssatzes des 5. Absatzes der Encyclica vom 1. Nov. 1885 »ist gewiss nicht ohne besonderen Rathschluss der Vorsehung die »oberste Kirchengewalt mit einer *weltlichen Herrschaft* (Principatus »civilis), als der sichersten Schutzwehr ihrer Unabhängigkeit, aus»gestattet worden.«

„ „ S. 289 = Sep.-Abdr. **16**. Zu Zeile 1 der Anm. 2 vgl. §. 20. A. 4.

„ „ S. 291 = Sep.-Abdr. **18**, Anm. 8, Z. 10 von unten lies 1873 statt 1883 u. vgl. §. 17 II u. §. 24. A. 1.

„ „ S. 291 = Sep.-Abdr. **18**, Anm. 9. Der hl. Stuhl tritt soeben mit Japan und China und auch wieder mit Columbien in diplomatische Beziehungen.

„ „ S. 292 = Sep.-Abdr. **19**, Anm. 10 lies »uno« statt »anno«! Kass. Rom 28. Jan. 1881 (bei *Grassi* 1881 II 53) erkennt an, dass dem Pontificato eine qualità sopra-nazionale zustehe; diese autorità mondiale würde sich jedoch zufolge Kass. Rom 17. April 1877 (T. 504) auf die rapporti meramente *spirituali* beschränken. Univ.-Prof. Dr. *Brusa* in der Revue de droit internat. 1883, p. 113—145.

„ „ S. 295 = Sep.-Abdr. **22**. Zufolge D. 19. Oct. 1870 »können zu Rom »auch fernerhin die Erlasse des Papstes und seiner geistlichen Re»gierungsbehörden in der bisherigen Weise veröffentlicht werden, »und unterliegt die päpstliche *Buchdruckerei* weder dem Polizei»gesetze (Art. 51 u. 53) noch den pressgesetzlichen Bestimmungen«. Dies gilt auch für den Fall, dass diese Buchdruckerei sich *ausserhalb* der päpstlichen Paläste befindet.

„ „ S. 296 = Sep.-Abdr. **23**, Zeile 10 vgl. *Grassi* 346; Anm. 8 vgl. §. 10. A. 5 u. §. 33. A. 4.

„ „ S. 298 = Sep.-Abdr. **25** A. 3 vgl. noch Sc. 82 und Concordat zwischen Napoleon I. und Pius VII. vom 25. Jan. 1813 A. 6.

„ „ S. 300 = Sep.-Abdr. **27**. Zu Anm. 6 vgl. §. 14. A. 3 wegen vorsorglicher Beschlagnahme ohne Staatserlaubniss veräusserter Kunstgegenstände. Zu Anm. 8 und 11 vgl. §. 17 II A. 14 = Arch. 55. S. 42 oder Sep.-Abdr. 87.

Arch. 54. S. 302 = Sep.-Abdr 29. Zu Anm. 11 vgl. §. 1 A. 8, §. 16. A. 1, §. 17 II[4], T. 109 u. 505 und wegen der Jesuiten §. 24. A. 1 u. 16 Arch. 55. S. 28, 42, 228, 235 = Sep.-Abdr. 18, 73, 87, 119 u. 126. Zu Anm. 1. Die Encyclica vom 1. Nov. 1885 »hält es zwar an und »für sich für unerlaubt, den mannigfachen Arten der Religionsübung »dasselbe Recht, wie der *wahren* Religion, zuzuschreiben, verurtheilt »aber doch deshalb nicht diejenigen Staatsobrigkeiten, welche zur »Erlangung eines grossen Gutes oder zur Verhütung eines grossen »Uebels das Nebeneinanderbestehen *verschiedener Culte* im Staate »*dulden*. Darauf halte die Kirche selbst, dass Niemand wider seinen »Willen zur Annahme des katholischen Bekenntnisses gezwungen »werde.«

„ „ S. 303 = Sep.-Abdr. 30. Zu Anm. 3. vgl. §. 22. A. 7[a], §. 24. A. 15 und *Grassi* 1881 II 93. Zufolge App. Neapel 31. Oct. 1884, Avv. 1885 p. 250 u. 273 erlangt ein aus Gemeindemitteln (§ 26 III A. 9[a]) besoldeter Pfarrverweser das politische *Wahlrecht* nicht schon wieder durch die Niederlegung des Amtes, sondern erst durch Annahme des Verzichtes seitens der Gemeindebehörde. Zu A. 4 vgl. Ape 1885 p. 219.

„ „ S. 304 = Sep.-Abdr. 31. Zu Zeile 1 der Anm. 5 vgl. Avv. 1885 p. 175 u. 263.

„ „ S. 304 = Sep.-Abdr. 31. Zu Zeile 20 der Anm. 5 vgl. B. G.-B. 850, wornach die Bedingung der Ehelosigkeit als nicht beigefügt gilt.

„ „ S. 304 = Sep.-Abdr. 31. Zu Zeile 23 der Anm. 5 vgl. Avv. 1885 p. 178 u. 228, §. 21. A. 6 (Arch. 55. S. 217 = Sep.-Abdr. 108).

„ „ S. 304 = Sep.-Abdr. 31. Zu Zeile 30 der Anm 5 vgl. *Grassi* 1881 I 41—56. — Zu Zeile 35 *Grassi* 1881 I 11 u. II 42, §. 30. A. 5 (Arch. 55. S. 273 = Sep.-Abdr. 164), dagegen Min.-C. 24. Mai 1876, *Grassi* (Manuale) 275 u. 277.

Anm. 6. In Folge der staatlichen Abschaffung eines Festtags wird die Verpflichtung, an diesem Tage einen feierlichen Gottesdienst abzuhalten (§. 15. A. 6, §. 17. A. 5, §. 30. A. 3), nicht aufgehoben. *Grassi* 1881 I 124. — Selbst nicht während des *sonntägigen* Vormittagsgottesdienstes kann das Spielen in den Wirthschaften verboten werden. R. 147, Riv. amm. 1872 p. 503.

„ „ S. 305 = Sep-Abdr. 32. Zu Zeile 1 vgl. §. 31 u. 32.

Zu Anm. 9 Zeile 3 vgl. *Grassi* 1881 I 24.

„ „ „ 8. Ebensowenig brauchen sich Aerzte und Rechtsanwälte über die ihnen in Bezug auf die Berufsthätigkeit gemachten Mittheilungen zeugschaftlich vernehmen zu lassen. Italien. Strafproc.-O. Art. 288. — Vor Ablegung eines gerichtlichen Zeugnisses benimmt sich regelmässig der Geistliche mit dem Bischofe, Arch. 55. S. 69.

Zu Anm. 10 Zeile 9 vgl. *Grassi* 344 und hinsichtlich der besonderen Friedhöfe §. 33. A. 7.

„ „ S. 306 = Sep.-Abdr. 33. Zu letzter Zeile vgl. *Grassi* (Manuale) 110.

„ „ S. 307 = Sep.-Abdr. 34. Zu Anm. 1 (Excommunication) vgl. §. 16.

A. 4d, §. 17. A. 5, §. 27. A. 9 u. §. 28. A. 5 = Arch. 55. S. 30, 37, 53, 231, 259 u. 264 = Sep.-Abdr. 75, 82, 98, 123, 150 u. 155, Ape 1885 p. 197.

Arch. 54. S. 308 = Sep.-Abdr. **35.** Zu Anm. 7. vgl. §. 11. A. 6 wegen des Exequatur.

„ „ S. 309 = Sep.-Abdr. **36.** Zu Anm. 7. Zeile 7 vgl. §. 32. A. 7.

„ „ „ „ „ Zu Anm. 9 (politische Feste) vgl. §. 10. A. 5 und §. 28. A. 1.

„ „ S 310 = Sep.-Abdr. **37.** Zu Anm. 3 Zeile 6 vgl. §. 21. A. 3 und *Grassi* 264[3].

„ „ S. 311 = Sep.-Abdr. **38,** A. 4. Wegen der Pflicht, am Amtssitze zu wohnen, vgl. §. 21. A. 9, §. 22. A. 1a, §. 25. A. 10c und §. 26 II, R. 433 u. 440.

„ „ S. 312 = Sep.-Abdr. **39** Anm. 5 Zeile 24 vgl. Kass. Rom. 14. Jan. 1880, §. 31. Anm. 19.

Zeile 30. Wegen Ermässigung gestifteter Gottesdienste vgl. §. 30. A. 3. Zeile 31 vgl. *Grassi* 1881 I 124. Auch über rein *kirchliche* Fragen, wie z. B. darüber, ob den *canonischen* Bestimmungen gemäss die Ordensgelübde abgelegt waren, entscheiden die Staatsgerichte dann, wenn von solchen Vorfragen die Erbberechtigung (§. 24. A. 14) oder ein sonstiges bürgerliches Recht abhängt. Kass. Florenz 5. Nov. 1872, T. 141., *Grassi* 263[1].

„ „ S. 313 = Sep.-Abdr. **40.** Anm. 8 Zeile 1 vgl. Avv. 1885 p. 179 u. 215. Zeile 3 vgl. §. 16. A. 4d.

„ „ S. 314 = Sep.-Abdr. **41.** Anm. 9 Z. 6 vgl. §. 16. A. 4d und §. 24. A. 4, Kass. Turin 30. April 1875, *Grassi* 264.

Anm. 11 Z. 4 lies »Amts**entsetzung**« statt »Amtsenthaltung«.

„ „ S. 315 = Sep.-Abdr. **42.** Anm. 11 Z. 39 vgl. §. 21. A. 5 wegen der »Zuständigkeit eines staatlich nicht bestätigten Bischofs«.

„ „ S. 316 Z. 4. Nach »§. 26« lies: A. 4b u. 7, §. 30. A. 11.

Z. 6 vgl. §. 31. A. 71 wegen der Wohlthätigkeitsstiftungen.

A. 12 Z. 6 lies statt Kosten: **Lasten.**

„ „ S. 317 = Sep.-Abdr. **44.** Zeile 6 ist hinzuzusetzen §. 26. A. 5.

Anm. 3 vgl. §. 20. A. 12b u. §. 26. A. 5 = Arch. 55. S. 214 und 246 = Sep.-Abdr. 105 u. 137.

Anm. 4 vgl. §. 17. A. 10. Ueber Aufhebung einer die *kirchlichen* Rechte verletzenden Ortspolizeiverordnung entscheidet nicht das Gericht, sondern der Staatsrath, *Grassi* 1881 II 107, Kass. Rom 10. August 1880, §. 33. A. 4 u. 7.

„ „ S. 318 = Sep.-Abdr. **45.** Anm. 2 Z. 3 vgl. §. 19. A. 1, §. 23. A. 7 u. Avv. 1885 p. 188; wegen der Baupläne: §. 30. A. 12a, Arch. 55. S. 276, Sep.-Abdr. 167.

Anm. 3 Z. 2 vgl. §. 20. A. 3. u. §. 27. A. 9; wegen der Kirchenschlüssel: §. 26. A. 6c = Arch. **55.** S. 217 u. 274 = Sep.-Abdr 138 u. 165.

„ „ S. 319 = Sep.-Abdr. **46.** Anm. 5 vgl. §. 26. A. 11 u. §. 27. A. 13. Nur mit Staatserlaubniss (§. 14b) kann ein *öffentliches* Gotteshaus (§. 27.) in eine *Privat*capelle umgewandelt werden, vgl. Kass. Rom 24. Juli 1876, *Grassi* 120, §. 33. A. 7. betr. eine capella gentilizia.

„ „ S. 320 = Sep.-Abdr. **47.** Anm. 7 Z. 5 vgl. §. 19. A. 3 wegen der Unzulässigkeit eines Verkaufs.

Anm. 8 Z. 11 vgl. §. 24. A. 3 u. 10 u. §. 26 III wegen Sammlungen für Ordens- und Pfarrgeistliche. Vom künftigen Codice di polizia punitiva ist Art. **58** (nicht 158) gemeint.

Arch. **55.** S. 3 = Sep.-Abdr. **48.** Anm. 1 vgl. §. 29. A. 7. Zu Anm. 2: Wenn von der Gemeinde kein *Zuschuss* (§. 29 u. 30) verlangt wird, so wird dem Einspruche des Gemeinderaths gegen die Errichtung der Pfarrei keine Folge gegeben. St.-R. 28. Mai 1875, Avv. 1885 p. 205 u. 230. A. 3 vgl. §. 25. A. 10 d u. §. 26. A. 14, Arch. 54. S. 242 und 252 = Sep.-Abdr. 133 und 143.

" " S. 4 = Sep.-Abdr. **49.** Zeile 4 der Anm. 5 lies neben §. 29 e A. 8. Zeile 3 von unten vgl. dagegen §. 25. A. 10 d = Arch. 55. S. 242 = Sep.-Abdr. 133.

" " S. 5 = Sep.-Abdr. **50.** Anm. 6 am Schlusse vgl. R. 371. Anm. 7 vgl. §. 22. A. 1 a u. 2 wegen des Urlaubs der Domherrn (Arch. 55. S. 219 = Sep.-Abdr. 110. Anm. 1 vgl. §. 30 A. 7. — Arch. 55. S. 272 = Sep.-Abdr. 165.

" c S. 6 = Sep.-Abdr. **51.** Zeile 18: Kass. Rom 25. Febr. 1885, Avv. 1885 p. 273, schliesst sich der Auffassung des Kass. Neapel 11. Febr. 1879 an.

" " S. 8 = Sep.-Abdr. **53** vgl. §. 24. A. 18, Arch. 55. S. 236 = Sep.-Abdr. 127, wegen Bestätigung der *Ordens*priester als Pfarrer.

" " S. 9 = Sep.-Abdr. **54.** Anm. 5 vgl. §. 20. A. 13 u. §. 26. A. 6 a, Arch. 55. S. 214 u. 247 = Sep.-Abdr. 105 u. 138.

" " S. 10 = Sep.-Abdr. **55.** Zeile 7 ist §. 26. A. 15 einzuschalten. Anm. 9 vgl. §. 28. A. 6. Anm. 11 (letzte Zeile) lies »beanspruchte«.

" " S. 11 = Sep.-Abdr. **56.** Anm. 12 vgl. wegen des ehemaligen Spolienrechts §. 21. Anm. 10. Anm. 1 Z. 5 vgl. §. 30. A. 3, am Schlusse: vgl. §. 28. A. 6 wegen der Ueberwachung der Gotteshausbehörde.

" " S. 12 = Sep.-Abdr. **57.** Z. 12 ist das Verweisungszeichen 3) hinzuzusetzen.

" " S. 13 = Sep.-Abdr. **58.** Anm. 7 lies nach §. 21: A. 8, vgl. §. 31. A. 13.

" " S. 14 = Sep.-Abdr. **59.** Z. 10 der Anm. 8 vgl, Avv. 1885 p. 260. Anm. 11 Z. 8 vgl. §. 26. A. 11 u. 13 wegen der Pfarr-Congrua.

" " S. 16 = Sep.-Abdr. **61.** Z. 13 der Anm. 3 vgl. §. 30. Anm. 3 wegen des 40stündigen Gebetes, Zeile 19: §. 30. Anm. 8.

" " S. 17 = Sep.-Abdr. **62.** Anm. 6. Ein D. 25. Nov. 1877 ermächtigte die Propaganda (S. 26. *Grassi's* Denkschrift §. 18. A. 3) nur zur Annahme von 1/3 der Zuwendung. Anm. 7. Mitunter verwaltet noch der Gemeinderath unmittelbar das gesammte Gotteshausvermögen, §. 27. Anm. 10.

" " S. 21 = Sep.-Abdr. **66.** Anm. 1. Zur Uebernahme ihr verpfändeter Grundstücke bei der Zwangsversteigerung bedarf keine Anstalt der Staatsgenehmigung, Min.-E. 21. Sept. 1885.

" " S. 23 = Sep.-Abdr. **68.** §. 14 c vgl. §. 30 6. Zu Anm. 7 vgl. »Atti ufficiali della Camera« p. 7172, wornach am 7. April 1884 der Minister des Aeussern erklärte, es sei für die Regierung bedenklich (pericoloso), bei Genehmigung der Rentenveräusserungen der *Pro-*

paganda sich um den *Zweck* zu bekümmern, zu welchem der Erlös verwendet werden solle, da diese Verwendung sich mehr auf die *geistliche* Amtssphäre beziehe (»che si riferisce piuttosto all' esercizio della missione *spirituale*«).

Arch. **55.** S. 25 = Sep.-Abdr. **70.** Anm. 2. »Gewohnheit« ersetzt den ursprünglichen Rechtstitel, §. 29. A. 4 b.
Anm. 2, vierte Zeile von unten hat es statt §. 20. A. 2 zu heissen: Anm. 3, vgl. *Scaduto* p. 378—386.

" " S. 26 = Sep.-Abdr. **71.** Anm 4 Zeile 5 lies §. 30 ^{3} A. 4.

" " S. 27 = Sep.-Abdr. **72.** Anm. 6 Zeile 20 ist hinzuzusetzen: Kass. Rom 4 Oct. 1877, Avv. 1880 p. 309.

" " S. 29 = Sep.-Abdr **74.** Anm. 3. Wer 30 Jahre lang einen *Grundzins* (censo) gezahlt hat, muss denselben auch weiter entrichten oder das *Nichtvorhandensein* eines Verpflichtungsgrundes beweisen. Kass. Rom 16. April 1885, Avv. 1885 p. 237.

" " S. 32 = Sep.-Abdr. **77.** Anm. 5 Zeile 5 füge bei: Avv. 1885 p. 239. Anm. 6 Zeile 3 vgl. §. 30. A. 3 wegen Ermässigung der gestifteten Gottesdienste.
Anm. 9 lies 7. Juli 1866 statt 1566 und füge am Schlusse bei §. 27. A. 1 d.

" " S. 34 = Sep.-Abdr. **79.** Anm. 17 Zeile 1 ist zuzusetzen: Kass. Rom 29. Mai 1885, Avv. 1885 p. 273.

" " S. 35 = Sep.-Abdr. **80.** Die 30 %ige Steuer verjährt erst in 30 Jahren von der Liquidation ab, Kass. Rom 20. Mai 1885.

" " S. 36 = Sep.-Abdr. **81.** Anm. 3 Zeile 4 von unten ist §. 31. A. 6 b zuzusetzen.

" " S. 37 = Sep.-Abdr. **82.** Zeile 2 von unten, vgl. §. 28. A. 3 b, Anm. 5 Zeile 4 vgl. §. 30. A. 3 = Arch. 55. S. 273 = Sep.-Abdr. 164, wegen des Tarifs und der Eideszuschiebung über Erfüllung der stiftungsmässigen Lasten.

" " S. 54 = Sep.-Abdr. **99.** Desgleichen.

" " S. 43 = Sep.-Abdr. **88.** Zeile 2. Auch den *Emeritenanstalten* (§. 23. A. 8 a, Arch. 55. S. 226 = Sep.-Abdr. 117) ist noch Grundbesitz gestattet, ebenso zufolge S. 18 *Grassi's* Denkschrift §. 18. A. 3 den *israel.* Cultusgemeinden
Anm. 2. Keine Anstalt bedarf zum Erwerbe (§. 14 a) ihr verpfändeter Grundstücke im Wege des Zwangsvollzugs einer Staatsgenehmigung. Min.-E. 21. Sept. 1885, Avv. 1885 p. 236.

" " S. 44 = Sep.-Abdr. **89.** Zeile 7 ist nach »Reinertrages« das Verweisungszeichen [4]) hinzuzusetzen.

" " S. 54 = Sep.-Abdr. **99.** Zeile 17 ist »Kass. Turin 18. Nov. 1884 Avv. 1885 p. 116« nachzutragen und in Anm. 18 die Verweisung auf §. 25. A. 2.

" " S. 209 = Sep.-Abdr. **100.** Soeben erscheint im Selbstverlage des Avv. eccl. (oben Sep.-Abdr. S. 1 = Arch. 54 S. 167) Msgr. *Bertoletti's* Kirchenstatistik, die erste erschöpfende Zusammenstellung aller Geistlichen und *kirchlichen Anstalten* Italiens (800 Seiten Grossoctav, 10 Fr.). vgl. Avv. 1885 N. 155 u. 156.

Arch. **55.** S. 214 = Sep.-Abdr. **105.** Zu Anm. 12 vgl. Arch. 55. S. 264 u. 265 = Sep.-Abdr. 155 u. 156 = §. 28. A. 5 u. 7.

„ „ S. 217 = Sep-Abdr. **108.** §. 21. Anm. 8. Vgl. wegen der Capellen im bischöflichen Palaste und Seminare §. 8. Anm. 1 u. 2 und §. 27. Anm. 6 = Arch. **54.** S. 318, **55.** S. 256 = Sep.-Abdr. 45 u. 147

„ „ S. 226 = Sep.-Abdr. **117.** §. 23. Anm. 9. Vgl wegen der Capellen im bischöflichen Palaste und Seminare §. 8. Anm. 1 u. 2 und §. 27. Anm. 6 = Arch. **54.** S. 318, **55.** S. 256 = Sep.-Abdr. 45 u. 147.

„ „ S. 219 = Sep.-Abdr. **110.** §. 22. A. 2, vgl. Kass. Rom 11. Juni 1885, Avv. 1885 p. 273, Ape 1885 p. 333.

„ „ S. 223 = Sep.-Abdr. **114.** §. 22. A. 8ᵇ, wegen des kgl. Patronats vgl. §. 22. A. 4, Arch. 55. S. 220 = Sep.-Abdr. 111. Zeile 8 lies statt »College« vielmehr Collegien.

„ „ S. 230 = Sep.-Abdr. **121.** Zeile 8 lies statt »werden« vielmehr worden.

„ „ S. 235 = Sep.-Abdr. **126.** §. 24. A. 16. Durch G. 19. Juni 1873 wurden in der Stadt Rom den Jesuiten nur die *Corporations*rechte entzogen. App. Lucca 12. April 1877, *Grassi* 232.

„ „ S. 238 = Sep.-Abdr. **129.** §. 25. A. 2. *Grassi* 1885 I 148.

„ „ S. 245 = Sep.-Abdr. **136.** Zu §. 26. A. 1ᵇ vgl, wegen der Wahlberechtigung der Pfarrverweser den obigen Nachtrag zu Arch. 54. S. 303 = Sep.-Abdr. 30.

„ „ S. 249 = Sep.-Abdr. **140.** Zu §. 26. A. 10. In *Rom* und an den Sitzen der *vorstädtischen* Bisthumer bedürfen auch die Pfarrer und Hülfsgeistlichen keiner *staatlichen* Bestätigung, erlangen vielmehr den Genuss der Pfründe ohne Weiteres kraft der kirchlichen Einsetzung, oben §. 3. A. 3 = Arch. 54. S. 25 = Sep.-Abdr. 25.

„ „ S. 263 = Sep.-Abdr. **154** A. 4. Der *Pfarrer* kann auf Entrichtung der Gebühren für, in der Pfarrkirche abzuhaltende Gottesdienste klagen. Kass. Palermo 7. Aug. 1885, Ape 1885 p. 245.

„ „ S. 283 = Sep.-Abdr. **175.** §. 31 II. *Grassi* 1885 I 142.

Mit dem Inhalte der §§. 1, 8, 9, 13—24, 28—33, 40, 42—45, 57, 71 und 87 meines *französischen* St.-K.-R. decken sich im Wesentlichen die §§. 4, 8—10, 12—14, 23 u. Absatz I. der §. 24, 28—33 meiner »Kirchengesetzgebung *Italiens*«. Ausser den letztangegebenen §§. gelten den §. 5, 6 u. 20 ähnliche Bestimmungen in *Belgien* (und grossen Theils in Nordamerika). Eine Bestrafung der Sonntagsentheiligung und eine staatliche Einmischung in die Vorbildung der Geistlichen etc. findet weder in Belgien, noch Frankreich oder Italien mehr statt; die Civilehe, den Ausschluss ausländischer Kirchenbeamten und die subsidiäre Cultusbaulast der Gemeinden haben diese Staaten mit *Deutschland* gemein. Im Placet und Missbrauchsrecurse übertrifft *Frankreich*, in der fiscalischen Massregelung des Kirchengutes aber *Italien* alle modernen Gesetzgebungen!

§. 35. Vom „Garantiegesetz" vom 13. Mai 1871 sind erläutert:

	Archiv-Band 54 Seite	Archiv-Band 55 Seite	Sep.-Ausg. Seite
Art. I. Befreiung des hl. *Vaters* von der Staatsgewalt (Arch. 53, S. 470)	171, 175, 287, 292 u. 310	29 300 u. 304	5, 9, 14, 19, 37, 184, 191 u. 195
Art. II. Attentate und Schmähungen gegen den hl. Vater	296	—	23
Freiheit *religiöser* Erörterungen	296 u. 303	—	23 u. 30
Art. III. Internationale Ehrenrechte .	171 u. 295	6	5, 22 u. 51
Leibwache des hl. Vaters . . .	290 u. 301	—	17 u. 28
Art. IV. 3,250,000 Fr. Jahres-*Dotation*	300	42	27 u. 87
Art. V. Polizei u. *Gerichtshoheit* in den päpstl. Palästen	290 u. 299	—	17 u. 26
Museen und Bibliotheken . . .	300	—	27
Art. VI. Konklave u. Koncil staatlich geschützt	294 u. 308	—	21 u. 35
Art. VII. Konklave u. Koncil von der Staatsgewalt befreit	293	—	20
Art. VIII. Keine *Haussuchung* nach Schriftstücken bei päpstl. Kirchenbehörden	294	—	21
Art. IX. *Freiheit der Kirche* für geistliche Verrichtungen überhaupt	169, 295, 302, 305 u. 317	213 u. 217	3, 22, 29, 32, 44, 104 u. 108
insbesond. für die Lehre	306 u. 317	223 u. 287	33, 44, 114 u. 178
„ „ dienstlichen Verkehr	297 u. 309	- -	24 u. 36
„ „ Gottesdienst u. Versammlungen . . .	318	—	45
„ „ Kirchenzucht . .	307 u. 310	213	34, 36 u. 104
Art. X. Die Beamten der geistl. Centralbehörden nur dem hl. Vater *verantwortlich*	294	—	21
Art. XI. *Gesandtschaftsrecht* der Kurie	172, 175, 289 u. 296	293	69, 16, 23 u. 184
Art. XII. Päpstl. *Post* u. Telegrafie .	171, 297 u. 309	—	5, 24 u. 36
Art. XIII. Geistliche *Bildungsanstalten* in Rom	171 u. 306	223	5, 33 u. 114
Art. XIV. *Versammlungs*-Freiheit .	294 u. 308	—	21 u. 35
Art. XV. Geistliche Gerichtbsarkeit in Sicilien	308	—	35
Kein *Staatseid* der Bischöfe mehr	309	—	36
Nur *inländische* Geistliche . .	295 u. 298	7 u. 231	22, 25, 52 u. 122
Königliches *Patronat* beibehalten	—	8, 50, 210	53, 95 u. 101
Art. XVI. *Kein Placet* mehr für Versammlungen u. Lehrbeschlüsse	306	213	33 u. 104
Anderweite Widmung d. Stiftungsvermögens	—	4 u. 282	49 u. 173
*Pfründen*ein- und Entsetzung .	173 u. 313	8 u. 215	7, 40, 53 u. 106
Errichtung kirchlicher Anstalten .	—	3 u. 15	48, 60 u. 70
Veräusserung kirchlichen Vermögens	319	16, 22, 43, 212 u. 218	46, 51, 67, 88, 103, 109 u. 152
Besteuerung geistlicher Anstalten	305 u. 319	14, 33, 36 u. 272	32, 46, 59, 78, 81 u. 163
Kein Grundbesitz mehr, sonstige *Beschränkungen*	—	22, 43 u. 297	67 88 u. 188

	Archiv-Band 54 Seite	55 Seite	Sep.-Ausg. Seite
Art. XVII. Keine Verwaltungsentscheidung wegen „kirchl. *Missbrauchs*“	170, 171, 173, 176 u. 309	—	4, 5, 7, 10, 36
Art. XVIII. Vermögensrechtliche *Regelung* vorbehalten	173, 174, 178	7, 25, 258, 292 u. 301	7, 8, 12, 52, 70, 149, 183, 192 u. 195
Art. XIX. Entgegenstehende Bestimmungen *aufgehoben:* Kirchengebet für Regierung	309 u. 315	264	36. 42, 43
Kein weltlicher Arm mehr . . .	316	—	u. 155
Keine staatliche Ernennung der Bischöfe mehr	309	211, 223 u. 245	36, 102, 114 u. 136.

§. 36. Schlusswort.

Kürzlich erst wurde das »*Garantiegesetz*« des »*principlosen Schwankens*« zwischen der *Coordinations*theorie und der *Unterwerfung* der Kirche unter die Staatshoheit bezichtigt (H. 226). Auf die Befreiung des Vaticans von der *italienischen Staatsgewalt* (oben §. 1.) kann sich dieser Vorwurf kaum beziehen, da die *eigene* Staatshoheit der Curie vom Gar.-Gesetze nicht geschaffen oder »erfunden«, sondern als ein *völkerrechtlich* anerkannter Besitzstand, woran zu rütteln, dem Einheitsstaate wenn auch weniger die Lust, so doch die Kraft fehlte, »vorgefunden« wurde. Ebensowenig dürfte eine Principlosigkeit in der *staatlichen* An- oder Aberkennung der *bürgerlichen* Rechtsfolgen zu erblicken sein, weil die *ordentlichen Gerichte*, welche für eine rein sachliche Prüfung sicher eine bessere Bürgschaft bieten, als ein Specialgerichtshof für kirchliche Angelegenheiten und als ein Staatsraths- oder Verwaltungsbescheid (Ggl. 20), — den kirchlichen Erlassen höchstens die *äussere* Rechtswirksamkeit, nie aber die Geltung für das *kirchliche* Gebiet (H. 298 u. 321, oben §. 6. A. 3, §. 12. A. 2, §. 21. A. 4 u. 5, §. 24 III A. 17, §. 25. A. 2) versagen können. Dagegen hätte der Grundsatz der Trennung von Kirche und Staat bei folgerichtiger Durchführung zur Anerkennung der Kirche als einer *dem Staate gleichstehenden*, organisch vollkommenen Gesellschaft mit freiester Bewegung auf dem Gebiete nicht nur des Glaubens und des Gottesdienstes, sondern auch der *Kirchenzucht* und der *Kirchenverfassung* führen müssen. Es trifft daher obige Bemänglung gewiss insoferne zu, als das Garantiegesetz, statt nach dem Vorbilde des Art. 16. der belgischen Verfassungsurkunde vom 25. Februar 1831 »auf jede Mitwirkung der Regierung bei Ernennung oder *Einsetzung* der Kirchenbeamten zu *verzichten*«, — allerdings nur in Folge der von den Kammern beliebten Abänderung des Gesetzentwurfs (Sc. 84 u. 108, oben §. 11. A. 2) — die *staatliche*

Einweisung in die Pfründen *vorerst* noch ausserhalb Roms beibehalten hat.

Als eine der »*gemischten* Angelegenheiten, worin sich die Machtsphären des Staates und der Kirche berühren« (Encyclica v. 1. Nov. 1885 de civitatum constitutione christiana), hatte also die katholische Kirche nunmehr auch die *Besetzung der Pfründen* anzuerkennen (oben §. 9[5]). Dagegen blieben der kath. Kirche — gegenüber den in Italien zusammen kaum $^1/_3$ Procent der Bevölkerung ausmachenden Andersgläubigen — folgende *Vorrechte* gewahrt: der Religionsunterricht an den öffentlichen *Schulen* (§. 32. A. 10), die confessionelle Trennung der *Friedhöfe* (§. 33. A. 7) und namentlich auch *Ergänzungszuschüsse* (§. 4. A. 10, §. 21. A. 8, §. 26 III. §. 29. A. 7 und §. 30. A. 11) von den Gemeinden und Provinzen. Der Freiheit der Kirche wäre es aber wohl förderlicher gewesen, wenn sie ihre *vermögensrechtliche* Unabhängigkeit vom Staate dadurch erlangt hätte, dass ein zur Deckung der bisherigen *Provinzial-* und *Gemeindezuschüsse* ausreichendes Kapital aus dem eingezogenen Kirchengute (§. 15. A. 1 u. §. 17. A. 10), Arch. 54. S. 174, 55. S. 25 und 41 = Sep.-Abdr. 8, 70 u. 86) jeder *Diöcese* zur Selbstverwaltung überwiesen worden wäre, — eine Massnahme, deren Ausführbarkeit jedenfalls vom Verzichte des Staates auf 75 % der Klostergüter (§. 17 I[6] A. 8[a], Arch. 55. S. 39 = Sep.-Abdr. 84) bedingt ist, zudem der Staat ohnehin als Kriegssteuer vorweg $^3/_{10}$ des Kirchenguts durchgehends eingezogen hat (Vorwort A. 5 u. §. 16. III A. 12[a]).

Diese oder eine ähnliche *Gesetzesrevision* könnte vielleicht auch zur allmäligen Ausgleichung anderer Härten und offenbaren Unbilligkeiten führen, wie der willkürlichen Zahlengrenzen (Vorwort I, §. 22. A. 8[a], §. 24 I A. 7), der unverdienten Zurücksetzung der *Welt*geistlichen (§. 16. A. 4[g], §. 19. A. 16 und §. 26 III) selbst hinter den Ruhegehältern der *Ordens*priester, des Unterschiedes, welcher noch zwischen *Rom* (§. 17 II), Sicilien (§. 17. A. 8[b]), der Lombardei (§. 15. A. 1 u. §. 24. A. 1) und dem übrigen Italien (*Cassani* pr. qu. 1876 p. 505) hinsichtlich des *Gemeindeantheils* am Klostergute besteht etc. Die den kirchlichen Anstalten in der *Stadt Rom* gewährte rücksichtsvollere Behandlung, namentlich auch hinsichtlich der Besteuerung und der Rentenumwandlung etc. (§. 13. A. 12, § 16 III[a], §. 17. A. 3, §. 18. A. 7 u. 8, §. 22. A. 1) wäre allerdings besser sogleich von vorneherein auch dem *übrigen Italien* zu Gute gekommen!

Auf dem Gebiete der Verwaltung des *örtlichen Kirchengutes* fehlt in Italien noch eine systematisch durchgeführte Scheidung zwischen *kirchlicher* und *weltlicher* Zuständigkeit. Trotzdem die Leitung der *Wohlthätigkeitsanstalten* selbst ausschliesslich *kirchlichen* Ursprungs (§. 31. A. 3) auf die *gemeindlichen* Organe übertragen und den Pfarrern nicht einmal (Ggl. 154 A. 3) die Mitgliedschaft im Spital- und Armenrathe beibehalten worden ist, stehen nicht selten noch öffentliche *Gotteshäuser* (§. 27. A. 10) unter der Verwaltung der *Gemeinde*-, Spital- oder Armenräthe. Eine nachhaltig-durchgreifende *Reform* mittelst Kirchen- und sogar Diöcesan-*Gemeindevertretungen* (Vorwort A. 12 u. 13, §. 15. A. 2, §. 20. A. 3 und §. 27. A. 9) kann, da hierin »die beiderseitigen Machtsphären sich berühren«, von der Staatsgesetzgebung mit sicherem Erfolge nur nach vorgängiger *Verständigung mit der Curie* angebahnt und durchgeführt werden, namentlich wenn die allmälige *Zusammenlegung* zu winziger Pfarreien bezw. Diöcesen (§. 9. A. 1 u. §. 20. A. 1, Arch. 54. S. 173 A. 13, 55. S. 3 u. 290 = Sep.-Abdr. 7, 48 u. 100) und die Mitwirkung der *Domcapitel* bei der Auswahl der Bischöfe etc. (§. 12. A. 2, §. 19. A. 10, §. 22. A. 1a, §. 26. A. 4) mit in Frage kommen sollte. Trotz der Trennung von Staat und Kirche ergänzen und durchdringen sich nämlich immer noch häufig die beiderseitigen Machtgebiete; schon *Cavour*, *Ricasoli* und *Pantaleoni* (Sc. 34—42, 457—460) empfahlen daher dringendst eine Art **Vertragsverhältniss** [1])

1) Selbst diejenigen Staaten, welche sich auch hinsichtlich der *Pfründen*einweisung von den Beziehungen zur Kirche losgetrennt haben, erkennen immerhin eine, wenn auch geringe Zahl von Angelegenheiten als solche an, die nur *gemeinsam* von Staat und Kirche geregelt werden können. So behandelt Univ.-Prof. u. App.-Rath *Giron* S. 27, 28, 90, 92, vgl. 287 des Droit public de la Belgique (1884 bei *A. Manceaux* in Brüssel, 536 S. in 4°, 12 Fr. 50 Cts.) als *gemischte* Angelegenheiten (oben Arch. 55. S. 3 = Sep.-Abdr. 48) namentlich den Fehlbetrag der Kosten des Gottesdienstes, den Gebrauch der Kirchenglocken und die Sprengel der Pfarreien sowie Bisthümer (holländisches Concordat 18. Juni 1827, franz. C. 26 Mess. IX). Die *franz. Republik* trug zwar oft kein Bedenken mehr, Staats- und Gemeindezuschüsse, sowie Zugeständnisse hinsichtlich der Armenpflege, Schule und Friedhöfe (S. V meines franz. St.-K.-R.) zurückzuziehen; am Concordate selbst hielt sie dagegen fest. Auch die *evangelische* und *israelitische* Cultusverfassung beruht im franz. Rechtsgebiete auf Concordaten, indem die durch G. 18. Germ. X verkündeten organischen Artikel des prot. Bek. vom Cultusminister *Portalis* mit den Vertretern der *reformirten* und *Augsburger* Kirchen vereinbart worden waren, während die von der *israelitischen* Reichssynode (dem »grossen Sanhedrin«) zu Paris am 10. Dec. 1806 festgestellten Satzungen unterm 17. März 1808 die kaiserliche Bestätigung erhielten. Selbst in *Deutschland* (H. 338, 341 u. 364) und *Oesterreich* (G. 23. Jan. 1866, betr. evang. Kirchenverf.) bekundet sich die Uebereinstimmung zwischen Staat und Kirche durch die landesherrliche Genehmigung der Beschlüsse der *Generalsynoden*, welchen auch in gemischten Sachen die

zwischen dem Königthume und dem Vaticane. Ohne ein derartiges Einvernehmen, welches übrigens nicht gerade in feierliche Vertragsform eingekleidet zu werden brauchte, sondern wohl schon durch den Austausch diplomatischer Noten mit der Curie, selbst durch die kirchliche Mitwirkung z. B. bei Ausarbeitung des im Gar.-Gesetze vorbehaltenen Gesetzentwurfs ersetzt werden könnte, müsste die Neuregelung des kirchlichen Vermögens in Italien nur die Weiterverpflanzung des *Culturkampfes* bedeuten, während die allmälige Anbahnung einer friedlichen Lösung der *italienischen* Kirchenfrage eine günstige Nachwirkung namentlich auch auf *Frankreich* und *Deutschland* gewiss nicht verfehlen würde.

§. 37. *Nachtrag der* **Redaction** *des Archivs und Erklärung Papst* **Leo's** *XIII. vom 24. Dec. 1885 über Italiens Kirchengesetzgebung.*

Die in der vorstehenden gelehrten und sorgfältigen Arbeit gegebene ausführliche und eingehende Uebersicht der Kirchengesetzgebung Italiens, (von der gleichzeitig mit diesem Hefte des Archivs eine Separat-Ausgabe erscheint), wird gewiss unseren Lesern willkommen sein. Wir haben derselben im Archiv unverkürzten Raum gegeben, obschon wir zwar wohl mit dem Wunsche, aber nicht mit der Meinung des Herrn Verfassers von der Möglichkeit einer sog. Aussöhnung zwischen Papst und Kirche einerseits und dem italien. Königthume andererseits übereinstimmen. Der Vollständigkeit halber fügen wir hier nur noch bei, was *Papst Leo XIII.* am Weihnachtsabende bezüglich der italien. Kirchengesetzgebung erklärte. Wie alljährlich nahm der Papst die Glückwünsche des h. Collegiums zum Weihnachtsfeste entgegen. In seiner Antwort wies er zunächst auf den glücklichen Ausgang hin, den seine Vermittelung zwischen Deutschland und Spanien in der Carolinenfrage genommen habe und wie dabei zwei grosse Nationen ihre Achtung vor der Weisheit des h. Stuhles bewiesen hätten. Der Papst äusserte ferner seine Freude darüber, dass sein Schreiben an den Cardinal *Guibert* allgemeine Zustimmung gefunden habe. Sodann verwies er auf die Fortschritte des Glaubens in den Missionen. Darauf fuhr er aber (nach der Uebersetzung der »Germania« vom 30. December 1885 Nr. 298 I. Bl.) also fort:

Initiative von der Staatsregierung zugestanden bleibt. Der verfassungsmässigen Gleichberechtigung der Bekenntnisse entspräche wohl der Verzicht der Reichs- und Landesgesetzgebung auf einseitige Regelung der Verhältnisse der *kath.* Kirche, indem doch den *Bischöfen* und ihrem Oberhaupte die Zuständigkeit einer Generalsynode billiger Weise nicht vorenthalten werden sollte.

»Allein mit diesen Beweggründen zur Freude sind nur zu sehr Gründe zu bitterem Schmerz vermischt. Zuerst und vor Allem ist es die Lage, in welcher Wir in Folge der Bosheit der Zeiten leben müssen, eine Lage, die des Statthalters Christi unwürdig ist und seiner Würde und göttlichen Mission durchaus nicht entspricht. Diese Lage wird immer schwieriger, denn die Revolution ruht nie, im Gegentheil sucht sie in Rom ihre Eroberungen zum Schaden der Kirche und des Papstthums auszubreiten und zu consolidiren. Die Gesetze, welche man vorbereitet, drohen neue Beleidigungen und Kränkungen. Das Gesetz über die Ehescheidung [1]) ist ein Attentat gegen zwei wesentliche Eigenschaften, mit welchen der göttliche Gesetzgeber das grosse Sacrament, auch zum Vortheil der Familie und der bürgerlichen Gesellschaft, ausgezeichnet hat. Mit dem andern Gesetz, betreffs des [2]) Kirchenvermögens, streckt die Revolution nach den letzten Resten des Erbtheils der Kirche ihre Hand aus, beraubt sie der Güter, welche auf so viele Titel hin unverletzlich und heilig sind, und sucht so immer mehr ihre Thätigkeit einzuschränken und sie unterwürfig zu machen. Wohl bekannt sind ferner die Acte, womit man in jüngster Zeit angefangen hat, kirchliche Institutionen anzugreifen, ihren religiösen Charakter, den die Frömmigkeit der Stifter ihnen gegeben, zu nehmen, und unter eitelen Vorwänden, zur grossen Kränkung der heiligen Autorität, der bürgerlichen Gewalt [3]) zu unterwerfen.«

»Allein wenn auch all' dies nicht geschähe, und wenn auch die, welche in Rom die Gewalt haben, die grösste Rücksicht gegen die Kirche und ihr Haupt zeigten, so dürfte man doch nicht glauben, dass darum die jetzige Lage des römischen Papstes eine würdige oder wenigstens erträgliche würde. So lange es eine evidente und notorische Thatsache ist, dass Wir in Rom nicht in Unserer, sondern in Anderer Gewalt [4]) sind, so lange Unsere Freiheit und Sicherheit von Denen, welche thatsächlich in Rom die Herrschaft ausüben, abhängt, und von Gesetzen, die wandelbar sind wie die politischen Zustände, und von den höchst wandelbaren Dispositionen der Majoritäten, so lange wird die Lage des Papstes immer unerträglich sein; und welche Künste man auch immer anwenden möge, um sie zu mildern, vermöge eines inneren und radicalen Fehlers (per intrinseco e radicale

1) Vgl. oben §. 4. A. 5, Arch. 54. S. 304 = Sep.-Abdr. 31.

2) Oben §. 35. zu Gar.-G. Art. XVIII, Arch. 55. S. 300 = Sep.-Abdr. 191.

3) Oben §. 28, 31—33, Arch. 54. S. 304 u. 55. S. 265 ff. u. 302. = Sep.-Abdr. 31 u. 156 ff. u. 193.

4) Oben §. 1. A. 1, Arch. 54. S. 288 = Sep.-Abdr. 15.

suo vizio) wird sie immer mit der Freiheit und Unabhängigkeit, welche dem höchsten Haupte der Kirche gebührt, unverträglich sein. Darum fühlen wir immer mehr die schwere Pflicht, sowohl gegenüber hinterlistigen Machinationen wie gegenüber der Gewalt, alle einzelnen heiligen Rechte des Apostolischen Stuhles unverletzt zu wahren, und dieser Pflicht gedenken Wir mit der Hilfe Gottes bis an Unser Ende nachzukommen.«

»In dieser Aufgabe jedoch, wie in allen anderen, welche das Apostolische Amt Uns auferlegt, ist es nöthig, dass Wir das heilige Colleg in einmüthiger, geeinter und geschlossener Thätigkeit auf Unserer Seite haben, damit Unsere Arbeit wirksamer den gewünschten Zweck erreiche. Euer Beispiel wird auf Die, welche wahre Kinder der Kirche sind, nicht ohne Einfluss bleiben, und sie lehren, der höchsten Autorität, welche sie zum Heile führen muss, unterwürfig zu sein.«

(Den vollständigen italienischen Wortlaut der Rede des h. Vaters findet man als Nr. XIX. im Archiv Bd. 55. 1886 Heft 2. S. 325 ff.)

Inhaltsverzeichniss.

Sachregister.

Auszug

aus, dem Verfasser zugegangenen Zuschriften der Herrn

Geh.-Justizrath Prof. Dr. **Hinschius,** Berlin 27. December 1885:

»Ihre Publication über das italienische Kirchenrecht hat mich sehr »interessirt und bin ich Ihnen dankbar, dass Sie das schwer zusam- »men zu tragende Material in dieser *übersichtlichen* Weise bear- »beitet haben.«

Rechtsanwalt Dr. **Tosi** zu Stradella, Herausgeber der Wochenschrift »Ape giuridico-amministrativa,« vom 7. December:

»Ihre Rechtsauffassung von der Staatshoheit des Papstes innerhalb »des vaticanischen Gebietes erscheint uns sehr *annehmbar.* (Le di »Lei teoriche riguardo al potere temporale del Papa nel recinto del »Vaticano ci sembrano accettabilissime»).

Prof. Dr. Franz Xaver **Kraus** zu Freiburg i. B.:

»Ich bin Ihnen für die Zusendung Ihrer im Archiv für k. K.-R. er- »schienenen Studie über das italienische Staatskirchenrecht in hohem »Grade verbunden; und ich zweifle nicht, dass, welches auch im- »mer der Standpunkt sein mag, den man dieser Materie gegenüber »einnimmt, Ihre Arbeit von allen Seiten als ein hochwillkommener »Beitrag und ein nützliches, ja unentbehrliches Hülfsmittel begrüsst »werden wird.«

Dr. **Scaduto,** Kirchenrechtslehrer an der Universität Palermo, 7. Januar 1886:

»Ich habe den Schluss ihres ital. St.-K.-R. erhalten, einer anscheinend »ebenso verlässigen als systematischen Zusammenstellung, wie solche »meines Wissens noch von *Niemanden* unternommen worden war«. (»Ho riceruto le ultime pagine del di Lei Diritto civ. eccl. italiano: »mi sembra una sintesi sistematica motto esatta, che, per quanto io »sappia, non era stata ancora fatta da *nessuno*«).

Dagegen Prof. Dr. **Brusa,** Verfasser des im Handb. des öff. R. der Gegenwart erscheinenden »italienischen Staatsrechts,« Turin 25. December:

»Ich bin *nicht* geneigt, dem Garantiegesetze eine soweitgehende Aus- »legung zu geben; mein Artikel über die *Gerichtshoheit* des Va- »ticans beweist es.« (»Je ne suis pas disposé à interpréter la loi des »Garanties d'un façon si large. Mon article sur la *Jurisdiction* du »*Vatican* le prouve.«) Revue de droit internat. 1883, 113—145.«